도입절차·노무관리 방법·사내규정 정비 실무 대책

재택근무제도

도입절차 · 노무관리 방법 · 사내규정 정비 실무 대책

재택근무제도

초 판 인 쇄 | 2020년 10월 14일
초 판 발 행 | 2020년 10월 28일

지 은 이 | 김 수 복
펴 낸 이 | 김 남 진
펴 낸 곳 | (주)중앙경제
편집 · 디자인 | 한 지 희

주 소 | 서울시 중구 다산로 11길 19(신당동) 백석빌딩 신관 4층
전 화 | 02-2231-7293
팩 스 | 02-2235-5344
홈 페 이 지 | www.elabor.co.kr
출 판 등 록 | 80. 6. 21 제 2-66호

I S B N | 978-89-7017-452-5 (93330)
정 가 | 23,000원

도입절차 · 노무관리 방법 · 사내규정 정비 실무 대책

재택근무 제도

김 수 복

고용노동부 발표 2020.4.2 「재택근무 가이드라인」 및
2020.9.16 「재택근무 종합매뉴얼」에 따른 도입 시 검토사항, 도입순서,
적정한 노무관리 체제, 사내규정 정비, 운용상 유의해야 할 포인트 등 상세히 해설

㈜중앙경제

머리말

재택근무는 새로운 근무방식은 아니다. 오래 전부터 일부 기업에서 시행돼 왔다. 코로나19가 확산되고 정부가 심각 단계를 발표하면서 재택근무가 확산되는 계기를 마련했다. 코로나19의 전국적인 감염이 지속되면서 모든 사람의 건강과 안전을 지켜야 하기 때문에 사회적 거리두기에 나섰고 언택트(Untact)시대가 대전제가 되고 있다. 코로나19로 인한 위기는 삶의 방식 뿐만 아니라 일하는 방식(근무방식)의 재점검 기회가 됐다. 회사가 셧다운을 염려해 재택근무를 늘렸다. 절반 이상의 근로자가 재택근무를 해도 업무에 지장이 없다고 하는 통계자료가 있다. 회사로서도 이 기회에 근로자들이 시공간을 자유롭게 선택할 수 있는 근무제도를 만드는 것이 합리적이라고 판단하게 되었다. 이 시점이야말로 근로자들에게 선택의 폭을 넓혀주면서 회사로서도 더 유연하게 「사무공간」과 「근무시스템」을 정립하는 재택근무를 적극 검토할 때이다. 재택근무는 일하는 장소의 변경만이 아니라 인식의 변화가 필요한 업무방식이다. 한 걸음 나아가 재택근무와 원격근무를 상시근무형태로 활용하고 이에 맞는 기술 도입과 인력관리를 정교하게 전개하는 단계에 접어들었다. 재택근무 도입 및 운영 등에 대한 사회적 관심과 수요가 증가하고 있는 지금 현장의 궁금증을 해소하고 기업들이 재택근무를 쉽고 올바르게 도입하여 활용할 수 있도록 「재택근무제도」를 발간한 것이다.

본서를 발간함에 있어 특별히 유의한 사항은 다음과 같다.

제1장에서는 재택근무란 무엇이며 원격근무에는 어떤 유형이 있으며 세계 각국의 유연근무제의 도입현황과 재택근무 도입에 따라 기대되는 효과와 사회적 의의를 탐색하고 재택근무 도입시에 제기되는 문제점과 그 해결 대책을 다각도로 살펴보았다. 또한 「사례 연구」란을 통해 40여개 기업의 재택근무 운용동향과 성공 사례를 소개하였다.

제2장에서는 재택근무제를 시행하기 위한 도입 순서, 재택근무실시대상범위의 결정에 있어서 실시대상자의 범위 선정, 대상업무의 선정, 실시빈도를 어떻게 할 것이며 시범적 실시와 그 문제점이 어떤 것인지를 확인하고 해소 방안을 제시했다.

제3장에서는 재택근무로 인한 근무형태 변화내용을 살펴보고 경영, 인사·노무 분야별로 어떻게 대응할 것인지를 구체적 항목에 따라 대안을 마련하였다.

제4장에서는 우리나라 재택근무 우수 기업 9개 사의 성공사례를 제시했다.

제5장에서는 재택근무 제도 도입과 관련하여 근로계약, 취업규칙, 단체협약의 내용이 바뀌어야 하는지 살펴보았다. 또한 재택근무는 공정한 룰에 따라 운용되어야 하므로 「재택근무관리규정모델」을 제시하고, 재택근무관리규정에 포함되어야 할 20개 항목에 대하여 그 취지와 운용방법과 「규정례」를 사항별로 제시하였다.

제6장에서는 재택근무와 관련된 법적 쟁점 사례 30개를 문답 형태로 해설하였다.

제7장에서는 재택근무 도입시의 ICT환경의 정비와 정보보안대책에 대해서 현행 시스템 환경의 확인, 사내 시스템 접근방법의 선택, 커뮤니케이션 수단, 업무관리도구 구입, 정보보안대책의 중요성과 보안에 관한 규칙 제정, 기술적 보안대책, 물리적 보안대책 등을 구체적으로 제시하였다.

고용노동부는 2020년 4월 2일 「재택근무 가이드라인」과 9월 16일 「재택근무 종합매뉴얼」을 마련했으므로 그 내용을 해설하고 재택근무시행에 필요한 각종 규정례와 서식을 제시했다.

재택근무에 관해서는 아직까지 국내외에서 발간한 저서나 논문이 없었으므로 각종 연구기관이나 최근 신문·잡지·방송자료를 이용했다. 중앙경제사의 HR Insight와 한국인사관리협회의 인사관리의 관련 기사를 상당 부분 인용했다. 이 점 관계자 여러분께 감사드린다.

끝으로 본서 출간을 위하여 협조를 아끼지 않은 ㈜중앙경제 김희성 회장님, 김남진 대표이사님, 김태윤 상무님, 짜임새 있게 편집을 해주신 한지희님을 비롯한 편집부 직원 여러분, 한국노동연구소와 국제인사노무법인의 임지현님의 조력에 감사드리며 본서의 미비점에 대하여는 계속적인 보완을 해나갈 것을 약속하면서 여러분의 뜨거운 지도편달을 바란다.

2020년 9월 25일

金 洙 福

목 차

제1장 일하는 방식과 재택근무의 도입

제1절 재택근무와 일하는 방식

1 재택근무의 개념과 의의 ······ 1
1. 재택근무란 무엇인가 ······ 1
2. 재택근무의 도입배경 ······ 2
3. 재택근무의 의의 ······ 2
4. 코로나19 사태와 재택근무 ······ 3
5. 원격근무의 유형과 재택근무 ······ 6

2 재택근무 도입 관련 실태조사 · 고용노동부 실태조사 ······ 7
1. 재택근무제 도입 실태조사 ······ 7
2. 고용노동부 실태조사 ······ 18

3 재택근무제 도입상황 ······ 20
〈사례 연구 1〉 HR Insight 조사 결과 ······ 21
〈사례 연구 2〉 페이스북의 사례 ······ 22
〈사례 연구 3〉 트위터 사례 ······ 22
〈사례 연구 4〉 스퀘어 사례 ······ 23
〈사례 연구 5〉 신한카드 '스마트 워킹 플레이스' 구축 사례 ······ 23
〈사례 연구 6〉 재택근무는 포스트 코로나 시대 "뉴노멀"로 정착 ······ 24

4 재택근무 실시빈도의 유형 ······ 24
〈사례 연구 1〉 롯데지주 및 롯데쇼핑 사례 ······ 25
〈사례 연구 2〉 HR Insight의 조사 결과 ······ 25
〈사례 연구 3〉 NHN토스트(NHN의 기술전문법인)의 오피스 프리 제도 도입 사례 ······ 25

5 재택근무의 장·단점 ········ 26
1. 재택근무의 장점 ········ 26
2. 재택근무의 단점 ········ 27
〈사례 연구 1〉 조선일보X리멤버 직장인 업무능률 및 스트레스 요소 설문조사 ········ 28
〈사례 연구 2〉 버퍼리서치의 재택근무 주요 장·단점 발표 ········ 29
〈사례 연구 3〉 쿠시먼앤드웨이크필드의 사례 ········ 29
6 재택근무를 도입하는 기업이 증가하는 이유 ········ 30
〈사례 연구 1〉 발루아의 조사 결과 ········ 30
〈사례 연구 2〉 알서포트㈜의 성공 사례 ········ 31
〈사례 연구 3〉 HR Insight의 조사 결과 ········ 32
7 재택근무 도입에 따른 기대효과 ········ 32
1. 노동생산성의 향상 ········ 33
〈사례 연구 1〉 한국경제연구원의 인구 전망 ········ 34
〈사례 연구 2〉 HR Insight 조사 결과 ········ 35
〈사례 연구 3〉 일본 총무성의 조사 결과 ········ 35
2. 성(性)평등 확대 및 여성의 커리어 업(경력향상)의 추진 ········ 36
〈사례 연구〉 플렉스 잡스의 조사 결과 ········ 37
3. 숙련인력 및 가족돌봄 이직의 방지 ········ 37
〈사례 연구〉 포스코 육아기 재택근무제 ········ 38
4. 장애인 및 고령자 고용 촉진 ········ 38
〈사례 연구〉 일본 노지마의 정년 80세와 재택근무 사례 ········ 39
5. 치료와 직무의 양립지원 ········ 40
6. 우수 인력 유치 및 통근 곤란자의 원격지 고용 ········ 40
〈사례 연구 1〉 LGU+ '클라우드PC' 서비스 성공 사례 ········ 41
〈사례 연구 2〉 실리콘밸리 렌트비(월세) 하락 사례 ········ 41
7. 재난상황 기업활동 지속 ········ 42
8. 사업운영과 비용 절감 ········ 43
〈사례 연구 1〉 롯데쇼핑 '거점 오피스' 도입 사례 ········ 44
〈사례 연구 2〉 일본 후지쓰 8만명 재택근무 실험 성공 사례 ········ 44
〈사례 연구 3〉 일본경제신문의 조사자료 ········ 46
〈사례 연구 4〉 뉴욕시를 위한 파트너십(PFNYC)의 보고서 ········ 46

9. 일하는 방식의 개혁 추진 ············ 46
10. 기업경쟁력 상승 및 기업가치의 향상 ············ 47
〈사례 연구 1〉 가트너의 사례 ············ 47
〈사례 연구 2〉 트위터의 사례 ············ 48

8 재택근무 도입에 있어서의 과제 ············ 48
1. 위기 대처능력 강화 ············ 48
〈사례 연구 1〉 LS니꼬동제련㈜의 위기대응체계 가동 사례 ············ 49
〈사례 연구 2〉 위메이드의 시프트(SHIFT) ············ 49
2. 재택근무에 대한 경영진의 인식 변화 ············ 50
3. 리모트 워크를 위한 소프트웨어 구축 논의 활발 ············ 50
4. 커뮤니케이션과 업무 방식 논의 활발 ············ 50
〈사례 연구〉 필립스 코리아 성공 사례(양방향 소통과 상담 지원 프로그램) ············ 51
5. 자율적인 환경에서의 성과관리 방법 고민 ············ 52
〈사례 연구 1〉 일본 총무성의 조사 연구 결과 ············ 52
〈사례 연구 2〉 SAP의 사례 ············ 53
〈사례 연구 3〉 유니티의 사례 ············ 53
〈사례 연구 4〉 우아한형제들의 사례 ············ 54

9 재택근무제 도입과 근로자의 메리트 ············ 55
1. 출퇴근 부담 경감 ············ 55
2. 일하는 방식의 다양화 ············ 55
3. 업무효율 향상 및 직무만족도 증가 ············ 56
4. 근로자 건강 보호 ············ 56
5. 경력단절 예방 ············ 56
6. 일·생활 균형 실현 ············ 56
7. 고용참여 기회 확대 ············ 57

10 재택근무제 도입의 사회적 의의 ············ 57
1. 노동인구 감소의 완화 ············ 57
2. 감염병 예방 ············ 57
3. 환경의 보호 ············ 57
4. 비대면 산업 육성 ············ 58
5. 일·가정 양립 문화 확산 ············ 58

6. 지역 활성화 ········· 58
〈사례 연구〉 로버트 실러 교수의 분석 ········· 59
11 재택근무를 미리 도입한 기업 ········· 59
12 중소기업의 재택근무 도입효과 ········· 61

제2절 재택근무제 도입시에 제기되는 문제점과 대책

〈과제 1〉 일과 업무의 경계가 모호하다고 하는 데 대한 대책이 있는가 ········· 62
〈과제 2〉 재택근무 환경 구축 및 업무관리 방안은 어떻게 마련하는가 ········· 63
〈과제 3〉 육아·가족돌봄의 근로자 지원을 목적으로 재택근무를 도입할 경우 이용자가 증가하고 있는가 ·· 65
〈과제 4〉 부서에 따라 재택근무 이용률에 큰 차이가 있는가 ········· 65
〈과제 5〉 재택근무 이용희망자가 증가하면 재택근무자의 업무를 조정하는 것은 어려운가 ···· 66
〈과제 6〉 재택근무를 이용하는 자와 이용하지 않은 근로자 간에 불공평하다는 소리가 높은가 ···· 67
〈과제 7〉 재택근무시의 관리자 또는 리더의 역할은 어떤 것인가 ········· 68
〈사례 연구〉 한국 마이크로소프트㈜의 관리자들의 역할 성공 사례 ········· 70
〈과제 8〉 재택근무자의 성과평가가 어렵다는 관리직 계층이 많은가 ········· 71
〈사례 연구〉 알서포트의 평가방식 변화 사례 ········· 71
〈과제 9〉 재택근무에서 업무효율을 저하시키는 자가 있다면 어떻게 인사관리를 하면 좋을까 ···· 72
〈과제 10〉 재택근무시에 과중 노동을 하는 자가 있는가 ········· 72
〈과제 11〉 언택트 환경에서의 재택근로자의 심리적 안전감 확보를 위해서는 어떤 대화가 필요한가 ·· 73
〈사례 연구〉 SK텔레콤의 One Team 소속감과 정신건강 지원 사례 ········· 74
〈과제 12〉 재택근무자는 직장의 상황을 몰라 매우 불안하다는 소리가 있는가 ········· 75
〈과제 13〉 재택근무를 위한 성공적 의사소통은 어떻게 하는가 ········· 76
〈과제 14〉 재택근무 환경에서의 팀 협업은 어떻게 하는가 ········· 79
〈과제 15〉 재택근무자의 정신건강을 위해서 EAP(근로자 지원 프로그램) 활용이 필요한가 ···· 83
〈사례 연구 1〉 유한킴벌리 EAP 성공 사례 ········· 84
〈사례 연구 2〉 롯데홈쇼핑의 Health Care 프로젝트 사례 ········· 84
〈과제 16〉 관리직의 재택근무는 담당부서의 업무 효율에 영향을 주는가 ········· 85
〈과제 17〉 코로나19의 대유행이나 지진·태풍이 있는 날에 재택근무를 실시해야 할 경우가 있는가 ·· 85
〈과제 18〉 재택근무시의 정보보안 대책을 적절히 시행하기 위한 배려가 있는가 ········· 86
〈과제 19〉 재택근무의 위협요인과 해결방안은 무엇인가 ········· 87
〈과제 20〉 재택근무용의 어플리케이션 도입이 필요한가 ········· 88

제2장 재택근무의 도입순서

제1절 재택근무 도입준비 및 추진 절차

1 재택근무 도입순서의 제시 ········· 91

2 재택근무 도입 업무의 추진 절차 ········· 92

1. 업무 추진 단계 및 절차 ········· 92
   〈사례 연구〉 알서포트의 사례 1 ········· 93
   〈사례 연구〉 알서포트의 사례 2 ········· 93
   〈사례 연구〉 알서포트의 사례 3 ········· 94
2. 도입 업무 추진 절차 ········· 94

3 재택근무 도입 준비사항 점검 및 장애요인 극복 방안 (고용노동부 2020.9.16. 재택근무 종합매뉴얼) ········· 95

1. 재택근무 도입을 위한 준비사항 ········· 95
2. 장애요인 및 극복방안 수립 ········· 96

4 재택근무 도입을 위한 조직형태 ········· 97

1. 최고경영자 주도형 ········· 97
2. 추진책임자 주도형 ········· 98
3. 프로젝트 팀 주도형 ········· 98

제2절 재택근무 도입절차

1 재택근무 도입에 대한 합의 형성 ········· 99

1. 재택근무 도입목적의 명확화 ········· 99
2. 재택근무 도입 설득 방법 ········· 100
3. 재택근무 거부감 극복 방법 ········· 101

2 재택근무제 도입시의 현상의 파악 ········· 102

1. 프로젝트 팀의 설치 ········· 102
2. 업무의 범위 ········· 103

3 적용대상 범위의 결정 ······ 104
1. 적용대상자의 선정 ······ 104
2. 재택근무 대상 직무 선정하기 ······ 106
4 적합한 재택근무 형태 결정(고용노동부 2020.9.16. 재택근무 종합매뉴얼) ······ 110
1. 도입 형태 결정하기 ······ 110
2. 운영방법 결정하기 ······ 112
3. 재택근무 실시빈도 ······ 113
〈사례 연구〉 '1주 출근, 3주 재택' 근무 SK이노베이션의 실험 ······ 114
5 재택근무자에게 요구되는 자질 ······ 114
1. 자율적 업무수행능력 ······ 114
2. 자기관리능력 ······ 115
3. 소통능력 ······ 115
6 재택근로자 개인의 자기책임 강화(고용노동부 2020.9.16. 재택근무 종합매뉴얼) ·· 116
1. 재택근무자의 자기관리 ······ 116
2. 스트레스 관리 ······ 117
7 재택근무 교육 · 연수의 실시 ······ 119
1. 재택근무 교육 · 연수 ······ 119
2. 대상자별 직장 교육 개설하기(고용노동부 2020.9.16. 재택근무 종합매뉴얼) ···· 120
8 재택근무 도입 · 실시와 근로계약·취업규칙·단체협약과의 관계 ······ 121
1. 원 칙 ······ 121
2. 개별 근로자 동의(근로계약의 작성 · 변경 또는 별도 동의서) ······ 122
3. 취업규칙 개정 ······ 122
4. 단체협약 개정 ······ 125
9 재택근무 시범실시와 저해요인의 확인 · 해소 ······ 125

제3장 재택근무 노무관리체제의 구축

제1절 재택근무와 노무관리체제 구축의 필요성

제2절 재택근무와 근로시간제도

1 우리나라의 법정근로시간제도 ···· 132

2 근로시간 유연화제도의 의의와 유형 ···· 133

1. 근로시간 유연화의 의의 ···· 133
2. 유연근로시간제의 내용 ···· 133
3. 유연근로시간제와 맞춤형 근로시간 도입 필요성 ···· 133
4. 유연근로시간제도 활용의 기대 효과 ···· 134
5. 유연근로시간제도 유형 ···· 134

3 유연근로시간제도 도입 시 유의사항 ···· 135

1. 유연근로시간제도 도입 기본 방향 ···· 135
2. 유연근로시간제도 도입 요건 ···· 135
3. 취업규칙 변경 시 유의사항 ···· 136
4. 근로자대표와의 서면합의 시 유의사항 ···· 136

제3절 재택근무자의 근로시간 관리방법

1 재택근무자의 업무 시작·종료시각의 확인 ···· 138

1. 업무 시작·종료시각의 확인 방법 ···· 138
2. 근로시간의 확인 방법 ···· 139

2 업무 중단시간의 취급 ···· 139

3 이동시간의 취급 ···· 140

4 선택적근로시간제 ···· 141

1. 선택적근로시간제의 의의 ···· 141
2. 선택적근로시간제의 도입요건 ···· 141

5 사업장 밖 간주근로시간제 ··· 142
1. 사업장 밖 간주근로시간제의 의의 ··· 142
2. 재택근무에 사업장 밖 간주근로시간제를 적용하는 경우의 근로시간 산정방법 ··· 142
3. 재택근무자에게 사업장 밖 간주근로시간제를 적용하기 위한 요건 ··· 143
6 재량근로시간제 ··· 144
1. 재량근로시간제의 의의 ··· 144
2. 재량근로제의 대상업무 ··· 144
3. 고용노동부 「재량간주근로시간제 운영 가이드」(2019.7.31) ··· 145
4. 재량근로시간제 도입과 노사 간의 서면합의 ··· 146
7 휴게시간의 취급 ··· 147
1. 일반원칙 ··· 147
2. 휴게시간 변경지시와 근로자의 지시 거부 시 임금 지급 여부 ··· 148
3. 재택근무 시 근로시간 사적 사용이 필요한 경우 ··· 148
4. 재택근무자의 휴게시간 분할 사용 ··· 149
8 연장근로 · 휴일근로의 관리 ··· 149
1. 재택근무자의 연장근로 허용 여부 ··· 149
2. 재택근무자의 법정휴일의 보장 ··· 150
3. 재택근무자의 연장근로 등의 관리(고용노동부 2020.9.16. 재택근무 종합매뉴얼) ··· 151
4. 재택근무 운영시 연장·야간근로수당 지급 판단기준 ··· 151
5. 일본 후생성의 「원격근무 가이드라인」에 의한 연장근로 등의 취급 ··· 152

제4절 재택근무와 복무관리 등

1 복무관리 대책 ··· 154
1. 다양한 복무관리 방식 ··· 154
2. 복무규율 위반의 유형과 조치기준 ··· 154
2 재택근무자의 식비, 교통비 · 유류지원비 등의 지급 ··· 156
3 재택근무자에 대한 GPS 등을 통한 위치 추적 가능 여부 ··· 156
4 장시간 근로의 방지대책 ··· 157
1. 재택근무 실시시의 장시간 노동대책 ··· 157

2. 재택근무시의 장시간 노동 방지를 위한 기술적 수단 및 대책 ··················· 158

제5절 재택근무자 건강관리·작업환경

1 재택근무자의 건강관리 ··················· 159

2 재택근무자 작업환경의 정비 ··················· 160

제6절 재택근무와 사회보험

1 사회보험의 적용 ··················· 162

2 산재보상(고용노동부 2020.9.16. 재택근무 종합매뉴얼) ··················· 162

1. 업무상 재해 및 입증책임 ··················· 162
2. 시설물 결함으로 인한 재해 ··················· 163
3. 휴게시간 중 발생한 재해 ··················· 164

제7절 재택근무와 평가·교육·연수

1 재택근무자의 평가 ··················· 166

1. 재택근무자의 평가방법 ··················· 166
2. 성과평가 내용(고용노동부 2020.9.16. 재택근무 종합매뉴얼) ··················· 168
3. 재택근무자에 대한 최근 성과평가 ··················· 169

〈사례 연구〉 한화 그룹의 금융계열사 OKR 도입 사례 ··················· 170

2 사내교육·연수 등의 취급 ··················· 170

제8절 재택근무와 임금, 재택근무비용 및 장비

1 임 금 ··················· 171

2 재택근무와 관련하여 발생한 비용 부담 ··················· 171

1. 정보통신기기 등의 비용 ··················· 172
2. 통신회선비용 ··················· 172
3. 문구, 비품, 우송 등에 따른 비용 ··················· 172
4. 수도·광열비 ··················· 173
5. 교통비·식비(고용노동부 2020.9.16. 재택근무 종합매뉴얼 발췌) ··················· 173

3 재택근무 비용 ······ 174
4 재택근무 실시와 정부지원 ······ 174
1. 재택근무를 실시하는데 소요되는 비용을 정부에서 지원받을 수 있는가 ······ 174
2. 유연근무제 간접노무비 지원 제도 ······ 174
3. 재택근무 인프라(설비) 구축비 지원 제도 ······ 175
4. 재택근무 종합 컨설팅 제도 ······ 176

제4장 재택근무 활용 기업 사례

(고용노동부 2020.9.16. 재택근무 종합매뉴얼)

1. (주)인프라웨어 ······ 181
2. (주)대학내일 ······ 182
3. 스마트스터디(주) ······ 183
4. (주)레이니스트 ······ 184
5. (주)지비스타일 ······ 185
6. 알서포트(주) ······ 186
7. 엔에이치엔(주) ······ 187
8. SK이노베이션(주) ······ 188
9. 램리서치매뉴팩춰링코리아(유) ······ 189

제5장 재택근무를 위한 규정 정비

제1절 재택근무를 위한 규정 작성

1 취업규칙 정립의 필요성 ······ 193
1. 취업규칙의 작성 ······ 193
2. 취업규칙의 작성, 변경의 절차 ······ 194

2 재택근무 도입시 근로자의 동의 ···· 196

3 「재택근무관리규정」 작성의 포인트 ···· 198

1. 재택근무 도입 목적 ···· 198
2. 용어의 정의 및 운영기준 ···· 199
3. 재택근무의 적용범위 ···· 201
4. 재택근무의 기본원칙 ···· 201
5. 재택근무적용대상자(자격)의 범위 ···· 203
6. 재택근무를 행할 업무의 범위 ···· 205
7. 재택근무의 신청 및 해지절차 ···· 206
8. 재택근무 실시기간 ···· 210
9. 재택근무시의 근무장소 ···· 211
10. 재택근무시의 근로시간 ···· 212
11. 재택근무자의 처우 ···· 217
〈사례 연구 1〉 일본 기업 시세이도 및 히타치의 사례 ···· 219
〈사례 연구 2〉 재택근무 수당 지급 사례 ···· 219
12. 재택근무자의 휴가·출장 ···· 220
13. 재택근무시 사용하는 정보통신기기 ···· 221
14. 재택근무시의 보안 관리 ···· 222
15. 재택근무시의 비용부담 ···· 224
16. 재택근무자의 복무 관리 ···· 225
17. 재택근무시의 연락체제·비상상황에 대한 대응지침 ···· 227
18. 재택근무자의 교육·연수 ···· 229
19. 재택근무자의 성과관리 ···· 230
20. 재택근무 지원사항 ···· 231
21. 재택근무자 보상 ···· 232
22. 재택근무 안전 규정 ···· 233
23. 재택근무자의 근무상황 확인 방법 ···· 234
24. 화상회의 규범(Zorms) ···· 234

제2절 재택근무제 관련 규정 모델 및 서식

1 재택근무제 관련 규정(고용노동부 2020.4.2. 재택근무 가이드라인) ···· 236

2 재택근무규칙(취업규칙) ··· 239
3 개인단말업무이용규정 ··· 240
4 보안서약서 예시 ··· 242
5 재택근무제 신청(변경)서 예시 ··· 242
6 재택근무제 승인 통보서 예시 ··· 243
7 재택근무 업무일지 예시 ··· 244
8 재택근무 해제 신청서 예시 ··· 245
9 개인단말업무이용규정의 작성 ··· 246
1. BYOD 묵인의 위험 ··· 246
2. BYOD 규정 작성의 포인트 ··· 246
3. 서약서의 취득 ··· 248
10 개인단말의 업무상 이용에 관한 서약서 ··· 249
11 재택근무에 관한 고용노동부 업무지침 ··· 250
1. 재택근무 가이드라인 ··· 250
2. 재택근무 종합 컨설팅 제도 ··· 255
3. 재택근로자에 대한 근로기준법 적용기준(2000.12.29, 근기 68201-4085) ··· 264
4. 스마트워크 확산을 위한 노동관계법령 가이드라인(고용노동부 2011.4.15) ··· 265

제6장 재택근무와법적 쟁점 사례

(고용노동부 2020.9.16. 재택근무 종합매뉴얼)

1 재택근무 도입 실시 ··· 273
2 근로시간, 연장근로 및 휴게시간 ··· 277
3 복무관리 및 성과평가 ··· 281
4 임금 등, 재택근무 비용 및 장비 ··· 284
5 개인정보 보호 및 보안 대책 ··· 286

6 안전보건 및 산재보상 ········ 287
7 기 타 ········ 289

제7장 재택근무 도입 시 ICT환경의 정비와 보안대책

1 재택근무 시 현행 시스템 환경의 확인 ········ 295
1. 이용기기의 확인 ········ 295
2. 네트워크 회선의 확인 ········ 296
2 재택근무 시 사내 시스템 접근방법의 선택 ········ 296
1. 가상 데스크탑 방식 ········ 296
2. 클라우드 어플리케이션 이용 방식 ········ 297
3. 원격 데스크탑 방식 ········ 297
4. 회사의 단말기 테이크 아웃 방식 ········ 297
3 재택근무 시 커뮤니케이션 수단의 검토 ········ 298
4 재택근무 시 업무관리 응용 프로그램 도입 ········ 299
1. 근태관리 프로그램 ········ 299
2. 출결 관리 프로그램 ········ 299
3. 정보 공유 프로그램 ········ 299
5 재택근무 시 보안 대책의 중요성 ········ 300
1. 보안 대책의 중요성 ········ 300
2. 재택근무자의 복무규율 강화와 보안 서약 ········ 300
3. 영업비밀의 보호 강화 ········ 301
〈사례 연구〉 이스트 시큐리티의 원격근무 보안관리실태조사 결과 ········ 302
6 재택근무 규칙 제정 ········ 302
1. 정보 보안 정책 ········ 302
2. 재택근무시 보안 규칙 ········ 303

7 개인정보 보호 및 보안대책(고용노동부 2020.9.16. 재택근무 종합매뉴얼) …… 304
1. 개인정보 보호 …… 304
2. 보안대책 …… 305
8 재택근무 시 교육·연수 실시 …… 306
9 재택근무시 정보통신의 관리(고용노동부 2020.9.16. 재택근무 종합매뉴얼) …… 309
1. 디지털 홈오피스 구축 …… 309
2. 협업 툴 – 온라인 협업을 위한 소프트웨어 …… 310
3. 재택근무 환경에서의 보안 문제 …… 313
10 재택근무 시 기술적 보안 대책 …… 314
1. 접근의 관리·제한 …… 314
2. 암호화를 이용한 관리 …… 314
3. 바이러스 백신 …… 315
4. 안전한 네트워크 …… 315
11 재택근무 시 물리적 정보 보안 대책 …… 315
12 재택근무를 위한 도구로서 영상회의 성공조건과 향후 전망 …… 316
1. 영상회의의 성공 조건 …… 316
2. 영상회의의 향후 전망 …… 317
〈사례 연구 1〉 LG 디스플레이(주)의 영상회의 사례 …… 318
〈사례 연구 2〉 SKT, 원격회의 위한 그룹 영상통화 서비스 사례 …… 319
〈사례 연구 3〉 영상회의와 직장인들의 사회생활 매너 변화 …… 319

제1장
일하는 방식과 재택근무의 도입

- 제1절 재택근무와 일하는 방식
- 제2절 재택근무제 도입시에 제기되는 문제점과 대책

제1절 재택근무와 일하는 방식

1 재택근무의 개념과 의의

1. 재택근무란 무엇인가

재택근무란 근로자가 부여받은 업무를 자택 등 지정된 장소에서 수행하는 근무유형을 말한다. 근로자의 요청에 따라 사용자가 승인한 자택 외의 장소에서 소정근로의 전부 또는 일부를 근무하는 경우도 재택근무에 해당한다고 볼 수 있다. 다만, 근로자가 업무의 성질상 출장지, 파견근무지 등에서 근로하는 경우는 재택근무에 해당하지 않는다.

재택근무는 대부분의 근무를 일상적으로 자택에서 하는 상시형 재택근무와 필요에 따라 간헐적 또는 수시로 실시하는 수시형 재택근무로 구분할 수 있다.

재택근무란 원격근무(텔레워크)의 한 형태이다. 자택에서 아침에 출근하고 저녁에 퇴근하는 통상근무와는 달리 자택(집안)에서 책상으로 출근하고 침대로 퇴근하는 재택근무 시대가 코로나19로 성큼 다가온 것이다. 즉 방에서 방으로 출근한다. 코로나 시대의 재택근무로 집의 무게중심이 방과 책상이 되고 있다.

원격근무란 ICT(Information and Communication Technology; 정보통신기술)을 활용하여 시간과 장소의 제약을 받지 아니하고 일하는 방식이다. 「멀리, 떨어져」라는 의미의 텔레(Tele)와 일한다는 의미의 워크(Work)를 합성한 말로서 「떨어져서 일한다」는 뜻이다. 전자메일, 메신저, 화상회의, 가상사설망(VPN) 등 재택근무를 가능하도록 하는 전자통신기술은 눈부시게 발전하고 있다. 그러나 우리의 노동관련법령은 재택근무에 관해서 구체적으로 규율하고 있지 않고 참고할 만한 법원의 선례도 충분하지 않다.

2. 재택근무의 도입배경

재택근무는 최근 새로 생겨난 근무방식은 아니다. 1970년대 미국 LA주변에서 마이카 통근에 따른 교통혼잡이나 대기오염을 완화할 목적에서 시작되었다고 한다. 또한 미국과 유럽 등 OECD 선진국들은 디지털경제를 배경으로 한 저출산·고령화 등 인구구조 변화에 대응하고자 1990년대 이후 재택근무 등 스마트 워크를 본격 시행하였다. 2020년 코로나19 대유행(pandemic)에 따라 전세계적으로 재택근무가 급속히 확산되고 일하는 방식의 새로운 기준(new nomal)으로 자리매김하고 있다. 미국에서 재택근무는 'Work From Home', 'Remote Work', 'Telecommuting', 'Flexible Work' 등으로 표현한다. 최근 코로나19 확산으로 비대면 서비스가 활성화됨에 따라 산업현장도 언택트(Untact)를 중심으로 원격근무 및 재택근무 비중이 높아지고 있다. 코로나19는 기업의 근무방식 패러다임을 획기적으로 바꾸는 촉매제가 되었다.

3. 재택근무의 의의

우리나라에서는 1997년 근로기준법에 유연근무제 도입 근거를 마련하고, 장시간 경직적 고용문화를 개선하기 위해 지속적으로 유연근무제 확산과 제택근무제 도입에 정책적 노력을 기울였으나 그 효과는 다소 미흡하였다.

이러한 상황에서 2020년 코로나19를 계기로 수많은 기업들이 재택근무를 도입하면서 효과적인 실행방안을 모색 중이다. 이제 재택근무를 잘 정착시키는 것은 단순히 코로나19 감염병 위험을 극복하는 것은 물론 기업의 지속가능한 성장과도 직결된 문제가 되었다.

한편, 우리나라의 세계적 IT역량을 기반으로 재택근무가 잘 정착된다면 일·생활 균형 등을 통해 심각한 저출산·고령화 문제 해소의 계기도 될 것이다.

재택근무에 대해 일부 생산성에 대한 우려가 있었으나, 실행해 본 다수의 기업들에서는 직무만족 뿐 아니라 업무효율성에서도 높은 평가가 나오고 있다. 재택근무를 원활히 정착하기 위해서는 기업과 근로자가 신뢰와 협력 속에서 근무성과와 직무만족을 조화시키는 지혜를 발휘해야 한다.

또한, 디지털 경제의 흐름이 가속화되는 상황에서 대기업에 비해 상대적으로 스마트 근무환경 조성에 어려움을 겪고 있는 중소기업에서 재택근무가 확산될 수 있도록 정책적 지원을 강화할 필요가 있다.

4. 코로나19 사태와 재택근무

(1) 코로나19 사태가 재택근무에 미친 영향

우리나라에서 그동안 노사의 낮은 인식과 전통적인 사무실 근무 문화로 인해 재택근무 도입은 현저히 낮은 수준을 보이고 있었다. 그러나 신종 코로나 바이러스 감염증(코로나19) 사태는 집의 개념을 근본적으로 바꿔놓았다. 이제까지 집은 가족과 함께하는 휴식의 공간이었다. 그러나 코로나19 사태를 겪고 있는 시대에 사무실의 개념을 좀 더 유연하게 확장할 필요가 있게 되었다. 코로나19 사태로 일부 직원의 감염으로 사무실이 일시적으로 폐쇄되거나 또는 기업이 조를 짜 순서대로 재택근무에 들어갔다. 집은 가족이라는 최소공동체 단위의 공유물이고 최후의 안식처이다. 그러나 코로나19 사태 후에는 집(주택)의 기능도 바뀌고 있다. 재택근무시대의 집은 휴식공간·업무공간·학습공간·활력충전공간으로 다목적 융합기능을 발휘하고 있다. 재택근무가 증가하면서 주택시장에 올인룸(All in room) 현상이 빠른 속도로 확산됐다. 올인룸은 '방 하나에 모든 것을 갖춘다' 는 뜻이다. 방이라는 공간은 일하고 식사하고 휴식까지 할 수 있도록 모든 기능을 갖춰야 한다는 것이다. 이른바 홈 오피스(Home Office)이다. 코로나19 사태는 집의 기능과 함께 직장의 근무방식도 크게 변하게 만들었다. 코로나19 사태가 장기화됨에 따라 재택근무가 확산되면서 재택근무자는 노트북·스마트폰으로 집에서 업무를 처리하며 재택근무를 일상화하는 계기가 되었다. 코로나 19로 '사회적 거리 두기' 가 강조되면서 온라인 소비, 재택근무, 온라인 교육 등이 늘어나고 있다. 경제활동 중심이 오프라인에서 온라인으로 움직이면서 '비대면 산업' 이 새로운 라이프스타일로 자리잡아가고 있다. 이로 인해 클라우드, 빅데이터, 5G 등 네트워크 인프라 확충 등에 관한 관심이 집중되고 비즈니스의 디지털화(digital transformation)가 촉발될 것이다. 이제 재택근무는 디지털 기술로 업무를 전환시키는 디지털 전환(트랜스포메이션) 그 자체다. 국내외 IT 공룡들과 소프트웨어 업체들이 재택근무를 주도하는 것도 그런 이유에서다. 증강현실(AR)·가상현실(VR)·홀로그램 등 첨단 IT도 재택근무에 활용될 전망이다. 앞으로의 시대는 코로나19 사태 이전의 BC(Before Corona)와 그 이후의 AC(After Corona)로 나뉘게 될 것이다. AC 시대는 사회 전체가 좀 더 날렵하고, 유연한 사회가 되도록 요구받는다. 그러기 위해서 낯선 문화로의 이행이 필수적인데, 많은 기업은 지금까지의 '익숙한 것과의 결별'을 아쉬워하는 단계에 있는 것 같다. 이미 익숙해진 업무습관 변화에 대한 거부감을 없애기 위해서 업무습관을 유지하는 것이 중요하다. 업무습관을 유지하기 위해서는 업무일관성, 상시커뮤니케이션, 업무연속성이 유지되어야 한다. 코로나19는 기업조직문화에 전례없는 영향을 끼쳤다. 핵심 키워드는 언택트(비대면)가 촉발한 일하는 방식의 혁신이다. 언택트(Untact)는 접촉을 뜻하는 컨택트(Contact)에 부정접두사인 언(Un)을 조합한 말이다. '비대면', '비접촉'이라고도 한다. 일하는 방식에서 거대한 변화에 대응해야 하는 시대가 온 것이다. 코로나19 사태는 디지털 전환을 중심으로 일하는 방식의 혁신을 가속화하고 있다. 사회적 거리두기로 시작된 재택·원격근무는 어느새 일상화되었다. 비대면 업무를 전폭 지원하기 위한 디지털 첨단 기술도 속속 개발되고 있다.

(2) 코로나19 대응지침과 재택근무 확대

코로나19 대응지침은 사회적 거리두기를 세 단계로 구분하고 있다. 정부가 제시하는 '사회적 거리두기' 기준에 따르면 1단계는 기업에 유연·재택근무 등 활성화를 권장한다. 2단계에는 재택근무 등을 통한 근무인원 제한을 권고하고, 3단계로 가면 필수인원 외 전원 재택근무를 권고한다. 방역당국은 2020년 8월 16일부터 서울·경기 지역에 2단계 거리두기를 시행하고 8월 23일부터 전국에 2단계 거리두기를 시행하였다. 3단계는 아직 가보지 않은 길이다. 2020년 8월 말 1일 200명 내지 400여 명의 코로나 확진자가 발생하자 2020년 8월 30일부터 9월 13일까지 2.5단계 격상을 14일부터 2단계로 낮추고 2020년 10월 12일부터 1.5단계로 하향 조정했다. 앞으로는 코로나19 확진자 수 규모에 따라 단계별 조치가 시행된다.

'포스트(post) 코로나'보다 '더불어(with) 코로나' 시대라는 표현이 더 적절할 정도로 코로나 파장 장기화는 굳어져 가고 있다.

사회적 거리두기 단계별 조치(자료: 중앙재난안전대책본부)

구 분	1.5단계	2단계
모임·행사	100명 이상 행사는 4㎡당 1명으로 인원 제한(수도권은 자제 권고)	실내 50명, 실외 100명 이상 금지
프로야구 등 스포츠 경기	관중 30%로 제한해 허용	무관중
고위험시설	방문판매시설 외 영업 허용	클럽, 노래방, 뷔페 등 영업금지
국공립시설	인원 50%로 제한해 허용	실내 시설 운영 중단
다중이용시설	영업 허용(수도권은 방역수칙 의무 적용)	방역수칙 지키면 영업 허용
교회	대면 예배 허용, 식사·소모임은 금지	수도권은 비대면 예배만 허용
사회복지시설, 어린이집	운영 가능	휴관 권고
근무형태	공공기관 3분의 1 유연·재택근무	공공기관 절반 유연재택근무

(3) 코로나19 2단계 사업장 대응지침(고용노동부 2020.8.24)

① 사업장 밀집도를 줄이기 위해 장소에 제약 없이 근무할 수 있는 경우 재택근무를 적극 활용한다.

* 공공기관은 전체 인원의 1/2을 유연근무(재택근무, 시차출퇴근제 등) 권고, 민간 기업은 사업장 특성에 맞게 공공기관과 유사한 수준으로 적극 활용한다.
* 특히, 임산부 등 감염에 취약한 노동자는 재택근무, 휴가 등을 적극 활용한다.
* 재택근무 인프라가 구축되어 있지 않은 경우, 고용노동부 재택근무 인프라구축 지원 제도 및 재택근무 종합 컨설팅 제도를 활용하여 사업장 특성에 맞는 재택근무 시스템 구축에 노력한다.

② 출퇴근 시간 대중교통 집중 이용에 따른 감염 확산을 방지하기 위해 시차출퇴근제를 활용한다.

③ 휴가제도(연차휴가, 병가, 가족돌봄휴가 등)를 적극 활용하여 사회적 거리두기를 실천한다.

④ 유연근무 및 휴가 등을 자유롭게 활용할 수 있는 환경을 조성하고 이로 인한 불이익 없도록 조치한다.

5. 원격근무의 유형과 재택근무

원격근무에는 다양한 형태가 있으나, 주된 요소로서는 「근무형태」와 「근무장소」에 따라 분류하는 것이 일반적이다. 근무형태에 따른 분류에는 「고용형」과 「자영형」으로 나눌 수 있고, 기업이 고용하는 근로자가 행하는 원격근무를 「고용형 원격근무」, 개인 사업주 등이 스스로 수행하는 원격근무를 「자영형 원격근무」라고 한다.

한편 근무장소에 따른 분류에는 「재택형」, 「모바일형」, 「위성형」의 3개 유형으로 분류된다. 재택형 원격근무 중 고용형 원격근무를 「재택근무」, 자영형 원격근무를 「재택워크」라고 한다.

또한 모바일형 원격근무란 지하철이나 승용차, 항공기 등의 교통기관으로 이동 중 어떤 때는 거래처나 출장지, 호텔, 카페 등에서 시설에 의거해서 하는 것이 아니고 노트북이나 스마트폰 등의 휴대용 단말을 이용하여 업무를 수행하여 일하는 방식을 말한다.

위성형 원격근무에는 고용형으로 일하는 거점오피스 등 통상 업무를 수행하는 직장과는 다른 시설을 근무장소로 하여 업무를 수행하거나 자영업으로 하는 SOHO나 공유오피스 등을 활용하여 근무하는 방식이 있다. 이러한 오피스공간 등을 계약형태에 따라 「전용형」과 「공용형」으로 분류할 수 있다.

원격근무의 분류

<table>
<tr><th colspan="2" rowspan="2">구 분</th><th colspan="4">근무장소</th></tr>
<tr><th>재택형</th><th>모바일형</th><th colspan="2">위성형(새틀라이트형)</th></tr>
<tr><td rowspan="4">근무형태</td><td rowspan="2">고용형</td><td rowspan="2">재택근무</td><td rowspan="2">모바일근무</td><td>전용형</td><td>거점오피스근무</td></tr>
<tr><td>공용형</td><td>공유오피스
코워킹스페이스</td></tr>
<tr><td rowspan="2">자영형</td><td rowspan="2">재택워크</td><td rowspan="2">노마드워크</td><td>전용형</td><td>SOHO</td></tr>
<tr><td>공용형</td><td>공유오피스
코워킹스페이스</td></tr>
</table>

2 재택근무 도입 관련 실태조사·고용노동부 실태조사

1. 재택근무제 도입 실태조사

우리나라 기업의 재택근무제 도입은 주요 선진국과 비교할 때 낮은 수준에 머물러 있다. 고용노동부에서 발간한 '2019년 일·가정 양립 실태조사' 에 따르면 한국의 재택근무제 도입률은 약 4.5%로 나타났다.

재택근무 도입과 관련하여 코로나19 사태 이후에 각종 단체, 연구기관, 고용노동부의 실태조사가 있었던 바 조사결과 발표 순서에 따라 이를 소개한다.

(1) 대한상공회의소 2020년 6월 30일「코로나 이후 업무방식 변화 실태 조사」

1) 규모별 원격근무 시행기업 현황

대한상공회의소가 국내기업 300여개社 인사담당자를 대상으로 실시한 '코로나 19 이후 업무방식 변화 실태' 를 조사한 결과에 따르면 '코로나19 이후 원격근무를 시행했다' 고 응답한 기업은 34.3%로 코로나19 이전보다 4배 이상 증가한 것으로 나타났다. 〈'코로나 19 이전 원격근무 시행했다' 8.3%〉

규모별 원격근무 시행기업

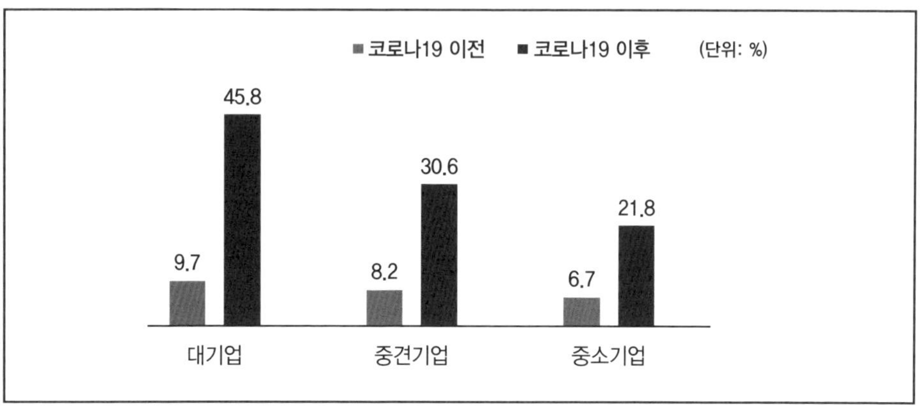

세부적으로 살펴보면 코로나19 이전 원격근무 시행기업은 대기업 9.7%, 중견기업 8.2%, 중소기업 6.7%에 그쳤지만, 코로나19 이후 원격근무 시행기업은 대기업 45.8%, 중견기업 30.6%, 중소기업 21.8%로 기업규모에 따라 최대 5배 가까이 늘어난 것으로 나타났다.

2) 코로나 이후 업무방식 변화

코로나19로 인한 변화는 사무실 안쪽에서도 이어지고 있었다. 기업들이 코로나19 예방을 위해 대면활동을 크게 줄였기 때문이다.

조사 결과 대부분의 기업이 '출장·외근'(93.9%), 집체교육(95.8%), 회식(97.1%) 등 외부활동이나 사람이 모일 수밖에 없는 활동을 크게 줄인 것은 물론이고, '정례회의'(74.0%), '대면보고'(43.9%) 등 경영상 불가피한 활동 역시 생략하거나 비대면 방식으로 대체한 경우가 많았던 것으로 나타났다.

코로나19 이후 업무방식 변화

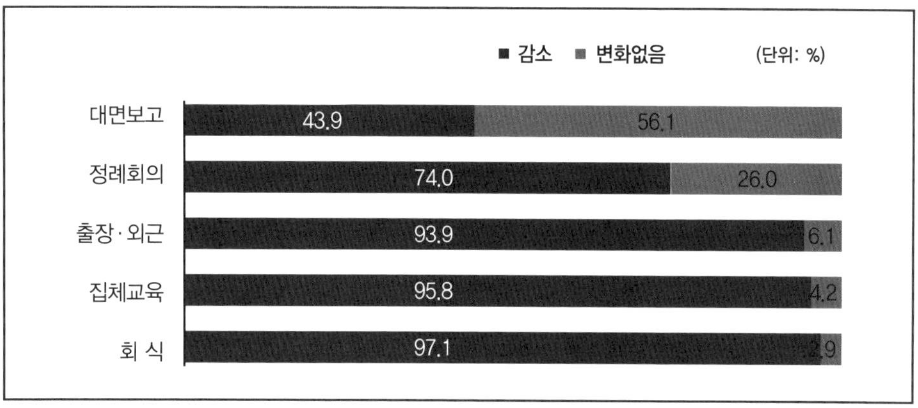

3) 비대면 업무 시행 효과 평가

비대면 업무방식은 당초 우려와 달리 부작용이 크지 않았다. '비대면 업무 시행 후 업무효율성이 떨어졌다'는 응답은 전체 중 16.4%에 그쳤고, 대부분의 기업은 업무효율성이 이전과 비슷하거나 오히려 좋아졌다고 답했다. 〈'이전과 비슷' 56.1%, '효율성 높아짐' 27.5%〉

불필요한 보고와 회의, 회식 등이 줄어드니 자연스레 직원 만족도도 높아졌다. '원격근무, 화상회의 등 비대면 업무에 대한 직원 만족도가 어땠는지'를 묻는 질문에 '만족도가 높았다'(82.9%)는 응답이 '불만족했다'(17.1%)는 응답을 크게 웃돌았다. 〈'매우 만족' 9.8%, '다소 만족' 73.1%, '다소 불만족' 17.1%〉

유통업체 C과장은 "재택근무로 출퇴근 시간을 절약한 것도 만족스러웠지만 회의가 줄어든 점이 가장 좋았다"면서 "자연스레 불필요한 자료 작성이 줄었고 꼭 필요한 경우 화상회의나 메신저로 대체하면 되니 업무진행에 차질도 거의 없었다"고 평가했다.

비대면 업무 시행 효과 평가

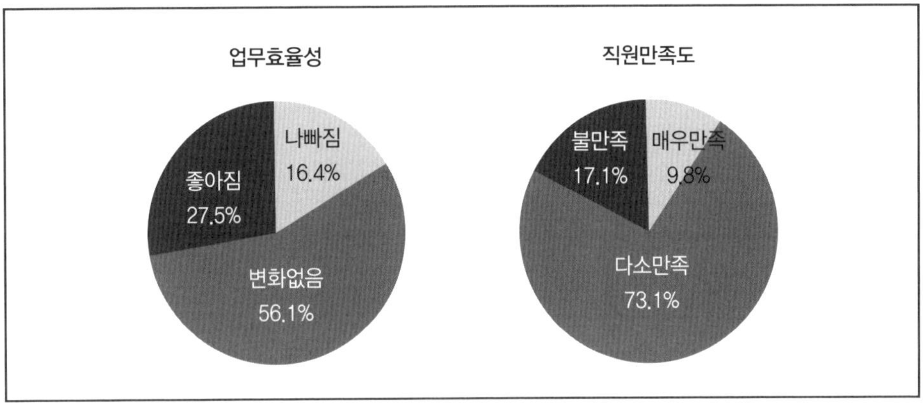

4) 비대면 업무 방식 지속 여부

그러나 업무효율성, 직원만족도 등이 긍정적이었음에도 불구하고, 대다수 기업들은 비대면 업무방식 지속에 부담을 느끼는 것으로 나타났다. 일시적 시행은 별 문제없어 보여도 장기적으로는 기존 방식과 불협화음을 야기할 수 있다고 보기 때문이다.

코로나19 이후 원격근무를 지속하거나 도입할 계획이 있는지에 대한 응답으로는 '전혀 없음'이 70.8%를 차지했다. 〈'현재 활용 중이며 향후에도 지속' 7.7%, '도입 검토 중' 21.5%〉 또한 원격근무 도입계획이 없다고 답변한 기업 중 72.8%는 화상회의, 온라인 보고 등 비대면 업무방식을 확대할 의향도 없다고 답했다. 〈'있다' 27.2%〉

비대면 업무방식 확대를 꺼리는 이유로는 '기존 업무방식과 충돌해서' (62.9%)라는 답변이 가장 많았고 '업무진행속도 저하 우려' (16.7%), '정보보안 우려' (9.2%), '인프라 구축비용 부담' (7.0%) 등이 뒤를 이었다. 〈 '기타' 4.2%〉

제약업체 인사팀 D팀장은 "본격적으로 업무방식을 바꾸려면 기술적인 문제 외에도 어떻게 업무를 기획하고 진행할지, 근태관리나 성과평가는 어떤 방식으로 할지 전면적인 재정립이 필요할 것으로 보인다"면서 "재택근무를 휴가처럼 생각하는 직원, IT기술에 능숙하지 않거나 변화를 꺼리는 리더 등 일부 구성원들의 사고방식도 걸림돌이다"고 말했다.

실제로 '비대면 업무 확대를 위한 선결과제' 를 묻는 질문에 '보고·지시 효율화' 라는 답변이 51.8%로 가장 많았고 '임직원 인식·역량 교육' (28.1%), '보안시스템 구축' (23.8%), '성과평가·보상제도 재구축' (15.3%), '팀워크 제고방안 마련' (9.5%) 등이 뒤를 이었다. 〈복수응답〉

대한상의는 "비대면 업무방식이 업무방식 효율화를 위한 과정인지, 업무방식 효율화를 이룬 후의 Next-step인지에 대한 기업 간 입장차가 있었다"면서 "기업마다 처한 환경이 다른 만큼 업종 특성과 현재 업무방식의 효율성, 인프라 구축현황 등을 종합적으로 판단해 비대면 업무방식 확대여부를 저울질하는 것으로 보인다" 고 덧붙였다. 자칫 글로벌 흐름에 뒤쳐질 수 있다는 우려의 시각도 있다. 구글, 트위터 등 미국 IT기업들이 연이어 원격근무 확대를 발표하고 있으며, 제조기업인 일본의 도요타도 재택근무를 전 직원의 1/3까지 확대했다.

(2) 한국경제연구원 2020년 7월 20일 「코로나 이후 근로형태 및 노동환경 전망」 조사결과

1) 코로나19 이후 유연근무제 도입현황

한국경제연구원(이하, 한경연)이 여론조사기관 리서치앤리서치에 의뢰하여 국내 매출액 500대 기업을 대상으로 「코로나19 이후 근로형태 및 노동환경 전망」을 조사한 결과, 대기업 4개사 중 3개사(75.0%)는 코로나19에 대응하기 위해 유연근무제를 신규도입 또는 확대하였고, 그 중 과반(51.1%)은 코로나19가 진정되어도 유연근무제를 지속·확대할 계획인 것으로 나타났다.

2) 코로나19 이후 노동시장에 몰고 올 가장 큰 변화

대기업들은 코로나가 노동시장에 몰고 올 가장 큰 변화로 비대면·유연근무제 등 근로형태 다변화(39.1%), 산업구조 디지털화에 따른 일자리 감소(25.1%)를 지적했다. 포스트코로나에 대응하기 위한 정부 정책방향으로는 유연근무제 관련 근로기준법 개선(33.7%), 유연근무제 인프라 구축비 지원(26.8%) 등이 필요하다고 보았다.

대기업들은 코로나19가 초래할 가장 큰 노동·고용환경 변화로 비대면·유연근무제 등 근로형태의 다변화(39.1%)를 꼽았다. 이어서 산업구조 디지털화에 따른 일자리 감소(25.1%), 다양한 근로형태를 규율하는 노동법제 개편(18.4%), 근로형태 변화에 따른 평가·보상체계 개선(13.4%) 순으로 응답했다.

코로나19 이후 평가·보상체계의 중요한 척도로는 개인·집단별 성과 및 업적(35.2%), 담당업무 중요도 및 책임정도(29.6%), 직무능력의 향상(27.7%), 근속연수, 연령 등 연공서열(4.4%) 등의 순으로 나타나, 호봉제보다는 성과급제가 확산될 것으로 전망됐다.

코로나 이후의 노동환경 변화(%, n=120)

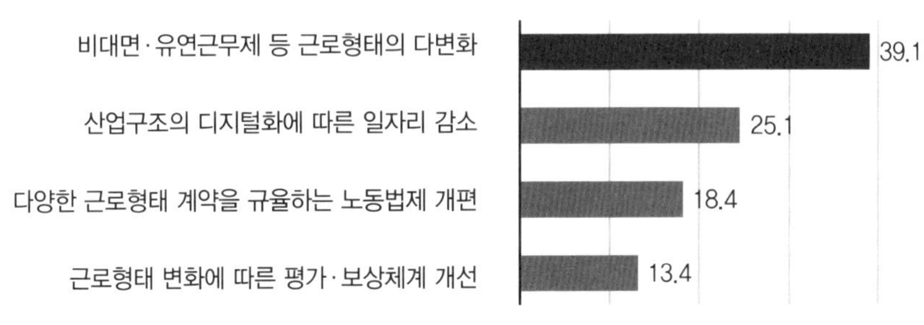

출처: 한국경제연구원 2020.7.20

3) 유연근무체제의 활용내용

국내 대기업들의 75.0%는 코로나19에 대응하여 유연근무제를 활용하고 있는 것으로 조사되었다. 구체적으로는 기존 유연근무제 보완·확대 45.8%, 유연근무제 신규 도입 29.2%로 나타났다. 현재 유연근무제를 활용하지는 않지만 도입을 검토 중인 기업 비중도 10.0%로 조사되었으며, 도입계획이 없다고 밝힌 기업 비중은 15.0%에 불과했다.

대기업들이 활용하고 있는 유연근무제 형태는 재택·원격근무제(26.7%), 시차출퇴근제(19.0%), 탄력적 근로시간제(18.3%), 선택적 근로시간제(15.4%), 사업장 밖 간주근로시간제(8.1%), 시간선택제(6.2%) 순이었다.

코로나 대응 유연근무제 현황(%, n=120)

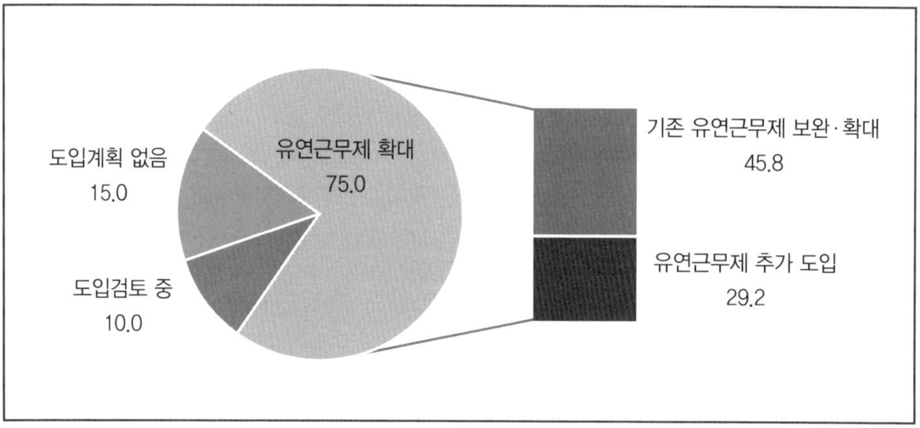

유연근무제 도입 형태(%, n=120)

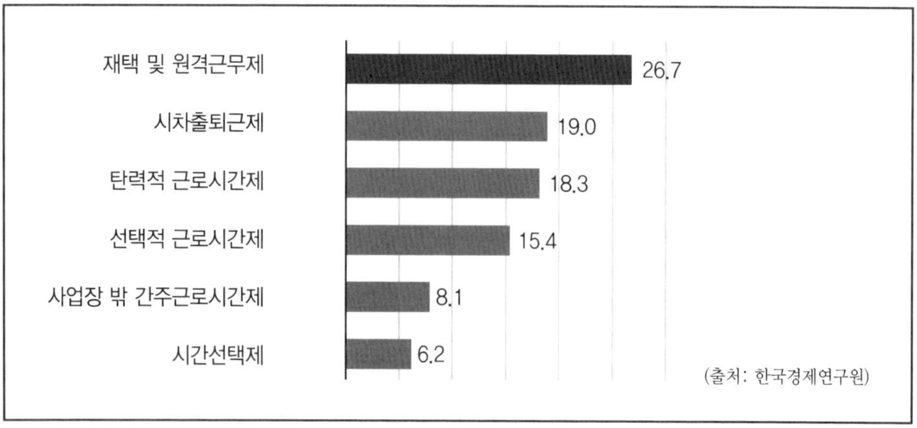

(출처: 한국경제연구원)

코로나19 이후 유연근무제를 도입·확대한 대기업의 10개사 중 약 6개사(56.7%)는 유연근무제 시행이 업무효율 및 생산성 향상에 '긍정적'이라고 평가했다. 구체적으로는 매우 긍정적(15.6%), 긍정적(41.1%), 이전과 비슷함(38.9%), 부정적(3.3%), 매우 부정적(1.1%) 순이었다.

유연근무제의 생산성 향상 효과(%, n=90)

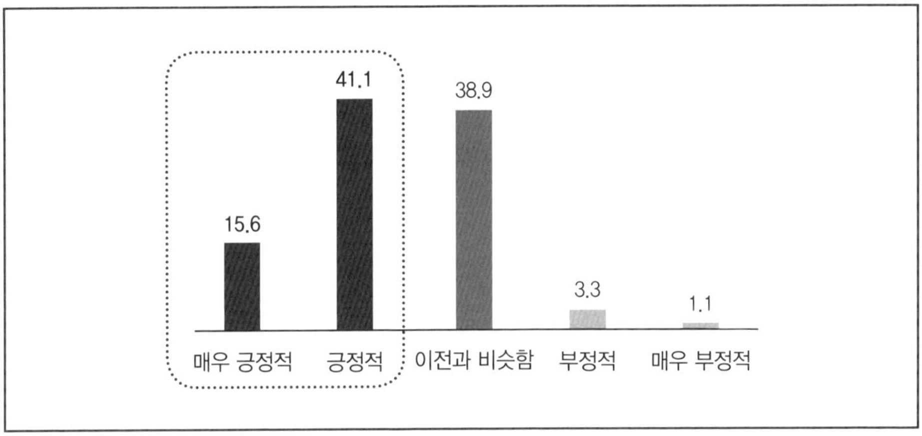

코로나 진정시 유연근무제 운영(%, n=90)

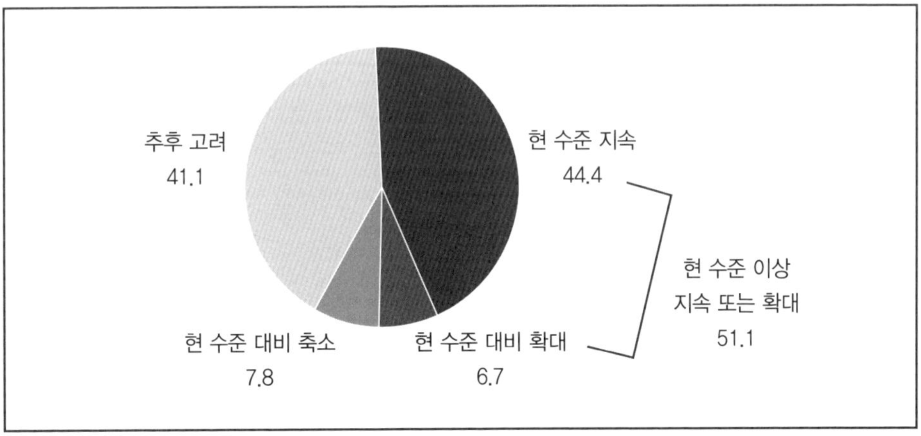

4) 유연근무제·재택근무제 지속 여부

한국경제연구원(2020년 7월 20일) 발표에서도 유연근무제를 운영하는 기업의 과반(51.1%)은 코로나19가 진정된 이후에도 유연근무제를 지속·확대할 계획이라고 응답했다. 이는 유연근무제를 축소하겠다고 응답한 기업 비중 7.8%의 6.6배 수준이다.

한국경영자총협회가 국내 매출 100대 기업을 설문 조사한 결과(2020.9.13) 코로나19가 잠잠해지더라도 재택근무를 더 적극적으로 활용하겠다는 기업도 많았다. 응답 기업의 53.2%는 코로나19 위기 상황이 해소된 이후에도 재택근무가 확산될 것으로 전망했고, 예전으로 돌아갈 것이라고 답한 비율은 33.9%였다.

일본 생산성본부의 「신형코로나바이러스 감염 확대가 근로자의식에 미치는 조사 결과 리포트」(2020.5.22)에 의하면 코로나19가 종식된 후에도 재택근무를 실시하고 싶은가에 대해 그렇다24.3%, 대체로 그렇다 38.4%로 60%를 넘는 기업이 적극적인 대답을 하고 있다.

(3) 한국경영자총협회 2020년 9월 13일 설문조사 결과

1) 매출 100대 기업 재택근무 현황

한국경총이 「사회적 거리두기에 따른 매출 100대 기업 재택근무 현황 조사」를 실시한 결과, 응답 기업의 재택근무 '시행' 비율은 88.4%이다.

수도권 2.5단계, 전국 2단계 상황에서 조사(2020년 9월 7일~8일)

본 조사는 국내 매출액 100대 기업(2019년 기준) 가운데 공기업 9개사를 제외한 민간기업 91개사를 대상으로 실시한 전화조사 결과이며, 응답 기업 수는 69개사이다.

응답 기업의 88.4%가 '현재 재택근무를 시행 중' 인 것으로 나타났다(사무직 기준).

높은 재택근무 시행률은 최근 코로나19 감염병 확산 방지 및 예방을 위한 사회적 거리두기 캠페인에 대한 주요기업의 적극적인 참여 결과로 풀이된다.

매출 100대 기업 재택근무 시행 현황

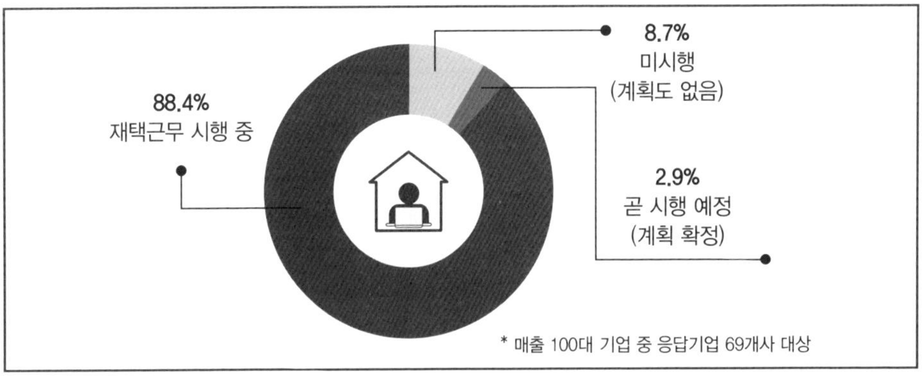

조사 시점에 재택근무를 시행하고 있지 않으나, '곧 시행 예정(계획 확정)' 인 기업의 비중은 2.9%로, 시행 중이거나 시행 계획이 확정된 기업 비중을 합치면 91.3%에 달했다.

응답 기업 중 '현재 재택근무를 시행하지 않고 있으며, 구체적인 시행 계획도 없는 사업장(미시행 기업)' 은 8.7%(6개사)였다.

재택근무를 시행하지 않은 이유로 '업무 특성' 상 쉽지 않다는 응답이 많았으며, 사업장 시설내 밀집도 저하 조치나 소독을 강화하는 등 방역관리를 철저히 하고 있어 재택근무를 고려하지 않는 기업도 있었다. 일부 사업장은 사회적 거리두기가 3단계로 격상될 경우에 한해 재택근무를 검토할 것으로 응답했다.

한편, 사무직 재택근무를 시행하는 사업장이더라도 현장에 근무하는 생산직의 경우 업무 특성상 정상출근이 불가피한 것으로 나타났다.

사무직 재택근무를 시행한다고 응답한 기업 가운데, 생산직 재택근무를 시행하는 회사는 한 곳도 없었다.

생산직의 경우 생산설비를 운영·관리해야 하는 직무의 특성상 현실적으로 재택근무가 가능하지 않다는 의견 이었다.

다만, 재택근무 시행이 어려운 생산직에 대해 일부 기업에서는 필요시 연차휴가 외 별도 유급휴가를 부여하거나, 식사·휴게시간 조정, 휴게실·구내식당·통근버스 밀집도 저하 등 감염병 예방을 위한 조치를 시행 중인 것으로 조사됐다.

2) 재택근무 방식

재택근무를 시행하는 구체적인 방법은 기업마다 달랐으나, '교대조 편성 등을 통한 순환방식' 을 가장 다수가 채택(44.4%)하고 있었다.

구성원을 2조 또는 3조로 나눠 교대방식으로 재택근무를 하게 하거나, 출근자 비율을 특정(ex. 50%)하여 부서단위로 자율적으로 운영하게 하는 등 사업장 특성에 맞는 다양한 방식의 순환 재택근무를 시행하는 것으로 나타났다.

주요기업 재택근무 방식

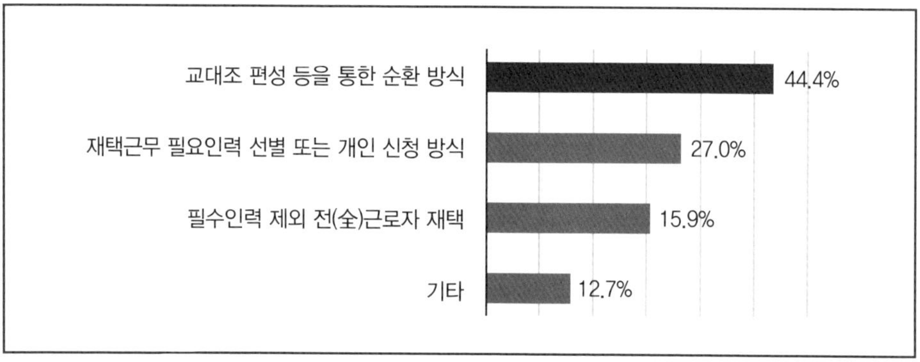

다음으로 '재택근무 필요인력을 선별하거나 개인 신청' 에 따라 재택근무를 시행하는 기업 비중이 27.0%로 나타났다.

이는 건강·돌봄·임신 등의 사유가 있는 근로자를 중심으로 재택근무를 시행하거나, 개인의 신청에 따라 재택인원을 결정하는 사례가 많았다.

응답기업의 15.9%는 업무 특성상 반드시 사무실 출근이 필요한 '필수 인력을 제외한 전직원에 대해 재택근무' 를 시행하고 있는 것으로 나타났다.

이들 기업 중 일부는 최근 강화된 '수도권 거리두기 2.5단계' 조치가 전사적 재택근무 시행의 결정적 계기가 되었다고 설명했다.

기타 응답으로 '특정요일(ex. 주 1회)만 재택근무를 시행' 하거나, '부서장에게 재량권을 부여하여 재택근무 방식을 결정' 하게 하는 등 기업마다 다양한 방법을 활용하는 것으로 조사되었다.

3) 재택근무시 체감 업무생산성

재택근무시 근로자들의 업무 생산성에 대해 '정상근무 대비 90% 이상'의 생산성을 발휘하고 있다는 응답이 46.8%로 가장 많았다.

해당 설문의 경우 응답자(인사담당자)의 주관적 평가를 묻는 문항으로, 정상출근 대비 생산성 비율이다.

- 업무생산성을 '80~89%'로 응답한 비중이 25.5%, '70~79%'가 17.0%였다.
- 정상근무 대비 생산성이 70% 미만이라는 응답은 10.6%였으며, 생산성이 절반(50%)에도 미치지 않는다는 부정적 평가도 일부(4.3%) 있었다.

인사담당자가 평가한 재택근무 생산성

(정상출근시 생산성 = 100, %)

<table>
<tr><th rowspan="2">구 분</th><th colspan="3">70% 미만</th><th rowspan="2">70~79%</th><th rowspan="2">80~89%</th><th colspan="2">90% 이상</th></tr>
<tr><th>50% 미만</th><th>50~59%</th><th>60~69%</th><th>90~99%</th><th>100%</th></tr>
<tr><td rowspan="2">응답 비중
(전체 100%)</td><td colspan="3">10.6</td><td rowspan="2">17.0</td><td rowspan="2">25.5</td><td colspan="2">46.8</td></tr>
<tr><td>4.3</td><td>2.1</td><td>4.3</td><td>21.3</td><td>25.5</td></tr>
</table>

재택근무 업무 생산성에 대한 전체 응답을 평균할 경우 정상출근 대비 약 82.7% 수준으로 나타났다.

재택근무시 생산성에 대한 평가는 같은 사업장내에서도 직무 특성과 업무여건, 개인 특성 등에 따라 다양하게 나타났다.

〈예시〉 단독으로 업무진행이 가능한 기획·연구 중심의 직무는 재택시 불필요한 방해요소가 줄어 업무집중도 향상으로 이어진다는 긍정적인 평가가 있는 반면, 대면·협업이 필요한 직무의 경우 성과 저하가 우려된다는 의견도 있었다.

조사결과에 따르면 정상근무 대비 재택근무시 생산성에 큰 차이가 나지 않아 재택근무에 대한 수용성이 비교적 높은 것으로 나타났다. 다만, 이는 조사대상이 규모가 매우 큰 대기업으로 IT프로그램 활용, 업무·성과관리 시스템 등을 통해 재택근무 생산성을 관리하고 있기 때문인 것으로 추정된다.

재택근무를 시행 중인 주요기업들은 업무환경의 변화로 인한 근로자들의 생산성 저하를 방지하기 위해 다양한 보완책을 시행한 것으로 나타났다(복수응답).

재택근무 도입 기업의 77.6%가 장소적 분리로 발생할 수 있는 직원간 커뮤니케이션의 불편을 해소하기 위해 협업툴, 메신저 등의 IT프로그램 활용을 확대한 것으로 조사되었다.

또한 비대면 상황에서도 업무 및 성과의 관리가 원활하게 진행될 수 있도록 성과관리시스템을 더 강화한 기업도 56.9%로 나타났다.

〈예시〉 근태 및 업무진행 상황을 기록·관리하는 프로세스 도입, 결과 중심의 성과평가 체계 강화 등

그 밖에 사무실과 동일한 업무환경을 구축할 수 있도록 사내 업무시스템 접근 제한을 일시적으로 해제하거나, 노트북 컴퓨터 반출을 허용하는 등 다양한 지원책을 마련(51.7%)한 것으로 조사됐다.

2. 고용노동부 실태조사

고용노동부·잡플래닛 공동으로 2020년 8월 「재택근무 활용실태 설문조사」를 인사담당자 400명, 근로자 878명 대상으로 실시한 결과이다(2020.9.16. 고용노동부 재택근무 종합매뉴얼).

재택근무 활성화를 위해 필요한 기업의 조치는?(근로자)

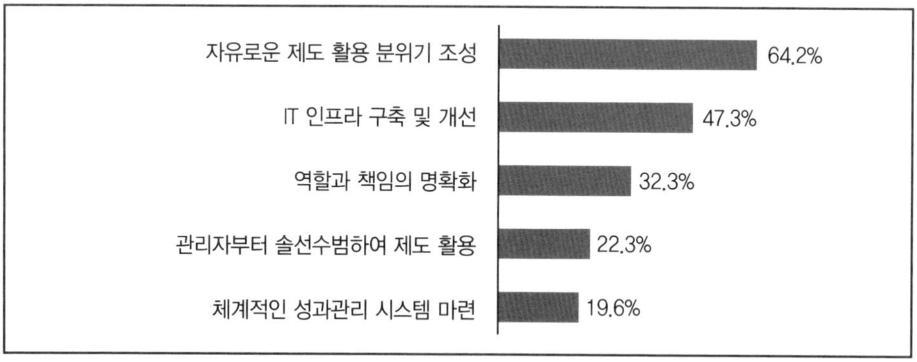

재택근무 시행의 어려움은?(인사담당자)

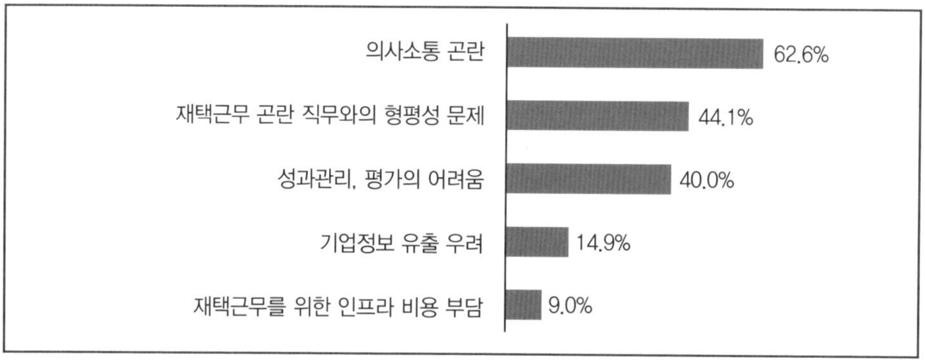

재택근무를 망설이게 하는 이유는?(근로자)

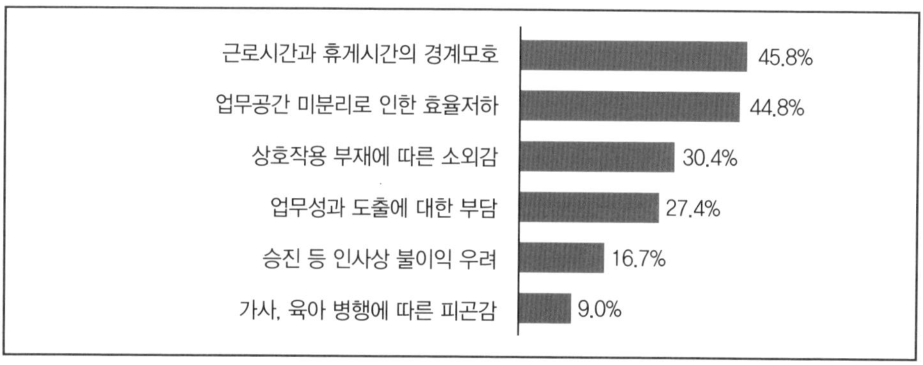

재택근무를 시행하지 않은 이유는?(인사담당자)

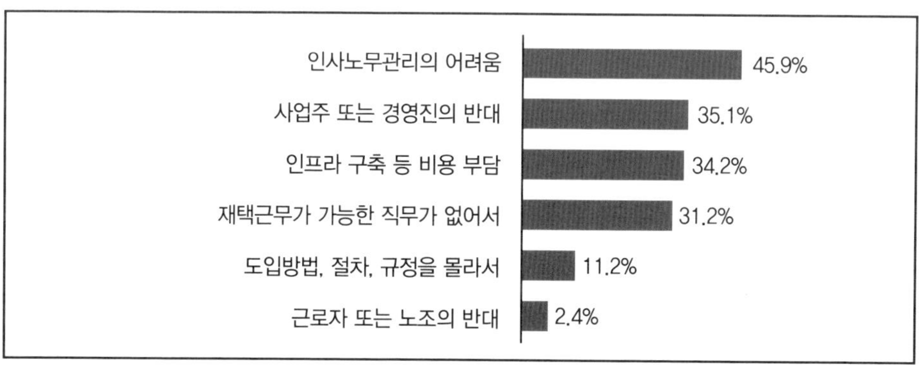

3 재택근무제 도입상황

재택근무는 산업 변화와 근무형태에 따라 부침을 여러 번 겪었다. IBM은 1993년 전체 직원의 40%를 원격근무 형태로 바꿨으나 2017년 원격근무를 아예 없애고 사무실 체제로 전환했다. 야후 등 수많은 기업이 재택근무 체제에 도전했지만 실패했다. 재택근무를 일찌감치 도입한 일본도 그동안 큰 진전은 보이지 못했다. 그 이유는 보안문제가 컸고 재택근무로 생산성이 올라가지 않는 것도 문제였기 때문이다. 일본 총무성 2019년 발표(총무성 2018 통신이용동향조사결과)에 따르면 그 이유는 재택근무에 적절한 업무가 없다는 것(74.7%), 정보누설 걱정(23.3%), 업무의 진행이 어렵고(22.3%) 고객 등 외부 대응에 지장이 많고(11.8%) 사내 커뮤니케이션에 지장(11.3%)이 있다는 것이다.

우리나라 기업의 재택근무 도입률은 재택근무 선진국에 비하여 현저히 낮다. 코로나19 사태 초반에 많은 기업은 처음에는 재택근무를 생각하지 못했다. 코로나19 사태로 확산되고 있는 과정에서 재택근무에 대한 근로자의 인식이 긍정적으로 변한 가운데 2020년 2월 23일 코로나19에 대한 국가 대응 단계가 "심각"으로 격상되면서 새로운 국면을 맞이했다. 2020년 2월 24일부터 SK텔레콤 등 대기업을 비롯해서 네이버 등 IT인프라가 탄탄한 대기업 중심으로 재택근무 체제 전환을 급속하게 시행하게 되었다.

여기에는 업무 효율에서 재택근무가 회사 출근보다 낫다는 인식이 바탕에 깔려 있다. 출퇴근 시간의 낭비를 막는 데다 인사고과 시엔 사내 인간관계를 배제하고 온전히 성과와 결과로만 평가할 수 있기 때문이다. "가족과 보내는 시간이 길어졌다"는 환영과 함께 "메신저나 화상회의 시스템에 얽매여 종일 PC앞을 떠나지 못한다"는 호소도 들린다. 코로나19가 우리 눈앞에 '출근하지 않는 회사' 시대를 덜컥 던져놓은 것이다.

최근 재택근무 및 원격근무를 하는 국내 근로자는 통계청의 2019년 8월 경제활동인구조사 및 고용노동부 2019 「일·가정양립실태조사」에 의하면 재택·원격근무를 경험한 근로자는 9만 5,000명으로 집계됐다. 전체 유연근무제 임금근로자의 4.3%에 해당되는 규모다.

늘어나는 재택 및 원격근무 국내 근로자

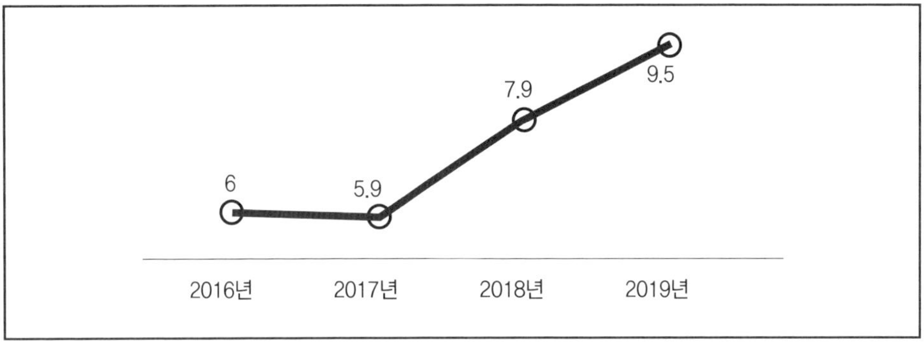

사례 연구 1 HR Insight 조사 결과

HR Insight가 2020년 3월 12일부터 17일까지 기업 인사담당자(교육담당자, 경영진, HR전문가 그룹 포함)를 대상으로 코로나19 상황에 따른 기업 대응 전략에 대한 조사 결과 응답자 302명 중 83%인 252명이 코로나19로 인해 현재 기업의 근무형태에 변화를 줬다고 답변했다. 그 중 74.8%는 재택근무를 시행하거나 확대했다고 답했으며, 유연근무제(39.7%), 유급휴직(9.3%), 무급휴직(5.3%) 등을 실시하고 있다고 응답했다.
기업들은 코로나19 사태가 심각단계로 진행됨에 따라 첫 번째는 직원들의 건강을 챙기기 위함으로, 두 번째는 확진자 발생 이후 방역을 위해 수일간 사무실을 폐쇄하고 다양한 역학조사를 통해 직원들을 의무 격리해야 한다는 불편함을 미리 막기 위해, 세 번째는 교육부의 방침으로 개학이 연기된 상황에서 육아기 직원들을 배려하는 차원으로 근무형태의 변화를 준 것으로 나타났다(HR Insight 2020년 4월호 p.63)

지난 2020년 3월부터 코로나19가 전 세계적으로 확산되면서 많은 기업들은 재택근무를 도입했다. 이는 추가 확산과 감염을 막기 위한 조치로 대부분 사태가 완화될 때까지 한시적으로 진행된다. 그러나 최근 글로벌 IT기업을 중심으로 코로나19 완화 여부와 관계 없이 재택근무를 이어가겠다는 목소리가 잇따르고 있다. 국내 주요 기업은 '포스트 코로나' 시대에 이같은 근무환경 변화가 뉴노멀(새로운 일상)로 자리잡을 것으로 예상하고 있다. 일하는 방식의 혁신을 얼마나 빠르게, 효율적으로 정착시키느냐가 기업의 생존까지 좌우할 수 있게 된 것이다.

사례 연구 2 페이스북의 사례

마크 저커버그 페이스북 최고경영자(CEO)가 2020.5.22, 5~10년 내 전 직원의 50%가 원격근무를 하게 될 것이라고 말했다. 신종 코로나바이러스 감염증(Covid-19) 확산으로 최근 대표적인 사회관계망 서비스(SNS) 트위터와 글로벌 전자상거래 업체 쇼피파이 등에서 재택 · 유연근무 확대 방침을 밝힌 데 이어 정보기술(IT) 공룡 기업 페이스북도 이 대열에 동참에 나서면서, 재택근무가 글로벌 IT업계 근무의 '뉴노멀(새로운 표준)'이 되는 분위기다.
2020년 5월 월스트리트저널(WSJ)과 CNBC등 외신에 따르면 페이스북의 저커버그 CEO는 이날 직원들과의 주간 화상 스트리밍에서 "향후 10년에 걸쳐 코로나19로 촉발된 분산형 업무 방식, 즉 재택근무를 중심으로 회사 운영을 영구적으로 재조정하겠다"고 밝혔다.
초기에는 기존 근로자 중 업무성과 평가가 높은 고위급 엔지니어들만 재택근무가 적용되고, 시간이 흐른 뒤에는 엔지니어가 아닌 근로자들까지 점차적으로 확대한다는 방침이다. 신입사원의 경우 미국부터 팀장의 승인이 있을 경우 재택근무를 선택할 수 있도록 할 계획이다.
저커버그 CEO는 이를 통해 10년 내 근로자의 절반이 재택근무를 하게 될 것으로 예상한다고 말했다. 페이스북의 전체 근로자는 4만 5,000여 명에 달한다. 그는 "코로나19 팬데믹(세계적 대유행)이 불러온 갑작스러운 규제 속에서도 계속 일할 수 있는 페이스북의 역량이 원격근무 모델에 대한 자신감을 줬다"며 "일상적인 업무의 생산성을 놓고 보면, 기대했던 것 이상으로 잘 진행되고 있다고 생각한다"고 말했다. 최근 진행된 페이스북 내부 설문조사에서도 재택근무 선택지가 근로자들 사이에 인기가 높았다고 덧붙였다.

사례 연구 3 트위터 사례

앞서 트위터는 2020.5.13(현지시간) 코로나19가 종식된 이후에도 근로자들이 원할 경우 무기한 재택근무를 지원한다는 방침을 내놨다. 당시 트위터는 성명에서 "지난 몇 달간의 원격근무 경험을 통해 앞으로 근로자들이 집에서도 충분히 (효율적으로) 일할 수 있다는 것을 증명했다"며 이 같이 밝혔다. 미국 샌프란시스코에 본사를 둔 트위터는 2020년 3월부터 재택근무에 돌입했다.
트위터 등의 이 같은 움직임을 두고 미국 CNN방송은 "이번 결정은 위기 상황에서 미국 기업들의 '뉴노멀'을 보여준다"고 보도했다.

사례 연구 4 **스퀘어 사례**

미국의 대표적 모바일 결제 업체 스퀘어 역시 2020.5.18 성명에서 "우리는 근로자들이 창의적이고 생산적이라고 느끼는 장소에서 일할 수 있기를 원한다"며 재택근무를 무기한 허용했고, 글로벌 전자상거래 플랫폼 구축 서비스를 제공하는 캐나다 기업 쇼피파이 역시 코로나19 위험이 사라지고 일상으로 돌아가게 돼도 5,000명의 근로자들을 집에서 일할 수 있도록 허용한다는 방침이다.

당초 2020.6.1부터 정상근무를 계획했던 구글은 코로나19 사태가 장기화하자 재택근무기간을 2021년 6월말까지 더 연장하기로 했다.

사례 연구 5 **신한카드 '스마트 워킹 플레이스' 구축 사례**

지방이 고향이거나 지방에 살면서 서울 본사로 매일 출근했던 신한카드 직원들이 현지에서 일할 수 있게 됐다. 신한카드가 코로나19 사태를 계기로 본사 직원이라도 지방에서 비대면으로 일할 수 있는 업무 공간을 조성하면서다. 본사 소속이라도 한 달에 한 번 정도만 출근하는 등 글로벌 정보기술(IT) 기업들의 비대면 문화를 이식하겠다는 것이 신한카드의 목표다.
신한카드는 대전과 부산 두 곳에 '스마트 워킹 플레이스'를 구축했다고 2020년 7월 17일 밝혔다. 신한카드는 지난 5월 본사에 있는 대출 심사·정산부서 직원들에게 스마트 워킹 플레이스를 이용할 의향이 있는지 물었다. 신청자 가운데 30명은 다음주부터 서울 본사로 출근하지 않고 대전이나 부산 가운데 한 곳에서 일하면 된다.
스마트 워킹 플레이스는 기존의 지역거점본부 가운데 직원들의 자택 비중이 높은 대전과 부산을 골라 본사 직원들이 일할 수 있는 환경을 조성한 업무공간이다. 인트라넷 PC와 온라인 PC가 분리되어 있어 개인정보를 다루는 직원들도 일할 수 있다. 보고나 회의는 메신저와 메일·화상회의로 하고, 필요한 경우에만 본사로 출장을 간다.
신한카드가 스마트 워킹 플레이스를 조성한 것은 재택근무를 실험해보기 위해서다. 옆에 동료나 상사가 없어도 비대면만으로 업무 성과를 낼 수 있을지 시범 사례로 삼겠다는 취지다. 신한카드 관계자는 "궁극적으로는 모든 팀원이 한 장소에 모여 근무해야 한다는 고정관념을 깨겠다는 것"이라고 설명했다.
신한카드는 이번 시범 사례 결과를 보고 다른 지역에서도 적용할 계획이다. 일부 지원부서를 제외한 모든 부서 근무자들이 스마트 워킹 플레이스에서 일할 수 있도록 적용 범위를 넓히기로 했다(한국경제신문 2020년 7월 18일).

사례 연구 6 **재택근무는 포스트 코로나 시대 "뉴노멀"로 정착**

2020년 7월 27일 영국 파이낸셜타임스(FT)에 따르면 코로나19 감염을 우려해 행해진 봉쇄령이 해제된 후에도 최근 '시티오브런던'은 인적을 찾아보기 힘들었다. 시티오브런던은 1376년부터 형성된 런던내 금융 중심지로, 동서로 런던타워에서 성바오로 성당까지, 남북으로 템스강에서 런던 월까지의 지역에 해당한다.

보리스 존슨 영국 총리는 사무실로 돌아갈 수 있도록 봉쇄 규정을 완화했지만 고용주들은 직원들을 사무실로 서둘러 복귀시키지 않고 있다. 대다수 기업들은 핵심 인력을 2020년 9월이나 10월부터 복귀시킬 계획이지만 일부는 2021년은 되어야 복귀가 이뤄질 예정이다.

650년 금융 중심지의 전통적인 일터는 영구적인 변화를 맞고 있다. FT와 통화한 임원들 중 상당수는 폐쇄 기간 중 재택근무의 성공으로 일부 직원들은 아예 복귀하지 않을 것이라고 말했다. 지난주 국영은행 내트웨스트는 2021년까지 5만명이 재택근무를 할 것이라 했다.

스탠다드라이프 애버딘 등은 직원 주류가 재택근무를 하게 된다. 보험사 비즐리의 앤드루 호튼 최고경영자(CEO)는 "우리는 서두르지 않는다"면서 지난주 총리의 발표가 자사의 결정에 아무런 영향도 미치지 않았다고 말했다.

4 재택근무 실시빈도의 유형

재택근무는 실시빈도에 따라 분류할 수 있다. 오로지 근무일에 재택근무를 실시하는 형태를 「상시형 재택근무」, 또는 「완전재택근무」, 「풀타임재택근무」라고 한다. 다른 한편 실시빈도를 월 1주 또는 3주에 재택근무를 하거나 월 중 수회, 어떤 때는 주 1-2회, 또는 오전 중에 하거나 오후에만 한다든지 재택근무로서 근로하는 시간이나 빈도가 통상의 근무장소에서의 취업에 비하여 적은 형태를 「수시형 재택근무」, 또는 「부분재택근무」, 「파트타임 재택근무」라고도 한다.

위에서 본 것처럼 재택근무에는 여러 형태가 있다. 재택근무는 원격근무의 하나의 형태이므로 상시 자택에서 업무를 수행하는 근무방식만이 아니고 통상 근무장소에서의 근무와 자택에서의 근무를 병용하여 행하는 방식을 포함한 것이다. 실제 재택근무를 이미 도입한 기업은 월 단위로 수 회, 어떤 때는 주 단위로 1, 2일 정도의 범위에서 재택근무를 이용하는 것이 일반적이다.

사례 연구 1 **롯데지주 및 롯데쇼핑 사례**

최근(2020.5.25) 롯데그룹에서 롯데지주사가 먼저 재택근무를 실시했다. 롯데그룹이 롯데지주에 이어 롯데쇼핑근로자 3,000명을 대상으로 2020년 6월부터 주 1회 재택근무를 시행하고 있다. 국내 대기업 가운데 사회적 거리두기 차원의 재택근무가 아닌 의무적 재택근무를 주 1회 실시하고 있는 것이다. 회사에 출근하지 않고 자택에서 일하는 재택근무가 뉴노멀(New Nomal)로 자리잡고 있다는 평가다. 코로나19 확산 탓에 강제적인 재택근무를 경험한 기업들이 아예 일하는 방식 자체를 바꾸자고 나선 것이다.

사례 연구 2 **HR Insight의 조사 결과**

HR Insight의 조사에서도 재택근무는 직무특성을 고려해 일부 부서에 한해 진행하고 있다는 답변이 29.1%로 가장 높았고, 전 직원 재택근무를 기본으로 한다는 회사도 20.5%를 차지했다. 임산부, 보육대상자, 기저질환자, 동선일치자 등 특정 근로자에 한해 재택근무를 진행한다고 응답한 비율은 17.2%였다.

사례 연구 3 **NHN토스트(NHN의 기술전문법인)의 오피스 프리 제도 도입 사례**

NHN토스트는 2020년 7월 오피스 프리 제도를 도입했다. NHN토스트는 NHN의 기술전문법인으로 2020년 7월 1일 출범했다. 회사 근로자 120여 명은 일주일에 8시간만 회사에 나오면 된다. 월요일과 목요일에 각각 4시간씩이다. 나머지 화·수·금요일은 전면 원격근무다. 근무시간을 자유롭게 조정하는 '퍼플타임제'도 운영한다. 오늘 10시간 일했다면 내일은 6시간만 일하면 되는 식이다.

5 재택근무의 장·단점

재택근무에는 장점과 단점이 있다. 근로자들은 재택근무가 불필요한 대인관계, 잡음, 잡무가 없으니 업무집중도가 높다는 의견이 있는가 하면 동료들과의 커피 한 잔의 여유를 즐길 수 없는 외로움을 호소하기도 한다. 재택근무는 장점과 함께 부작용 역시 무시할 수 없다.

1. 재택근무의 장점

첫째 유연한 스케줄 관리를 할 수 있다는 점이다. 개인의 책임과 재량 하에 업무를 유연하게 할 수 있다는 것이 장점이다. 재택근무자 자신에 맞는 유연한 업무방식을 선택할 수 있다. 즉 직무몰입에 대한 자율권을 가지게 되면서 재택근무자가 최상의 효율을 낼 수 있다는 것이다.

둘째 의사결정 속도가 빨라지고 효율성이 대폭 증대된다. 최근 들어 보고 단계가 줄고 온라인 결재도 사용되고 있으나, 중요한 결제 때는 실무자와 최고 결재권자 사이에 중간 관리자의 대면보고가 여전히 존재한다. 재택근무는 이러한 시스템을 송두리째 바꾼다. 인터넷상에서 실무자가 중간 관리자와 최종 결재권자에게 동시에 보고함으로써 중간 관리자의 존재감이 떨어지고 수직적 피라미드 조직이 붕괴하고 피자같이 생긴 수평적 조직이 자리 잡는다.

셋째 재택근무자는 자택이라면 어디서나 일할 수 있어 업무에 대한 고도의 집중을 할 수 있다는 것이 장점이다. 주위의 소음이나 방해에 시달리지 않고 집중해서 업무를 수행할 수 있다.

넷째 출퇴근시간과 비용이 절감될 수 있다는 점이다. 재택근무자의 근무공간이 자택이기 때문에 근무공간을 준비하지 않더라도 되므로 사무실 임대료나 관련 물품의 비용을 경감할 수 있다. 또한 재택근무는 출퇴근 시간이 절약되므로 그만큼 가족과 많은 시간을 보낼 수 있고 집에서 일하는 자유로움이 있다.

재택근무는 가족친화적인 환경이 마련된다는 사실이다. 급속한 가족의 해체, 저출산·고령화 문제에 직면한 우리 사회에 또다른 해법이 될 수 있다.

다섯째 구성원에 대한 평가가 공정해진다. 중간층이 사라지면서 직원들에 대한 정성 평가가 어려워지기 때문에 인사팀은 인터넷으로 전달되는 성과만으로 평가하는 시스템을 구축한다. 모든 것이 공개되고 기록되는 이런 상황에서는 비윤리적 행태, 부정행위가 크게 줄어든다. 또한 아직도 일부 존재하는 성희롱과 폭언이 사라지고 파벌적 행태가 줄어든다.

여섯째 개인별 성과 차이가 뚜렷하게 구별된다. 재택근무를 하게 되면서 개인별로 업무계획과 실행이 명확해져서 종전에 큰 조직에서 무임승차하는 사람 들을 알 수 있게 되었다. 다른 말로 하면 개인의 업무수행 능력이 냉정하게 평가받게 된다. 객관적 평가 시스템이 만들어지면 직원 간 평가도 생산성에 따라 극명하게 갈리게 된다.

2. 재택근무의 단점

첫째 협의와 커뮤니케이션이 불편하다는 점이다. 아무리 화상회의 시스템, 전화, 메시지, 이메일이 대체할 수 있다고 해도 얼굴을 마주보고 여러 사람이 동시에 말하는 것과는 비교되지 않는다. 대면 협의를 통해 다른 근로자에게 얻게 되는 정보의 다채로움, 깊이, 대면 소통을 얻게 되는 커뮤니케이션 속도, 그리고 그들의 표정·태도·제스처·분위기 등에서 파악되는 부가적인 정보는 너무나 중요한 것이다.

둘째 조직 중심의 분위기가 사라지고 개인 기반의 문화가 싹튼다. 협동심은 경쟁심으로 대체되고, 소소한 비리가 사라지는 대신, 시스템 조작에 의한 대규모 부정이 기업을 일순간에 파멸로 이끌 수도 있다. 재택근무가 대세가 되는 코로나 시대는 기업 환경을 투명하고 효율적으로 바꾼다. 동시에 조직 문화와 전통적인 인간관계에 대한 도전을 제기한다. 코로나19 사태를 맞아 우리 기업들은 새로운 인터넷 문화, 온라인 인간관계를 만들어나가야 하는 책임과 기회를 갖게 된다.

셋째 재택근무는 자택에서 업무를 수행함으로 직장으로부터 소외되고 있다는 외로움이 크다는 점이다.

넷째 퇴근이 불가능하므로 업무 영역과 생활 영역의 구분이 없다.

다섯째 재택근무자는 자택이 업무공간이므로 업무 협의가 늦어지고 커뮤니케이션에 문제가 있을 경우 업무의 집중력이 떨어지고 팀원 간 통일되지 않은 업무 프로세스로 업무에 오류를 범할 수 있다.

여섯째 재택근무가 장기화되면서 평소에는 직장에서 일을 하던 남편이 24시간 재택근무를 하거나 맞벌이 부부가 함께 재택근무를 하게 되면서 가정 내 스트레스가 높아지고 가정 내 각종 갈등이 생겨나기도 한다. 심한 경우 이런 갈등이 가정폭력 또는 아동학대로 이어지거나 코로나 이혼(코로나19가 원인이 된 이혼)사태로 연결되는 경우도 적지 않다고 한다.

사례 연구 1 **조선일보X리멤버 직장인 업무능률 및 스트레스 요소 설문조사**

조선일보가 비즈니스 포털 서비스 리멤버와 함께 최근 직장인 408명을 설문조사한 결과, 응답자의 43%가 재택근무 시 업무 능률이 '(매우)올라간다'고 답했다. 하지만 32%는 오히려 재택근무로 업무 능률이 '(매우)떨어진다'고 했다.

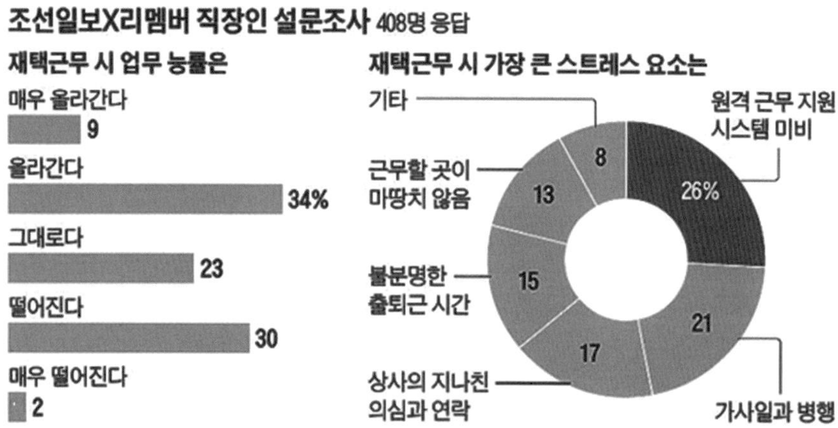

(조선일보 2020.8.31)

사례 연구 2 버퍼리서치의 재택근무 주요 장 · 단점 발표

버퍼리서치는 재택근무의 주요 장·단점에 관하여 2020년 초 원격근로자 3,500명을 대상으로 조사한 결과를 발표했다. 그 결과를 정리한 것이다.

재택근무의 주요 장단점(전 세계 원격근무 근로자 3500명을 대상으로 조사)

장 점		단 점	
유연한 스케줄 관리	32%	협의와 커뮤니케이션 문제	30%
어디서나 일할 수 있어	26	외로움	20
출퇴근 시간 절약	21	퇴근 불가능	18
가족과 많은 시간 보내기	11	업무 집중력 떨어짐	12
집에서 일하는 자유로움	7	팀원 간 통일 안 된 업무 프로세스	10
기타	3	동기 부여 부족	7
		휴가 사용에 불편	5
		기타	5
		불안한 통신(wifi)상태	3

사례 연구 3 쿠시먼앤드웨이크필드의 사례

글로벌 부동산 컨설팅 회사인 쿠시먼앤드웨이크필드가 코로나19로 재택근무를 해본 세계 4만 명 가량을 대상으로 설문조사를 해 2020.6.3. 내놓은 보고서에서는 원격 기술을 활용해 충분한 팀 협업이 가능하고 생산성도 유지할 수 있기 때문이라는 답변이 많았다. 설문 응답자들은 20개 업종의 30개 기업 소속이었다.

우선 설명 응답자의 75%가 "재택근무를 해도 동료들과 효과적으로 협력할 수 있다"고 답했다. 코로나19 이전보다 응답률이 10%포인트가량 높아졌다. 또 73%는 회사가 장기적 또는 영구적으로 유연한 근무 방침을 채택하기를 희망했다.

재택근무가 늘어도 사무실 면적은 크게 줄어들지 않을 것으로 전망했다. 사무실에서 근무하는 직원 수는 줄겠지만 사회적 거리두기가 일상이 되면서 1인당 필요한 공간도 넓어졌기 때문이다. 브렛 화이트 쿠시먼앤드웨이크필드 최고경영자(CEO)는 "사무실은 더 이상 일만 하는 단일 장소가 아니다"며 "다만 현재의 사무실 면적이 감소하지는 않을 것"이라고 말했다.

물론 재택근무가 직원 간 연결과 사회적 유대를 약하게 할 수 있다는 답변도 상당수였다. 응답자의 절반 이상이 재택근무로는 동료와의 유대, 직장 내 소속감을 느끼기 어렵다고 했다.

6 재택근무를 도입하는 기업이 증가하는 이유

최근 신문이나 TV, 비즈니스지 등에서 재택근무를 도입하는 기업의 기사를 보거나 읽는 경우가 많아지고 있다. 근무환경 변화에 따라 일하는 방식도 당연히 바뀌어야 할 것이다. 업종별·업무별로 이러한 근무환경에서 어떻게 효율적으로 일할 수 있을지에 대한 검토가 필요하다.

유연근무제 도입 촉진에 따라 일하는 방식의 개혁의 하나로서 재택근무를 도입하는 기업이 증가하고 있고 그 배경에는 많은 기업이 직면하고 있는 노동력 부족 문제가 있다. 한국은 출생률은 감소하고 수명이 늘어남에 따라 저출산·고령화가 진행되어 생산가능인구가 매년마다 대폭으로 감소되고 있다. 생산가능인구의 급속한 감소 중에서 기업이 성장을 지속하기 위해서는 여성, 고령자, 장애인 등 지금까지 충분히 활용되지 못했던 인재를 포함하여 누구라도 일하기 쉬운 환경을 마련하여 인재를 확보하고 나아가 근로자 개개인의 노동생산성의 향상을 꾀하는 것이 중요한 과제로 등장하였다. 이와 같은 상황하에서 일하는 방식의 선택지를 넓히고 누구라도 일하기 쉬운 환경을 정비하기 위한 방책의 하나로서 재택근무의 도입을 검토하는 기업이 늘어나고 있다고 생각된다. 재택근무 확산 배경에는 생산성이 떨어지지 않는다는 공감대가 있다.

사례 연구 1 발루아의 조사 결과

미국의 생산성 전문 조사 업체인 발루아(Valoir)가 2020년 4월 재택근무자 327명을 조사하고 20명을 심층 인터뷰한 결과, 재택근무자의 생산성이 사무실 근무 대비 평균 1% 하락한 것으로 나타났다. 사실상 차이가 없었다는 것이다. 거꾸로 본사에서 재택근무자에 대한 업무 통제만 제대로 한다면 생산성이 좋아질 여지도 있다.

사례 연구 2 알서포트㈜의 성공 사례

알서포트㈜는 2020.1.24. 전사적인 재택근무에 들어가면서 재택근무라는 새로운 업무 방식을 직접 체험하게 됐다. 알서포트㈜는 성공적인 재택근무 서비스를 제공하는 기업인 만큼 업무 도구의 부족함이나 커뮤니케이션상의 어려움은 크지 않았다. 진작부터 활용하고 있던 원격제어, 화상회의, 클라우드 스토리지, 이메일, 메신저를 통해 사무실에서 업무를 보는 것과 별 차이 없이 재택근무가 진행되고 있다. 2주 차에 들어서면서 재택근무를 낯설어하던 직원도 적응을 완료해 재택근무에 대한 만족도가 상당하다. 지난 3주간 알서포트 임직원 200여 명이 재택근무를 통해 경험하게 된 3가지의 장점, 3가지의 단점을 꼽아 봤다.

장 점	1) 낭비되는 시간 및 비용의 절감
	2) 계획된 일정에 따른 효율적 업무 진행
	3) 일과 삶의 균형잡힌 생활 가능
단 점	1) 가족이 업무 중인 것을 잘 알아주지 않는다.
	2) 독립적인 공간이 없다면, 방해 요소가 많다.
	3) 쉬는 시간이 따로 없다.

장점은 주로 측정 가능한 성과적 측면이라면, 단점은 측정이 어려운 정서적인 측면이 컸다. 또한 1인 가구와 자녀가 있는 기혼 가구 간 차이가 분명했다. 1인 가구의 경우 단점 3번인 '쉬는 시간이 따로 없다'는 사항을 제외하면 거의 단점을 찾을 수 없다는 반응이 대다수였다. 하지만 자녀를 둔 가정의 경우 가족들의 간섭과 방해가 난점이라는 반응이 많았다.

이에, 알서포트는 재택근무의 생산성과 효율성을 유지하기 위한 방법으로 3가지 업무 지침을 제시하고 있다.

① 1일 1회 부서 전체 화상회의 실시-근무 중이라는 리마인드와 긴장감 유지

② 간단한 일일 업무일지 작성-스스로 일정 조정 및 목표설정

③ 부서장(팀장)의 업무 코칭 및 매니징 강화-관리받고 있다는 안도감과 신속한 의사결정

긴장감을 유지하면서 사무실 근무와 동일한 생산성을 만들어 내기 위해서는 관리자의 역할이 더욱 중요해진다. 물리적 공간이 늘어났다고 의사결정이나 업무 진행 또한 늘어나 버린다면 재택근무는 비효율에 빠질 가능성이 높다.

이를 방지하기 위해서는 각 부서장 및 팀장들이 사무실 근무보다 더 자주 구성원들과 소통하고, 의사결정을 신속히 진행해야 한다. 관리자의 역할이 커진 만큼 권한 또한 강화해 의사결정 구조를 최대한 단순화해야 한다(자료: 노동법률 2020년 4월호 p.64~65, 이주명, 「재택근무서비스 기업이 말하는 재택 · 원격근무 방안」).

사례 연구 3 HR Insight의 조사 결과

재택근무에 대한 직원들의 만족도는 전체적으로 높은 것으로 조사되고 있다. 한 소프트웨어 회사가 재택근무 중인 자사 직원을 상대로 한 조사 결과 재택근무 만족도가 5점 중 4.15점으로 기록됐다. 그럼에도 불구하고 재택근무의 단점으로 지적되는 점이 몇 가지 있다.
HR Insight의 조사에 따르면 가장 많은 답변은 일과 휴식의 경계가 모호해졌다는 점이었다(55.6%). 일과 개인의 시간이 분리되지 않고 집에서도 언제든지 일할 수 있는 상황 때문에 오히려 초과근무가 발생한다는 점이 문제로 지적됐다. 또한 가족과 한 공간에 있는 경우나 여러 다양한 이슈들 때문에 업무 집중도가 떨어진다는 답변도 42.4%를 차지했으며 온라인상에서 회의나 협업 도모가 어렵다는 답변도 높았다(49%). 이 외에도 일을 하고 있다는 것을 끊임없이 증명해야 한다는 부담감(31.1%), 사무실보다 현저히 떨어지는 소프트웨어 기기들의 성능이나 익숙하지 않은 리모트 워크 소프트웨어 기기들로 업무에 불편함이 있다고 말했다(25.8%). 또한 메신저를 통한 과도한 보고나 답변 속도에 대한 부담감이 있다(17.2%)는 답변도 있었다(HR Insight 2020년 4월호 p.62).

재택근무 시 직원들이 어려워하는 점은?(복수응답)

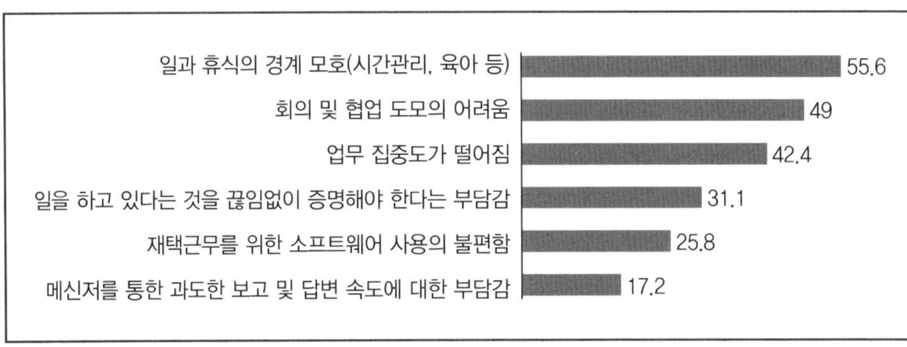

7 재택근무 도입에 따른 기대효과

기업이 재택근무 도입을 통해서 얻는 기대 효과는 여러가지가 있으나 그 중 중요한 것은 다음과 같다.

1. 노동생산성의 향상

재택근무는 근로자의 노동생산성 향상을 위한 대책의 하나로서 기대되고 있다. 비효율적인 회의, 보고체계 등이 줄어들어 근로자의 업무집중도가 높아지고 일·생활 균형 실현에 따른 업무만족도가 높아지면서 생산성이 향상된다. 통계청 장래 인구추계(2019.3. 공표)에 따르면 만15~64세 생산가능인구가 감소하고 인구의 자연증감이 감소하며, 인구증가속도가 둔화되고 있다는 것이다. 지금처럼 일자리가 없어 고민인 고용없는 경제와는 다르게 인력이 없어 고민인 노동력 없는 경제로 패러다임 전환이 나타날 것이다. 무엇보다 2017년은 15~64세 생산가능 인구가 줄어들기 시작하는 원년이다. 우리나라에서 생산가능인구가 감소함에 따라 생산력이 저하되고 있는 상황에서 기업이 발전을 지속하기 위해서는 근로자 1인당, 노동 1시간당 산출되는 성과의 양 이른바 「노동생산성」의 향상을 꾀할 필요가 있으며 재택근무는 여러가지 측면에서 노동생산성의 향상에 이바지하고 있다. 예컨대 재택근무의 도입에 따라 「업무프로세스의 정립」은 기업에 따라서는 생산성 향상의 관건이 되고 있다. 서류나 기록의 전자화에 따라 업무의 흐름을 보기 쉽게 하여 정보를 네트워크상에서 공유하는 환경을 정비하고 업무의 흐름을 보기쉽게 업무프로세스의 구축을 시행하여 중복된 업무나 생략가능한 업무를 특정하여 업무수행의 방법이나 사내 절차의 개선을 꾀하는 등 업무의 효율화나 의사결정의 신속화를 실현할 수 있다.

또한 재택근무에 따라 「통근지옥」으로부터 해방되고, 통근에 따른 심신의 부담을 경감하여 집중력을 높이고 효율적인 업무수행이 가능해진다. 또한 일시적인 괴질이나 이상기상에 따른 교통기관의 혼란 등이 있는 경우 「통근은 어려우나 업무를 수행해야 한다」는 상황에서 재택근무를 이용하여 근로자가 자택에서 업무를 수행하게 된다면 근로자의 안정을 확보하고 효율적으로 업무를 추진할 수 있게 된다. 기획의 입안이나 데이터의 분석, 자료 작성 등의 업무도 주위의 대화를 할 때의 큰 소리나 전화 등에 의한 시끄러운 소리 없이 조용한 관경에서 집중해서 업무를 수행하게 되면 이노베이션을 촉진시켜 새로운 아이디어가 샘솟거나 집중에서 계획적으로 업무를 수행하게 되어 근로시간 단축을 기대할 수 있다.

사업장 밖에서 영업하는 영업담당자의 경우 거래처와 상담을 하고 바로 자택으로 귀가하여 보고서의 작성 등을 재택근무로 수행하는 것이라면 회사와 자택 간의 이동에 소요되는 시간만큼 시간이 단축되어 이에 해당하는 시간만큼 근로시간이 단축된다.

해외 기업과의 전화회의 등의 업무에는 시차 관계로 이른 아침이나 야간에 대응할 필요가 있으므로 재택근무를 이용하여 출근 전이나 귀가 후에 자택에서 대응한다면 회사에서 대기시간이 불필요하므로 근로시간이 단축되어 근로자의 신체적·정신적 부담도 경감될 수 있다. 나아가 통근시간의 삭감이나 근로시간의 단축에 따라 비어있는 시간을 이용하여 자격시험에 도전하거나 영어 등 외국어회화를 배우는 등 자기계발을 하는 근로자도 증가할 것이므로 근로자 개개인의 기능을 향상시킬 수도 있다. 재택근무로 인해서 업무와 일하는 방식의 근본적인 변화가 진행 중에 있다. 재택근무의 성공 여부는 생산성 향상이다.

재택근무가 생산성 향상에 도움되는 이유(단위: %)

※복수 응답 기준 자료: 링크드인(한국경제신문 2020년 7월 15일)

사례 연구 1 한국경제연구원의 인구 전망

한국경제연구원(한경연)은 2020년 7월 22일 한국의 국력과 직결되는 인구는 2060년 지금의 절반 이하로 떨어지는 반면, 노년부양비는 현재의 4.5배나 증가할 것이란 전망을 내놨다.
한국의 합계출산율은 2011년 1.24명에서 2019년 0.92명으로 감소해 전 세계 203개국 중 꼴찌를 기록했다. 합계출산율은 가임여성 1명이 평생 낳을 것으로 예상하는 평균 출생아 수를 가리킨다.
2020년에 태어난 아이가 40살이 되는 2060년에는 생산가능인구가 현재(2020년)의 48.1%, 현역병 입영대상자는 38.7%, 학령인구(6~21세)는 42.8% 수준으로 감소할 전망이다. 이에 비해 같은 기간 생산가능인구 1명이 부양해야 하는 노인 수는 0.22명에서 0.98명으로 늘어나 미래세대 부담이 4.5배나 증가할 것으로 예상한다(중앙일보 2020년 7월 23일).

생산가능인구 전망

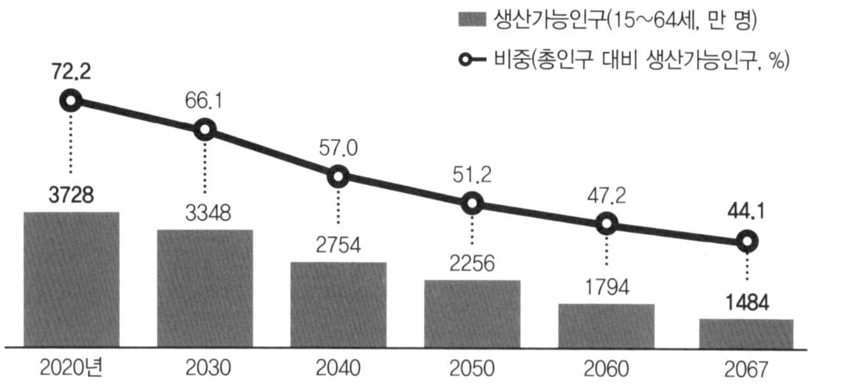

자료: 통계청

사례 연구 2 HR Insight 조사 결과

기업들이 재택근무를 시행하면서 우려한 사항 중 하나가 '생산성' 이다. HR Insight가 기업인사담당자(교육담당자, 경영진, HR전문가)를 대상으로 설문조사를 실시했다. 이번 조사의 응답자 중 43.7%는 재택근무 도입에 따른 생산성 변화를 '판단하기 어렵다'고 답했으며 25.2%는 '이전과 동일하다'고 말했다. 업무 생산성이 더 낮아졌다는 응답은 21.%였으며 생산성이 더 좋아졌다는 답변은 4.6%에 그쳤다.

사례 연구 3 일본 총무성의 조사 결과

또한 일본 총무성의 「ICT이용 · 활용과 사회적 과제해결에 관한 조사연구」(2016년)에 따르면 원격근무를 이미 도입한 기업 중 노동생산성 향상을 목적으로 하는 원격근무를 도입한 기업의 비율은 약 60%로서 그 중 80% 이상의 기업에서 도입에 의한 효과가 확인되고 있다고 한다.

2. 성(性)평등 확대 및 여성의 커리어 업(경력향상)의 추진

(1) 성평등 확대

코로나19 이후 재택근무로 대표되는 근무의 유연성 증가는 직장 내 성(性)평등 확대에도 기여할 것으로 보인다. 최근 미국 경제매체인 CNBC는 경제정책연구원(Economic Policy Institute)의 엘리스 굴드(Elise Gould) 박사의 주장을 인용하면서 코로나19로 인해 장기적으로 근무 유연성이 올라갈 것이고, 이는 여성 직장인들이 일과 삶의 균형을 유지하면서 직장 내 남을 수 있는 기회로 작용할 것이라고 보도했다. 즉, 재택근무 확대는 여성의 경력단절을 줄이고 이로 인한 임금손실을 막을 수 있기 때문에 성적 평등을 확보하는 기회가 된다는 주장이다(인사관리, 2020년 6월호 p.48, 박명희, 「포스트 코로나19 변화 방향」).

(2) 경력 향상의 추진

기업으로서는 여성의 활용은 중요한 과제이다. 재택근무는 여성인력 확보에 큰 도움이 된다. 육아와 일을 병행해야 기업이 우수한 인력을 확보할 수 있다. 인력 확보가 어려운 스타트업에서는 재택근무가 이미 필수 근무방식으로 자리를 잡았다. 우리나라는 여성의 능력을 활용하지 아니하는 국가로서 OECD국가 중에서도 최하위에 있다. 우리나라는 결혼이나 출산·육아·가족돌봄을 이유로 이직하는 여성의 비중이 점차 커지고 있다. 그 중에는 마땅히 직장에서 일을 계속하고 싶지만 장시간 근로때문에 직장에서는 가사나 육아와 업무를 양립하여 근로하는 것이 어려워 부득이 퇴직하는 사람이 적지 않다. 또한 육아 중인 여성이 회사로부터 보조적인 업무를 부여받아 근로할 의욕을 상실하거나 잔업을 전제로 한 풀타임 근로를 반복한다면 30세 전후에 인사시기를 넘기지 않고 그 결과 경력을 쌓을 수도 없고 관리직으로 승진도 할 수 있는 이른바 「능력을 사장시킨다」는 문제도 있다. 일하는 여성에게 미치는 심신의 부담이 너무 커 의욕 저하의 요인이 된다.

재택근무는 여성의 근로에 방해가 되는 여러 요인을 배제시켜 육아 이직의 방지, 여성의 경력 향상 추진을 꾀하는 방책의 하나로 기대되고 있다. 이미 재택근무 도입을 한 기업에 있어서도 육아휴직 중인 여성이 조기에 복귀하도록 환경을 마련하고 육아기에 있는 여성이 풀타임 근무가 가능하도록 하는 환경을 마련하는 등의 방책으로서 재택근무가 이용될 수 있도록 하여야 한다.

사례 연구 **플렉스 잡스의 조사 결과**

실제 구인구직 사이트 Flexjobs가 최근 2천 명의 여성인력을 대상으로 한 설문조사에 따르면 미국 내 31% 여성 직장인은 출산 후 원하지 않는 경력단절을 경험한 것으로 나타났다. 계속 일하고 싶었지만 기업이 재택근무를 허용하지 않아서 어쩔 수 없이 직장을 그만두어야 했다. 따라서 재택근무 확산은 여성인력이 경력을 유지할 수 있는 강력한 지원체계가 될 것이다.

3. 숙련인력 및 가족돌봄 이직의 방지

① 숙련된 직원일수록 업무에 자율과 책임이 주어지고 자유로운 근무장소 선택이 가능한 재택근무 선호 가능성이 크므로 재택근무제 도입을 통해 숙련인력의 장기 근속을 기대할 수 있다.

② 저출산 고령화의 진전 중에 가족의 돌봄을 이유로 퇴직하는 경우도 적지 않다. 일본 후생노동성 조사에 의하면 가족돌봄을 이유로 하는 이직자는 2012년에 연간 10만명에 이르렀다. 2020년에는 전후세대가 75세에 도달하여 가족돌봄이 필요한 자가 급증하고 있으며 자녀가 있는 전후세대는 미혼율이 높고 형제자매의 수도 적어 가족 내에서 가족돌봄을 하는 일이 어렵다.

이를 위해 가족돌봄을 이유로 이직하는 사람은 계속 증가할 것으로 예상된다. 가족돌봄에 직면하고 있는 40대, 50대 세대는 가족돌봄 이직근로자 본인이나 그 가족의 경제적 생활기반을 잃을 수도 있고 기업으로서도 유능한 인재를 잃을 수 있다. 재택근무는 업무와 가족돌봄의 양립을 가능하게 하여 인재 유출을 방지하기 위한 시책으로서 역할을 할 수 있을 것이다.

사례 연구 **포스코 육아기 재택근무제**

포스코는 2020년 6월 '경력단절 없는 육아기 재택근무제'를 신설하고 직원들의 신청을 받아 2020년 7월부터 시행하고 있다. 만8세 또는 초등학교 2학년 이하 자녀가 있는 직원이면 직무여건에 따라 전일(8시간) 또는 반일(4시간) 재택근무를 신청할 수 있다.
전일 재택근무는 일반 직원과 같은 시간대(8~17시)에 근무하며 급여도 동일하게 지급받는다. 반일 재택근무는 하루 4시간 일하며 근무시간을 8~2시, 10~15시, 13~17시 중 육아 환경에 맞춰 선택할 수 있다. 급여는 일반 직원의 절반 수준이지만 승진을 위한 경력은 일반근무 직원과 똑같이 인정해주는 파격적인 근무제도를 도입하였다.
육아휴직과 합산해 육아기 자녀가 1명인 직원은 최대 4년, 자녀가 2명인 직원은 최대 6년간 재택근무를 할 수 있다. 이 제도는 재택근무 기간 급여와 복리후생, 승진 등을 일반근무직원과 동일하게 적용한다. 그동안 경력단절과 가계소득 감소 등으로 육아휴직을 고민하고 있던 직원들이 이 제도를 적극적으로 활용할 것으로 기대한다.

4. 장애인 및 고령자 고용 촉진

(1) 장애인 근로의 추진

장애인고용촉진및직업재활법(2019.11.26, 법률 제16652호)의 개정에 따라 민간기업의 장애인의 법정의무고용률은 2019년 이후에는 상시근로자의 1천분의 31 (공공기관의 장애인 의무고용률은 1천분의 34이다) 의무고용률에 못 미치는 장애인을 고용하는 사업주(상시 50명 이상 100명 미만의 근로자를 고용하는 사업주는 제외한다)는 대통령령으로 정하는 바에 따라 매년 고용노동부장관에게 부담금을 납부하여야 한다. 상시 고용근로자 수 100명을 초과하는 기업은 장애인고용부담금납부제도의 대상이 되어 의무고용률에 따라 사업주가 고용하여야 할 장애인 총수에서 매월 상시 고용하고 있는 장애인 수를 뺀 수에 부담기초액을 곱한 금액의 연간합계액으로 한다. 의무고용률제도와 고용부담금 납부제도는 장애인으로 하여금 충분하게 직장을 통한 사회참가와 연대를 실현하기 위한 것이다.

재택근무의 도입에 따라 통근이 곤란한 장애인을 자택에서 근무하도록 함으로써 장애인 고용의 가능성이 크게 넓어질 것으로 기대된다.

(2) 고령자 고용 촉진

정년이 '일로부터의 퇴장이 되지 않는 사회'를 만들기 위해 정부는 재취업지원서비스 활성화 및 정년 이후의 자율적 계속고용을 촉진하고 있다. 우리나라는 2018년 '고령사회'에 진입했다. 65세 이상의 고령층이 전체 인구의 7%이상이면 고령화사회(Aging Society), 14%이상이면 고령사회(Aged Society)로 분류한다. 우리나라의 고령층 비중은 2017년 13.8%에서 2018년 14.3%로 상승하여 고령화사회에서 고령사회로 진입하였고 생산가능인구 감소 등 인구변화에 대응하여 65세 이상 고령자를 위한 고용촉진, 인적자원개발 등 중장기 정책을 마련하여 시행 중에 있다. 「고용상 연령차별금지 및 고령자고용촉진에 관한 법률」 제21조의3 제1항에 의하면 「사업주는 정년퇴직 등의 사유로 이직 예정인 근로자에게 경력·적성 등의 진단 및 향후 진로설계, 취업알선, 재취업 또는 창업에 관한 교육 등 재취업에 필요한 서비스(이하 "재취업지원서비스"라 한다)를 제공하도록 노력하여야 한다」고 규정하고 있다.

사례 연구 **일본 노지마의 정년 80세와 재택근무 사례**

초고령화 사회 일본에서 80세까지 일하는 시대가 열리고 있다. 일본의 가전 양판점 '노지마'는 종업원들이 최장 80세까지 일할 수 있는 제도를 마련했다. 니혼게이자이신문은 도쿄증시 상장사인 가전제품 판매업체 노지마가 고용계약 연령을 65세에서 80세로 15년 높였다고 2020년 7월 26일 보도했다.

노지마는 코로나 사태로 재택근무가 정착하는 상황을 고려, 자택에서도 고령자가 계속 일할 수 있는 방식도 도입하기로 했다. 일부 대형 가전제품 판매점은 자택에서 근무하는 판매원들이 모니터를 통해 고객들에게 상품 정보 등을 설명하는데 노지마도 이 같은 영업 기술을 도입, 고령자가 출퇴근을 하지 않아도 되는 시스템을 만들기로 했다. 노지마는 매장 이동 및 서 있는 시간을 줄이는 방향으로 근무환경을 바꿔 고령자의 체력 부담을 덜어줄 계획이다.

노지마는 본사 사원, 현장 판매원 등 직원 약 3000명을 대상으로 '80세 정년' 제도를 시행하기로 했다. 65세부터 건강 상태와 근무 태도를 고려해 1년마다 계약을 갱신하는 형태다. 이 회사는 만약 80세를 넘어서도 종업원이 계속 일하고 싶어 하면 정년 추가 연장도 검토하기로 했다.

이번 조치는 어린이는 줄고 고령자가 늘어나는 '소시고레이카(少子高齢化)' 현상을 반영한 것이다.

일본 전체 인구에서 70세 이상 고령자가 차지하는 비율은 2018년에 이미 20%를 넘어섰다. 이 회사는 이 같은 일본 사회에서 고령 종업원의 인맥과 경험이 회사 성장에 도움이 되는 '귀중한 자산'이라고 판단한 것이다.
노지마의 '정년 80세' 방침은 일본 사회의 정년 연장 움직임과 관련이 있다. 일본 정부는 2020년 2월 각의(閣議·국무회의)에서 종업원들이 70세까지 일할 수 있도록 한 고령자고용안정법 개정안을 의결했다. 2021년 4월부터 시행하는 이 법에 따라 일본 기업은 종업원의 정년을 70세까지로 연장하거나 다른 업체로의 재취업, 창업 지원을 위해 노력해야 한다. 노지마는 80세 정년으로 이보다 한발 더 나갔다는 평가를 받는다(조선일보 2020년 7월 27일).

5. 치료와 직무의 양립지원

한국에는 근로자가 질병에 이환되어 업무를 수행하면서 치료를 계속하는 것이 어렵다. 직장의 이해도가 부족하고 지원이 결핍되어 있기 때문에 이직하는 사람이 상당수에 이르고 있어 「사업장에 있어서 치료와 직업생활의 양립을 지원하기 위한 가이드라인」을 제정·시행할 필요가 있다. 동 가이드라인에 포함되어야 할 내용으로서는 기업에 요구되는 「양립지원에 관한 제도·체제 등의 정비」에는 휴가제도나 근무제도의 정비, 상담창구의 설치, 치료비용의 일부 부담 등 여러 가지가 있으나 재택근무는 치료와 업무의 양립을 요청하는 근로자를 지원하는 근무제도로서 기대되고 있다.

6. 우수 인력 유치 및 통근 곤란자의 원격지 고용

① 재택근무 시행으로 높아지는 직무만족도 및 고객서비스 만족도, 근로자의 일·생활균형을 지원하는 기업 이미지 제고를 통해 우수인력 유치에 도움이 된다.
② 배우자의 전근이나 사업장의 이전에 따라 자택에서 회사까지의 거리가 너무 멀어 통근하기 어려운 실정이라면 재택근무를 선택지로 제시한다면 고용의 유지가 가능하다. 또한 재택근무를 적용함에 따라 도시권에 있는 기업이 지방에 거주하는 인재를 고용하거나 반대로 지방에 있는 기업이 도시권에 거주하는 인재를 고용하는 것이 가능하다면 인재 채용 대상자의 범위가 넓어진다.

사례 연구 1 LGU+ '클라우드PC' 서비스 성공 사례

LG유플러스는 인터넷으로 접속하면 언제 어디서나 사무실 컴퓨터와 똑같은 환경에서 일할 수 있는 'U+클라우드PC'서비스를 시작한다고 2020.5.31. 발표했다. 클라우드PC는 중앙 서버를 이용해 가상의 개인 컴퓨터 환경을 구현하는 서비스다. 노트북, 휴대폰, 태블릿PC 등 다양한 기기에서 U+클라우드PC 웹사이트에 접속해 계정을 입력하면 어디서든 사무실과 똑같은 PC를 쓸 수 있다. 사용 중인 기기와 클라우드PC 간 자료 이동을 통제하는 기능을 추가해 보안 기능도 강화했다. 개인정보보호 준수를 위해 클라우드PC상에서 쓸 수 있는 네트워크를 내 · 외부로 분리하는 망분리 기능도 갖췄다.

계정당 월 3만원 수준의 요금으로 이용 가능하고 폴라리스 오피스 등 오피스 프로그램을 기본으로 제공해 소프트웨어 도입 비용도 낮출 수 있다는 게 회사측 설명이다. 서비스 이용 중 문제가 생기면 LG유플러스 고객센터에서 언제든 유지보수를 받을 수 있다. 다른 중소기업 맞춤 상품과 결합한 '재택 패키지' 상품에 가입하면 전체 이용 요금의 20%를 할인받을 수 있다.

"U+클라우드PC는 중소기업에서 업무 환경을 효율적이면서 안정적으로 운영할 수 있는 솔루션"이라고 말했다.

올해 신종 코로나바이러스 감염증(코로나19) 확산 방지를 위해 재택근무가 늘어나면서 클라우드PC 시장도 빠르게 성장할 전망이다. 현재 KT 등 통신업체들과 나무기술, 시트릭스 등 국내외 데스크톱 가상화(VDI) 전문 업체들이 시장에서 경쟁하고 있다.

사례 연구 2 실리콘밸리 렌트비(월세) 하락 사례

코로나 사태로 미국 실리콘밸리의 트위터 · 페이스북 · 구글 등 '테크 공룡'이 장기간 재택 · 원격 근무에 들어가자 세계 최고 수준을 보이던 실리콘밸리 렌트비(월세)가 유례없는 하락세를 보이고 있다.

블룸버그는 2020년 7월 2일(현지 시각) 부동산 정보 사이트 '줌퍼(Zumper)'를 인용해, 2020년 6월 샌프란시스코의 방 한 개짜리 아파트 월세가 1년 전보다 11.8% 하락했다고 보도했다. 2개월 연속 하락세이자 월간 하락 폭으로 사상 최대다. 줌퍼는 "그동안 오르기만 한 샌프란시스코 월세의 최근 하락세는 전례가 없는 일"이라고 했다. 그동안 실리콘밸리 집값은 테크공룡 성장과 함께 급등했다. 하지만 원격근무 확산으로 '지리적 자유'를 얻은 직원들의 실리콘밸리 탈출이 이어지면서 정반대 현상이 벌어지고 있다는 분석이다.

실리콘밸리엔 'IT 공룡' 본사가 몰려 있다. 샌프란시스코엔 트위터, 마운틴뷰엔 구글, 멘로파크엔 페이스북, 새너제이 인근 쿠퍼티노엔 애플 본사가 있다. 이 지역의 집값과 렌트비는 미국 최고 수준이다.

줌퍼에 따르면 2020년 6월 샌프란시스코 방 한 개짜리 월세 평균 가격은 3280달러(392만원)로, 1년 전(3720달러)보다 400달러 이상 하락했다.

실리콘밸리 월세 하락은 IT 기업들의 재택 · 원격 근무 선언 때문이다. 잭 도시 트위터 CEO는 지난 5월 "코로나가 끝나더라고 원하는 직원은 앞으로 계속 원격근무를 할 수 있다"고 선언했다. 마크 저커버그 페이스북 CEO도 "앞으로 5~10년에 걸쳐 4만8000명의 페이스북 직원 중 절반이 영원히 원격근무를 하게 될 것"이라고 했다.
굳이 출퇴근을 할 필요가 없어지자 IT 기업 직원들은 집값이 비싼 회사 근처에서 도심 외곽으로 이동하고 있다. 블룸버그는 "샌프란시스코 베이(Bay)에 사는 사람 중 28%가 (집값이 비싼) 중심부를 벗어나 다른 곳에 살 의향이 있다"고 보도했다.
재택근무 확산은 화려하고 큰 사옥도 무용지물로 만들 수 있다. 구글은 사무 공간 확대를 위해 본사 인근 부동산을 매입하고 있었는데, 코로나 사태 이후 모두 중단했다. 캐나다 소프트웨어 업체 오픈텍스트는 세계 120개 사무실 중 절반 이상을 없앨 계획이다. 월스트리트저널은 최근 "재택 · 원격 근무의 확산으로 전통적인 업무 공간의 개념도 달라지고 있다"며 "이는 기업 사옥의 전통적인 역할을 바꾸고, 부동산 시장에도 적지 않은 영향을 줄 것"이라고 보도했다.
중요한 것은 실리콘밸리 기업들이 원격으로도 실제 업무가 가능하다는 것을 깨달은 점 · 코로나 사태 이후 원격 · 재택 근무는 더욱 확산하고 이로 인한 파급 효과도 부동산을 포함해 전방위적으로 나타날 것이 예상된다는 점이다.

7. 재난상황 기업활동 지속

최근 코로나19 팬데믹(대재앙)이 불러온 전세계적인 감염병의 확산, 태풍, 대설, 지진 등 이상기상에 의한 자연재해가 증가하고 있다. 또한 이에 더하여 지하철 선로이탈이나 대형사고, 터널 내 화재사고로 인하여 기업은 출근하지 않는 근로자의 대응을 강구할 수 있다.

코로나19와 같은 감염병 유행 시 선제적으로 재택근무체제로 전환하여 경제활동을 이어갈 수 있다. 갑작스러운 폭우와 폭설 등 자연재해에도 유연하게 대처하여 구성원들의 안전과 업무 지속을 모두 달성할 수 있다.

국가가관이나 지방자치단체는 종래부터 자연재해나 감염증 대유행, 최근의 코로나19의 세계적인 유행, 데모 등의 이상사태가 발생한 경우에도 회사의 핵심업무는 가능한 한 지속적으로 수행하여야 한다. 회사는 단기간에 통상 상태로 회복하고 BCP(사업지속계획)에 모든 힘을 쏟아야 한다. 기업으로서도 BCP대책의 필요성을 인식하여야 한다. 이와 같은 상황에서 재택근무는 근로자의 안전이나 건강을 확보하여 사업을 계속하면서 기업경영이나 경제활동에의 타격을 최소한으로 억제할 수 있도록 하는 일하는 방식으로서 주목받고 있다.

8. 사업운영과 비용 절감

사무실비용은 어떤 기업이라도 큰 부담이다. 재택근무로 인해 불필요한 업무 공간을 축소할 수 있고, 부대 비용을 절감할 수 있다. 코로나19 사태로 '어디서나 일하는 시대'가 앞당겨질 것이란 전망이 나오고 있다. 비대면 업종의 경우 굳이 임차료가 비싼 도심에 사업장을 둘 필요가 없다. 사무공간도 최소한의 고정인력과 스마트워킹 그룹을 비교해 설계할 수 있다. 사옥 및 사무공간의 중요성이 줄면서 '직주근접(직장과 가까운 거주지) 공식'도 흔들리고 있으며 직장과 주거지가 가까운 직주근접에 대한 선호현상은 재택근무 확산에 따라 갈수록 감소되고 있다. 종전 직주근접은 개인의 삶의 질 향상은 물론 기업의 생산성에도 절대적인 영향을 미칠 수 있었다. 직주근접은 삶의 질 향상과 '워라밸 확보'와도 직결된다. 지나치게 긴 통근시간은 과로와 다를 바 없으므로 직주근접은 충분한 휴식시간 확보와 스트레스 감소로 개인 생산성은 물론 국가 생산성에도 영향을 미칠 수 있었다. 그러나 재택근무는 직장에 출퇴근을 하지 않으므로 직장인의 업무패턴이 송두리째 바뀌면서 직주근접에 대한 인식을 근본적으로 바꿨다. 평소 기업들의 재택근무, 원격근무 등이 확산하면서 전통적인 업무 공간의 개념이 달라지고 있다. 기업으로서는 비용 절감을 위하여 사무실 규모를 축소하고 사무실 임대료, 관리비 뿐만 아니라 냉·난방이나 조명 등의 사무실 환경을 유지하기 위한 비용을 절감할 수 있도록 노력한다. 출퇴근 시간과 교통비를 절감할 수 있는 것은 근로자들에게는 큰 이점이다. 그리고 집에서 일을 할 수 있기 때문에 복장과 헤어스타일, 메이크업 등에 신경을 쓰지 않고 업무에만 집중해서 일할 수 있는 것도 장점이다.

코로나19 사태로 인하여 자택은 휴식공간이라는 기존의 관념을 버리고 사무실의 기능을 함께한다. 공간과 근무체계에 대한 새로운 접근이 필요한 시점이다. 또한 재택근무의 이용횟수가 많은 근로자의 통근비를 실비로 지급하는 것도 비용 절감이 될 수 있다. 그 밖에 복사기나 용지에 드는 비용의 삭감, 서류를 보관할 수 있는 사무실 공간의 삭감 등 재택근무에 따라 장기적으로 사업운용비용의 절감을 기대할 수 있다.

사례 연구 1 **롯데쇼핑 '거점 오피스' 도입 사례**

롯데쇼핑이 2020년 7월 1일부터 수도권을 중심으로 본사 대신 집과 가까운 점포 내 공간에서 '거점 오피스'를 도입하고 집 근처에서 업무를 볼 수 있도록 하는 근무시스템을 시작했다.
대상은 롯데쇼핑 본사에 속해 있는 기획전략본부, 지원본부, 재무총괄본부 등이다. 롯데백화점, 롯데마트, 롯데슈퍼, 롭스 등 각 사업부 본사 직원도 거점 오피스를 쓸 수 있다. 해당 임직원 수는 3,000여 명에 이를 것으로 추산했다. 근로자들은 앞으로 본사에 출근하지 않고 자신의 집에서 가까운 거점 오피스에 나가 일을 본다. 거점 오피스는 롯데백화점 노원점 · 일산점 · 인천터미널점 · 평촌점 및 롯데마트 빅마켓 영등포점 등 총 다섯 곳이다. 이들 거점 오피스에는 225석의 좌석이 마련됐다. 일부 좌석에는 노트북을 비치해 컴퓨터 없이 출근해서 일을 볼 수 있게 했다. 거점 오피스를 쓰고 싶은 사람은 웹 기반의 예약 시스템을 통해 자리를 확인한 뒤 예약하면 된다.
거점 오피스는 롯데가 그룹 차원에서 최근 확대 중인 '스마트워크 시스템' 구축의 일환이다. 신동빈 롯데그룹 회장이 지난 5월 임원 회의에서 "코로나 시대에 맞게 직원들의 일하는 방식을 바꾸자"고 화두를 던진 뒤 본격화됐다. 이후 롯데그룹 내 각 계열사는 경쟁적으로 '근무혁신' 방안을 발표하고 있다. 그동안 SK텔레콤 등 주로 IT(정보통신)기업들이 거점 오피스를 운영해 왔는데, 유통업계에서 이를 시행하는 것은 롯데쇼핑이 처음이다.

사례 연구 2 **일본 후지쓰 8만명 재택근무 실험 성공 사례**

일본의 컴퓨터·사무기기 제조 업체 후지쓰가 3년 이내에 사무 공간 면적을 절반으로 줄이기로 했다. 대신 8만여 전 직원을 대상으로 '언제든지 원하는 곳에서 일하는' 근무제를 실시한다.
후지쓰는 2020년 7월 7일 그룹 본사를 포함해 현재 120만m2인 사무 공간 면적을 2023년까지 절반으로 줄인다고 발표했다. 이를 위해 일본 60개 지역에서 오피스빌딩 임대 계약을 차례로 해지할 계획이다. 대신 고객과의 상담과 온라인 회의가 가능한 소규모 위성 사무소를 전국적으로 확대하기로 했다. 후지쓰는 사무실 면적을 절반으로 줄이는 동시에 직원 근무 형태도 크게 바꾼다. 코로나19 확산 이후 시범적으로 실시해오던 '슈퍼 플렉스제'를 8만 명에 달하는 전 직원을 대상으로 확대한다. 슈퍼 플렉스제는 재택근무를 기본으로 하면서 전국 각지의 위성 사무소를 활용해 원하는 시간에 원하는 곳에서 일하는 근무 형태다.
재택근무가 기본이기 때문에 기존 교통비는 폐지하고 월 5,000엔(약 5만5600원) 정도의 재택근무 지원금을 전 직원에게 지급하기로 했다. 화상 통신기기 설치비와 인터넷 요금 부담을 덜어주기 위해서다. 직원 성과평가가 어려운 재택근무의 단점은 필요한 영역에 필요한 능력을 갖춘 인재를 뽑는 '직무기술형 제도'를 확대해 보완하기로 했다.

한국경제신문(2020.9.11)보도 내용이다.
일본 후지쓰의 8만여 명의 직원이 출근하지 않고도 회사가 돌아가는 건 지난 10년간 단계적으로 재택근무를 확대하며 축적한 기업문화를 인공지능(AI) 시스템이 뒷받침하고 있어서다. 후지쓰가 개발한 AI는 직원의 문서 및 이메일 제목, PC 이용 상황 등을 자연언어처리기술과 지식처리기술을 활용해 빅데이터화한다. 이를 통해 직원 개개인이 현재 어떤 일을 누구와 얼마의 시간을 들여서 하고 있는지를 구체적으로 파악할 수 있다. 업무 상황을 파악하는 데 그치지 않고 업무 효율성을 높이는 도구로도 활용된다. 모리카와 선임디렉터는 "직원들이 최적의 상태에서 일하면 생산성도 높아질 것이라는 믿음에 따라 시행하는 제도"라며 "직원 개개인의 성과를 측정하고 있어서 생산성에도 문제가 없을 것"이라고 말했다.
후지쓰의 전면 재택근무 시행에 따라 앤드루 케인 해외 미디어 담당자도 2020년 7월부터 도쿄 본사로 출근하는 대신 자택과 일본 전역에 250여 개가 있는 위성 사무실에서 일한다. 근무시간도 완전히 바뀌었다. 팀장에게 미리 알리고 원하는 시간에 업무를 시작할 수 있다. 미국·유럽 지역 직원이나 미디어 담당자들과 면담이 있는 날은 낮에 쉬고 밤에 일하는 식이다. 2010년 처음 재택근무 제도를 시범 도입한 후지쓰는 대상을 점점 확대해 2017년 4월 정식 근무제도의 한 형태로 정착시켰다. 2020년 초 코로나19가 확산하자 재택근무 비중을 75%까지 늘리고 2020년 7월 전 직원으로 확대할 수 있었던 것도 10년간 운영해온 제도이기 때문이다.
재택근무를 전 직원으로 확대한 건 '생산성에 문제가 없다'는 식의 통계에 기초해서가 아니라 직원의 80% 이상이 '재택근무를 계속하고 싶다'고 희망했기 때문이다.
직원 한 명, 한 명의 근무 상황과 성과를 시각화한 AI 시스템을 갖춘 것도 후지쓰 같은 대기업이 전 직원을 대상으로 재택근무를 시행할 수 있는 비결이다. 직원 2000명을 대상으로 AI 시스템을 시범운영한 결과 사내 회의와 의사소통 방식이 문제로 도출됐고, 이를 개선했더니 직원 한 사람이 하루에 43분의 업무시간을 더 확보할 수 있었다. 이에 따라 전체 업무시간에서 핵심 업무에 투입하는 비중을 16%포인트 더 높였다는 게 후지쓰의 설명이다.
직원들에게 재택근무가 마냥 반갑지만은 않은 것은 자칫 '언제 어디서나 일해야 하는 제도'로 변질될 수 있다는 점 때문이다. 재택근무가 초과 근무를 유발하는 것을 막기 위해 후지쓰는 PC 업무시간과 로그인·로그오프 시간을 자동으로 기록하는 이중 장치를 도입했다. 직원이 초과 근무를 하면 즉각 팀장에게 경고 메일이 날아간다. 직원들끼리 온라인 회식을 자주 여는 등 소통 공백을 메우려는 시도도 꾸준히 추진되고 있다.
후지쓰의 실험은 실적으로 입증받고 있다. 연 매출은 4조엔 안팎을 유지하면서 영업이익이 2018년 1302억엔에서 2019년 2114억엔으로 62% 늘었다. 코로나19 여파로 일본 기업 대부분의 실적이 급격히 악화하고 있지만 후지쓰의 2020년 매출과 영업이익은 2019년과 같은 수준을 유지할 전망이다. 2018년 6548엔까지 떨어졌던 주가도 2020년 7월 31일 1만4795엔으로 20여 년 만의 최고 수준으로 올랐다.

사례 연구 3 **일본경제신문의 조사자료**

니혼게이자이신문이 2020년 7월 21일 일본 145개 대기업 CEO를 대상으로 한 조사에서 CEO의 약 40%는 코로나19 이후 사무 공간을 축소하거나 공유오피스를 활용할 계획이라고 답했다. '사무 공간 면적을 축소할 계획'과 '공유오피스를 활용할 계획'이라는 응답이 각각 37.9%와 34.5%(복수 응답 가능)였다. 사무 공간을 분산하거나 본사 기능을 도심으로부터 이전하겠다는 CEO도 상당수였다.
일본 대기업 CEO의 상당수가 대형 오피스빌딩이 반드시 필요하지 않다고 결론 내린 계기는 코로나19 사태 이후 실시한 재택근무였다. 145개사 가운데 재택근무를 실시한 기업이 95.2%에 달했다. 코로나19의 장기화에 대비해 비용을 줄이고 직원 안전을 보장하려는 측면도 있다. 일본 대기업 CEO의 55.8%가 사업 환경이 코로나19 이전으로 회복하는 데 2년 이상이 걸릴 것으로 예상했다. 2020년 5월 말 조사보다 12.4%포인트 늘었다.

사례 연구 4 **뉴욕시를 위한 파트너십(PFNYC)의 보고서**

뉴욕에서도 '오피스빌딩 무용론'이 확산되고 있다. 뉴욕시 주요 기업 CEO 모임인 '뉴욕시를 위한 파트너십(PFNYC)'이 12개 컨설팅회사와 공동 조사해 2020년 7월 20일 발간한 보고서에 따르면 금융회사를 비롯한 전문서비스 업체 CEO 가운데 약 25%가 '사무 공간을 최소 20% 줄일 계획'이라고 답했다. 이 가운데 16%는 '사무 공간을 아예 뉴욕 밖으로 옮길 수도 있다'고 답했다. 뉴욕의 전문직 가운데 코로나19로 재택근무를 했다가 직장으로 복귀한 비율은 10%에 불과하다. 올해 말까지 복귀율도 40%에 그칠 전망이어서 종전과 같은 사무 공간이 불필요하다는 인식이 퍼지고 있다. PFNYC는 "사무 공간 축소로 2년간 뉴욕시와 뉴욕주(州)가 370억달러(약 44조원) 이상의 세수 손실을 입을 수 있다"고 분석했다.

9. 일하는 방식의 개혁 추진

기업이 추진하는 일하는 방식 개혁 중 재택근무의 도입은 근로시간 단축이나 연차휴가취득율의 향상, 법률에서 정하고 있는 장애인 고용률 등에 일조를 할 것으로 기대되고 있다.

기업은 자기 회사의 일하는 방식의 개혁에 적극적으로 참여하고 있다. 재택근무의 도입은 실효성 있는 일하는 방식 개혁의 하나로서 주목할 만하다. 코로나19로 인해 반강제적인 재택근무가 실시되면서 그동안 재택근무에 대해 무관심하거나 회의적이었던 경영진들의 인식이 바뀌고 있다. 자발적 또는 비자발적으로 회사에 출근할 수 없는 상황이 벌어질 수 있다는 위기감이 높아짐에 따라 이를 위한 사전 준비가 필요하다고 느끼는 것이다. 재택근무를 도입하고자 할 때는 반드시 저항세력이 있으므로 경영진의 강력한 지원이 있어야 성공할 수 있다. 예컨대 인사부문 등의 제안에 대해 중간관리직 계층이 반대할 가능성이 있다. 그 이유는 눈앞에서 부하가 없어지면 관리자의 자리가 없어진다는 불안 때문일 수 있다. 이러한 상황을 경영진이 명확하게 이해하고 재택근무를 하더라도 관리자의 역할은 더욱 중요하다는 분명한 메시지를 사내에 전달해야 한다. 이는 재택근무에 대한 긍정적인 관심으로 이어지고 이를 효율적으로 활용할 수 있는 구체적인 방법에 대한 논의가 이어질 것으로 예상된다. 주택 내 공간을 재배치하거나 리모델링하는 방법으로 일하는 공간 또는 나만의 공간을 확보하는 사례도 늘어나고 있다. 코로나19 사태로 직장이 일시적으로 문을 닫거나 기업들이 근로자 일부 또는 전부 재택근무에 들어가면서 자택의 기능도 바뀌고 있다.

10. 기업경쟁력 상승 및 기업가치의 향상

재택근무자의 업무집중도가 높아지고 업무생산성이 향상되면 고객서비스 품질과 기업 경쟁력이 올라간다. 기업에서 재택근무의 도입에 따라 일하는 방식의 선택지도 증가하여 근로자의 일하는 방식을 쉽게 하는 환경을 정비하여 근로자의 만족도의 향상을 꾀하는 것은 기업가치의 향상에도 있다. 회사의 재택근무정책은 기업 채용브랜드의 상징적인 요소가 될 것이다.

사례 연구 1 가트너의 사례

시장조사업체 가트너가 317명의 미국 최고재무관리자(CFO)를 대상으로 '코로나19 이후에도 재택근무자를 남길 것인가' 설문한 결과도 74%가 '남기겠다'고 답했다. 재택근무 일상화로 '홈오피스' 환경이 지속되면 주로 집 안에서 소비하는 '홈코노미'가 퇴근 후나 주말뿐 아니라 1년 365일 내내 이어질 수 있다.

사례 연구 2 트위터의 사례

잭 도시 트위터 CEO가 "직원이 원한다면 영원히 재택근무를 할 수 있도록 하겠다"고 밝혔다. 경영방침을 트위터 외에 따로 창업한 모바일 결제업체 '스퀘어'에도 똑같은 방침을 적용하겠다고 밝혔다. '연말까지'로 기한을 정한 구글, 페이스북보다 훨씬 파격적인 조치다. 업계 관계자는 "코로나19 팬데믹 선언 후 3개월간 재택근무를 해본 결과, 우려했던 생산성 저하 문제가 거의 발생하지 않았다는 판단이 선 것으로 보인다. 워라밸(일과 삶의 조화)을 중시하는 MZ세대 직원들의 요구도 반영한 결정일 것"이라고 평가했다.
트위터가 쏘아 올린 작은 공은 향후 물리적 개념의 '직장'이 사라지고 재택근무가 일하는 방식의 '뉴노멀'이 될 수 있음을 시사한다.

8 재택근무 도입에 있어서의 과제

재택근무 도입에 있어서는 여러가지 효과가 기대되는 한편 지금까지는 보지 못했던 새로운 일하는 방식이 도입됨에 따라 해결해야 할 과제가 있다. 특히 코로나19 이후에는 인력운영과 일하는 방식에 큰 변화가 있을 것이다. HR Insight의 조사 결과에 따르면 다음과 같다(HR Insight 2020년 4월호 p.63).

1. 위기 대처능력 강화

경영 환경의 불확실성이 높아짐에 따라 데이터를 통한 미래 상황을 예측하거나 다양한 통찰력을 발휘하면서 미래 상황을 준비해나가고 있다. 이런 기업에도 코로나19는 예상치 못한 위기이며, 그 위기의 파장이 점점 커지고 있다. 따라서 위기 대처 능력을 강화시켜야 한다는 필요성이 높아질 것으로 보인다. 전문가들은 앞으로도 전혀 예상하지 못한 위기 발생이 반복될 것이며 이러한 상황에서 민첩한 대응을 펼치는 능력이 리더십의 영역이 될 것이라고 전망하고 있다. HR에서는 이러한 역량을 가진 리더를 확보하고 육성하는 방법에 대한 고민이 깊어질 것으로 보인다.

사례 연구 1 LS니꼬동제련㈜의 위기대응체계 가동 사례

코로나 이슈발생시 성공적 재택근무가 가능했던 배경에는 신속한 위기대응 시스템이 있었다. 니꼬동제련은 신속하게 LS그룹과 커뮤니케이션하며, 적극적이고 투명하게 행정기관과 방역기관에 협조해 피해 확산을 방지할 수 있었다. LS니꼬동제련은 코로나19의 국내 확진자 규모가 한 자릿수였던 2020년 1월부터 이미 대응을 시작하고 있었다.

우선 단계별 대응매뉴얼을 마련해 직원들에게 전파했다. 더불어 전사에 방역을 실시하고 손소독제 비치와 마스크 착용 강화 등 임직원 예방에 집중했다. 나아가 회식, 동호회 활동, 직원과 가족의 이동 자제를 당부하고 업무 · 회의 · 식사 시 예방수칙을 정해 직원 간 접촉을 최소화했다.

재택근무 기간 중에는 재택근무 가이드라인을 빠르게 배포하여 업무가 원활히 진행될 수 있도록 근무시간, 다양한 커뮤니케이션 방식, 회의운영, 위기대응수칙 등을 설정하여 확산하도록 하였다.

심각 단계로 대응체계가 강화된 이후 근무 중에도 마스크를 착용하며, 동료들과 이야기를 나눌 때도 충분한 거리를 확보하였다.

점심시간을 기존 12~1시에서 11시 30분~13시 30분 중 1시간으로 조정하여 인원이 몰리는 상황을 방지했다. 향후 직원 건강관리 차원에서 구내식당에서는 직원들이 1열로 앉아 식사하고, 외부 식당이용 시에는 마주보기를 피하고 지그재그로 앉는 등의 노력을 전개하고 있으며, 조금이라도 의심증상이 있는 직원이나 임신여성 등에 대해서는 재택근무를 활성화하여 실시하고 있다(인사관리 2020년 5월호, 최용실, 「코로나19위기, 스마트워크로 극복」 p.84).

사례 연구 2 위메이드의 시프트(SHIFT)

위메이드는 2020년 초 한 달간 새로운 근무 체계인 '시프트'(SHIFT)의 시범 평가를 진행했다. 시프트는 '집에 머물되 전일제로 일한다'(Stay Home Instead Full Time)는 말을 영어 약자로 표현한 것이다. 감염병 상황을 세 단계(레드 · 옐로 · 그린)로 나누고 필요에 따라 유연하게 전환하는 것이 특징이다.

시프트의 세 단계 중 레드는 감염병의 확산 우려가 커진 비상 상황이다. 이 때는 직원의 100%가 원격으로 근무한다. 옐로 단계는 지속적인 주의가 필요한 상황이다. 가급적 원격으로 근무하되 필요에 따라 직원의 15~20%는 회사에 나올 수 있다. 그린 단계는 감염병의 위험이 없는 상태다. 자유롭게 회사에 나와 일해도 된다. 이 회사의 사업팀 직원 35명은 최근 한 달간 매일 아침 회사 홈페이지에서 그날의 시프트 단계를 확인한 뒤 일할 곳을 정했다.

2. 재택근무에 대한 경영진의 인식 변화

코로나19로 인해 반강제적인 재택근무가 실시되면서 그동안 재택근무에 대해 무관심하거나 회의적이었던 경영진들의 인식이 바뀌고 있다. 자발적 또는 비자발적으로 회사에 출근할 수 없는 상황이 벌어질 수 있다는 위기감이 높아짐에 따라 이를 위한 사전 준비가 필요하다고 느끼는 것이다. 이는 재택근무에 대한 긍정적인 관심으로 이어지고 이를 효율적으로 활용할 수 있는 구체적인 방법에 대한 논의가 이어질 것으로 예상된다.

3. 리모트 워크를 위한 소프트웨어 구축 논의 활발

재택근무에 대항 경영진의 관심도가 높아진 만큼 이를 뒷받침해 줄 소프트웨어 구축에 대한 논의도 활발해질 것으로 보인다. 한 중견기업 IT담당자는 "전사 재택근무로 인해 최고경영자조차도 사내 메신저에 접속해 있어 임원진들도 항시 로그인 상태"라면서 "임원진 회의도 화상으로 이루어지고 있어서 소프트웨어 사용 빈도수가 높아졌다"고 말했다.

이러한 분위기 속에서 실제로 재택근무 활성화에 따라 채팅, 화상회의, 파일 공유 등의 기능을 탑재한 협업 도구 사용이 급증하고 있다. 그동안 비용과 보안의 문제로 도입을 고민하던 회사들도 코로나19사태 이후 적극적인 검토를 해 나갈 것이라는 것이 업계의 전망이다.

4. 커뮤니케이션과 업무 방식 논의 활발

재택근무상황에서는 무엇보다 커뮤니케이션의 어려움이 큰 것으로 나타났다. 몇 마디 대화로 해결될 업무를 메신저 상에서는 장황하게 설명해야 하거나 화상회의를 위한 시간 확인과 시스템 정비 등도 쉽지 않다는 어려움이 있다. 또한 보이지 않는 공간에서 업무를 하기 때문에 끊임없이 일하고 있음을 증명해야 하는 어려움도 있다. 리더들 역시 팀원들의 업무 관리가 어려운 것은 마찬가지다. 결과물로만 그 과정을 판단하기엔 아쉬움이 큰 것도 사실이다. 따라서 장기적인 관점에서 비대면 환경에서의 업무방식과 커뮤니케이션 방법에 대한 논의가 필요하다. 재택근무 중 순식간에 늘어나는 다방면, 다발적 커뮤니케이션은 한 번만 타이밍을 놓쳐도 이슈를 따라잡기 어려울 정도로 발전하는 경우도 있다. 관련 당사자는 커뮤니케이션과 이슈에 대한 명료한 기록을 하여야 한다. 발생하는 커뮤니케이션 중 왜곡이 발생하는 것을 방지할 필요가 있다.

사례 연구 **필립스 코리아 성공 사례(양방향 소통과 상담 지원 프로그램)**

300명 넘는 근로자가 근무하는 서울 사무실에는 코로나19 사태 이후 70명 안팎의 근로자만 출근하고 있다. 코로나19가 급속히 확산되던 2020년 2월 말 필립스코리아는 소수 인원을 제외한 전 근로자 재택근무를 시행했고 2020년 4월 중순부터 순환근무체제를 유지하고 있다. 필립스코리아는 장기화되고있는 코로나19 상황속에서 지쳐가는 근로자들을 지원하기 위해 위기관리 대응팀을 구성, 온라인 타운홀 미팅 등 다양한 채널을 통한 쌍방향 커뮤니케이션을 지속해 나가고 있다. 뿐만 아니라 심리적 안정감을 위한 상담지원프로그램과 근로자들의 성장을 위한 온라인 교육프로그램도 발 빠르게 지원하고 있다.
첫째 필립스코리아가 커뮤니케이션에서 가장 중점을 둔 부분은 양방향 소통이다. 위기관리대응팀이 각 비즈니스의 운영에 필수적인 요소를 점검해 수시로 공유하고, 경영진은 이를 신속하게 가이드라인으로 만들어 직원들과 소통했다. 온라인 타운홀 미팅에서도 사전 질문뿐만 아니라 직원들이 마이크를 켜고 질문하거나 채팅창을 통해 궁금한 점을 바로 해결할 수 있도록 했다.
기존에 호텔 연회장에서 하던 시상식이 온라인으로 옮겨졌을 뿐, 동료가 팀워크를 바탕으로 일군 성과에 대해 박수를 쳐 주는 모습은 코로나19 이전과 크게 다르지 않았다.
둘째 상담지원 프로그램을 제공하고 있다. 직원의 심리적 안정감이 직무 몰입과 좋은 성과로 이어진다는 것은 잘 알려진 사실이다.
필립스코리아는 직원과 가족이 이용할 수 있는 '상담 지원 프로그램'(Employee Assistance Program)을 제공하고 있는데, 현재는 코로나19 상황에 맞게 탄력적으로 운영하고 있다. 장기간 지속되는 재택근무에서 오는 답답함과 스트레스를 줄이기 위해 대면 상담 대신 비디오나 전화를 통해 부담 없이 상담받을 수 있도록 했다. 여기에 그림을 통한 심리상담을 추가했다. 그림을 그려 상담사에게 보내면 이를 해석해 심리상담을 하는 프로그램이다. 예년보다 상담 지원 프로그램 참여율이 높아졌고, 상담 서비스 제공사를 통해 직원들의 긍정적인 반응을 확인할 수 있었다. 지난 3월과 4월에는 전문 상담사가 진행하는 온라인 세미나를 세 차례 열었다. 슬기로운 집콕 육아를 위한 팁, 마음의 방역을 위한 내면의 긍정성 확인하기, 집에서 할 수 있는 스트레스 관리법 등 재택근무 중 심리 안정을 주제로 한 온라인 세미나에 직원들이 적극적으로 참여했고, 세미나 중 서로의 고민과 해결책을 공유하는 시간을 갖기도 했다(HR Insight 2020년 7월호, 신우익, 「코로나19를 극복하는 힘」, p.34-35).

5. 자율적인 환경에서의 성과관리 방법 고민

HR Insight의 조사에서 많은 응답자들은 자율적인 환경에서의 업무 생산성 향상 방안과 관리 방안에 대한 고민이 큰 것으로 나타났다. 전문가들은 리모트 환경에서는 현제 업무를 기록하고 업무 정보를 실시간으로 공유하는 것이 중요하다고 강조한다. 이는 1차적으로는 본인이 할 일이 무엇인지 판단할 수 있도록 돕고, 팀원 각자의 성과가 어떻게 조직의 성과에 연결되는지 한 눈에 확인할 수 있기 때문이다. 무엇보다 중요한 것은 업무 목표와 성과 평가가 확실하다면 언제 어디서 일하는 것은 큰 문제가 아니라는 점이다. 각 기업들은 현 상황을 계기로 성과관리에 대한 근본적인 고민이 필요해질지도 모른다.

코로나19 이후 HR에서 나타날 것으로 예상되는 변화는?(복수응답)

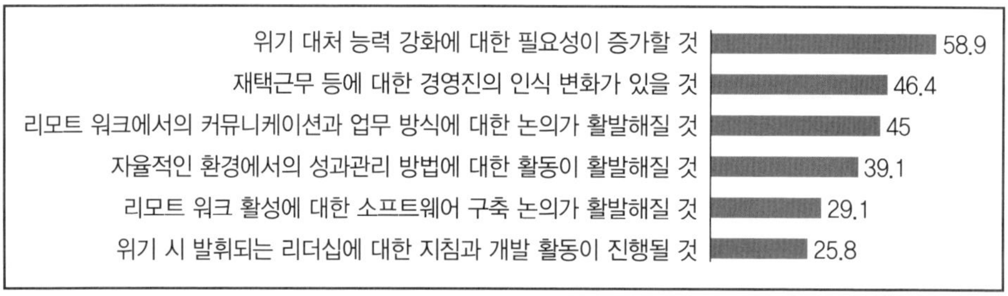

사례 연구 1 **일본 총무성의 조사 연구 결과**

일본 총무성의 2016년 3월에 실시한 「지방 창생과 기업에 있어서의 ICT이용 · 활용에 관한 조사 연구」에 의하면 원격근로 도입기업이 도입에 관한 과제사항에 있어서는 「정보보안의 확보」나 「적정한 노무관리」, 「사원간의 커뮤니케이션」등이 열거되어 있다.

이 조사 결과에 의하면 「이미 도입을 마친 기업」과 「도입을 검토하고자 관심있는 기업」(미도입 기업) 모두가 「정보보안의 확보」를 첫 번째 과제로 하여 원격근무 도입에 있어 「정보보안의 확보」가 최우선과제로 인식되고 있음을 알 수 있다. 그러나 「정보보안의 확보」이외의 사항에 있어서는 이미 비도입을 끝낸 기업보다 아직 도입하지 아니한 기업 쪽이 과제로 열거한 비율이 높아지고 있다. 특히 「원격근무 대응에 있어서의 사내제도의 작성」, 「적정한 인사평가」, 「적정한 노무관리」에 있어서는 많은 괴리가 있다. 그 결과 도입의 검토단계에서는 과제로서 고려해야 할 사항도 실제 도입된 기업은 큰 문제이므로 운용시에 많은 걸림돌이 될 여지가 있다.

사례 연구 2 SAP의 사례

글로벌 회사 SAP는 코로나19의 확산에 따라 2020년 2월 24일부터 재택근무를 시작했다. 경영 환경적 측면에서 리모트 워크가 직원들에게 생소한 업무 형태는 아니지만 이번처럼 전 직원 재택근무를 통한 국내 직원들 간의 리모트 워크는 처음 시도됐다.

첫 주는 미팅 초대에 리모트 미팅을 위한 접속정보가 빠져 이를 셋팅하느라 미팅이 지연되기도 하고, 미팅 참석자를 체크하는 데에 시간을 소요하기도 했다. 이러한 과정 때문에 꼭 필요한 정례 미팅 외에는 상황이 정상회된 이후 대면 미팅을 하자는 분위기였다. 하지만 2주 차부터는 직원들이 빠르게 적응해 모든 미팅에 리모트 접속 정보가 포함돼 사무실에 출근한 사람도 미팅룸이 아닌 독립된 공간에서 온라인 접속을 하는가 하면 정례미팅 외에 다양한 부수적인 미팅들이 온라인 미팅으로 재개됐다. 정지현 SAP코리아 HR파트너는 "기존에는 재택근무를 소수 직원의 필요에 의해 회사와 동료가 배려해 주는 근무 환경으로 고려했다면, 이제는 리모트 워킹이 미래 근무 환경에서 충분히 대안이 될 수 있을 것인가에 대한 논의와 함께 부족한 부분에 대한 준비를 할 수 있는 계기가 됐다"고 밝혔다.

SAP는 해외출장이나 교육도 전면 중단 또는 연기한 상태이다. 다만 고객사의 프로젝트를 수행하는 직원의 경우 계약 관계상 이를 중단할 수 없어 마스크를 공수해 전달하는 방식으로 애로사항을 해결해 나가고 있다.

한편 SAP는 별도의 근태관리는 하고 있지 않다고 밝혔다. 다만 캘린더를 공유해 서로의 일정을 확인하며 협업을 수행하고 업무 중에는 스카이프에 연결돼 수시로 채팅이나 전화통화를 통해 원활한 커뮤니케이션이 되도록 권장하는 등 기존과 비슷한 업무 관리 방식을 운영하고 있따. 정지현 HR파트너는 "이번 계기로 재택근무 및 리모트 워크에 있어서 현 수준을 점검할 수 있었고, 버츄얼 리더십, 원격근무자의 시간관리 팁, 스트레스 관리 등 부족한 부분을 지속적으로 보완해 더욱 빠르게 확산시키는 데에 도움이 될 것이라고 기대된다"고 말했다.

사례 연구 3 유니티의 사례

리얼타임 3D 엔진 회사인 유니티는 2020년 2월 23일 코로나19가 심각단계로 격상됨에 따라 전 사원 재택근무를 시작했다. 기술회상의 특성상 고 사양 모니터나 빌드용 컴퓨터를 사용하는 직원들에게는 장비를 집까지 배송해 줬다. 유니티는 사무실에서 일하는 것만큼 일하기가 쉽지 않다는 것을 감안하면서도 온라인으로 일하는 것에 대한 명확한 가이드와 현 상황에 대한 회사의 입장과 조치를 이틀 단위로 커뮤니케이션하고 있다. 모두가 불안한 상황에서는 모호함을 줄이고 확실한 가이드를 하는 것이 중요하다고 판단했기 때문이다.

이러한 과정은 HR에서만 단독으로 컨트롤하는 것이 아니라 경영진, 총무팀, IT, 법무팀이 위기관리팀으로 꾸려져 각 분야를 중심으로 협업하면서 회사의 가이드를 전달해나가는 것이 핵심이다. 또한 큰 의사결정이 필요한 경우 인사팀이 결정할 수 있도록 최고경영진에서 판단과 권한위임을 받았으며, 최고경영자의 의사결정 속도 또한 평소보다 더 민첩하게 이뤄질 수 있도록 대응하고 있다. 김기재 유니티 인사팀장은 "재택근무 과정에서 가장 중요한 것은 구성원에 대한 회사의 신뢰를 바탕으로 협업하는 것"이라고 강조했다. 여기에는 유니티가 평소에 강조해온 오너십이 발휘됐다.

현재 유니티는 재택근무 시 줌(ZOOM)비디오 컨퍼런스 툴, 슬랙(Slack), 구글 스위트(Suite) 등을 사용하고 있다. 공유 문서인 구글 시트를 활용하여 구성원 개인이 어떤 일을 하는지 3~4줄로 간단하게 데일리 로그를 작성해서 팀과 공유하도록 했다. 처음에 '서로가 무엇을 하는지 보는 것이 불편하다'는 피드백이 있었지만 이제는 협업을 위해서 누가 어떤 일을 하는지 일일이 물어보는 것보다 언제든지 볼 수 있도록 하는 것이 도움이 된다는 데에 공감하는 분위기이다.

한편 유니티는 재택근무 과정에서 구성원들의 이해와 연결을 돕기 위해 작은 이벤트를 진행했다. 바로 재택근무 사진 대회이다. 매주 HR팀 주관으로 음료 기프트 카드를 상품으로 걸고 '집에서 일하는 데스크 사진' 공유를 하면서 서로 어떤 환경에서 일하고 배우고 있는지 공유하고 있다. 첫 주 반응이 좋아 반려동물, 식물, 본인이 소장하고 있는 컬렉션 등을 공유하는 대회로 진행하고 있고, 즐거운 분위기를 도모하면서 구성원들의 평소에 몰랐던 부분을 서로 알아가는 기회로 삼고 있다.

사례 연구 4 우아한형제들의 사례

우아한형제들은 지난 3월 2일부터 전 직원 재택근무에 들어갔다. 재택근무 준비과정에서 HR은 원활한 리모트 워크를 위한 기본 사항을 확인했다. 한꺼번에 전 직원이 VPN을 통해 접속이 가능한지, 행아웃 · 라인 · 스카이프 · 줌 등을 통한 미팅에는 문제가 없는지 등 평소보다 사용량이 높아질 소프트웨어 점검에 나선 것이다. 재택근무 과정에서는 업무의 효율성과 생산성 파악을 통해 재택근무의 진행, 유지, 연장에 대한 경영진의 의사 결정에 도움을 주는 역할을 하고 있다. 또한 재택근무에 대한 경영진의 의사결정을 직원들에게 실시간으로 안내하고 재택근무 중 발생하는 문제들을 해결하는 헤드쿼터 역할을 맡고 있다. 단, 재택근무 시 근태 및 업무 관리는 현업매니저의 역할이다. 근태관리는 기존의 근태관리 시스템을 그대로 작동할 수 있도록 선조치함에 따라 시간과 장소에 관계없이 가능하도록 만들었다.

우아한형제들은 코로나19로 인해 재택근무가 필요해졌을 때 단 이틀 만에 모든 가능한 시스템을 갖추고 진행했고 현재까지는 재택근무에 대한 부정적인 평가나 문제점이 발견되지 않는 상태이다. 김도형 우아한형제들 인사팀장은 "아직까지는 재택근무의 성과를 논하기 이른 단계이지만 현재까지의 경험으로는 리모트 워크 방식이 긍정적인 영향을 줄 것으로 기대하고 있다"고 밝혔다.

9 재택근무제 도입과 근로자의 메리트

1. 출퇴근 부담 경감

재택근로의 도입은 기업뿐만 아니라 근로자에게도 「통근으로부터의 해방」, 「일과 생활의 균형(워라밸)」, 「업무와 육아·가족돌봄의 양립」 등 여러가지 효과를 기대할 수 있게 된다. 재택근무에 따라 근로자는 출퇴근 시간이 줄어든다.

출퇴근에서 오는 신체적·정신적 부담과 피로를 덜어주고, 절약된 시간을 효율적으로 업무에 활용 가능하여 실적 향상으로 이어질 수 있다.

재택근무 긍정적 효과(근로자): 출퇴근 스트레스 해소 85.0%(고용노동부, 2020년 8월) 2016년 경제협력개발기구(OECD) 평균 통근시간은 28분, 우리나라는 58분이다. 국토교통부 '교통카드 데이터 기반 대중교통 이용실태 분석' 자료에 따르면 수도권에서 대중교통을 이용해 출근하는 경우 출근시간은 1시간 27분이 걸리는 것으로 분석됐다.

2. 일하는 방식의 다양화

비교적 시간과 장소의 제약에서 자유롭고 스스로 원하는 근무장소를 선택하는 등 일하는 방식의 선택권이 넓어져 다양한 일하는 방식의 실현이 가능하다.

재택근무에 따라 통근에서 해방된다면 해당 시간을 자유롭게 사용할 수 있는 시간이 증가하므로 수면시간이나 가족과 더불어 있는 시간, 육아·가족돌봄 등의 시간이 늘어나거나 자기계발, 지역활동, 운동, 취미, 오락시간 등 근로자 개개인이 스스로 라이프스타일에 맞추어 사적인 시간을 충실히 활용할 가능성이 있다.

재택근무를 이용하는 데 있어 통근 그 자체가 없다. 자택 거실에서 집무실로 옮겨가는 데는 1분 밖에 걸리지 않는다. 사무실로 출근할 때에 으레 있었던 교통체증에 시달리지 않아도 된다. 근로자에게는 체력적·정신적으로도 여유가 생기고 노동의욕이 향상되어 일과 사적 생활의 쌍방이 충실해질 것이 기대된다.

3. 업무효율 향상 및 직무만족도 증가

① 불필요한 회의, 보고 등이 줄어들어 업무에 집중하게 되므로 효율성이 높아진다.

▶ 재택근무 등 유연근무제가 생산성 향상에 긍정적 56.7%, 부정적 4.4% (한국경제연구원, 2020.7)

② 자기주도적 업무 수행, 효율적인 목표 달성 등을 통해 업무 만족도가 증가하고, 육아, 간병 등의 문제를 겪는 직원의 업무부담과 스트레스가 줄어들어 직무만족도가 높아진다.

▶ 재택근무 근로자 만족도 평가: 만족 91.3%, 불만족 8.7% (고용노동부, 2020.8)
▶ NHN임직원 대상 재택근무 설문조사: 88% 재택근무에 만족 (NHN, 2020.5)

4. 근로자 건강 보호

코로나19와 같은 감염병 예방에 가장 효과적인 사회적 거리두기 방법으로서 특히 임산부 및 기저질환자 등 감염취약계층 근로자의 보호에 큰 도움이 되고, 공중보건에 이바지한다.

▶ 재택근무 긍정적 효과(인사담당): 감염병 위기 대처 능력 강화 71.8% (고용노동부 2020.8)

5. 경력단절 예방

사무실 출근이 어려운 직원이 자택에서 계속 근무가 가능하여 결혼·임신·육아 등 일·생활 양립이 가능해져 경력단절을 막을 수 있다.

6. 일·생활 균형 실현

효율적인 업무처리, 출퇴근 부담의 경감 등을 통해 자기 계발 및 재충전의 시간을 가질 수 있고, 가족돌봄이나 육아 등에 참여하여 화목한 가정을 꾸려나갈 수 있다.

7. 고용참여 기회 확대

자택 내 근무를 선호하는 장애인, 고령자, 요양 중인 자, 또는 임신·출산자도 재택근무를 활용하면 일을 그만두지 않고 계속해서 근무할 수 있다.

10 재택근무제 도입의 사회적 의의

재택근무 도입은 사회적으로도 다음과 같은 효과가 기대되고 있다.

1. 노동인구 감소의 완화

급속한 저출산·고령화의 진전에 따라 노동력 인구가 본격적으로 감소 중에 있는 터에 재택근무의 도입에 따라 육아·가족돌봄 중의 근로자의 이직율이 저하되고, 장애인이나 고령자 등 통근이 곤란한 계층의 근무를 가능하게 하는 근로환경은 정비할 수 있으므로 「전원참여형 공동체」의 구축을 기대해 볼 수 있다.

2. 감염병 예방

재택근무를 도입하는 기업이 증가하면 대규모 지진 등의 재해가 발생할 때 「귀택곤란자」나 「출근 곤란자」가 감소되는 것을 기대할 수 있다.

또한 대규모 감염병 발생시에도 인력 분산, 사업장 밀집도 감소 등에 따른 접촉감소로 감염병 예방에 효과적이다. 무리하게 외출하는 사람이 감소할 수 있고 피해확대 위험이 감소될 것이 기대된다.

3. 환경의 보호

재택근무자가 증가하면 통근 인구가 감소되어 아침, 저녁 통근시 교통혼잡의 완화를 꾀할 수 있다. 또한 교통량의 감소에 따라 CO2의 감소에 따라 지역 온난화 방지를 기대할 수 있다. 재택근무 도입은 자연 생태계와의 공존도 한 이유다. 사회적 거리두기로 이동이 줄어들면서 강이 살아나고 공기질이 좋아진다. 물론 코로나19로 인해 자연생태계가 복원되고 있다는 공식적인 조사 결과는 발표되지 않았으나, 지구의 수많은 생명체 중에 생태계 파괴자 1위인 인간의 '멈춤'이 지구 환경에 긍정적으로 작용할 것이라는 예측은 자연스럽다.

4. 비대면 산업 육성

효율적인 재택근무를 위해 필요한 협업 툴, 화상회의 시스템 등 IT 인프라의 수요 증가로 IT 기술 수요가 늘면서 비대면 산업이 활성화되고 일자리를 창출할 수 있다.

5. 일·가정 양립 문화 확산

가족 친화적 업무환경 조성으로 육아부담을 해소하고 출산·육아 등과 업무를 병행할 수 있어 경력단절을 줄이는 등 경제 활동을 촉진할 수 있다. 또한, 코로나19 상황과 같이 감염예방을 위해 가정 돌봄의 중요성이 커지는 시기에도 보다 많은 시간을 돌봄에 투자할 수 있다.

6. 지역 활성화

재택근무는 직장으로부터 멀리 떨어진 자택에 거주하면서 업무를 수행할 수 있는 가능성이 있으므로 지방에서도 근무할 수 있는 기회가 증가하여 지역활성화를 기대할 수 있다. 지방도시에는 반농민, 반샐러리맨의 노동을 하는 사람이 많아지고 이러한 인재를 활용하는 데에도 재택근무는 유효하게 활용될 수 있다. 또한 재택근무를 전제로 하여 도심부나 해외의 인재를 지방기업에 고용할 수 있으므로 지역활성화를 기대할 수 있다. 재택근무 시대에는 어느 곳에서든 인재를 뽑아 쓸 수 있다. 이른바 디지털 글로벌 세상이다. 기업으로서는 저임금 국가에 근무하는 근로자를 고용해 훨씬 적은 비용으로 원격 업무를 수행할 수도 있다.

사례 연구 **로버트 실러 교수의 분석**

미국 예일 대 로버트 실러 교수는 코로나19 이후 최근 "주택과 주식, 채권 등 자산 가격이 높아진데다 실업률까지 치솟는 등 불확실성이 높은 상황"이라고 지적했다. 이런 불확실성을 고려할 때 부동산에 투자한다면 도시보다 교외가 나을 것이라고 전망했다. 실제로 최근 뉴욕과 런던 교외 지역의 고급 주택 거래가 늘고 가격도 상승하고 있다. 실러 교수는 2020년 7월 14일 CNBC와의 인터뷰에서 "코로나19로 식당과 박물관, 극장 등 도시 생활의 장점을 제대로 누리지 못하고 있다"고 진단했다. 사회적 거리두기와 재택근무가 일상화되면서 도시 주민들이 교외로 이동하고 있다는 분석이다. 실러 교수는 2013년 노벨 경제학상을 받았다.

재택근무 도입에 따른 효과

사 회

- 노동인구 감소의 완화
- 방재기능의 완화
- 환경부하의 경감
- 지역의 활성화

기 업

- 인재의 확보
- 생산성의 향상
- 사업운영비용의 삭감
- BCP대책의 향상

근로자

- 일과 생활의 균형
- 근로의욕의 향상
- 일과 육아·가족돌봄의 양립

11 재택근무를 미리 도입한 기업

재택근무를 미리 실시하고 있는 기업의 근로자는 「워크–라이프 밸런스」(일과 생활의 균형)의 실현에 따라 현저한 성과를 내고 있다. 재택근무 도입에 따른 성과를 미루어보면 종일 재택근무나 부분 재택근무의 도입에 따라 「업무효율의 향상」, 「인재의 확보」, 「근로자 만족도 향상」 등이 실현되고 있음을 알 수 있다.

재택근무를 이미 도입한 기업은 재택근무의 적용 대상자를 육아나 가족돌봄 등의 이유가 있는 근로자에 한정하지 않고 일반 근로자에게도 적용하거나, 계약직 근로자나 파견 근로자에게도 적용하는 등 적용대상자의 범위를 확대하여 적용 대상자가 증가하고 있다.

또한 재택근무를 이용하는 일수를 증가하거나 재택근무자에게 선택적 근로시간제나 재량근로시간제를 적용하는 기업도 증가하는 경향이 있다.

최근 기업에 있어서의 일하는 방식의 개혁을 적극적으로 추진하고 있는 가운데 장시간 과중노동 방지를 위한 잔업금지의 실시나 종료시각 후의 잔업의 금지, 유급휴가 사용의 적극 권장 등 일하는 방식의 개혁의 일환으로서 여러 가지를 추진하고 있으나 기업에 의하여 일방적으로 시행할 것이 아니라 근로자의 이해와 지지를 얻어 시행하는 것이 가장 바람직하다.

근로시간이 강제적으로 단축되더라도 업무량이 감축되지 않고 종전 그대로 변함이 없다면 부담이 클 수밖에 없다는 얘기를 듣고 있다.

회사에서는 정시 퇴근을 시키고 일제 소등한 기업은 근로자들이 소등 후에도 회사 근처 레스토랑, 카페 등으로 이동하여 업무를 계속하거나 대화를 계속하는 수도 있다.

형식적으로는 일하는 방식의 개혁은 근로자의 근로의욕을 저해하거나 기업의 경쟁력에 부정적인 영향을 주어서는 안된다. 엄밀한 의미에서 일하는 방식의 개혁은 근로자 한 사람 한 사람이 스스로의 역량을 최대한 발휘할 수 있도록 일하는 방식을 스스로 선택할 수 있는 환경을 만들어야 실현 가능하게 된다.

이미 재택근무 도입을 마친 기업은 재택근무의 도입에 따라 실제로 얻게 되는 효과로부터 한층 더 확산할 수 있는 분위기를 마련하여야 한다. 진정한 의미의 일하는 방식 개혁을 실행하기 위한 시책의 하나로서 재택근무를 전사적 제도로서 운용하기 위한 조직체계 구축을 추진해야 할 것이다.

12 중소기업의 재택근무 도입효과

재택근무는 대기업에서 도입 가능하다고 생각하는 사람들이 적지 않다. 실제 재택근무의 도입률은 중소기업보다도 대기업 쪽이 높은 것이다. 복리후생에 있어서도 여유가 있는 대기업에서 근로자를 위한 제도가 더 많은 것은 확실하다. 그러나 재택근무를 포함하는 원격근로를 도입하는 대기업 쪽에 증가하는 경향이 있는 이유는 근로자의 복리후생이라는 측면만 있는 것은 아니다. 노동인구의 감소가 지속되는 가운데서도 우수한 인재를 확보하여 기업의 성장·발전을 지속하기 위해서는 새로운 일하는 방식을 적극적으로 도입하여 근로자로서 근로할 수 있는 환경을 마련할 필요가 있다. 그러므로 이와 같은 기업의 대응은 선진적 기업의 이미지를 크게 향상시키고 장래적으로도 성장할 수 있는 기업으로서 평가를 높일 수 있다고 기대된다.

재택근무는 상장기업이나 대기업에서만 도입 가능한 것은 아니다. 오히려 중소기업 쪽이 재택근무를 도입하기 쉽고 도입에 따른 장점을 향유할 수 있다. 예컨대 중소기업에서 최고경영자층의 의사를 전 근로자에게 주지시키기 쉽고 사업 운영에 관한 의사결정도 신속히 시행할 수 있다. 또한 근로자 수가 적고 한 사람의 근로자가 퇴직하는 경우의 손실은 대기업에 비하여 몇 배 클 수도 있으나 재택근무를 도입하여 이직을 회피하게 된다면 이에 의하여 얻게 되는 이익은 대단히 클 수도 있다.

대기업도 우수한 대졸사원을 신규로 확보하기 어려운 시대다. 취업 활동을 하는 인재를 선발하는 기업으로서는 일과 생활의 균형을 중시하는 경향이 강한 젊은 세대에게는 근로하기 쉬운 기업으로서 매력을 줄 수 있는 체제를 갖추기 위해서 중소기업에게 가장 중요한 과제가 아닐 수 없다. 그러므로 재택근무 도입은 중소기업이 우수한 인재를 확보하기 위해서는 일과 생활의 균형을 갖춘 기업이미지를 확보해야 할 것이다.

일하는 방식을 개혁하기 위해 정부도 적극적으로 재택근무를 도입하기 쉬운 중소기업에 대하여 지원시책으로서 조성금의 교부나 전문가에 의한 컨설팅을 실시할 수 있다.

제2절 재택근무제 도입시에 제기되는 문제점과 대책

일반 기업에 재택근무 도입을 추진하기 위해서는 해당 기업의 경영자가 재택근무의 장점을 충분히 이해하는 것이 선결과제다. 지금까지 가졌던 재택근무는 대기업만이 실시할 수 있다는 선입견이나 오해를 불식시켜야 한다.

경영자가 재택근무의 필요성을 이해하여 강력한 의사를 가지고 추진한다면 기업 규모의 대소에 불구하고 재택근무는 도입 가능하다. 재택근무제도 도입시에 제기되는 과제를 정리하면 다음과 같다.

<과제 1> 일과 업무의 경계가 모호하다고 하는 데 대한 대책이 있는가

재택근무는 자택에서 회사업무를 수행하는 것이므로 업무공간과 생활공간의 분리가 명확하지 않다.회사업무와 근로자 개인의 사생활이 겹치다 보니 여러 가지 문제가 발생한다. 업무공간과 생활공간이 가정이라는 동일한 장소에 존재하는 만큼 업무시간과 휴게시간에 대한 명확한 분리는 업무를 위한 연결만큼 중요한 부분이다. 자택은 사생활의 중심이면서 회사의 업무를 수행하는 곳이 된다. HR Insight의 설문조사에 따르면 가장 많은 답변은 일과 휴식의 경계가 모호해졌다는 점이었다(55.6%). 일과 개인의 시간이 분리되지 않고 집에서도 언제든지 일할 수 있는 상황 때문에 오히려 초과근무가 발생한다는 점이 문제로 지적됐다. 실제로 미국 하버드대 경영대학원 연구팀이 미국과 유럽, 중동의 도시 16곳 직장인 300만명의 데이터를 분석한 결과, 코로나로 재택근무를 시행한 2020년 3월 이후 8주간 평균 근무시간이 하루에 48.5분 더 늘어난 것으로 나타났다. 정상 업무 시간 이후에 발송하는 이메일이 8% 증가하면서 근무 시간이 덩달아 늘어난 것이다.

재택근무는 '출근 안해서 편한 점이 있지만 퇴근도 못한다' 는 함정이 있다. 재택근무자 스스로 일과 휴식의 경계를 구분해놓지 않는다면 일하는 것도 아니고 쉬는 것도 아닌 상황이 지속되고, 이는 직장생활과 사생활 영역 모두 만족스럽지 못한 결과를 초래할 수 있다. 재택근무를 성공적으로 지속하기 위해서는 일과 휴식의 경계를 명확히 할 필요가 있다. 재택근무는 퇴근이라는 행위가 존재하지 않기 때문에 이를 대신할 커뮤니케이션의 방식이 필요하다. 예컨대 단체 메신저방에 메시지를 남기는 형태부터 공식 시스템에 퇴근을 기록하는 방식 등이 있을 수 있다. 초과근무가 발생하는 것을 억제하기 위해서는 본사에서의 업무지시는 근무시간에 한해서 하거나, 연장근로·휴일근로·야간근로로 인정되기 위해서는 재택근무자의 신청과 회사의 승인이라는 엄격한 규제절차가 필요하다. 미 경제매체 포브스는 최근 재택근무로 일과 생활의 경계가 모호해지는 문제를 슬기롭게 해결하기 위한 방법을 소개했다. ① 생활 공간과 완전히 구분되는 지정된 작업 공간을 만들라 ② 매일 아침 오늘 할 업무 목표를 설정한 뒤 근무를 시작하라 ③ 근무 시간과 휴식 시간을 철저히 구별하라는 것이다.

<과제 2> 재택근무 환경 구축 및 업무관리 방안은 어떻게 마련하는가

1. 업무환경 구축

재택근무자가 사무실에서 업무를 수행할 때와 동일하게 업무를 수행하기 위해서는 재택근무지에 근무환경 및 업무시설(좌석, PC 등) 구축이 필요하다.

(1) 업무수행 공간 확보

재택근무는 가족 등과의 접촉으로 업무수행에 차질을 야기할 수 있으므로 재택근무자로 하여금 업무수행을 위한 독립된 전용공간을 확보하도록 한다.

(2) IT 인프라 구축

회사는 자택에서 업무를 수행하는 데 필요한 기본적인 IT 기기 및 네트워크를 제공한다. 컴퓨터 및 부속장비, 복합기, 통신장비, 화상회의를 위한 개인용 웹 카메라 등 업무 속성에 따라 관련 장비를 지원하고, 사무실 시스템에 접속하거나 업무를 수행할 때 필요한 솔루션(전자결재, 메신저, 파일공유, 협업 도구 등)도 제공한다.

(3) 비용 부담

재택근무와 관련된 통신비, 정보통신기기 비용, 소모성 비품 등은 사용자가 부담하는 것이 원칙이다.

재택근무 특성상 근로자가 지출한 비용에 대해 사용자가 신속하고 체계적으로 대처하기가 곤란할 수도 있으므로 ▲ 사용자가 사전에 일괄부담 할지 ▲ 재택근무를 하는 근로자가 먼저 부담하고 사용자가 후에 지급할지 ▲ 사용자가 지원해야 하는 비용의 범위를 어디까지로 할지 등에 대해 노사가 미리 충분히 협의하여 취업규칙 등에 정하는 것이 필요하다.

2. 업무관리 방안 마련

재택근무를 시행할 경우 관리자와 근무자들이 장소적으로 분리되어 근무하므로 다음과 같은 업무관리 방안을 고려할 수 있다.

재택근무 업무관리 방안 예시

업무내용 및 수행방법의 문서화	• 업무내용, 업무수행 방법 등을 문서화하여 교부한다. • 공간적·시간적으로 분리되어 근무하는 근로자들이 자신의 업무를 스스로 원활하게 수행하는데 효과적이다.
정보통신 기술의 활용과 연락 방법의 공유	• 관리자나 동료 사이의 정보공유 및 업무협조를 위해 정보통신기술을 적절하게 활용하도록 한다. • 평상시 또는 긴급시의 연락방법을 미리 정하여 필요시에 적절한 소통이 이루어지도록 한다.
근무형태에 맞는 업무계획의 수립	• 사무실 근무에 적절한 일을 구분하여 업무계획을 세울 필요가 있다. ex) ▲ 재택형: 집중력·창의력이 필요한 업무, 독립적 수행 가능 업무 등, ▲ 사무실형: 빈번한 협의 조정이 필요한 업무, 대면 접촉이 필수적인 업무 등
목표 성과와 평가방법에 대한 합의	• 성과 마감일을 관리자와 협의하여 업무계획을 세우고 업무의 진척 상황을 관리자에게 보고하도록 한다. • 장기간에 걸친 업무는 중간보고 시기와 정기보고 주기를 정하는 것이 효과적이다. • 매 시기 완료해야 할 목표를 정량적으로 제시할 수 있다면 작업일정의 한계를 설정하는데 도움이 되고, 구체적 목표가 제시되어 업무몰입도와 성취감을 높일 수도 있다.
문자화된 업무 지시와 피드백	• 근무자들이 업무를 명확하게 파악할 수 있도록 업무지시는 전자메일 등 문자화된 형태로 한다. • 업무지시를 변경할 때는 더욱 문자화된 지시를 하여 혼선을 막아야 한다. • 업무보고 또한 문자화된 형식으로 주고받고 관리자는 이를 주의해서 읽고 의견을 준다.

<과제 3> 육아 · 가족돌봄의 근로자 지원을 목적으로 재택근무를 도입할 경우 이용자가 증가하고 있는가

재택근무 이용자가 증가하지 않는 이유로 신청절차가 번잡하거나 1개월 전의 신청을 필요로 하는 등 이용자가 이용하기 어려운 경우가 있다. 사무실에서 얼굴을 보며 수시로 회의하는 익숙한 커뮤니케이션 방식의 변화에 대한 불안과 재택·원격근무 전용 장비 또는 네트워크와 이를 위한 설정을 해야 하는 낯섦, 손에 익은 업무PC가 아닌 재택·원격근무를 위한 IT기기 조작 미숙이 원격근무 도입의 주요 저해 요인이 될 수 있다. 특히 육아·가족돌봄을 이유로 하는 재택근무는 자녀가 갑자기 고열로 유치원이나 보육원에서 연락하거나 돌봄을 받는 자의 그 날 용태나 상황에 따라 병원에 갈 필요가 있거나 돌발적 사태가 발생하는 경우가 많으므로 급하게 신고하더라도 유연하게 대응하는 기업조직이 바람직하다.

또한 근로자 중에는 재택근무를 이용하도록 주지되어 있음에도 익숙하지 않거나 습관과 같이 그 동안의 업무방식을 바꿔야 한다는 압박 등으로 확신이 없어 이용을 꺼리는 사람도 있다. 재택근무 이용자가 증가하기 위해서는 회사가 재택근무 도입에 따라 무엇을 실현할 것인지, 재택근무 도입목적이 전 근로자에게 사전에 충분히 주지되어 있는지 그리고 관리직 계층을 포함한 근로자 모두에게 재택근무에 따라 얻게 되는 장점과 효과를 이해시키는 것이 아주 중요하다. 육아·가족돌봄기에 있는 근로자의 재택근무의 이용은 그 가족의 생활을 안정시킬 뿐 아니라 건강이나 정신적 측면의 위험을 저감시켜 육아·가족돌봄을 이유로 하는 이직방지대책으로서도 유효한 것이 된다. 근로자와 회사 모두에게 이익으로 작용할 것이라는 이해를 넓게 가지는 것이 재택근무 이용자를 늘릴 것이다. 포스코는 직원들의 출산 장려와 육아기 경력 단절 방지를 위해 육아와 업무를 병행할 수 있는 '육아기 재택근무제'를 국내 기업 최초로 2020년 7월 1일부터 시행하고 있으므로 그 운용성과를 당분간 지켜볼 필요가 있다.

<과제 4> 부서에 따라 재택근무 이용률에 큰 차이가 있는가

회사 내의 부서에 따라 재택근무의 이용률에 차이가 나는 경우가 있다. 그 이유는 부서에 소속된 근로자 중 여성의 비율이나 연령층의 상위, 업무 내용이 재택근무에서 수행하기 쉬운지 등의 여부가 영향을 미치고 있다고 생각된다. 그러나 한편으로 각 부서 관리직 계층이 재택근무의 필요성을 이해하고 있는가, 부하의 재택근무 이용에 대하여 적극적인가 여부에 따라 재택근무의 이용률에 큰 영향을 미칠 가능성도 있다.

눈 앞에 없는 부하 근로자를 관리하거나 평가하는 것이 불안하다고 생각하는 관리직 계층이 적지 않다. 부하의 입장에서 재택근무를 부정적으로 생각하고 있는 상사는 재택근무를 이용하는 것이 평가를 낮추는 것은 아닌지 걱정할 수 있다. 재택근무를 부정적으로 생각하는 관리직 계층이 재택근무의 도입·운용의 벽을 느끼고 소극적으로 운용하는 경우도 있다. 이미 도입을 끝낸 기업 중에는 이와 같은 관리직 계층의 저항을 회피할 목적에서 재택근무를 도입한 때에는 미리 관리직 계층을 대상으로 설명회를 개최하여 관리직 계층이 스스로 체험을 통해 재택근무의 장단점을 이해하도록 할 필요가 있다.

회사가 재택근무를 도입한 목적을 관리직 계층에게 올바르게 이해시키는 것은 재택근무를 실제로 이용가능한 제도로서 사내에 뿌리내리고 이용을 확대하는 데 있어 중요한 포인트가 된다.

관리직 계층에게 부하의 사생활을 배려하고, 업무 능률을 높이고, 공정·공평한 평가를 하며 담당 부서의 노동생산성을 향상시키기 위해 요구되는 역할이 있다는 의식을 가지게 하는 것이 재택근무의 이용 확대에 필요하다.

<과제 5> 재택근무 이용희망자가 증가하면 재택근무자의 업무를 조정하는 것은 어려운가

소매나 제조 등의 업종에는 재택근무해야 할 업무가 없다고 하여 재택근무를 할 때에 적합한 업무가 적다는 말이 있다. 그러나 실제 제조, 소매, 금융, 손해보험 등 많은 분야의 업종에서 재택근무를 도입하고 있다. 업무를 수행하는 방식은 변할 수 있어도 업무를 수행하는 장소에 변함이 없으므로 재택근무하는 업무를 엄격하게 한정할 필요는 없다. 희망자 전원이 이용하는 제도가 되기 위해 재택근무로 할 수 있는 업무를 새롭게 탐색하거나 새로운 업무를 만들어내라는 것이 아니다. 회사에서 수행하는 업무를 자택에서도 똑같이 수행할 수 있기 위해서는 업무의 수행 자체를 살펴 재택근무를 시행하기 쉬운 시스템 환경을 정비하는 것이 필요하다. 이미 재택근무를 도입한 기업은 도입시에 업무의 범위나 업무 프로세스를 살펴 시행할 일이 적지 않다. 무엇보다도 소정근로시간 산정에 있어서 재택근무자에 대한 업무량을 감안하여 재택근무자의 소정근로시간이 같은 직장에 있는 통상근로자와 마찬가지로 적절한지 유의할 필요가 있다.

<과제 6> 재택근무를 이용하는 자와 이용하지 않은 근로자 간에 불공평하다는 소리가 높은가

재택근무는 육아·가족돌봄기에 있는 근로자를 지원하여 고용을 유지하기 위해 유효한 것이다. 그러나 이와 같은 특별한 사정이 없는 근로자에게도 재택근무를 이용하게 한다면 통근에 소요되는 시간이나 부담이 절감되어 절약된 시간을 가족과 함께 보낼 수 있는 시간이나 취미, 자기계발 등을 할 수 있게 되면 일과 생활의 균형 실현이 가능해질 수 있다.

재택근무는 거래처로부터 전화 대응이나 연락사항의 전달 등 통상근무자가 서포트할 필요가 있는 사항이 많이 있다. 이러한 때에 서로 돕는다는 의식을 가지도록 환경을 조성한다면 재택근무자와 함께 즐거움을 가질 수 있다.

재택근무자의 전화대응 등이 늘어나더라도 자기 업무처럼 처리하는 등 불만을 가진 사람이 늘어나는 것을 상정해 볼 수 있다. 우선 이와 같은 분위기가 직장 내에 널리 퍼져 있다면 재택근무자와 통상근무자가 함께 재택근무를 이용하자고 생각하더라도 이용할 수 없게 된다. 재택근무 적용대상자가 필요한 때에 재택근무를 이용할 수 있는 제도가 되기 위해서는 적용대상자의 범위를 점차 확대하여 희망자 전원이 이용할 수 있는 제도가 되도록 하는 것이 바람직하다. 이미 재택근무를 도입한 기업도 제도 도입 초기에는 육아·가족돌봄기에 있는 근로자 등에만 한정하였더라도 운용 상황에 미루어보아 점차 전 사적 제도로서 대상자의 범위를 확대하려는 경향을 볼 수 있다. 다만 담당업무 내용에 따라 물리적으로 직장을 떠나 업무를 수행하기 어려운 근로자가 있을 수 있다. 이와 같은 경우 재택근무의 필요성이 있는 적용대상 외의 근로자에게 이해시킬 수 있도록 하고, 적용대상 외의 근로자가 재택근무 이외의 방법으로 일과 생활의 균형을 실현할 수 있도록 근무상황을 정비하는 등 적용대상자의 균형을 배려하여 대응해야 할 것이다.

<과제 7> 재택근무시의 관리자 또는 리더의 역할은 어떤 것인가

재택근무의 성패는 관리자 또는 리더의 능력에 달려 있다. 평소 근무 시와는 달리 재택근무시에는 업무지시를 명확히 하여야 한다. 구두보다는 메일 등으로 구체적인 지시를 해야 하고 화상회의나 전화통화를 통해서는 지시 내용을 상세하게 설명해 주어야 한다.

사무실 근무자와 재택근무자 간의 업무 분장에 있어서도 평소보다 업무의 구분을 명확히 하고 책임과 권한을 적정하게 부여해야 한다. 조직 내 업무에 대한 세밀한 파악이 있어야 대면접촉이 줄어든 팀원 간 발생하기 쉬운 업무의 중복·공백·불일치를 줄일 수 있다. 평소 여러 담당자가 협업했던 직무도 관리자 또는 부서장이 직무기술서나 업무분장표로 그 권한과 책임을 명확히 구분해 주어야 한다. 사무실 내에서는 혼선이 있거나 의문이 있더라도 상호 간의 대화로 쉽게 해결할 수 있지만 재택근무 형태라면 자택에서 업무에 집중하다 보면 중요한 사안에서 의견을 달리할 수 있다. 사무실에서는 서로 보며 대화를 하지만 재택근무 시에는 커뮤니케이션이 제대로 될 수 없으므로 업무의 과정 관리에 부족한 사항이 많이 발생한다. 재택근무 시 리더가 융통성 있게 수시로 연락하고 확인해 가면서 공통의 방향으로 업무수행이 진행되도록 조정하며 조언할 필요가 있다. 특히 비상상황으로 전면적 재택근무를 실시할 때 리스크 관리를 위해 업무정확성이 더욱 중요해진다.

근로자들의 재택근무를 관리함에 있어서 관리자들이 지녀야 할 기본 사항이 있다. 첫째 신뢰 형성이다. 재택근무를 하면서 발생하는 팀원들의 실수와 과업 실패를 인정하는 편안함이 없으면 신뢰의 기초는 형성되지 않는다.

둘째 갈등의 두려움은 신속히 해결해야 한다. 관리자는 팀원들의 의견이 충돌할 경우 팀원 간의 갈등이 있음을 자연스럽게 수용하며 잘 한 부분을 칭찬하거나 팀의 목적과 다른 경우 올바른 피드백을 제공함으로써 건전한 갈등 중재의 모습을 보여야 한다.

관리자는 갈등 중재 기술이나 문제를 해결하는 능력을 지녀야 하고 갈등의 본질을 깊이 인식하는 능력, 불편함과 해당 갈등이 '왜' 그리고 '어디에서' 발생하였는지를 명확히 진단하고 듣고 설명해주는 큐레이터 능력이 더 많이 요구된다.

셋째 단호한 원칙을 지녀야 한다. 재택근무 시에는 업무 목표의 명확성과 원칙에 대한 단호함이 중요하다. 또한 재택근무자에게 과중한 업무를 배분해서는 안 된다. 조직원이 새로운 업무 방식에 빠르게 적응하도록 하려면 평소보다 업무지시가 명확하고 구체적이어야 한다.

넷째 과업 수행에 대한 빠른 동기부여와 인정이 필요하다. 팀의 명확한 활동이 보이지 않는 현상을 발견한 때에는 이를 개선하기 위해서 진행상황 검토를 통한 빠른 외재적·내재적 보상과 동기부여 인정을 통해 책임 완수에 대한 결과를 보여주는 것도 좋은 방법이다.

다섯째 확고한 팀 목표를 제시해야 한다. 팀의 확고한 신뢰, 건전한 갈등, 헌신 및 팀 책임을 가지고 있으며 칭찬이나 보상을 통해 성과를 인정받으면 구성원이 팀을 위해 자신의 요구를 제쳐 놓을 수 있다.

여섯째 기본적으로 디지털 이해도(Digital literacy)가 높아야 한다. 어떤 사안을 모든 팀원이 참여하는 화상회의로 진행할지 또는 개별 팀원과 메신저로 커뮤니케이션할지 구체적 기준을 팀원과 공유해야 할 뿐만 아니라 리더는 팀원보다 디지털 이해도가 높아야 한다.

사례 연구 **한국 마이크로소프트㈜의 관리자들의 역할 성공 사례**

예측할 수 없는 상황에서도 변함없이 관리자와 직원이 신뢰하고 성과를 함께 만들어 내는 데에는 마이크로소프트의 리더십 원칙과 역할을 기반으로 준비된 관리자의 역량도 중요한 역할을 하고 있다. 리더십 원칙은 명확한 메시지 전달, 에너지 창출, 조직의 성공 견인 등 세 가지로 이루어진다. 특히 지금과 같은 불확실성과 불안감이 존재하는 뉴노멀 시대에서의 변화관리를 리드하기 위해서 꼭 필요한 리더십이라고 볼 수 있다.

첫째, 복잡한 상황을 종합적으로 해석하고, 조직 전체가 명확한 이해를 공유할 수 있도록 유도하며, 구체적인 행동방향을 정의하는 것이 명확성을 구축하는 것이다. 둘째, 긍정적인 태도와 창의성을 활용하여 성장을 유도하고, 모두가 함께 최선을 다하는 환경을 조성함으로써 오늘보다 내일 더 강한 팀을 만들어 나가는 것이 에너지 창출의 원칙이다. 셋째, 직원들이 혁신을 유도하고, 팀을 넘나들며 One Microsoft를 실천하면서 적극적인 솔루션을 도출하는 것이 조직성공 견인의 원칙이다.

이러한 세 가지 리더십 원칙은 관리자의 역할에 대한 세 가지 행동의 실천(Model · Coach · Care)을 통해서 달성하고 있다. 재택근무를 권고하고 있는 최근에 관리자에게 기대되는 역할을 다음과 같이 정리하여 강조하고 있다.

Modeling을 실천하기 위해서는 재택근무의 실천을 먼저 보여주고, 재택근무상황에서도 모든 팀원을 포용하여 일하는 분위기를 조성하고 서로에게 피드백을 적극적으로 해줌으로써 팀워크를 발휘하는데 도움을 준다.

Coaching 실천을 위해서는 각각의 팀원들이 재택근무를 하면서도 최고의 역량을 발휘할 수 있도록 지속적인 코칭을 진행하고 있다. 이때 무엇보다 중요한 Caring을 실천하기 위해서는 직원들이 어떤 어려움은 없는지 호기심을 갖고 바라보고 구성원들이 스스로 답을 찾을 수 있도록 계속 지지하고 코칭해야 한다.

끝으로 불확실성이 존재하는 불안한 상황일수록 자주 직원과 소통하고 구성원별로 특별한 요구사항이 있는지 확인하며, 서로가 기대수준에 대한 공감대가 잘 형성되어 있는지 확인해야 한다. 이를 위해서 마이크로소프트 관리자들은 리더십 원칙과 그에 기대되는 리더십 행동모델에 대한 경험공유와 교육을 주기적으로 받으면서 이를 실천에 옮기고 있다(인사관리 2020년 5월호, 김소연, 「성장형 사고(Growth Mindset) 원동력」, p.56~57).

<과제 8> 재택근무자의 성과평가가 어렵다는 관리직 계층이 많은가

상시형 재택근무의 경우 근로자가 사무실에 출근하지 않기 때문에 성과평가에 있어서 차별 등을 걱정하는 일이 없도록 성과평가 및 인사관리제도를 구축하는 것이 바람직하다. 비대면 근무로 근태관리가 사실상 어려워 코로나19 이후로 재택근무자의 성과를 면밀히 평가하려는 방안이 속출하고 있다. 재택관리에 대한 생산성 저하방지 또는 성과관리를 위해서는 다음과 같은 방법을 고려할 수 있다.

첫째, 측정 가능한 결과에 의해 재택근무자의 결과물을 측정한다.

둘째, 수행한 업무에 대한 결과나 진행과정 등을 보고하도록 한다.

재택근무자를 통상근무자와 동일하게 평가하기 위해서는 근로자가 근무하는 장소에 적절하게 평가를 할 수 있는 평가시스템이 필요하다. 재택근무 도입을 계기로 인사평가시스템을 구축한 기업은 적지 않다. 어떤 일하는 방식을 선택하는 것도 공평하고 적절한 평가가 시행되지 않는다면 근로자가 안심하고 일할 수 없을 것이다.

또한 재택근무자에 대해 적절한 평가를 할 수 있기 위해서는 관리직 계층의 매니지먼트 능력의 향상을 추진할 필요가 있다. 회사가 재택근무의 도입을 결정하게 된 목적을 이해하여 인사평가시스템을 활용하여 재택근무자에게도 적정한 평가를 시행하여 담당 부서나 회사 전체의 생산성을 향상시키는 것이 관리직 계층에게 요구되는 역할이며 관리직 계층이 그 역할을 다할 수 있는 매니지먼트 능력을 양성하는 기회를 삼고 연수 등을 실시하는 것은 재택근무를 사내에서 제대로 정착시켜 운용 확대를 도모하는 데 필수적이다.

사례 연구 **알서포트의 평가방식 변화 사례**

재택 · 원격근무에 대해 가장 많이 듣는 질문은 '재택근무 시 직원 평가는 어떻게 하느냐'이다. 여기에는 평가 방식의 변화를 제안하고 싶다.

평가 방식의 변화
- 전통적인 평가 방식의 탈피
- 측정 가능한 정량 평가 방식으로 전환
- 산출물에 대한 기준 정의

위의 3가지 탈피, 전환, 정의가 알서포트가 가고자 하는 평가 방식의 변화이다. 관리자 중심 방식의 업무 방식에서 각 구성원 모두가 동등한 엔드포인트가 되는 재택근무 방식에서는 관리자의 정성 평가로 점수를 가감하는 방식은 기업과 직원 모두에게 신뢰를 주기 어렵다. 모든 평가는 수치화가 가능한 정량 평가로 바뀌어야 한다. 그러기 위해서는 평가 대상이 사람에서 산출물로 변화해야 하며, 산출물에 대한 기준 또한 명확히 정의해 구성원 모두에게 충분한 공감을 얻을 수 있어야 한다.

<과제 9> 재택근무에서 업무효율을 저하시키는 자가 있다면 어떻게 인사관리를 하면 좋을까

재택근무에서 효율적으로 업무를 수행할 수 있는 사람은 자기관리능력이 높은 사람이다. 근로자 중에는 주위 사람의 눈에 보이지 않는 장소에서 업무를 수행하는 것은 긴장감이 떨어지거나 자택에서 업무를 수행하므로 쓸데없는 유혹이 많아 TV를 보거나 업무 수행과 관련없는 책을 읽으면서 업무 외의 다른 일에 시간을 뺏길 수도 있다.

경영전략으로 생산성의 향상을 재택근무의 목적으로 삼는다면 회사가 재택근무를 제대로 하지 않는 근로자를 판단하여 재택근무 허가를 취소하거나 통상근무로 복귀시킬 수 있어야 한다. 재택근무 시의 업무효율이 낮아 함께 근무하는 팀원들에게는 직장 전체의 생산성에 마이너스의 영향을 미치며 다른 근로자들의 사기를 저하시켜서는 안 된다.

재택근무를 적절하게 운용하기 위해서는 재택근무는 자택에서 집중하여 자율적으로 업무를 수행할 수 있는 자이므로 재택근무 이용이 인정될 수 있도록 일하는 방식을 주지시키고 재택근무를 제대로 하지 않은 자는 이용할 수 없도록 대응을 철저히 할 필요가 있다. 재택근무는 일할 맛 나는 홈 오피스템(홈 오피스 아이템)을 장착해야 하며 홈 오피스템을 고를 땐 집안 인테리어와의 조화 뿐만 아니라 업무효율 등을 고려해야 한다.

<과제 10> 재택근무시에 과중 노동을 하는 자가 있는가

기업이 재택근무를 시행할 때에는 재택근무자에게 평소보다 과중한 업무목표를 부여하거나 익숙지 않은 다른 업무를 배분해서는 안 된다. 관리자가 재택근무를 효율적으로 운영하려면 조직 내 업무에 대한 세밀한 그림을 그려야 하고 팀원간 발생하기 쉬운 업무 중복이나 공백을 막아야 한다. 재택근무자 중에는 업무와 사생활이 구분되어 있지 않아 장시간 노동을 하거나 동료나 상사의 도움을 받을 수 없다고 생각하고 필요 이상으로 긴장하고 성과를 거두기 위해 야간까지 근무하며 몸을 망가뜨리는 사람도 있다. 이러한 사람들이 과중노동에 빠지기 쉬운 경향이 있다.

이미 재택근무를 도입한 기업은 연장근로나 야간근로·휴일근로를 원칙적으로 금지하고 있는 경우가 적지 않다. 근무시간 외의 메일 등에 의한 연락도 긴급한 경우를 제외하고는 금지하거나 오후 6시 이후에는 회사의 시스템에 접근하지 못하도록 하여 재택근무자가 근무시간을 초과하는 근로를 하지 않도록 하고 있다.

재택근무자가 과중 노동에 빠지지 않도록 하기 위해서는 회사가 재택근무자의 근로시간의 관리를 적절히 시행하고 재택근무자를 올바르게 평가하는 인사평가시스템이 필요하다. 재택근무자의 근무에 대한 적정한 평가가 이루어진다면 재택근무자도 안심하고 근무할 수 있게 된다.

<과제 11> 언택트 환경에서의 재택근로자의 심리적 안전감 확보를 위해서는 어떤 대화가 필요한가

코로나19로 비대면 환경에서의 소통이 일상이 되고 있다. 코로나19가 장기화되면서 재택근무자들은 사회와 직장으로부터 고립되고 있다는 심리적 불안을 느끼고 있다. 인간은 사회적 존재이기 때문에 현대인이 경험하는 가장 큰 불안의 요소는 자신이 속한 집단과 사회로부터 고립되고 분리될 것이라는 걱정으로부터 출발한다. 재택근무자들은 혼자만의 공간에서 비대면으로 업무를 처리하는 것에 익숙해지고 있으나 그만큼 소외감도 커지고 있으며 코로나19 이후 실적이 악화된 기업들의 채용동결, 구조조정, 희망퇴직실시 등으로 고용안전성에 대한 불안도 커지고 있다.

따라서 기업들은 근로자들에게 안정감을 우선 제공하고 근로자들과 소속 팀과의 관계를 강화해 소속감을 높이는 조치가 평소보다 강하게 요구된다. 근로자들이 조직에 소속감을 느끼거나 직장동료와의 자연스러운 소통은 심리적 안전감의 기본 토대가 된다. 성과나 효율화만 강조할 것이 아니라 근로자의 정서 관리와 커뮤니케이션에 더 많은 관심과 배려가 필요하다.

비대면상황에서 심리적 안전감 구축을 위한 커뮤니케이션

심리적 안전감 구축 단계	리더의 실천 행동	질문과 대화 예시	비대면상황에서의 유의사항
안전한 대화의 장 만들기	▪ 업무에 대한 기존의 관점 변화 유도 ▪ 공동의 목적 강조 ▪ 팀워크 촉진	▪ 상황은 계속 변할 수 있기 때문에 정답이 있는 것이 아닙니다. ▪ 업무상에 혹시나 문제가 생겨도 우리가 함께 해결하면 됩니다.	▪ 조직 전체의 목적보다는 구성원 개인별 업무 목적에 주로 집중할 가능성 ▪ 비공식적인 소통 없이 바로 본론으로 들어갈 가능성
대화에 초대하기	▪ 겸손과 취약성을 솔직하게 표현 ▪ 좋은 질문하기 ▪ 대화의 원칙 설정하기	▪ "저도 저번에는 그 부분을 놓친 것 같습니다." ▪ "다른 대안으로는 어떤 것들이 있을 수 있을까요?" ▪ "서로의 생각에 대한 피드백은 상대방 개인을 공격하기 위한 것이 아니라 우리 모두가 함께 더 나은 성과를 내기 위한 것입니다."	▪ 호기심을 자극하는 질문과 새로운 탐색보다는 성과와 겨로가 중심의 논의로 진행될 가능성 ▪ 충분한 의견청취나 토론 없이 빠른 결론에 도달할 가능성
효과적으로 반응하기	▪ 상대방 의사 확인 ▪ 공감적 대화 ▪ 감사 표현 ▪ 미래를 위한 학습	▪ "~라고 말했을 때, 무슨 뜻으로 말한 것인가요?" "~해서 ~(느낌, 감정, 생각)하는 군요." "그 부분을 지적해 줘서 고맙습니다." "다음에 더 잘하기 위해 우리는 어떤 부분에 더 많은 신경을 써야 할까요?"	▪ 상대방의 생각이나 느낌 확인 없이 주관적으로 해석하고 넘어갈 가능성 ▪ 화상회의의 시간적 제약으로 감사표현이나 실패에 대한 학습이 가볍게 다뤄질 가능성

출처: Edmondson, A. C. (2019) The Fearless Organization. 수정 인용
: HR Insight 2020년 7월호 p.28 인용

사례 연구 **SK텔레콤의 One Team 소속감과 정신건강 지원 사례**

재택근무를 하면서 업무효율성은 높아졌지만 소외감과 고립감 때문에 힘들었다는 구성원들의 목소리도 있었다. 구성원들은 사무실에서 마주치는 동료와의 인사 한 마디, 소소한 대화, 수고했다는 인사나 한 번의 미소 등 너무나 당연해서 인식하지 못했던 것들이 사실은 소중한 것들이었음을 깨닫게 되었다.

물리적으로 떨어진 상황에서 구성원들에게 'One Team'이라는 소속감과 정신건강을 위한 정서적 케어를 제공하는 것도 원격근무 시행에 있어 중요한 고려요소가 되어야 했다.

SK텔레콤에는 2017년 9월부터 시행되어 온 'Thanks Letter'라는 제도가 있다. 구성원 간 협업 과정에서 감사한 마음을 전하고 싶을 때 전달하는 Peer Recognition 제도로서, 받는 사람은 감사 메시지와 함께 소정의 포인트를 보상으로 받게 된다. 재직자의 75% 이상이 한 번 이상 사용해 보았을 정도로 잘 정착되어 있는 제도이다. 특히 이번에 구성원 간 상호 감사 · 인정의 중요성이 더욱 강조되는 비대면 근무환경에서 더욱 유용하게 활용되었다. 그리고 2019년부터 도입하여 운영 중인 마음챙김 프로그램을 '마음+'로 명칭을 변경하고 SK텔레콤의 AI스피커인 누구(NUGU) 서비스와 접목하여 구성원들이 하이브리드 근무로 인한 스트레스와 단절로 인한 불안감을 해소하고 마음근육을 강화할 수 있도록 하였다.

<과제 12> 재택근무자는 직장의 상황을 몰라 매우 불안하다는 소리가 있는가

재택근무는 사업장에서 멀리 떨어져서 근무하므로 재택근무자는 그들의 동료근로자와 사회적 접촉이 부족하기 때문에 사회적 고립의 위험을 수반할 수 있다. 이는 근로에 대한 동기나 만족도에도 영향을 미칠 수 있다. 재택근무에 있어 상사나 동료 근로자와의 정보의 공유, 커뮤니케이션이 업무효율의 유지·향상을 위해서뿐만 아니라 재택근무자의 정서를 공유하여 정신건강을 양호하게 하는 것이 아주 중요하다. 따라서 재택근무자가 기존 사업의 조직에 지속적으로 통합될 수 있도록 필요한 조치를 행해야 한다.

이미 재택근무를 도입한 기업은 상시 재택근무를 하는 근로자는 주 단위 또는 월 단위로 사무실 회의 내지 정기적 미팅을 실시하거나 상사와의 면담을 통해 업무의 진척상황이나 업무의 추진방향을 확인할 수 있게 한다. 회사에 출근할 때에는 휴게시간에 함께 다과를 먹거나 근무시간 종료 후에는 동료들과 함께 식사하는 등 업무 이외의 커뮤니케이션을 할 수 있다. 또한 재택근무자도 같은 부서의 다른 근로자의 업무스케줄을 확인하거나 재택근무자도 참가하여 사내나 거래처와 상담하는 전화회의나 WEB회의를 하거나 회사 대여의 스마트폰의 어플리케이션 등 화상으로 대화하고 사내 SNS나 차트를 사용하여 재택근무자와 통상근무자 사이에서도 간단하게 소통할 수 있다. 카메라를 사용하여 서로 일하는 모습을 보여주는 등 재택근무자와 통상근무자가 직장에서 책상을 나란히 하여 근무하는 것과 다름없는 근무환경을 정비할 수 있다. 재택근무자들이 자택에서 책상이 있는 방에서 틈새 공간을 활용할 수 있는 공간활용법을 터득할 필요가 있다.

재택근무자 중에는 재택근무를 시작할때부터 매일 반드시 업무시작시와 종료시에 상사와 전화 또는 메신저로 업무에 관하여 보고·연락·업무협의를 하거나 또는 동료와 의식적으로 커뮤니케이션을 하여 심정적으로 공감하는 기회를 늘려 이전보다도 직장 커뮤니케이션이 활성화되도록 노력해야 한다.

재택근무자가 있는 부서에서는 재택근무자가 외로움을 느끼지 않도록 상사가 수시로 연락하거나 직장에서 연락할 담당자를 선임하여 업무 이외의 일상적 연락사항도 빠뜨리지 않도록 연구할 필요가 있다. 재택근무자에게 사업장 내의 현황과 조치들에 대한 정보·사업장의 직업교육 및 훈련제공 계획을 통지해야 한다.

<과제 13> 재택근무를 위한 성공적 의사소통은 어떻게 하는가(고용노동부 2020.9.16. 재택근무 종합매뉴얼)

아무리 뛰어난 개인도 서로 연결이 되어야 조직으로서 생산성을 발휘할 수 있다. 이는 재택근무를 도입하는 조직과 개인이 소통을 통한 연결에 높은 우선순위를 두어야 할 이유이다.

재택근무는 대면 접촉에서 오는 깊이 있는 토론, 정해지지 않은 시간과 공간에서의 불특정한 만남에서 촉발되는 창의적 아이디어의 발상과 혁신의 감소, 표정과 목소리 같은 비언어적 소통 등 대면 접촉이 갖는 장점 축소 등의 문제가 발생할 수 있다. 재택근무 환경에서는 서로 비슷한 사람들끼리만 상호교류하기 때문에 편향된 의사소통의 위험성이 증가하고 편향된 생각이 편향된 의사결정을 유발할 가능성이 높다.

코로나19 재택근무 조치가 내려진 이후 조직 내에서 이루어지는 디지털 상호작용의 양을 분석한 결과, 직원들은 가까운 동료와의 의사소통을 40% 늘렸지만 다른 동료와의 의사소통은 10% 줄어든 것으로 나타났다.

* 출처: Bernstein, Blunden, Brodsky, Sohn, & Waber, 2020.7.15

원활한 의사소통을 통해 합리적 의사결정이 이루어지기 위해서는 의사소통의 기본원칙을 잘 지키고, 소통의 규칙을 정하여 지키며, 적절한 온라인 소통도구를 활용할 필요가 있다.

체크 포인트
□ 재택근무에 적합한 의사소통의 기본원칙을 마련한다.
□ 부서별 업무방식에 적합한 의사소통 규칙을 협의하고 관리한다.
□ 적절한 원격 의사소통 도구를 활용한다.

1. 재택근무 환경에서의 의사소통 기본원칙

공동의 업무를 수행하는 동료들은 비대면 재택으로 효과적으로 소통을 할 수 있도록 의사소통 기본원칙을 정하고, 지키도록 노력해야 한다.

다음은 재택근무 환경에서의 효과적인 의사소통을 돕는 기본원칙들이다.

효과적인 의사소통을 위한 기본원칙
- 팀원들과 정기적인 의사소통을 유지하고, 용건이 없어도 긴 침묵은 가급적 피하기
- 현재 진행되고 있는 상황에 대한 정보를 사전에 공유하기
- 즉각적인 조치나 회신이 불가능하더라도 중요한 메시지의 수신을 정기적으로 확인하기
- 결론을 내리기 전에 다른 사람의 행동이나 의도를 더 잘 이해하기 위해 추가 설명 요청하기
- 구성원들이 서로 솔직하게 말하도록 노력하기
- 비판은 예의를 갖춰서 하기
- 부정적인 피드백을 전달할 때는 "나는 이렇게 제안하고 싶다" 또는 "이런 점을 먼저 생각해 보았으면 한다"라고 표현하기
- 화상회의 중에 팀원 중 한 명을 '솔직함의 수호자'로 지정하여, 무엇인가 언급되지 않고 넘어가려고 할 때, 이를 감지해서 주의를 환기시키고, 건설적 비판을 촉진하는 역할을 하도록 하기

2. 소통의 규칙을 "헌장(Charter)"의 형태로 정리하기

① 팀 내에서 상의하여 의사소통하는 방법에 대해 매우 명확하게 행동 규범을 정립하기
  - 가상 회의에 참여할 때 배경 소음이나 옆자리의 대화 제한하기
  - 명확하고 합리적인 속도로 말하기
  - 주의 깊게 듣고 대화를 독점하지 않기 등

② 어떤 상황에서 어떤 통신 모드를 표시할지에 대한 지침 정하기
  - 즉각적인 전화 통화 및 화상회의가 가능한 상황
  - 즉각적인 간단한 메시지 응답이 가능한 상황

- 이메일을 통한 회신이 가능한 상황
- 문서로 정리해서 공유해 주면 추후에 확인할 수 있는 상황 등

성공적인 재택근무를 위한 우리 부서의 의사소통 현장의 예

- 업무 시작 시 팀원 서로의 근무시간을 체크하고, 같이 협업할 수 있는 공통 업무시간을 확인한다.
- 근무시간 내에는 상시 소통이 가능해야 한다. 메신저/전화 등은 즉시 응답이 가능한 상태로 대기하고, 만약 자리를 비울 경우에는 부재중으로 표시를 한다.
- 우리 팀에서 또는 협업하는 조직에서 공통적으로 사용할 소통 채널을 명확히 한다. 동일한 업무 내용이 협업툴, 사내·사외 메신저, 메일 등으로 산재되지 않도록 하고 음성, 화상, 채팅, 자료공유 등이 모두 가능한 협업툴로 소통 채널을 단일화하는 것을 권장한다.
- 재택근무 중이라도 작은 소통도 주저하지 않는다. 사무실에서 출근 인사를 나누고 복도에서 잠시 담소를 나누는 것처럼 안부를 묻고 사소한 정보, 질문이라도 적극적으로 소통한다. 재택근무 중에는 소통과 정보의 공유가 더욱 중요하다.
- 균형 잡힌 팀은 각 개인의 강점을 최대한 활용하고 약점을 보완한다. 각 팀원의 지식, 기술, 역량 등을 종합하여, 각 팀원의 역량이 팀 전체에 어떻게 기여할 것인지를 명확히 산출한다.

출처: Harvard Business Publishing(2020), Virtual Manager Collection.

3. 적절한 온라인 소통 도구 활용하기

① 재택근무 환경에서의 의사소통 취약성은 생산성에 부정적인 영향을 미치는 핵심적인 요인 중 하나이다. 이를 보완하기 위해 조직은 재택근무하는 직원들이 각자 환경에서 업무에 몰입할 수 있도록 하드웨어와 소프트웨어를 지원하여야 하며, 다양한 채널과 도구를 사용하여 직원의 상호작용 방식을 재설정해야 한다.

② 협업기술의 발전으로 재택근무에 활용할 수 있는 다양한 협업 툴이 있다.

협업기술의 발전은 재택 팀의 구성과 운영을 더 쉽게 만들지만, '최상의' 기술을 선택한다고 해서 반드시 팀의 생산성과 효과성에 유익한 것은 아니다.

최첨단을 지향함으로써 소통의 본질을 희생하지 않도록 한다.

- 팀원들이 협업 툴에 연결하기 위해 고군분투할 만큼 어렵지 않을 것
- 협업 제품군에 포함된 기능을 작동시키기 위해서 시간을 낭비하게 하지 않을 것 등

새 도구의 기술적인 면만 학습하고 마는 일이 없도록 한다.

③ 동료들끼리 활용 규칙을 정립하는데도 시간과 정성을 들여야 불필요한 시행

착오와 갈등을 최소화할 수 있다.

<과제 14> 재택근무 환경에서의 팀 협업은 어떻게 하는가(고용노동부 2020.9.16. 재택근무 종합매뉴얼)

재택근무 중에 동료들과 효과적으로 소통하고 협력하기 위해서는 협력적인 관계와 상호신뢰를 구축해야 한다. 이를 위해서는 부서팀의 공동 목표 인식, 동료 간 상호신뢰와 협력적 관계구축, 생산적인 행동 규범 공유 등을 통해 팀워크를 쌓아야 한다.

체크 포인트
- □ 팀 구성원들은 공동의 목표를 명확하게 하여 팀 정체성을 강화한다.
- □ 팀 구성원들은 신뢰를 쌓기 위한 기본원칙을 이해하고 실천한다.
- □ 팀 구성원들 간 업무 의사소통에 긍정적인 분위기를 유지한다.

1. 명확하게 팀의 목표를 설정하고 공유하기

팀으로 함께 일 하는 목적과 이유, 이를 통해서 개인들이 얻을 수 있는 혜택에 대해서 모든 팀 구성원들에게 명확하게 설명해야하며, 이러한 동일한 메시지를 반복적으로 설명해야 한다.

개인들에게 기대되는 사항이 무엇인지 명확하게 이해하면, 비대면 재택근무 상황에서 발생할 수 있는 불확실성을 줄이고 소속 팀에 대한 신뢰를 높일 수 있다.

① 팀이 재택근무로 함께 일하는 행동 원칙을 생산적인 내용으로 명확하게 설정해야 한다.
- 동료에게 질문이나 요청을 받았을 때 얼마나 빠르게 응답을 할 것인가
- 응답 지연이 예상될 경우 대신 어떤 조처를 할 것인가 등

② 팀이 수행하는 업무의 특성이나 상황적인 맥락을 고려해서 생산적인 온라인 회의를 위한 원칙을 수립하고 이를 준수해야 한다.
- 온라인 회의에 집중하지 않고 여러 가지 일을 동시에 하지 않기
- 참가자 모두가 회의에 전념하는 원칙을 명확하게 정하기 등

③ 성공적인 재택 팀 회의 운영을 위한 방법

회의 전에 참석자가 대화를 준비하고 참여하는 데 필요한 모든 정보를 구체화한다. 회의주제, 참석자 및 주요 역할, 참여를 위한 기본 규칙, 미팅 참여 등을 명확히 한다.

〈회의 주제〉

회의 주제	담당자	시 간
오프닝 및 주제설명(프로젝트 중요성, 팀원의 역할)		
팀 구성원의 현재 책임 검토		
팀 구성원의 책임의 한계에 대한 논의		
잠재적 접근 방식에 대한 논의		
잠재적 접근 방식에 대한 투표		
접근 방식에 대한 최종 결정		

〈참석자 및 주요 역할〉

이 름	주요 역할	이메일	비 고
이○○			
최○○			

〈회의 진행 규칙〉

- 회의 중에 다른 작업을 동시에 하는 일이 없어야 합니다.
- 별도로 요청하지 않는 한, 자신을 음소거 상태로 유지하십시오.
- 미팅 중에 논의하고 있는 내용과 직접 관련이 없는 중요한 질문이나 아이디어가 있는 경우, 보조 통신 채널을 통해 문의하십시오.
- 대화에서 무언가를 끼어들어 말해야 하는 경우, 먼저 다음과 같이 질문하십시오. "지금 질문이나 의견을 드려도 될까요?"
- 이 회의의 주요 결정은 회의 리더 또는 그룹이 내립니다.

〈회의 준비를 위한 사전 체크리스트〉

큰 프로젝트를 시작하거나 고객을 위한 영상회의 주최와 같은 매우 중요한 회의의 경우, 며칠 전에 동료 또는 기술 전문가와 사전 테스트를 하여 모든 것이 제대로 작동하는지 확인하십시오. 당신이 아래 체크리스트를 활용하여 모든 준비를 마치고, 정기적으로 회의를 하는 것이 더 편해지면, 회의 준비는 아주 쉬워지게 될 것입니다.

- 참가자가 미팅에 참여하는 데 필요한 모든 정보를 가지고 있는가?

- 사운드와 비디오 화질은 적절한가? 시차를 관리할 수 있는가?
- 화면 공유 및 개인 채팅과 같은 보조 도구가 작동하고 있는가?
- 미팅을 실행하는 데 필요한 하드웨어를 모두 가지고 있으십니까?
- 회의를 제때에 시작할 수 있겠는가?
- 필요한 공간과 장비를 예약하였는가?
- 교육, 하드웨어, 실시간 지원 등 모든 IT 리소스를 보유하였는가?
- IT 부서에서 미팅을 지원하는 데 필요한 모든 정보를 제공하였는가?
- 필요한 자료를 미리 공유하셨나요?
- 프리젠테이션 보고서가 안 될 경우를 대비한 하드카피 자료가 있는가?
- 회의 정보가 포함된 이메일 알림 메일을 보내셨나요?

〈원활한 회의를 위한 진행 스크립트〉

회의 중에 아래의 진행 스크립트를 사용하여 대화를 생산적이고 순조롭게 진행하십시오.

▶ 회의 참여자 그룹이 조용하고, 말이 없을 경우:
- 지금 모두 여기에 함께 있는가요?
- 다음 단계로 넘어 가기 전에 명확히 할 수 있는 것이 있습니까?
- 침묵은 동의를 의미합니다. 여러분 모두가 동의하는 것인가요? 혹시 말한 내용에 동의하지 않으시면 말씀해 주십시오!

▶ 미팅 시작 후 그룹을 집중하게 하고 싶을 경우:
- 000에 집중할 수 있도록 이 점을 표로 정리하여 봅시다.
- 저는 000에 대하여, 000가 이전에 말했던 의견을 되짚어 보고 싶습니다. 누구든지 000에 대해서 하실 말이 있습니까?

▶ 누군가가 계속 요점을 되풀이하여 반복하는 경우:
- 이 결정에 대해 우려하시는 것 같습니다. 우리가 해결하지 못한 것은 무엇이라고 생각하십니까?
- 이 점에 대한 추가 논의는 생산적이지 않다고 생각합니다.
- 지금은 000에 동의하겠습니다. 오프라인에서 별도의 토론을 통해 우려 사항에 대해 후속 조치를 취할 수 있습니다.

▶ 여러 명이 대화에 뛰어들거나, 다른 일 하는 사람을 제어하고 싶을 경우:
- 000의 이야기를 끝까지 듣고 나서 000의 이야기를 듣겠습니다.
- 000의 이야기를 듣고나서 다들 어떻게 생각하는지 들어보도록 하겠습니다.

▶ 과도한 잡음이 들려 올 경우:
- 회의 진행에 문제가 있습니다. 문제가 해결 될 때까지 음소거 해주실 수 있습니까?
- (상대방의 이름을 부르면 당혹스러울 경우) 다른 사람들을 방해 할 수 있는 주변 소음이 발생하면 바로 마이크를 음소거하여 주십시오.

▶ 지금까지 별로 기여하지 못한 사람에게서 의견을 듣고 싶을 때:
- 000씨~ 이 문제에 대한 그동안의 경험은 어떻습니까?
- 당신은 이 고객과 가장 오랜 관계를 유지했습니다. 이전에 그들과의 문제를 겪은 적이 있습니까?
- 000씨~ 지난 프로젝트에서 이와 비슷한 일을 겪은 것 같습니다. 무엇이 당신에게 효과적이었습니까?

▶ 누군가가 대화를 지배하고 있을 때:
- 그 문제에 대해서는 회의가 끝나기 전 시간이 있으면 그때 다시 논의하도록 하겠습니다. 지금은 ____에 집중하겠습니다.
- 당신의 요지를 들었습니다. 다른 사람이 그것에 대한 반응이 있습니까?
- 이 질문에 대해서는 찬성하는 사람들의 의견만 듣지 말고, 반대하는 사람들의 의견도 들어볼 필요가 있지 않을까요?

▶ 누군가가 번번이 뒤바뀐 말을 할 때:
- 한 번에 하나씩 이야기합시다.
- 프레젠테이션이 끝날 때까지 기다렸다가 질문을 해주시기 바랍니다.
- 그건 주제를 벗어났습니다. 지금은 ____에 대해서 이야기 하고 있습니다.

▶ 누군가가 팀의 규범을 위반할 때:
- 당신이 이 문제에 대해 열정이 있는 것은 이해하지만 상대방을 비하하는 발언은 토론의 진행을 어렵게 합니다. 요점을 다시 말해줄 수 있습니까?
- 주어진 발언 시간이 경과하였습니다. 결론을 정리해서 말해주십시오.

▶ 토론 결과 및 계획을 확정하려는 경우:
- 이 계획을 확정하기 전에 추가로 의견을 들어야 하는 이해관계자는 없을까요?
- 우리는 이제 결정을 내려야 하지 않을까요? 지금까지 들은 의견에 따라 결정해도 될까요?
- 이 계획을 추진하기 위해서 각자 담당해야 할 일은 무엇일까요?

2. 동료들 간의 신뢰 쌓기

효과적인 팀워크의 기반은 팀원 간 신뢰와 협력적 관계구축에 달려 있다. 다음은 재택근무 환경에서 팀원 간 신뢰를 쌓는 방법들이다.

(1) 다양성을 존중하고 포용하기

서로 다른 배경과 상황에 처한 사람들에게 개방적이고 포용적인 분위기를 형성하는 것이 중요하다.

모든 팀 구성원의 서로 다른 관점과 아이디어를 적극적으로 요청하고, 차이를 해결하는 개방적이고 포용적인 접근방식을 보여줘야 한다.

(2) 동료들에게 일을 잘 수행하는 모습 보여주기

대면근무 환경에서는 친숙함과 호감에서, 재택근무 환경에서는 특정 과제를 잘 수행하는 모습에서 신뢰할 수 있는 사람이라는 근거를 찾게 된다.

동료들의 요청에 신속하게 응답하고 실질적인 피드백을 제공한다.

팀이 직면한 문제를 해결할 적절한 방안을 적극적으로 제안한다.

3. 팀 리더는 업무 의사소통에 긍정적 분위기 유지

(1) 온라인 의사소통 중에 사교를 위한 대화를 허용하고 적극적으로 권장하기

① 팀의 대화가 지나치게 업무 중심적으로 진행되면, 중요한 정보가 공유되지 않고 팀의 응집력이 약화할 위험이 크다.

② 온라인상에 '가상 휴게실'과 같이 사람들이 서로 자연스럽게 모여서 편안하게 대화를 나누고 서로 사회적인 유대감을 형성할 수 있는 공간을 만든다.

③ 회의를 시작하기 전에 '체크인(Check-in)' 시간을 별도로 둔다.

- 각 구성원이 몇 분 동안 자신이 하고 있는 일, 잘 되고 있는 일, 어려운 일 등에 대해서 자유롭게 이야기할 수 있는 시간을 부여하기
- 재택으로 진행되는 회의에 약간의 '재미(Fun)' 요소 추가하기

(2) 팀원들이 정기적/비정기적으로 직접 만나는 모임 만들기

기술을 매개로 한 소통보다 대면 소통이 효과적인 팀워크를 위한 필수 기반인 관계구축과 신뢰증진에 있어서 탁월하다.

팀 구성원들을 모두 한 곳에 모이는 기회가 생기면, 서로 사적으로나 업무적으로 더 잘 알 수 있게 되고, 팀의 운영 방식에 대한 비전을 공유하고 일련의 행동 지침을 만들 수 있다.

<과제 15> 재택근무자의 정신건강을 위해서 EAP(근로자 지원 프로그램) 활용이 필요한가

코로나19와 같은 감염병 대유행과 같은 상황에서 제일 우선적인 고려사항은 근로자의 안전과 건강이다. 감염병의 영향으로부터 근로자를 보호하기 위한 관리체계를 만들고 주기적으로 내부 교육훈련을 실시해야 한다. 이런 배려와 투자는 근로자들의 심리적 안전감과 업무 몰입에 필요한 기반을 제공할 수 있기 때문이다. 재택근무자의 정신건강을 배려하여 대응하기 위해 EAP(Employee Assistance Program, 근로자 지원 프로그램) 등의 외부업자에 의한 서비스를 활용하는 것도 유용할 수 있다. EAP란 계약기업의 근로자가 업무, 대인관계, 가정문제, 정신건강 등에 관한 상담을 시행하여 카운슬링, 연수 등의 실시로 문제해결을 지원하는 서포

트 프로그램이다.

재택근무자 중에 정신건강의 이상으로 배려하여야 할 자가 있는 경우에는 조기에 산업보건의와의 면담기회를 갖게 하는 등 조치를 취할 필요가 있다. 재택근무를 제대로 하지 않는다고 판단되는 근로자를 신속하게 복귀시키는 것이 요구된다. 재택근무라 하더라도 직업별 업무 환경이 다르고 자세 등 개인의 건강 상태를 고려하여 사무용 가구와 사무용품 전문 쇼룸에선 홈 오피스템 제품을 직접 눈으로 확인하거나 체험해보고 선택할 수 있다.

사례 연구 1 **유한킴벌리 EAP 성공 사례**

코로나19와 장기간의 재택근무로 인해 발생하는 두려움 · 불안 · 의욕저하 등의 어려움을 겪을 수 있는 직원 또는 가족들에게 회사에서 제공하는 전문상담지원제도(EAP;Employee Assistance Program)를 적극적으로 안내하고, 매주 인트라넷을 통해 EAP Weekly News를 제공하여 구성원들의 심신에 위로가 되는 정보를 제공하고 있다. 현업부서에서는 Virtual Happy Hour 등 구성원들의 사기를 북돋우려고 노력하는 리더들도 생겨나고 있다.

사례 연구 2 **롯데홈쇼핑의 Health Care 프로젝트 사례**

롯데쇼핑은 2020년 2월 28일부터 4월 19일까지 52일간의 재택근무를 시행했다. 안전을 위한 '사회적 거리두기', '생활 속 거리두기'가 계속되면서 몸도 마음도 지쳐갈 직원들을 위해 롯데홈쇼핑은 'Health Care 프로젝트'를 기획하였다. 먼저 재택근무 장기화로 인해 예상되는 조직의 침체된 분위기, 개인의 심리적인 불안감을 해소하고자 리더들을 대상으로 '내마음 보고서'를 도입하였다.

이는 1대1 온라인 심리진단 및 치유 프로그램으로 250개의 항목을 통해 개인의 현재 심리상태와 정신건강 상태를 진단 및 성찰하는 기회를 제공한다. 결과 역시 1대1 맞춤형 책자로 제공되며 회사의 세심한 정서 케어 프로그램으로 리더들의 높은 만족도를 이끌어 낼 수 있었다.

이처럼 재택근무 및 거리두기라는 급변한 환경에 지친 직원들을 위해 롯데홈쇼핑은 다양한 프로그램을 운영 및 지원하고자 노력하고 있다.

<과제 16> 관리직의 재택근무는 담당부서의 업무 효율에 영향을 주는가

관리직 계층에 재택근무를 적극적으로 활용하기 위해서는 재택근무의 필요성에 대한 이해를 촉진하는 것은 말할 것도 없고 재택근무 희망자가 재택근무를 이용하기 쉬운 환경을 만드는 것이 효과적이다. 또한 직장에서 부하 근로자를 관리하여 지휘·명령하는 입장에 있는 관리직 계층에게 재택근무를 시행하기 위해서는 먼저 재택근무에서도 관리직으로서의 역할을 적절하게 발휘할 수 있는 환경을 정비하는 것이 필요하다.

일반 근로자가 재택근무를 수행하는 경우에는 주로 상사와의 보고·연락·상의를 수행할 수 있으나 관리직이 재택근무를 수행하는 경우에는 담당 부서에 소속 근로자 전원과의 사이에 정보를 공유하도록 조직을 갖추는 것이 무엇보다도 필요하다. 이와 같은 조직 정비, 관리직이 부하 한 사람 한 사람 간에 연락하도록 하여 부진한 업무가 발생하여 업무효율이 저하되지 않도록 정보전달과정에서 빈틈이 발생하지 않아야 한다.

또한 WEB회의를 할 수 있는 환경을 정비하여 시급히 회의하고 결정할 필요가 발생한 경우에도 자택에서도 회의를 수행할 수 있도록 하고 관리직의 판단이 필요한 사항에도 신속히 대응할 수 있도록 해야 할 것이다.

무엇보다도 상사가 부하 근로자의 업무효율을 떨어뜨리지 않게 하기 위해 정보공유를 할 수 있는 조직을 정비하는 것과 함께 어느 누가 발탁되어도 근로자에 갈음하여 업무할 수 있는 조직을 마련하는 것이 필요하다. 그러므로 이와 같은 조직을 마련하기 위해서는 직위에 따라 업무내용을 명확히 하여 근로자 각자가 스스로 요구되는 역할을 이해하여 상사에 갈음하여 업무를 수행할 수 있는 업무기술을 가꾸는 것이 필요하다. 처음부터 이와 같은 의식을 가지고 업무를 수행하는 것은 부하의 업무 기술 향상에도 큰 도움이 된다.

<과제 17> 코로나19의 대유행이나 지진·태풍이 있는 날에 재택근무를 실시해야 할 경우가 있는가

코로나19 사태로 사업계속을 목적으로 재택근무를 도입하는 기업이 늘고 있다. 평상시에는 일부 근로자만으로 재택근무를 하는 기업 중에도 긴급시에는 전 사원이 재택근무를 할 수밖에 없는 사정이 있다. 감염병 대유행 발생시에 한하지 아니하고 태풍이나 대설 등 악천후나 사고 등으로 교통기관이 거의 마비된 때 등이다. 어떤 때에는 코로나19 발생 등 감염병의 감염위험이 높은 때에 통상근무를 재택근무로 대체하여 근로자의 안전을 확보하기 위해 통상과 같이 업무를 수행하도록 하여 생산성의 유지·향상을 추구해야 한다.

그러나 일상적으로 행하는 것이 아니라 비상시 갑자기 시행하는 것이므로 무리가 따른다. 재해 시에도 재택근무가 기능할 수 있도록 하기 위해서는 피난 훈련과 마찬가지로 평상시의 훈련이 필수적이다. 회사 전체가 일제히 재택근무를 실시하기 위해 실시 스케줄을 사전에 주지시키거나 거래처에 연락하여 협력을 구하는 등 사전 준비가 필요하다.

<과제 18> 재택근무시의 정보보안 대책을 적절히 시행하기 위한 배려가 있는가

재택근무 시의 정보보안대책은 어떤 기업이라도 중요하고도 불가결한 것이다. 정보보안이 견고할수록 기업의 판단에 따라야 한다. 재택근무는 인트라넷을 벗어난 범위에서 근무하기 때문에 외부 침입에 상당히 취약하다. 재택근무에 대한 관심이 높아지면서 보안업체는 재택근무 대상 보안시스템을 다양하게 제시해 주고 있다. VPN, 클라우드 서비스의 활용 등으로 외부 침입을 방지할 수 있으나, 재택근무자의 보안에 대한 인식이 없는 경우에는 랜섬웨어 감염 등으로 심각한 보안상의 위험에 노출될 가능성이 높다. 정보보안대책을 강화하게 되면 견고해지는 한편 비용이 들고 정보시스템 담당자의 부담이 증대한다. 인증작업이 번잡할수록 작업효율이 저하하는 등의 문제가 발생한다. 재택근무시의 정보보안대책은 재택근무에서 취급했던 정보의 내용, 누설된 경우의 위험, 정보보안대책에 들어가는 비용, 업무효율에 미친 영향을 감안하여야 하고 균형 있는 대책을 강구할 것이 요구된다. 영업비밀이나 누설된 경우 영향이 큰 정보에 대하여는 재택근무에서의 취급을 금지하는 것이 대책의 하나이다.

대책에서 가장 중시되는 것은 재택근무자의 의식이다. 어떤 견고한 대책을 세운다 하더라도 재택근무자의 부주의 또는 악의에 의한 정보누설의 위험을 없애는 것은 쉽지 않다. 그러므로 재택근무시의 보안대책을 마련하기 위해서는 재택근무자에 대한 연수 등 인적 대책을 세우는 것이 필수적이다.

최근에는 재택근무 중에 정보누설이 발생한 때의 손해보험도 판매되고 있다. 인터넷 접속시의 바이러스 감염에 의해 고객정보가 누출되거나 해킹 공격으로 시스템 고장 손해 외에도 분실의 경우에도 보상 대상이 될 수 있다. 정보 보안 비용 발생 위험을 저감하는 방법에 있어 이와 같은 보험 가입을 검토할 수 있다.

<과제 19> 재택근무의 위협요인과 해결방안은 무엇인가

재택근무가 코로나19 대유행 위기에 대응하기 위한 단기적 위기극복 대책이 아닌 중장기적인 관점에서 새로운 근무방식으로 정착될 수 있도록 인사조직 차원의 방안을 적극적으로 검토해야 할 필요가 있다.

이를 통해 빠르게 변화하는 환경에 맞게 일하는 방식을 혁신하고, 실험해보고 다시 수정하는 전략적 인력운영 방안을 수립하여 업무 프로세스, 성과관리, 의사소통, 인적 네트워크, 기술관리 등의 핵심적인 경영요소를 조직, 부서(팀), 재택근무자 개인 등의 관점에서 종합적으로 분석하여 경쟁력을 높일 필요가 있다.

〈재택근무의 위협요인과 해결방안〉

구 분	인사조직 인프라	원격 팀워크 구축	개인 성과책임 강화
위협요인	• 사무실 기반의 기본 업무방식의 혼선과 충돌로 인해 생산성 저하와 비효율성 증가 • 비언어적 소통 등 대면접촉이 갖는 장점축소 및 관계의 단절 • 재택근무에 요구되는 높은 기술적 복잡성과 보안위험에 노출	• 업무의 흐름이 자연스럽게 이어지지 못하고 연속성 유지가 곤란 • 신뢰에 기반한 협력적 관계 설정과 유지 곤란 • 의사소통이 실패할 위험이 크고 오해가 생길 수 있는 가능성이 존재	• 업무와 휴식의 경계가 사라짐에 따른 과부하와 안정적인 업무수행패턴 상실 • 개인 성과책임 의식 약화와 도덕적 해이 • 고립감 및 상대적 외로움을 많이 느끼고 탈진할 수 있음
해결방안	•복무관리, 업무보고 · 지시, 성과관리, 업무협의 · 조정 등의 업무절차의 재정립 • 재택근무와 사무실 근무의 적절한 균형이 이루어진 운영모델을 정립 • 조직 내부망과 연결, 보안문제 등 기술적 문제에 대한 가이드라인 설정	• 팀원 상호간에 원격으로 효과적으로 소통하고 협력하기 위한 원칙과 가이드라인(목표, 프로세스, 규범) 설정 • 공식 비공식적 미팅을 통한 관계의 유지와 강화 • 원격소통 수단을 효과적으로 선정하고 관리	• 일과 개인생활의 경계를 유지할 수 있는 업무수행 패턴과 프로세스 설정 및 관리 • 철저한 성과책임 의식과 자기관리

<과제 20> 재택근무용의 어플리케이션 도입이 필요한가

최근에는 근태관리 앱, 업무관리 앱, WEB회의를 시행하기 위한 커뮤니케이션 앱 등 재택근무를 실시하기 위한 편리한 어플리케이션이 다양하게 있다. 기능과 특징, 이용형태, 가격 등은 각각 다르지만 그 중에는 초기비용이나 매월 이용료가 있고 무료로 이용할 수 있는 경우도 있다. 무료 또는 저렴한 가격으로 이용할 수 있는 앱은 비용을 절감하여 재택근무를 할 수 있는 적합한 환경을 정비할 수 있다.

그러나 반드시 재택근무 앱을 도입할 필요가 있는 것은 아니다. 재택근무를운용하던 중 필요성이 있다고 인정되면 도입을 검토할 수 있다. 또한 무료 사용기간이 설정되어 있는 앱도 있으므로 도입 시에는 어느 정도 시험 사용을 거쳐 사용하는 것이 좋다고 판단되면 선택할 수 있다. 또한 앱을 도입하더라도 어떻게 하는 것이 도입효과를 얻을 수 있는지 살펴야 한다. 이를 위해 새로운 앱을 도입한 때에는 앱의 조작방법의 설명회를 개최하거나 이용매뉴얼과 상담체제를 정비하는 등 일상적으로 앱을 사용하기 위한 환경을 정비하는 것이 필요하다.

제2장
재택근무의 도입순서

- 제1절 재택근무 도입준비 및 추진 절차
- 제2절 재택근무 도입절차

제1절 재택근무 도입준비 및 추진 절차

1 재택근무 도입순서의 제시

성공적이고 효율적인 재택근무 도입을 위해서는 도입 시의 순서를 근로자에게 명확히 제시할 필요가 있다. 재택근무는 기업 규모에 관계없이 도입이 가능하다. 재택근무의 도입절차도 대기업이나 중소기업의 규모에 관계없이 크게 다를 바 없다. 규모가 작은 기업인 경우 최고경영자의 의사를 전 근로자에게 전달하기 쉽고 최고경영층에서 신속하게 추진할 수 있는 측면이 있으나 대기업과 비교하여 기본적인 도입 절차에 큰 차이는 없다.

재택근무 도입시 도입절차의 흐름은 다음 표와 같다. 다만, 모든 기업이 위와 같은 도입 절차를 따라 추진할 필요는 없다. 시급히 대응할 필요가 있는 경우에는 대상 근로자와의 개별적 합의에 따라 실시하는 것도 가능하다.

일반적으로 시험적 실시를 어느 정도 반복할 수 있으므로 이와 병행하여 사내 체제의 정비를 추진하면서 본격적인 도입을 개시하는 것이 바람직하다. 이미 재택근무제를 도입한 기업은 본격적인 도입까지 1년 내지 3년 이상의 세월이 흘렀다고 한다. 처음부터 무리한 시행보다는 시험적 실시를 하면서 장점은 살리고 단점을 보완하며 현장의 반응을 살펴 단계적으로 추진하는 방안도 있으므로 기업으로서는 재택근무 도입을 실효성 있게 하는 것이 포인트다.

2 재택근무 도입 업무의 추진 절차

1. 업무 추진 단계 및 절차

재택근무 도입 업무를 추진하는 단계는 ① 계획 수립 및 시행 준비 단계, ② 결정하기 단계, ③ 실행 단계, ④ 사후 보완 단계의 4단계로 구분할 수 있을 것이다.

(1) 업무 추진 단계

1) 재택근무 계획 수립 단계

이 단계에서는 도입업무를 추진할 조직을 갖추고 그 조직의 주관 하에 추진계획을 수립한다.

2) 시행 준비 단계

이 단계에서는 회사업무의 종류 및 관리실태를 파악한 후 개선방향을 설정하고 개선과제를 도출한다. 물론 그 과정에서 최고경영자의 확고한 경영이념하에 목표를 설정하고 근로자들이 충분히 인식하도록 이해와 협력을 구해야 한다.

재택근무를 도입하기 위해서는 다음과 같은 준비사항이 있다.

(가) 효과적인 업무 진행 프로세스의 진행

프로세스 수립을 IT 솔루션 도입으로 단순화하는 오류를 범할 수 있다. IT솔루션은 프로세스를 효과적으로 보여주기 위한 도구이지 프로세스 자체는 아니기 때문이다. 가장 성공적인 클라우드 재택·원격근무 솔루션 전문 기업인 알서포트의 성공 사례는 다음과 같다.

사례 연구 **알서포트의 사례 1**

알서포트는 연구개발 중심 회사이기에 개발자 중심의 업무 흐름을 보다 효과적으로 공유하고 남길 수 있는 방식을 택했다. 다양한 IT도구를 혼합해 오랜 기간 적용과 폐기를 반복한 끝에 지금과 같은 프로세스를 만들 수 있었다. 참고로 알서포트가 사용 중인 업무 도구를 나열하면, 일감의 이력관리를 위한 Redmine, 프로그램 개발 협업 도구 GitHub, 업무 플로우 도구 Trello, 개발자 중심의 커뮤니케이션 도구 Slack, 전사 메신저 HangOut, 문서 공유 도구 Google Drive 등이 있다. 그리고 재택근무 중심에는 화상회의 리모트미팅(RemoteMeeting)과 원격제어 리모트뷰(RemoteView)가 있다. 대부분 오픈소스 기반의 무료 서비스다. 물론 고기능의 유료 버전이 있지만 무료 버전에서 제공하는 기본 기능만으로도 충분히 훌륭한 업무 도구로서 역할을 하니, 아직 사용해보지 못한 기업이 있다면 조금의 커스터마이징만으로도 만족스러운 효과를 볼 수 있을 것이다(HR 노동법률 2020년 7월호, 김택중 「재택근무로 살아남기」, p.132).

(나) 재택근무 표준 마련

비록 프로세스를 완벽하게 수립했더라도 참여하는 근로자들이 각각 다른 업무 방식, 다른 환경, 다른 마음가짐으로 업무를 하게 되면 같은 결과를 얻을 수 없다. 여기서 필요한 것이 표준이다.

재택근무를 성공적으로 도입하기 위해서는 ① 커뮤니케이션 방식을 표준화하고, ② 재택근무를 할 수 있는 근무환경을 표준화하고, ③ 재택근무하려는 마음가짐을 표준화해 공통 기준을 마련할 필요가 있다.

사례 연구 **알서포트의 사례 2**

업무를 일단락하고 다음 단계로 전달할 때 육하원칙을 비롯해 상세히 기술할 수 있도록 지침(문서 표준)을 정했고, 재택근무가 가능하도록 노트북과 VPN을 제공(환경 표준)하여 입사시부터 재택근무라는 것이 휴식이 아닌 근무라는 마인드셋(마음가짐 표준) 교육을 이어 왔다.

(다) 리허설

IT 도구를 이용해 프로세스를 효과적으로 수행하고 재택근무 표준을 마련하여 업무 커뮤니케이션은 문제가 없는데 재택근무를 시행하기 위해 준비한 사항들이 재택근무 중에 효율적인지, 부족한 것이 무엇인지, 어떠한 사항이 불필요한 것인지 알기 어렵기 때문에 이를 구체적으로 점검하여 문제점들을 정교하게 다듬어야 할 것이다.

사례 연구 **알서포트의 사례 3**

코로나19 사태가 심각해진 2월 말부터 임직원 감염 예방과 방역을 위해 본격적인 전사 재택근무에 들어갔다. 당시 주변으로부터 가장 많이 듣는 이야기는 '재택근무 솔루션 회사는 어떻게 재택근무를 하는가?' 였다. 이에 관리자 시각에서 준비 과정에서 현재 진행중인 과제까지 이해하기 쉽도록 시간 순서대로 풀어나갔다(노동법률 2020년 7월호, 김택중, 「재택근무로 살아남기」, p.132).

3) 재택근무 결정하기 단계

재택근무 시행시 업무 리스크를 최소화하기 위해 먼저 단계적 재택근무를 먼저 시행할 것인지 전사 동시 재택근무를 할 것인지를 선택해야 한다. 각 경우의 장·단점을 세밀하게 점검하여 기업 현실에 맞게 결정해야 한다.

4) 실행단계

이 단계에서는 단계별로 계획 과제를 추진한다.

5) 사후 보완단계

이 단계에서는 도입업무의 추진과정에서 나오는 평가 결과를 피드백하여 제도를 도입한다. 피드백을 잘해나갈 때 비로소 연착륙할 수 있는 발판을 구축할 수 있을 것이다.

2. 도입 업무 추진 절차

재택근무를 도입하기 위한 업무절차는 다음 표와 같이 요약할 수 있다.

재택근무제 도입 절차와 사내 체제의 정비

도입절차	사내 체제의 정비
도입목적의 명확화 ↓ 현상의 파악 ↓ 실시대상범위의 결정 ↓ 교육·연수 실시 ↓ 시범실시 ↓ 과제의 확인·해소 (과제의 확인·해소 → 실시대상범위의 결정)	▪ 재택근무신청·허가절차 정비 ▪ 노무관리체제의 정비 ▪ ICT환경의 정비 ▪ 보안대책의 정비

3 재택근무 도입 준비사항 점검 및 장애요인 극복 방안(고용노동부 2020.9.16. 재택근무 종합매뉴얼)

1. 재택근무 도입을 위한 준비사항

기업 차원에서는 성공적인 제도 도입을 위해 필요한 사항을 아래와 같이 점검해 볼 수 있다. 체크리스트로 활용할 수도 있고, 항목별 점수를 배정하여 제도의 도입을 위해 보완할 분야를 찾아볼 수도 있다.

재택근무 도입을 위한 점검 내용

점검 항목	점검 사항
제도 도입 지원 분위기	• 경영진의 제도 도입 의지가 있는가 • 회사 차원에서 재택근무 도입, 사용을 권하는 분위기인가 • 근로자를 신뢰하고 자율성을 부여할 수 있는 조직 분위기인가
구성원 선호 정도	• 재택근무에 대한 직원들의 선호가 있는가 • 재택근무 도입에 구성원들의 거부감이 적고 친화도가 높은 편인가
제도 도입의 용이성	• 근무방식의 변경이 용이한가 • 제도 도입으로 업무 분담 및 프로세스 조정이 가능한가 • 재택근무 근로자와 다른 근로자간 의사소통을 원활하게 진행할 수 있는가

점검 항목	점검 사항
제도 도입의 효과	• 재택근무 도입으로 고객서비스의 질이 떨어지거나 업무효율이 저하될 가능성은 없는가 • 제도 도입이 조직문화에 부정적 영향을 미칠 우려는 없는가
업무환경 구축 가능성	• 공간, 설비, 장비 지원이 필요한 경우 이에 대한 지원이 가능한가 • 제도 도입에 필요한 정보기술 인프라가 구축되어 있거나 구축이 가능한가
제도 정비 가능성	• 제도 도입에 따른 정보 보안이 필요한 경우 대책을 마련할 수 있는가 • 재택근무 근로자의 업무성과를 평가할 수 있는 기준이 있거나 기준을 마련할 수 있는가 • 재택근무 근로자가 교육 기회, 승진 등에서 불이익을 받지 않게 하는 장치가 마련되어 있거나 마련할 수 있는가

2. 장애요인 및 극복방안 수립

① 재택근무자는 상사나 동료와 대면하지 않으므로 근로자는 평가에 대한 불이익을, 관리자는 성과관리 애로가 있을 수 있다.

성과에 초점을 둔 평가 및 승진 시스템 구축·정착이 필요하며, 재택근무자에 대한 평가·승진·배치·전환상의 불이익을 금지하는 방침을 명문화하고 불이익 발생 여부를 모니터링한다.

② 근로자들 간 업무공간 및 시간의 불일치로 인해 재택근무자들은 회사 정보로부터 멀어지고 동료들과의 관계가 소원해지는 것에 대한 불안감이나 불만족을 가질 수 있다.

정기적인 출근모임, 정기 교육 강좌 개최, 사내 동호회 활동 등 소통의 기회를 마련하여 직원 간 소속감과 유대를 증진시킬 필요가 있다. 또는 비대면 방식으로도 유대관계를 구축할 수 있다. 화상회의 전후 대기실을 열어 업무 이외의 잡담이나 아이디어 교환을 가능하게 하고, 화상회의 시스템을 통한 회식 및 티타임 등으로 색다른 경험을 공유할 수 있다.

③ '즉각적인 의사결정과 협업이 어렵다', '자료 공유가 용이하지 않다', '돌발적인 사건이나 상황에 대한 대응이 어려워질 수 있다' 등의 우려가 나타날 수 있다.

새로운 의사소통 방식에 대한 공감대를 형성하는 것이 중요하다. 또한, 예측 가능한 업무 프로세스를 확립하고 이를 구성원 간 공유하며, 다양한 IT 협업 툴의 활용역량 강화 교육을 병행하여야 한다.

④ 재택근무에 필요한 인프라 구축비용이 발생한다는 점에서 장애요인이 될 수 있다. 특히 중소기업의 경우, 인력 사정을 비롯해 인프라 구축비용에 대한 부담감으로 도입을 망설이게 된다.

⑤ 정부지원사업에 참여하여 재택근무 간접노무비를 지원받을 수 있다. 재택근무 인프라 구축비 지원제도는 사업주가 투자한 인프라 구축비의 50%를 최대 2천만원까지 지원해주고, 비대면 서비스 바우처 지원사업을 통해서는 기업당 연 4백만원(자부담 10%)을 지원받을 수 있다.

* 재택근무 간접노무비 및 인프라 구축비 지원(고용노동부), 비대면 서비스 바우처 지원(중소벤처기업부) 등

4 재택근무 도입을 위한 조직형태

기업이 재택근무를 도입·운영할 때에는 그 조직의 최고 의사결정권자가 누구인가에 따라 최고경영자 주도형, 추진책임자 주도형, 프로젝트팀 주도형이 있다. 각 유형의 장단점을 충분히 검토해야 할 것이다. 그 중에서도 프로젝트 팀 주도형은 각 부분의 전문적 지식과 능력을 활용할 수 있으며 각 부문의 책임자가 참여하기 때문에 재택근무 도입과 관련한 근로자들의 협력을 구하는데 용이하므로 재택근무 도입을 위한 조직형태로서 많이 활용되고 있다.

1. 최고경영자 주도형

사장이 재택근무 도입 추진책임자인 경우에는 그 조직의 결정이 바로 회사의 결정이 된다. 이 방식은 기업 내의 의사결정이 신속하고 효과적으로 이행된다. 그러나 사장이 권위적인 경우 관리자나 감독자의 의견이 제대로 반영되지 않고 노동조합나 근로자와 마찰을 빚을 가능성이 크다.

2. 추진책임자 주도형

인사노무부장이나 총무부장 등 재택근무 도입의 실무 책임자가 추진조직의 책임자가 되는 것이다. 사내의 의견을 수렴하고 근로자들의 협력을 얻기 위해서는 추진책임자가 인사 및 노무관리에 상당한 지식과 경험을 갖고 기업 내 전 근로자로부터 신뢰를 받는 것이 중요하다. 실무책임자가 도입업무를 총괄하고 있기 때문에 근로자들을 설득하고 실태를 파악하는 데 도움이 된다. 그러나 최고경영자로부터 권한을 위임받지 못한 경우에는 의사결정이 신속하게 이루어지지 못하는 단점이 있다.

3. 프로젝트 팀 주도형

추진책임자를 중심으로 각 부문을 대표하는 전문적 지식과 기능을 가진 사람들을 참여시키는 유형이다. 이 유형은 각 부문의 전문적 지식과 능력을 활용할 수 있으며 각 부문의 책임자가 참여하기 때문에 재택근무 도입과 관련한 근로자들의 협력을 구하는데 용이하다. 그러나 팀 구성원의 구성과 역할, 의사결정방법 등을 명확히 정하지 않을 경우 의사결정이 잘 되지 않고 추진력이 떨어지게 된다.

제2절 재택근무 도입절차

1 재택근무 도입에 대한 합의 형성

1. 재택근무 도입목적의 명확화

재택근무를 설계하는 첫 번째 단계는 재택근무 도입의 필요성과 목적을 분명히 하는 것이다.

근로자와 사용자가 상생(win-win)하려면 재택근무로 얻을 수 있는 장점을 함께 생각해보고 양측에 서로 도움이 되는 합의점을 찾아야 한다.

재택근무를 도입하려는 주된 목적이 업무 효율성과 생산성을 높이기 위한 것에 있는지, 아니면 근로자의 일·생활균형을 위한 것인지 등을 검토하여 우리 회사에서 필요로 하는 도입목적을 명확히 정하도록 한다.

서로의 관점에서 목적을 이해하고, 재택근무가 무엇을 위한 제도인지를 분명히 해야만 운영상 갈등을 최소화하고 효과를 높일 수 있다.

재택근무 도입 목적 예시

도입 목적	이해관계자
감염병 예방 등 비상상황에 대한 대처	전체
업무 공간을 축소하고, 비용 절약	조직
우수 인력 채용과 유지, 결근율 감소에 기여	상급자, 조직
출퇴근 인원 감소로 인한 교통 혼잡 해소와 대기 질 개선에 기여	지역 사회
출퇴근 시간과 비용을 줄이기 원하는 직원의 요구 충족	근로자
개인적인, 혹은 가정에서의 역할을 더 잘 수행하려는 직원에 도움	근로자

2. 재택근무 도입 설득 방법

전 단계에서 재택근무의 목적을 분명히 했다면, 이 단계에서는 제시된 목적의 근거를 구체적으로 마련해야 한다. 다양한 이해관계자들을 설득하기 위해서는 근거를 다양하게 제시하는 것이 바람직하다.

근거는 구체적인 숫자와 통계, 실제 사례 등 실질적인 내용 위주로 마련하는 것이 좋다.

도입 근거 마련 시 참고사항

- 재택근무 실행의 목적과 근거는 조직 내 영향력 있는 인물(예 : 최고경영자 등)의 말을 통해 표현하는 것이 효과적임
- 재택근무의 여러 목적 중에서 우선 상급자들이 문제시하는 것(예: 재택근무 후 공간 비용 감소 예상액)을 주요 이슈로 삼기
- 그 밖에는 조직에서 가장 화두가 되는 이슈를 앞세워 근거를 마련하는 것이 효과적임
  - 예를 들어, 직원들의 만족 향상(스트레스 감소, 일 · 생활균형에 도움)이나 조직 경쟁력 향상(우수 인력 채용에 도움, 비용 감소), 사회적 책임(교통 혼잡 해소, 이산화탄소 배출 감소)의 개별 이슈나, 혹은 이해관계자들의 이슈를 혼합하여 근거를 제시할 수 있음
  - 근거의 형태는 구체적인 수치, 재택근무 경험 사례 등 다양하게 준비
- 재택근무 활용 사례는 리더나 관리자, 핵심 직원들로부터 직접 수집된 이야기가 효과적이며, 재택근무가 어떻게 이루어졌는지, 어떻게 팀과 개인이 더 효과적으로 재택근무를 할 수 있었는지에 대한 경험을 공유할 것

재택근무 도입 근거 기업별 예시

- A사 〉 업무 유연성은 새로운 Normal, 얼마나 빠르게 전환하는가에 따라 우수 인재의 채용 여부가 결정됨
- B사 〉 고객 접점 강화를 위해 영업직 대상 원격 근무 실시… 2009년~2014년 총 노동시간 10% 감소, 1인당 매출액 1.5배 증가
- C사 〉 제2, 제3의 팬데믹이나 자연재해가 발생해도 정상 기업 활동을 유지할 수 있도록 뉴노멀 관점에서 사업추진체제 구축 필요
- D사 〉 직원의 87%가 참여하는 탄력근무제인 'BT Style' 제도를 도입하여 1인 당 연간 83%의 사무실 운영비용 절감과 20~60% 의 업무 생산성 증가, 병가율(60%) 및 산후 휴가 복귀율(99%) 증가, 이산화탄소 배출량 감소 등의 효과를 거두었고, 이를 토대로 컨설팅 서비스까지 사업영역을 확대
- E사 〉 2008년부터 재택근무를 실시하여 전 임직원으로 확대하였으며, 이를 통해 연간 6.75톤의 이산화탄소 저감효과와 업무창조성 향상(71%), 통근부담 완화(97%), 가족과의 원활한 의사소통 향상(71%) 등 업무의 생산성 뿐 아니라, 개인의 라이프 스타일에도 긍정적인 결과가 나타남
- F사 〉 시뮬레이션 결과, 재택근무 비중을 30% 도입 시, 임대료, 관리비, 통근버스 운영비 등 연간 160억원 절감 효과 발생

3. 재택근무 거부감 극복 방법

설계단계에서 재택근무 실행으로 발생할 수 있는 문제들을 솔직하고 정직하게 예상해야만 지속가능한 프로그램을 제공할 수 있다. 조직 내에 유난히 재택근무 장애요인에 대한 거부감이 큰 사람들을 대상으로 어떻게 공감대를 넓혀 나갈 것인지도 중요한 문제이다.

재택근무 거부감 극복을 위한 방법

- 새로운 것에 대한 저항감은 불확실한 것들을 구체화하는 방법으로 해결의 실마리를 찾기
- 재택근무에 거부감이 있는 사람들을 제도 설계 과정에 참여시키고, 걱정되는 문제의 해결방법에 대한 아이디어를 스스로 찾을 수 있도록 하기
- 재택근무에 거부감이 있는 사람들이 제기할만한 의문사항 목록 만들기

재택근무 도입 반대 의견과 대응 예시

이의의 예	문제해결을 위한 대화의 예
"직무의 형태가 재택근무에 부적합해요."	해당 직원이 재택으로 작업하기에 충분한 독립성을 가질 수 있도록, 업무분담이나 매뉴얼을 어떻게 재설계하면 될까요?
"재택근무는 우리 조직의 문화와 너무 안 어울려요."	우리 문화가 어떤 식으로 근무 유연성과 재택근무를 가로막고 있습니까? 어떻게 하면 다르게 일하는 방식을 좀 더 받아들일 수 있을까요?
"우리 조직에서 잘 나가려면, 상사(혹은 고객)와 대면 시간을 갖는 게 중요해요."	대면 시간을 통하지 않고 직원의 성과와 성장 정도를 측정할 방법으로는 어떤 것들이 있을까요?
"재택근무를 할 만한 기술적 기반이 없어요."	만약 필요하다면, 어떤 기술이 필요하다고 생각하나요?
"관리자들이 원격지에 있는 부하직원과 팀을 이끌 준비가 안 되어 있어요."	관리자들은 원격지에 있는 부하직원과 팀을 이끌기 위해 어떻게 준비하는 것이 가장 좋을까요?
"우리는 함께 모여서 협력해야만 해요."	• 직원들이 원격지에서 독립적으로 할 수 있는 일은 전혀 없나요? • 기존에 구성원이 외근이나 출장 등으로 떨어져 있을 때는 어떤 식으로 협력해 왔습니까?
"해당 장소에 사람이 없으면 전혀 일이 진행되지 않습니다."	재택근무에는 다양한 종류와 정도가 있습니다. 제한된 기간 내에 시도해볼 만한 수준의 재택근무가 있을까요?

출처: Kenneth Matos. 2015.11. Workflex and Telework Guide: Everyone's guide to Working Anywere. When Work Works.
고용노동부 2020.9.16. 재택근무 종합매뉴얼

재택근무를 도입하기 위해서는 “왜 재택근무를 도입할 것인가”라는 도입목적을 명확히 할 필요가 있다.

재택근무는 지금까지 없었던 새로운 일하는 방식을 도입하는 것이므로 「일은 회사에서 한다」, 「협의나 회의는 회의실에서 한다」는 등 지금까지는 당연하게 생각했던 것이 재택근무 도입 이후에는 당연한 것이 아니므로 사내에 혼란이 발생할 수 있다.

재택근무 도입을 원활히 추진하기 위해 재택근무를 도입하고자 하는 시점에서 어떻게 쉽게 도입하여 정착할 수 있을지는 최고 경영자가 전 근로자에게 메시지를 발신하여 재택근무 실시 목적을 공유하고 전 근로자의 이해와 협력을 얻는 것이 관건이다.

재택근무 도입으로 기대되는 효과는 많으나 도입 목적에 있어서 반드시 일치시킬 필요는 없다. 다만 재택근무의 도입은 어디까지나 목적 달성을 위한 수단이므로 도입 그 자체가 목적이 아니다.

2 재택근무제 도입시의 현상의 파악

1. 프로젝트 팀의 설치

재택근무를 도입하기 위해서는 우선 대상 근로자나 실시 대상업무를 선정하기 위한 준비작업을 하고 회사 내에서 시행되고 있는 업무내용이나 수행 순서에 대하여 현재 상황을 구체적으로 파악하여야 한다. 그리고 현재 사내 제도나 사내 시스템에 관하여 먼저 수정할 필요가 있는 사항을 검토하여 수정해야 한다.

재택근무를 도입하기로 한 회사 방침의 결정이나 현상 파악을 위하여 경영 최고위층이 리더가 되어야 한다. 리더는 누가 어떤 업무를 잘하는지 파악해 능숙하게 업무를 배분하여야 한다. 경영 최고위층인 리더가 중심이 되어 경영기획, 인사·총무·법무, 정보시스템 등 각 부문의 담당자를 추가하여 재택근무 도입을 검토하는 사업부문의 책임자를 프로젝트 팀에 포함시키고 회사 횡단적인 프로젝트 팀을 설치하여 추진할 것을 권장한다. 프로젝트 팀은 다소 거창하게 들릴 수 있지만 재택근무 도입은 새로운 근무방식의 도입에 따라 「일하는 방식의 개혁」의 실행이며 회사 전체 체제 개편의 성공 기반이 된다. 인사·총무 등의 일부가 중심이 되어 추진하는 경우에도 장래에 향하여 재택근무의 적용범위를 확대하기 위한 것이라면 조기에 단계적으로 회사 전체적 추진체계를 구축하는 것이 바람직하다.

프로젝트 팀에서 팀원의 역할

도입순서	필요한 조치	경영자	경영 기획	인사·총무·법무	정보 시스템	각 사업
목적 설정	회사 방침의 결정	○	○	○	○	○
현황 파악	도입에 따른 영향·과제의 발굴 제규정·노무관리상의 과제의 발굴	○	○	○	○	○
실시 범위의 검토	대상자·대상업무·실시 빈도 등의 검토		○	○		○
교육·연수	제도의 주지 재택근무대상자 실시부서의 관리직 통상근무자의 교육			○	○	○
시범적 실시	재택근무자의 의견청취 재택근무자의 노무관리			○		○
평가·개선	시범적 실시의 평가 실무적 개선점의 검토	○	○	○	○	○
노무관리	노무관리제도를 정립하여 취업규칙·제규정의 정비 재택근무 매뉴얼 등의 책정		○	○	○	
ICT환경의 정비	이용시스템의 구축·선정		○		○	
정보 보안대책	재택근무에 대응한 정보보안대책의 구축		○		○	

2. 업무의 범위

재택근무를 도입하기 위해서는 각각의 근로자가 수행하는 업무나 그 진척상황을 소속 부서장이나 함께 업무를 수행하는 다른 근로자가 필요한 시기에 확인해야 할 환경을 정비하는 일 즉 「업무흐름표」를 작성하여야 한다. 이와 같이 업무흐름표를 통하여 업무를 분담하거나 소속 부서장이나 부하 근로자의 업무수행을 쉽게 알 수 있어야 한다. 또한 업무흐름표를 작성하는 과정에서 현행 업무의 중복, 혼선이 있다면 신속히 업무개선을 하여 효율성이나 생산성 향상 등의 효과를 기대할 수 있다.

업무흐름표에는 현재 각각의 근로자가 담당하는 업무를 손쉽게 도출하여 목록화한다. 목록을 작성할 때에는 주로 다음과 같은 사항을 명확히 하여야 한다.

(1) **업무내용**: 업무의 개요, 처리에 소요되는 시간, 실시빈도, 작업장소, 공동 작업자의 유무
(2) **사용하는 자료**: 종이류의 매체를 전자문서로 전환, 보관장소, 공유자의 유무
(3) **필요한 도구**: 컴퓨터, 어플리케이션, 소프트웨어, 통신기기 등
(4) **정보보안 위험**: 개인정보나 영업비밀 취급 여부, 정보보안 대책의 유무

3 적용대상 범위의 결정

재택근무의 대상범위의 결정에 있어서는 적용대상자, 적용대상업무, 실시빈도 등을 세밀하게 검토하여야 한다. 재택근무는 준비와 경험 여부에 따라 상당히 다른 결과를 가져올 수 있다. 재택근무방식을 회사의 상황과 구성원의 니즈에 맞게 정교화해야 하는 이유이다.

1. 적용대상자의 선정

(1) 일반 기준

재택근무를 회사 전체적 제도로 운용하기로 목표를 설정할 때에는 재택근무를 희망하는 근로자를 대상으로 하는 것이 이상적이다. 그러나 재택근무 도입 초기 단계에서는 실시효과를 쉽게 검증하기 위하여 실시대상자의 범위를 한정하는 것이 일반적이다. 실시대상자의 선정에는 관계 당사자의 이해를 얻기 쉽게 하기 위하여

명확한 기준을 설정할 것이 요구된다. 예컨대 육아·가족돌봄이 필요한 자의 돌봄의 정도·요구되는 지원의 정도 등에 따라 조건을 설정하는 등의 고려가 필요하다. 또한 사무직, 영업직, 연구직 등의 직종에 조건을 설정할 수 있다. 이 경우에는 업무의 적합도에 맞게 범위를 설정한다는 제약이 있으므로 어떤 이유로 업무에 재택근무가 가능한가를 해당 대상자와 상담하여 결정할 수 있다.

또한 재택근무 도입 초기에 실시대상자의 범위에 관리직 계층을 포함하는 것을 강하게 권장한다. 재택근무르 도입할 때에 관리직 계층이 반대세력이 되는 일이 적지 않다. 그러므로 관리직 계층을 다른 계층에 앞서 적극적으로 재택근무를 체험하게 하고 재택근무의 장점이나 도입의 필요성을 이해하게 하여 관리직 계층의 의식개혁을 꾀한다면 그 후의 운용을 원활하게 추진할 수 있다.

다만 관리직 계층을 대상으로 재택근무를 시행할 경우 업무수행에 영향이 없고 연구 이외의 직무나 직책에 따라 실시하는 조건을 설정하는 것이 필요하다.

(2) 세부 기준

1) 재택근무제의 신청사유 및 자격을 별도로 제시하는 방법으로 제도 도입 범위를 정할 수 있다.

- 장거리 출퇴근, 육아, 유·사산 위험, 건강, 간병, 학업 등의 사유가 있는 경우에 재택근무를 우선 신청하도록 고려할 수 있다.
- 재택근무의 특성상 신청 자격을 독립적인 업무수행이 가능한 자로 제한하기 위해 일정 근무경력을 요구하거나 자기관리 능력을 고려하게 하는 방법이 있다.

근무경력이 1년 이상인 자, 3개월간의 수습기간을 끝낸 근로자, 직속 상사와 동료로부터 재택근무 역량 평가 등

2) 결격사유로서 근태관리 및 회사의 기밀 유출 관련 징계 이력 등을 검토할 수도 있다.

감염병 등 재난 상황에서는 직원 밀집도 완화 등을 고려하고, 특히 감염 취약계층인 임산부를 우선 적용하는 등의 검토가 필요하다.

3) 다만, 자격 범위의 제한이 누군가에게는 불평등이나 경영진의 고정관념으로 여겨질 수 있으므로, 기준을 정하고 설명하는 데에 특별한 주의가 필요하다.

4) 나아가 현시점에서의 제약이 미래에도 반드시 유효한 것은 아니므로, 일하는 방식의 점진적인 변화 노력, IT 인프라 투자 등을 통해 재택근무를 지속적으로 확장시킨다는 목표와 계획이 수반되어야 한다.

2. 재택근무 대상 직무 선정하기

(1) 기준의 설정

재택근무가 성공적인 근무방식으로 정착하려면 R&R(Role and Responsibility) 즉 기업 구성원의 직무, 역할과 책임을 명확하게 하여야 한다.

재택근무 대상업무의 선정에 있어서는 업무의 범위에 따라 작성하는 목록은 하나의 업무를 「재택근무로 실시할 수 있는 업무」와 「현재까지는 재택근무로 실시할 수 없는 업무」로 분류할 수 있다. 현재까지는 재택근무로 실시할 수 있는 업무는 그다지 많지 않다. 도입 초기에는 개인이 단독으로 조정할 수 있는 데이터 입력, 자료 작성, 기획입안 등 업무가 주된 대상업무일 것이다. 그러나 아직까지는 실시하지 않더라도 ICT시설을 활용하여 실시가능한 업무가 주된 대상업무가 될 수 있다. 예를 들면 사내 회의나 거래처와 협상하거나 대면으로 할 업무도 영상회의나 WEB회의 시스템을 도입함에 따라 재택근무자도 참가할 수 있다. 회사 밖으로 반출이 금지된 자료를 필요로 하는 업무가 있더라도 자료를 전자화하여 사내 시스템을 경유해 회사 밖에서 열람할 수 있게 하여 재택근무로도 업무를 수행할 수 있다.

각자의 업무에 있어서도 재택근무를 수행할 수 있는 과제와 니즈를 도출하여 필요한 ICT시설의 도입을 검토하여 사내 체제를 정비하고 점차 재택근무로 실시 가능한 업무를 늘려나갈 수 있다. 물리적 조작을 필요로 하는 공장의 업무도 일부의 업무를 제외하고 그 밖의 업무는 업무의 흐름이나 ICT시설의 활용에 따라 재택근무로 실시가 가능할 수 있다. 업무를 추진하는 방식이나 직장환경 정비의 방법을 차례로 많은 업무를 재택근무 대상업무로 할 수 있다.

대상 직무의 정리

현재의 업무

현재 실시하고 있는 직무	아직까지 실시하지 않는 직무	실시하지 않는 직무
▪ 입력 작업 ▪ 데이터의 수정·가공 ▪ 자료의 작성 ▪ 기획 등 사고력이 필요한 업무	▪ 자료의 전자화에 따라 업무(종이매체의 장표를 취급하는 업무) ▪ 커뮤니케이션 환경의 정비에 따른 업무(예: 회의협의, 사외와의 조정 등	▪ 물리적인 조작이 필요한 업무

재택근무에서 실시하는 업무

1위	인터넷 등에서 정보 수집
2위	자료의 작성·수정 및 정리
3위	전화·회의시스템을 사용하는 사내회의
4위	업무지식 등의 학습
5위	상사나 동료, 고객 등과의 연락
6위	사내 절차
7위	의사결정(결재 등)
8위	부하·후배 등의 지도
9위	전화·회의 지원시스템 등을 활용한 사외 회의

(2) 대상 직무 선정 방법(고용노동부 종합매뉴얼)

재택근무제 도입에 적합한 직무인지를 살펴보기 이해 직무조사를 통해 다음과 같은 항목을 검토하여 직무특성을 파악한다.

구 분	항 목	내 용
업무 관리 측면	업무의 계획성	• 계획적으로 실시할 수 있는 업무인가
	업무의 자율성	• 자율적으로 관리가 가능한 업무인가
	업무량	• 시기별 업무량 변화 또는 과부하에 따라 근무시간을 조정할 필요성이 있는가

<table>
<tr><th>구 분</th><th>항 목</th><th>내 용</th></tr>
<tr><td rowspan="5">직무 수행 방식</td><td>업무의 독립성</td><td>• 독립적으로 분리되어 수행 가능한 업무인가</td></tr>
<tr><td>업무의 집중도</td><td>• 높은 집중도가 요구되는가</td></tr>
<tr><td>협업 요구도</td><td>•거래처, 동료, 타부서와의 협업이 요구되는가</td></tr>
<tr><td>대면 접촉성</td><td>• 타인과의 대면에 의한 응대가 없는가</td></tr>
<tr><td>커뮤니케이션</td><td>• 타인과의 커뮤니케이션이 빈번히 요구되는가</td></tr>
<tr><td rowspan="3">관리 감독</td><td>관리방식</td><td>• 원격으로 관리와 통제가 용이한 업무인가
• 관리자의 관리감독 필요성이 낮은 업무인가
• 업무결재, 보고, 지시의 빈도</td></tr>
<tr><td>보안</td><td>• 높은 수준의 보안을 요구하는 업무인가</td></tr>
<tr><td>평가</td><td>• 성과관리가 직무단위로 이루어지는가
• 객관적인 성과평가가 수월한가</td></tr>
<tr><td rowspan="4">공간적 특성, 작업 기반</td><td>IT 적용도</td><td>• 정보통신 기술을 기반으로 업무가 진행되는가</td></tr>
<tr><td>작업공간</td><td>• 업무수행에 물리적인 공간이 필요한가</td></tr>
<tr><td>물리적 작업여부</td><td>• 업무 중 회사 내 문서열람, 물건이동 등의 필요성이 있는가</td></tr>
<tr><td>장비 및 기구사용</td><td>• 특수한 기구나 장비의 사용여부 및 빈도</td></tr>
</table>

재택근무의 대상 직무는 법령상 규정되어 있는 것은 아니므로 회사 상황을 고려하여 자율적으로 재택근무 도입 직무를 선정할 수 있다.

또한, 재택근무의 실시가 용이한 직무의 범위도 기술 향상 등에 따라 점차 넓어지고 있다.

통상적으로 재택근무를 실시하기에 용이한 직무로 꼽는 특성 등은 아래와 같다.

재택근무 적합 직무 예시

- 스스로 업무계획을 세우고 자율적으로 업무관리를 할 수 있는 직무
- 독립적이고 개별적인 업무수행이 가능한 직무
- 다른 팀이나 조직과의 업무협조가 빈번하게 발생하지 않는 업무
- 동료, 상사와의 대면업무가 제한적인 직무
- 고객과의 대면접촉이 거의 없는 업무
- 원격으로 관리감독이 가능하거나 결재나 보고의 빈도가 낮은 직무
- 높은 수준의 보안을 요구하지 않거나 보안대책을 마련할 수 있는 직무
- 업무실적 평가의 계량화가 용이한 업무
- 정보통신기술을 이용하여 근무할 수 있는 모든 직무
- 특정한 장소에서 이루어지지 않아도 되는 직무
- 회사 내 문서열람, 장비사용 등이 필요 없거나 자택에 비치한 장비로 수행 가능한 직무

재택근무 가능 여부에 대한 직종별 재택근무 직무적합도(%)를 살펴보면, 컴퓨터 및 수학, 교육·훈련·도서관, 법률, 비즈니스 등의 직종은 재택근무 용이도가 매우 높은 분야로 알려져 있다.

반면, 농업·임업·어업, 생산, 건설 등의 전통적 직종이나, 음식준비, 청소 및 보수유지 등의 서비스 직종은 재택근무 적합도가 매우 낮은 직무임을 알 수 있다.

직종별 재택근무 가능 업무 비율

직 종	O*NET 산출 기준
• 컴퓨터 및 수학 직종	1.00
• 교육, 훈련, 도서관 직종	0.98
• 법률 직종	0.97
• 비즈니스 및 재무 운영 직종	0.88
• 경영 관리 직종	0.87
• 예술, 디자인, 엔터테인먼트, 스포츠, 미디어 직종	0.76
• 사무실 및 행정 지원 직종	0.65
• 건축 설계 및 엔지니어링 직종	0.61
• 생명, 물리 및 사회 과학 직종	0.54
• 커뮤니티 및 공공 사회 서비스 직종	0.37
• 영업 및 관련 직종	0.28
• 개인적인 돌봄 서비스 직종	0.26
• 보호 서비스 직종	0.06
• 의료 종사자 및 관련 기술 직종	0.05
• 운송 및 자재 이송 직종	0.03
• 의료 지원 직종	0.02
• 농업, 어업, 임업 직종	0.01
• 생산 직종	0.01
• 설치, 유지 보수 및 수리 직종	0.01
• 건설 및 추출 직종	0.00
• 음식 준비 및 서빙 관련 직종	0.00
• 건물과 부지 청소 및 유지 보수 직종	0.00

* 출처: Dingel and Neiman, 2020.6
https://bfi.uchicago.edu/wp-content/uploads/BFI_White-Paper_Dingel_Neiman_3.2020.pdf

(3) 시행방법 결정하기(고용노동부 2020.9.16. 재택근무 종합매뉴얼)

모든 임직원을 상대로 전면 시행하거나, 개인별 또는 일부 부서를 대상으로 실시한 후 점차 확대하여 시행할 수 있다.

〈재택근무 적용형태별 추진방법〉

적용 형태	추진 방법
전사적 적용	• 종합적·연차별 추진계획, 예산계획 수립 절차를 통해 재택근무제 추진계획과 전략 마련 • 기업의 모든 부서와 임직원을 대상으로 추진
시범 적용	• 기업의 일부 부서와 조직을 대상으로 재택근무제 추진 • 시범운영 성과를 바탕으로 제도 적용대상의 확대 여부를 판단하고 계획을 수정·보완
개인별 적용	• 재택근무제가 우선 적용 가능한 사람을 개별적으로 선별하여 재택근무환경 조성 등 추진 • 개별성과를 종합하여 우수한 성과의 내부 공유 및 확산

4 적합한 재택근무 형태 결정(고용노동부 2020.9.16. 재택근무 종합매뉴얼)

1. 도입 형태 결정하기

재택근무를 설명하는 다양한 용어가 있으므로, 한 조직의 모든 구성원이 같은 의미로 용어를 사용할 수 있도록 정의하고 공유하는 것이 중요하다.

여러 형태의 빈도와 다양한 근무 위치를 정리하여, 사업장에 적합한 재택근무 형태와 이를 지칭하는 용어를 결정하도록 한다.

(1) 일반적 구분

재택근무, 스마트워크	근로자의 집이나 회사가 소유하거나 관리하지 않는 장소에서 직원이 근무하는 상황
사무실근무, 현장근무	근로자가 사업장에서 근무하는 경우

(2) 활용 빈도에 따른 구분

상시형 재택근무	• 대부분의 근무일을 재택근무로 하는 것으로, 근로시간의 대부분을 재택근무로 실시 • 출·퇴근 거리, 가족돌봄 등의 사유로 통근의 어려움이 있거나, 업무의 독립성이 강하고 일상적인 관리감독의 필요성이 적을 경우
수시형 재택근무	• 일주일 중 일부는 재택근무, 일부는 사무실에서 근무하는 형태로 일주일의 1~4일 중에 재택근무일을 정하고 나머지는 사무실에서 근무 • 재택근무의 필요성은 있으나, 타 부서 및 거래처와의 업무협조, 조직 내 의사소통, 재택근무자의 고립감 및 소속감 등을 고려했을 때 일정기간 사무실 근무가 필요한 경우

(3) 위치에 따른 구분

재택근무	직원의 집 또는 집 근처의 직원이 선택한 장소(예: 카페, 도서관)에서 근무하는 경우
스마트워크 센터 근무	집이나 주된 사무실이 아닌 지정된 공동 업무 공간에서 근무하는 경우로, 고용주가 직접 운영 관리하는 장소일 수도 있고, 전문적인 공간 대여 사업자가 유지 관리하는 장소일 수도 있음
고객사 근무	고객사 등 거래처에서 소유하거나 관리하는 공간에서 근무하는 경우

주요 사례별 운영 예시

- 파견 나가는 배우자와 함께 해외로 이주를 해야 하는 상황에서 회사를 그만두는 대신 상사와 협의
  ➡ 상시형 재택근무 실시, 근무시간은 자율적으로 결정하거나 또는 협업시간(Co-work Time)을 사전협의
- 무역업무를 주로 하는 기업에서 야간시간대 고객응대가 필요할 때
  ➡ 상시형 야간 재택근무 실시
- 콜센터의 안정적 우수 인력유지를 위해 기혼여성의 니즈를 반영
  ➡ 상시형 재택근무 실시
- 새로운 프로젝트가 시작되어 집중 개발시간이 필요하지만 주 1회는 팀별 중간점검 회의 및 산출물 공유가 필요한 경우
  ➡ 수시형 재택근무로서, 주4일 재택 및 주1회 사무실 근무
- 창의적인 업무수행을 위해 근로자에게 업무자율성을 폭넓게 주고 싶은 경우
  ➡ 수시형 재택근무로서, 주 1회 자유롭게 근무장소를 선택하는 근무방식 운영

2. 운영방법 결정하기

(1) 신청 및 승인절차

재택근무는 직무수행에 대한 감독이나 통제가 어렵기 때문에 스스로 일정을 관리하고 업무를 수행할 수 있는 역량 및 전문성이 요구된다. 이를 확인 및 검증하기 위해 다음과 같은 방법이 활용될 수 있다.

- 재택근무의 특성상 독립적으로 업무수행이 가능해야 하므로 신청자격으로 일정 근무경력을 요구하거나 자기관리 능력을 고려할 수 있다.
- 근로자가 재택근무를 신청할 때, 부서장 또는 직속상사가 신청자의 업무 숙련도 및 자기통제력, 업무환경(장소 적합성) 등을 종합적으로 고려하여 재택근무에 대해 승인하도록 운영할 수 있다.

(2) 실시 및 업무관리 절차

재택근무 승인 후 재택근무자에게 업무관련 연락 및 보고방식, 출·퇴근의 인정 등 복무에 관한 준수사항을 전달한다. 보안이 필요한 사항은 비밀유지 각서 등을 요구하여 각별한 주의를 기울이도록 한다.

재택근무 장소를 정하고 재택근무지의 변경이 필요한 경우에는 사전에 재택근무 변경신청을 하여 승인을 받도록 한다. 장비의 대체, 수리, 근무지 이동 등으로 기존에 승인된 재택근무지 이외의 장소에서 근무할 때는 사전에 신고하여 승인을 받도록 한다.

재택근무자는 장시간 근로나 자신의 건강에 충분히 주의를 기울이고, 작업 능률을 감안해 자율적으로 업무를 수행하며, 일을 수행하는 동안에는 사생활과 분리되도록 주의한다.

(3) 종료 및 해제 절차

근무형태를 재택근무만으로 한정하여 채용 또는 배치 전환된 경우가 아니라면 사정에 따라 사업장 근무로 전환할 수 있다는 내용을 당사자와 미리 합의하거나, 취업규칙에 반영한다.

근로자 신청이 있을 경우 재택근무를 종료하도록 하고, 근로자 신청이 없더라도 재택근무의 사유가 없어진 경우에는 종료할 수 있도록 절차를 수립한다.

재택근무자의 업무성과가 낮거나 복무관리 또는 보안상 문제가 있다고 판단될 경우에는 관리자가 해당 근무자의 재택근무 해제를 인사부서에 요청할 수 있도록 기준 및 절차를 마련한다.

3. 재택근무 실시빈도

(1) 실시 빈도와 도입단계와의 관계

재택근무의 실시빈도는 재택근무의 도입목적이나 도입단계에 따라 다르다. 재택근무 도입초기에는 기간을 한정하여 실시일수나 빈도를 적게 설정하고 실시 상황을 관찰하면서 실시빈도를 높여 가는 것이 좋을 것이다. 실시 횟수나 실시시간을 너무 많이 설정하면 재택근무자도 소속 부서장이나 다른 통상근무의 근로자들도 서로 관습이 생겨나 혼란이 발생할 수 있다.

(2) 수시형 재택근무와 상시형 재택근무

재택근무를 이미 도입한 기업은 주로 월 2, 3회 정도, 어떤 때는 주 1, 2회 정도 실시하는 수시형 재택근무를 실시하고 있다. 수시형 재택근무를 실시하는 기업은 월마다 실시시간에 상한을 설정하여 시간 단위로 재택근무를 인정하는 사례도 있다. 육아·가족돌봄기간 중의 근로자는 상시형 재택근무를 하거나 상시 재택근무와 수시 재택근무를 번갈아 하는 사례도 있다. 재택근무의 도입목적이 통근이 곤란한 근로자의 대응이나 사무실 경비의 삭감에 있는 경우 상시형 재택근무 또는 상시형에 가까운 빈도로서 재택근무를 하는 것이 효과가 있다고 할 것이다.

사례 연구 '1주 출근, 3주 재택' 근무 SK이노베이션의 실험

SK그룹이 코로나19 사태를 계기로 기존 '사무실 근무' 중심의 일하는 형태에서 벗어난 근무 방식 혁신 작업에 속도를 내고 있다.
SK이노베이션은 2020.5.18 부터 일부 부서를 대상으로 '1주 출근, 3주 재택'의 근무 방식을 적용하고 있다. 총 4주간 새로운 근무 형태를 실험하면서 직원들을 사무실에서 일하게 할 때와 자유로운 공간에서 일하도록 할 때의 업무 효율성 등을 비교 · 분석할 계획이다. 3주간의 '오피스 프리'(Office-free) 기간에는 재택근무는 물론 야외에서도 온라인만 연결되면 자유롭게 근무할 수 있다. 실험군에는 대면(對面)활동이 잦은 부서, 비(非)대면 업무 비중이 큰 연구 관련 부서 등이 포함됐다.
SK케미칼과 SK가스는 2020년 5월말부터 2주간 자유로운 근무 방식을 테스트했다. 그룹의 주력인 SK이노베이션은 4주간의 테스트에 돌입했다. 이번 실험을 바탕으로 업무 효율성 등을 따져 향후 '오피스 프리' 방식이 그룹 전체로 확대될 전망이다.

5 재택근무자에게 요구되는 자질

재택근무는 자택에서 혼자 업무를 수행하는 것이므로 재택근무 대상 근로자는 자율적인 업무수행능력이나 자기관리능력이 필요하며 소통능력이 요구된다.

1. 자율적 업무수행능력

재택근무는 목표를 설정하고 근로자 스스로 수행해야 할 업무를 명확히 하여 계획적으로 추진하는 자율적인 업무수행능력이 요구된다. 소속 부서장이나 주위 보는 눈이 없더라도 성실하게 업무를 수행하여 혼자서도 과제를 정확히 선정하고 집중하여 창조적으로 업무를 수행하는 근로자야말로 재택근무를 훌륭하게 할 수 있다. 또한 몸과 마음이 함께하는 몰입(Engagement) 상태에서 업무를 수행할 수 있어야 한다.

한편 신입사원이나 직무경험이 별로 없는 자 등 단독으로 업무를 수행하기 어려운 근로자나 OJT가 필요한 근로자 등은 재택근무가 적절하지 않다. 이와 같은 관

점에서 재택근무 선정 대상자는 업무경험이나 인사평가가 일정 수준 이상인 자를 선정 조건으로 할 필요가 있다.

2. 자기관리능력

재택근무는 사생활과 회사 업무가 혼재하므로 높은 자기관리능력을 필요로 한다. 시간 관념이 박약한 자나 주위 보는 눈이 없는 상태에서 업무를 할 수 없는 자는 재택근무를 하는 것이 적절하지 않다. 특히 육아·가족돌봄을 이유로 하는 재택근무는 육아·가족돌봄하는 시간과 업무를 수행하는 시간의 관리가 근로자에게 맡겨져 있으므로 시간관리를 적절하게 수행할 수 있는 능력이 요구된다.

3. 소통능력

자택에서 혼자 업무를 수행하는 재택근무는 적극적으로 소속 부서장과 소통하거나 실시하는 업무내용이나 업무의 추진상황 등을 확인할 필요가 있다. 또한 팀에서 하고 있는 업무의 수행에 지장이 없도록 하기 위해 직원 상호간에 의식적으로 소통할 필요가 있다. 이를 위해서 직장 내 인간관계가 좋아야 하므로 소통 능력이 높으면 재택근무를 하기가 수월해진다. '언택트' 시대가 도래하면서 기업 곳곳에서 커뮤니케이션이 활성화되는 분위기다. 비대면 소통은 온라인을 매개되는 특성상 휴먼 터치를 느끼는 데 어려움이 있다. 비언어적 시그널을 통해 얻게 되는 풍부한 정보들이 배제되기 때문이다.

재택근무는 전자메일이나 차트, 영상회의시스템 등 전자적 수단을 사용하여 상사나 동료, 어떤 경우에는 거래처와 소통할 기회가 많으므로 이러한 도구를 자유자재로 사용할 수 있는 능력이 필요하다.

또한 이러한 자질을 가진 근로자는 재택근무에서 성과를 올릴 것이 기대되는 때 도입에 따른 효과를 확인하는 것이 쉬우므로 재택근무 도입 초기에는 이러한 근로자를 우선적으로 선정하는 것이 바람직하다.

6 재택근로자 개인의 자기책임 강화(고용노동부 2020.9.16. 재택근무 종합매뉴얼)

재택근무자 개인은 집 또는 외부 공간에 있기 때문에 오히려 업무에 집중하지 못하는 경우가 발생하지 않도록, 일상과 업무의 효율적인 운영관리를 통해 업무의 양적·질적 향상을 이루는데 노력해야 한다.

체크 포인트
□ 교육을 통해 재택근무자의 자기 업무 관리 역량을 키운다.
□ 재택근무자의 스트레스를 관리하기 위한 방안을 마련한다.

1. 재택근무자의 자기관리

일하는 공간과 개인 생활을 위한 공간이 완전히 분리되어 있던 과거와는 달리, 재택근무는 일하는 공간과 휴식이나 가족을 위한 공간이 뒤섞여있다. 이 때문에 재택근무자가 일과 생활의 경계를 잘 관리하지 못하면, 개인사 때문에 업무 몰입도가 떨어지거나, 반대로 과도한 업무가 생활과 가족에까지 영향을 미쳐 정서적 소진을 가속화할 수도 있다.

직접적으로 관찰하고 감독하는 사람이 없는 상황에서는 성실한 사람도 자기관리에 느슨해질 수 있기 때문에, 재택근무자는 다음과 같은 실수를 저지르지 않도록 조심해야 한다.

재택근무자가 자주 저지르는 실수
• 아침에 늦게 일어나서 식사를 거르고 업무 시작하기
• 밀린 일을 처리하기 위해서 재택 야근하기
• 일과 생활을 구분하지 못하고 회사와 동료와의 약속을 어기기
• 업무를 하기로 한 시간에 개인적인 일보기
• 개인적으로 내키는 시간에 업무를 하다가 동료의 업무 일정에 지장 주기

재택근무자가 갖추어야 할 가장 중요한 덕목 중 하나는 일과 생활의 경계를 설정

하고 잘 관리하는 것이다. 성공적인 재택근무를 위해서는 일과 생활의 경계가 모호해지는 문제에 엄격하게 대응할 수 있어야 한다. 다음은 이를 위한 요령들이다.

재택근무자의 자기관리 요령

◎ 재택근무를 위한 일관된 하루 패턴 만들기
- 아침 기상 시간과 식사, 샤워, 환복 등을 위한 개인 준비 시간 정하기
- 업무 계획을 세우고 동료들과 공유하는 시간 정하기
- 계획한 일정을 지키고 정한 시간에 업무 마무리하기
- 업무를 위한 시간과 개인을 위한 시간을 구분하고, 서로 방해가 되지 않도록 각각의 시간 내에서 충실하기

◎ 최대한 명확한 시간의 경계 유지하기
- 재택근무 신청 시 상사와 상의하여 자신에게 적합한 작업시간대 찾기
  * 현실적으로 9~6 근무가 어려운 경우도 있으며, 특히, 정규근무 시간 동안 돌봐야 할 가족이 있는 근로자에게 중요하다.

◎ 동료들이 자신과 다른 시간에 일할 수 있다는 것을 의식하고 존중하기

◎ 작업에 집중하여 업무 방해를 차단할 수 있도록 하루 중 "몰입 중"시간대를 추가하기

◎ 특별한 사정이 있는 시간 구간을 동료들에게 알리기
- 2주간 집에서 요양 중인 가족이 있는 상황
- 오후 4시~5시 사이에 자녀들이 하교 후 집에 들렀다 학원에 가는 시간으로 회의에 집중하기 어려운 상황 등
- 해당 기간과 시간대에 본인이 평균보다 업무 진척이 느릴 수 있음을 동료들에게 알리고 양해를 구한다.
- 기대치를 낮추고 필요 시 업무분장이나 일정을 조율한다.

◎ 생활 공간과 업무를 위한 공간 구분하기
- 벽과 문으로 분리된 별도의 업무 공간을 마련하면 가장 좋을 것이다.
- 공간이 여의치 않으면, 가족의 동의를 얻고 임시 작업 공간을 설정한다.
- 임시 작업 공간은 휴식을 위한 소파나 침대 위는 피할 것

◎ 계획한 것에 익숙해질 때까지 반복적으로 연습하기
- 자신만의 재택근무 리듬을 만들기 위해서는 상당한 노력과 반복이 필요할 수 있다.
- 재택근무 초기에는 계획한 시간과 지정한 공간, 동료들과 약속된 규칙들을 어기고 실수를 저지를 수 있다.
- 동료들끼리 격려하고 피드백하며 재택근무를 연습하는 것에 에너지를 투입하도록 한다.

2. 스트레스 관리

재택근무의 경우 출근과 퇴근의 경계가 불분명하고, 컴퓨터만 켜면 바로 근무에 돌입할 수 있기 때문에 계속해서 업무를 수행하게 되면서 스스로 스트레스 강도를

조절하는데 실패할 수 있다. 항상 직장에 있다고 느끼고, 돌아갈 휴식 장소를 잃게 되는 것이다.

업무 때문에 일상까지 망가지지 않도록 자신의 평상시 업무 패턴을 명확하게 설정해서 관리할 필요가 있다.

재택근무에서 오는 스트레스를 잘 관리하고 직무탈진을 피하기 위해서는 아래와 같은 수칙을 지키는 것이 필요하다.

재택근무 스트레스 관리 수칙

◎ 물리적, 사회적 경계 유지

- 집에 일하는 공간을 별도로 두기
- 가족들과 함께 있다고 하더라도 예정된 근무시간에는 오직 업무에만 집중한다는 것을 명확하게 사전에 이해시킬 필요(예: 근무시간 중 가족의 요구 거절하기, 초인종이 울려도 이를 무시하는 것)가 있다.

◎ 정기적인 휴식시간 가지기

- 정기적으로 '휴식'을 취하는 것이 매우 중요하고, 이러한 휴식은 특별한 형태를 취할 필요가 없고, 단순히 창밖을 응시할 수 있다.
- 뇌가 잠시 휴식할 수 있도록 명상하기, 물마시기

◎ 최대한 시간적인 경계 유지

- 특히 재택근무자가 정규근무 시간동안 돌봐야 할 가족이 있어서 일과 가정생활을 통합해야 하는 문제를 가지고 있을 때는 더욱 중요하다.
- 또한 다른 사람들이 자신과 다른 시간에 일할 수 있다는 것을 의식하고 존중할 필요가 있다.
- 돌봐야 할 가족이 없는 직원의 경우는 하루 중 특정 시간에 "부재중"응답을 추가하여 작업에 집중함으로써 의도적으로 작업 시간을 확보할 수 있다.
- 명확한 시간적 경계를 만드는 것은 종종 다른 사람과 시간을 조정하는 능력에 달려 있음에 주목하고, 팀의 리더는 직원들이 업무 속도를 구조화, 조정 및 관리하도록 지원할 필요가 있다.

◎ 고립감을 피할 수 있도록 연결 유지

- 장기간 외부로부터 격리되어 있는 것은 생산성과 동기 부여를 약화시킬 수 있으므로 매일 다른 사람과 대면해야 하는 작업이 없는 경우에는 연결 상태를 유지하기 위해 추가 노력을 기울여야 한다.
- 동료, 고객 및 직장 동료와 정기적인 커피 및 회의 일정을 잡는 것이 필요하다.

7 재택근무 교육 · 연수의 실시

1. 재택근무 교육·연수

재택근무를 도입하더라도 상사의 이해가 부족하거나 직장 동료들의 이해가 없다면 실제로 이용하기도 어렵고 이름뿐인 제도가 되기 쉬워 도입목적을 달성하기 어려울 것이다. 사내에서 재택근무가 원활하게 이용되고 도입목적을 달성할지의 여부는 전 근로자의 의식 개혁에 좌우된다고 해도 지나치지 않다. 여기에 재택근무의 도입목적이나 기본 방법, 실시요령 등이 결정되면 모든 근로자를 대상으로 설명회를 개최하고 교육·연수를 실시하는 것이 바람직하다. 또한 초기에 재택근무를 수행하는 자는 교육·연수를 행하여 정보보안이나 트러블이 발생할 때의 대응방법을 충분히 이해시켜야 할 것이다.

교육·연수 항목

항 목	설명내용
재택근무의 개요	▪ 재택근무의 의의 ▪ 재택근무의 장점과 유의사항 ▪ 재택근무의 원활한 활용을 위한 요소
재택근무 도입의 기본방침	▪ 재택근무 도입의 기업 전략상 위치부여 ▪ 도입목적과 그 달성목표 ▪ 도입시기, 적용범위 ▪ 재택근무실시대상자
재택근무규정·신청절차 등	▪ 재택근무규정의 내용 ▪ 재택근무의 신청절차 ▪ 업무의 계획·보고·연락의 방법 ▪ 작업환경기준 ▪ 안전·보건에 관한 상담창구, 연락방법
재택근무지원시스템	▪ 사내 네트워크에의 접근방법 ▪ 재택근무지원시스템의 기능·조작방법 ▪ 정보통신기기 등의 장해 발생시 상담창구·연락방법
정보보안	▪ 정보보안 ▪ 정보보안도구 ▪ 정보보안상담창구·연락방법

항 목	설명내용
커뮤니케이션	▪ 정보공유시스템 ▪ 팀 미팅

대상자별 연수 포인트

	관리직	재택근무자	통상근로자
연수 포인트	▪ 재택근무에 있어서 매니지먼트의 중요성 ▪ 재택근무자의 관리·인사평가의 방법 ▪ 재택근무자와의 소통의 중요성과 그 방법 ▪ 재택근무지원시스템 기능·조작방법 ▪ 재택근무를 시행하지 아니한 근로자에의 대응	▪ 재택근무 실시 시의 마음의 자세 ▪ 재택근무 실시 시의 규정·절차 등 ▪ 상사·동료와의 커뮤니케이션의 중요성과 그 방법 ▪ 재택근무지원 시스템의 기능·조작방법 ▪ 정보보안상 준수하여야 할 사항 ▪ 장해 발생시의 대응방법	▪ 전 사원에게 재택근무의 중요성 ▪ 재택근무자를 포함한 직장에서의 커뮤니케이션의 중요성 ▪ 재택근무지원시스템의 기능·조작방법

2. 대상자별 직장 교육 개설하기(고용노동부 2020.9.16. 재택근무 종합매뉴얼)

(1) CEO 등 임직원 교육

재택근무에 요구되는 새로운 리더십과 조직문화, 업무체계, IT 협업 기술, 인식개선교육 등은 CEO 등 임원, 중간관리자, 재택근무자 및 사무실 근무 동료 등 조직 전 구성원이 학습할 필요가 있으며, 정기적으로 교육을 실시할 필요가 있다.

(2) 중간관리자 교육

관리자 대부분은 재택근무가 시행되는 새로운 근무환경을 두려워한다. 지금까지 자신이 쌓아온 것과는 다른 기술과 요령이 필요할 것이며, 변화를 따라잡을 수 없을 것이라는 위기감을 느낄 수 있다. 낯선 정보통신 기기 적응을 돕는 교육 뿐 만 아니라 다음과 같은 원격 리더십 향상을 위한 교육을 실시할 필요가 있다.

▲ 재택근무자의 성과관리를 위한 요령

▲ 업무 절차의 재정비에 관한 교육

▲ 재택근무자와 사무실 근무자가 혼재된 상황에서의 팀 협업 요령
▲ 재택근무자와 사무실 근무자가 혼재된 상황에서의 팀 의사소통 요령 등

(3) 직원 대상 교육

근무환경의 변화로 혼란을 경험하고 실수를 저지를 수 있고, 과거에는 없었던 새로운 갈등이 발생하기도 하므로 직원들의 인식을 개선하고 자발적으로 긍정적 행동을 끌어내기 위한 교육이 필요하다.

재택근무 활성화를 위한 인식개선 교육, 근무규정 소개 교육과 함께 의사소통이나 팀 협업, 일과 생활 간 경계관리, IT기술 활용 등에 대한 부서·팀별 워크숍 등의 직원 교육이 효과적일 수 있다.

8 재택근무 도입 · 실시와 근로계약·취업규칙·단체협약과의 관계

1. 원 칙

재택근무는 단체협약, 취업규칙 또는 근로계약에 그 근거 규정이 있으면 그 규정에 따라 재택근무를 실시할 수 있다.

만약 그 근거가 없으면 개별 근로자와의 동의, 취업규칙 또는 단체협약 개정을 통해 근거를 마련하여 실시할 수 있다. 단체협약, 취업규칙 또는 근로계약에 재택근무에 관한 근거 규정이 없는 경우에는 아래와 같이 재택근무를 할 수 있다.

(예) 취업규칙 제00조(재택근무) 회사는 근로자대표와 협의하여 희망하는 근로자에 대해 재택근무를 실시할 수 있다.

(예) 근로계약 제00조(재택근무) 회사는 업무 상황에 따라 재택근무를 실시할 수 있다.

2. 개별 근로자 동의(근로계약의 작성·변경 또는 별도 동의서)

재택근무는 근무장소를 자택 등으로 변경하는 것이므로 근로계약상 근무장소에 대한 변경을 수반하게 되어, 원칙적으로 개별 근로자의 동의를 받아 실시하여야 한다.

특히, 근로계약서상의 근무장소(취업장소)가 특정 부서 사무실 등 특정되어 있는 경우에는 근로자의 동의가 필요하며, 신규 근로자의 경우 자택 등을 근무장소로 근로계약서에 명시하거나 입사 이후 근로자의 동의를 얻어 재택근무 시행이 가능하다.

근로계약서상의 근무장소가 "회사가 지정한 장소"로 되어 있는 경우 인사명령에 의해 재택근무가 가능할 수도 있으나, 이 경우에도 해당 근로자 등과 협의하여 시행하는 것이 바람직하다.

* (예) 근로계약서 제00조(근무장소) 회사 내 지정된 장소 또는 사용자가 지정한 장소

판례 (대법원 1992.1.21, 91누5204)
근로계약상 근로의 장소가 특정된 경우에 이를 변경하는 인사명령을 하려면 해당 근로자의 동의가 있어야 하고, 그 의사에 반하는 일방적인 인사명령은 인사권의 남용에 해당하여 효력이 없다.

다만, 코로나19 등 감염병의 확산을 예방하거나, 화재 등으로 현재의 근무장소에서 근무하기 어려운 경우 등 불가피한 경우에는 근로자와의 협의를 거쳐 근무장소를 자택 등으로 변경하는 것은 가능하다고 보아야 할 것이다.

코로나19와 같은 감염병 예방을 위해서 실시하는 경우 카페 등 다중이 이용하는 장소를 제외할 필요가 있다.

3. 취업규칙 개정

재택근무에 관한 규정이 취업규칙에 반드시 명시해야 할 사항은 아니지만 상시적으로 재택근무를 실시하고자 한다면 예측가능성 등을 감안하여 가급적 취업규칙에 재택근무에 관한 규정을 두는 것이 바람직할 것이다.

* 근로기준법(제93조제13호)은 '해당 사업 또는 사업장의 근로자 전체에 적용될 사항'을 취업규칙의 필요적 기재사항으로 규정한다.

또한, 재택근무와 관련된 근로조건을 둘러싼 분쟁이 발생할 가능성이 있으므로 이를 예방하기 위하여 근로시간 및 휴게시간, 연장·야간·휴일근로, 임금, 복무관리 등 재택근로에 따른 제반 근로조건에 대해 명확하게 규정하는 것이 바람직하다.

취업규칙에 재택근무에 관한 규정을 신설할 경우에는 일반적인 취업규칙 변경절차를 거쳐야 한다.

근로자 과반수로 조직된 노동조합이 있는 경우에는 그 노동조합, 없는 경우에는 근로자 과반수의 의견청취를 거쳐 취업규칙을 개정해야 한다.

* 근무장소 변경 외에 임금, 근로시간 등 다른 근로조건의 변동이 없는 경우에는 근로조건의 불이익 변경으로 볼만한 특별한 사정이 없는 한 취업규칙 불이익 변경에 해당하지 않는다.

만약 재택근무 실시로 인해 근로조건이 불이익하게 되어 취업규칙의 불이익변경에 해당하는 경우에는 근로자 과반수로 조직된 노동조합(없으면 근로자 과반수)의 동의를 받아 취업규칙을 개정해야 한다.

근로기준법 제94조【규칙의 작성, 변경 절차】
① 사용자는 취업규칙의 작성 또는 변경에 관하여 해당 사업 또는 사업장에 근로자의 과반수로 조직된 노동조합이 있는 경우에는 그 노동조합, 근로자의 과반수로 조직된 노동조합이 없는 경우에는 근로자의 과반수의 의견을 들어야 한다. 다만, 취업규칙을 근로자에게 불리하게 변경하는 경우에는 그 동의를 받아야 한다.

한편, 특정 부서 등 일부 근로자에 대한 재택근무 근거규정을 취업규칙에 마련하고자 할 경우에 그 규정을 적용받는 일부 근로자 집단 외에도 향후 인사이동 등에 의해 다른 근로자 집단에게도 변경된 취업규칙의 적용이 예상되는 경우에는 그 예상되는 근로자집단을 포함하여 취업규칙 변경에 필요한 절차를 거쳐야 한다.

판례(대법원 2009.5.28, 2009두2238)
여러 근로자 집단이 하나의 근로조건 체계 내에 있어 비록 일부 근로자 집단만이 개정 취업규칙을 적용받더라도 향후 인사이동 등에 의해 다른 근로자 집단에게도 변경된 취업규칙의 적용이 예상되는 경우에는 변경된 취업규칙 규정의 적용이 예상되는 근로자 집단을 포함하여 취업규칙 변경에 필요한 절차를 거쳐야 한다.

취업규칙에 재택근무에 관해 규정하는 방식은 특별히 정한 바가 없으므로 다음의 방법 등을 참고하여 개별 사업장의 상황에 맞게 규정하면 될 것이다.

(1) 재택근무와 관련된 사항을 취업규칙에 모두 규정하는 방식
(2) 대상 직무, 신청자격 등 요건 및 절차, 복무 등 재택근무제에 관한 일반적 사항과 재택근무로 변경되는 근로조건 등에 대해서는 취업규칙에 규정하고, 세부적인 사항은 회사내규(예시: 재택근무 시행세칙) 등으로 정하는 방식
(3) 일반적인 사항에 대해서만 취업규칙 또는 그 위임에 따라 회사에서 정하는 별도의 규정에서 정하고, 구체적인 사항에 대해서는 해당 근로자와 개별적으로 정하는 방식 등 재택근무와 관련하여 규정 등으로 정할 필요가 있는 사항
- 재택근무 대상 직무
- 재택근무장소(자택 또는 회사가 승인한 장소) 및 재택근무기간
- 재택근무사유 등 신청 요건, 신청 및 승인 절차, 취소사유
- 변경되는 근로조건이 있는 경우 해당 근로조건(수당 신설 등)
- 장비지원 및 비용부담에 관한 사항(원칙적으로 사용자가 부담해야 함)
- 재택근무 시 교육, 복무 및 보안수칙에 관한 사항
- 재택근무 시 업무상 재해에 관한 사항
- (개별적으로 정할 사항) 구체적인 재택근무기간, 업무량 등 근로자에 따라 별도로 정할 필요가 있는 사항

사용자는 재택근무자가 재택근무를 이유로 임금 등 근로조건에서 차별받지 않도록 하여야 하며, 이러한 원칙을 취업규칙 등에 규정하는 것이 필요하다. 또한 재택근무자가 재택근무로 인해 임금과 상여금, 복리후생, 승진 및 전보, 인사고과 등에서 합리적 이유 없이 불리한 처우를 받지 않도록 해야 한다.

4. 단체협약 개정

(1) 노동조합이 있는 경우 단체협약에 재택근무에 관한 규정을 신설하여 재택근무를 실시할 수 있다.

단체협약에 규정하는 방식은 정해진 바가 없으므로 개별 사업장 노사가 합의하여 정할 수 있다.

우선, 단체협약에는 재택근무에 관한 근거와 재택근무로 인해 달라지는 근로조건이 있는 경우 그에 대해서만 규정하고 세부적인 사항은 노동조합과의 협의를 거쳐 회사내규 등으로 정하는 방법을 고려할 수 있다. 이외에도 앞에 서술한 취업규칙에 규정하는 방법을 참고하여 노사가 자율적으로 정할 수 있다.

(2) 노사협의회에서 재택근무 도입을 의결했더라도 이를 근거로 재택근무를 실시할 수는 없으며, 별도의 개별 근로자 동의, 취업규칙 변경, 단체협약 개정 등의 절차를 거쳐야 한다. 의결내용이 취업규칙 불이익 변경에 해당하면 근로기준법에 따른 근로자 과반수 동의가 필요하다.

9 재택근무 시범실시와 저해요인의 확인 · 해소

재택근무 도입 초기에는 한꺼번에 회사 전체적으로 실시하기보다는 단계적·한정적으로 실시하여 실시효과를 확인하는 한편 실시에 따른 저해요인을 해소하도록 하고 점차 그 실시 범위를 확대하는 것이 바람직하다.

BCP대책을 목적으로 재택근무를 도입하는 경우에는 회사 전체가 일제히 시범적으로 실시할 필요가 있으나 이 경우에는 업무에 영향을 최소한으로 하기 위해 성수기를 피하고 나아가 거래처에 불편이 없도록 시기를 선택할 필요가 있다.

또한 재택근무의 시스템 이용이나 장해 발생시의 순조로운 대응을 사전에 확인하기 위해 우선 사내의 회의실을 이용하여 자택에서 업무를 수행하는 것과 마찬가지로 환경을 정비하여 시범적으로 실시해야 할 것이다.

회사는 시범적 실시를 하며 실시자나 관계자에 대하여 설문조사를 시행하여 재택근무의 실시에 따른 효과를 정량적·정성적으로 평가하여 과제를 도출하고 과제를 해소하기 위한 개선책을 검토한다. 또한 이와 병행하여 재택근무의 신청절차나 실시조건을 정하며 재택근무를 적정히 하기 위한 노무관리체제와 취업규칙 등 규정들을 정비해야 한다. 나아가 재택근무시의 정보보안대책이나 효율적인 업무수행을 가능하게 하기 위한 ICT시설에 있어서도 시범적 실시의 상황을 점검하면서 순차대로 정비하여야 한다.

이를 위해서는 재택근무를 사내 제도로서 운용하기 위해 실시계획을 수립하고(Plan), 시범적 실시를 하여(Do), 효과나 과제를 확인하여(Check), 선정된 과제에 대한 개선책을 강구한다(Act). 이 PDCA의 사이클 보급·정착의 촉진이 필요하다. 당초의 과제를 해결하기 위해 목표의 달성도 등을 확인하고 새로운 수요에 대응하여야 한다.

PDCA 사이클에 따른 재택근무의 보급·촉진

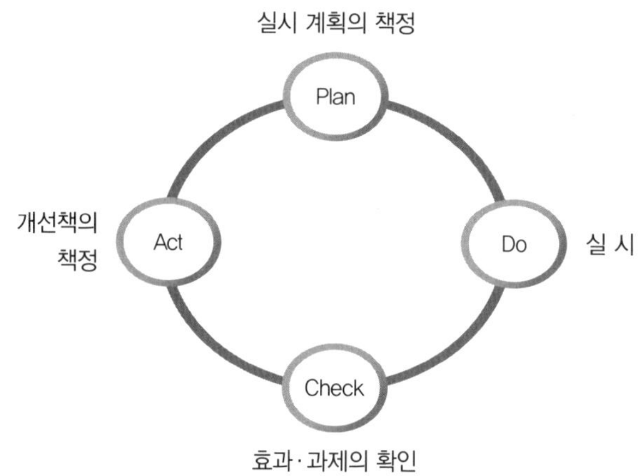

제3장 재택근무 노무관리체제의 구축

- 제1절 재택근무와 노무관리체제 구축의 필요성
- 제2절 재택근무와 근로시간제도
- 제3절 재택근무자의 근로시간 관리방법
- 제4절 재택근무와 복무관리 등
- 제5절 재택근무자 건강관리 · 작업환경
- 제6절 재택근무와 사회보험
- 제7절 재택근무와 평가 · 교육 · 연수
- 제8절 재택근무와 임금, 재택근무비용 및 장비

제1절 재택근무와 노무관리체제 구축의 필요성

사용자는 재택근무를 도입할 경우 재택근무자가 자택에서 안전하게 근로할 수 있도록 근로시간을 관리하고 근로환경을 정비할 의무가 있다. 재택근무자도 통상 근무자와 마찬가지로 근로자이므로 근로기준관계법령이 적용되어 회사는 재택근무자의 근로시간이나 근로환경을 적정하게 관리할 것이 요구되고 있다.

그러나 재택근무는 자택이 근무장소이므로 직장사무실에 적용되는 관리체제로 적절히 관리하기에는 어려울 것이다. 기업이 근무혁신으로서 일하는 방식의 개혁의 일환으로 또는 유연근로시간제의 재택근무를 도입하지만 장시간 노동이라는 끔찍한 결과가 초래될 수 있으므로 재택근무에 있어서의 적절한 노무관리의 실시는 재택근무 보급의 전제가 되는 중요한 요소이다.

그리고 고용노동부는 종전의 가이드라인(2000.12.29, 근기 68201-4085, 「재택근로자에 대한 근로기준법 적용기준」)과는 별도로 2020년 4월 2일부터 「재택근무 가이드라인」을 시행하였고 2020년 9월 16일에는 「재택근무 종합매뉴얼」을 발표하였다.

재택근무뿐만 아니라 사무실 근무나 모바일워크를 포함하여 원격근무를 행하는 근로자에게 적용하는 것을 전제로 법령에 근거하여 근로시간제를 적용할 때의 유의사항 외에도 원격근무하는 근로자의 안전보건관리, 업적평가, 비용부담, 사내교육 등 사용자가 유의해야 할 사항을 규정하고 있다. 재택근무를 도입할 때는 고용노동부 가이드라인의 내용을 충분히 이해하고 재택근무자의 노무관리체제를 정비할 것이 요구된다.

근로자가 자택에서 정보통신기기를 활용하여 사용자로부터 지시를 받아 노무제공을 수행하는 재택근무는 통근 등의 근로자의 부담을 경감시킨다. 또한 자택에서 업무를 수행하므로 업무와 사생활의 조화를 꾀함에 따라 근로자의 다양한 요구와 필요에 따를 수 있고, 향후 노동력 확대에 기여하는 일하는 방식의 하나가 될 수 있다. 그러므로 재택근무는 업무에 종사하는 장소가 근로자의 사생활에 부득이 개입될 수밖에 없는 자택이라는 점이나 근로자의 근무시간대와 일상생활시간대가 혼재될 수밖에 없는 상황에서 일하는 방식이라는 점 등을 고려하면 회사에 출근하여 노무제공을 수행하는 일반적인 근무형태와 다르기 때문에 재택근무에 적합한 노무관리가 필요하다.

또한 코로나19의 세계적 확산으로 기업들은 전례 없이 빠른 변화에 직면했다. 특히 일하는 방식까지도 순식간에 바뀌어야 했다. 코로나19 이후 근무환경의 급격한 변화때문에 전면적인 재택근무나 원격근무를 지속하지 않겠지만 다양한 근무형태를 계속 활용하게 될 것이고 이에 따른 유연한 노무관리체제의 중요성은 더욱 요구될 것이다.

제2절 재택근무와 근로시간제도

재택근무자의 근로시간제는 1일 8시간, 주40시간의 법정근로시간의 원칙에 따라 통상근로자의 근로시간제에 따른다. 통상근로자의 소정근로시간보다 짧은 단시간근로시간제, 일정한 단위기간에 있어서 근로기준법상의 근로시간의 규제를 단위기간에 있어서의 주의 평균근로시간에 따라 변형하는 탄력적근로시간제, 선택적근로시간제, 간주근로시간제 등이 있다. 이러한 근로시간제도는 재택근무에서도 적용할 수 있다.

한편 탄력적근로시간제나 선택적근로시간제, 간주근로시간제를 적용하는 기업의 비율도 재택근무 미실시기업에 비하여 높았다. 재택근무자에게 적용하는 근로시간제는 재택근무자의 업무내용과 업무수행방법, 기업사정에 따라 해당 회사실정에 맞는지를 검토하여 선택할 것이 요구된다. 다만 근로시간제는 여러 가지 규정되어 있는 법률요건이 있으므로 어떤 근로시간제를 적용할 것인가는 이러한 법정요건을 충족시키는 것이 선택요건이 된다.

재택근무의 장점은 출퇴근에 구애되지 않고 자택에서도 업무를 수행할 수 있다는 점이다. 이러한 재택근무에 대한 근로시간을 어떻게 관리할 것인가가 최대 관건이다. 가장 간편한 방법은 재택근무를 하는 근로자들이 시공간에 구애됨이 없이 자유롭게 업무를 수행할 수 있도록 근로시간을 자율화하는 것이다. 그러나 현행 근로기준법은 근로시간에 대한 엄격한 규제를 하고 있기 때문에 이러한 재택근무형태는 현행법상 위법한 것으로 도입이 사실상 불가능하다. 그러므로 현행법상의 근로시간 규제내용과 그 범위 내에서 재택근무시의 합리적인 근로시간 관리방법을 탐색해야 할 것이다.

1 우리나라의 법정근로시간제도

현행 노동법상 근로시간제도의 기본 구조는 원칙과 특례, 적용제외가 있다.

첫째, 원칙으로는 법정근로시간의 범주를 셋으로 나누어 규정하고 있다. 성인근로자(18세 이상의 근로자)에 대하여는 1주 40시간·1일 8시간의 법정근로시간(근기법 제50조제1항·제2항)을, 유해·위험작업에 종사하는 근로자에 대하여는 1일 6시간·1주 34시간의 법정근로시간(산업안전보건법 제139조)을, 15세 이상 18세 미만의 연소근로자에 대하여는 1일 7시간·1주 35시간의 법정근로시간(근기법 제69조 본문)을 규정하고 있다. 1주 또는 1일의 기간 중에 휴일(근기법 제55조)과 휴게(근기법 제54조)가 있고, 그에 대한 예외로서 연장근로(근기법 제53조), 휴일근로(근기법 제55조)와 가산임금지급제도(근기법 제56조)가 있다. 법정근로시간의 제한원칙은 장시간 근로를 억제하여 근로자의 건강보호를 통한 노동력의 재생산과 인간다운 삶을 보장하려는 데 있다.

둘째, 특례에는 법정근로시간에 대한 것으로 탄력적 근로시간제(근기법 제51조)와 선택적 근로시간제(근기법 제52조)가 있고, 근로시간 산정의 특례로는 사업장 밖 근로시간제(근기법 제58조제1항 및 제2항)와 재량근로에 대한 간주근로시간제(근기법 제58조제3항)가 있다. 또한 근로시간 및 휴게시간의 제한을 받지 않은 근로시간 특례제도(근기법 제59조)가 있다. 특례제도는 근로시간의 유연화를 통하여 경직적인 근로시간제도를 탈피하여 업무실정에 맞는 효율적인 근로시간제도를 운용하자는 데 있다.

셋째, 적용제외로는 근로시간, 휴게, 휴일의 적용을 받지 않는 적용제외제도(근기법 제63조)가 있다. 적용제외제도는 농업 등 근로자, 감시적·단속적 근로자, 관리·감독직 근로자에게 엄격한 근로시간규제를 일부 적용하지 않겠다는 것이다.

2 근로시간 유연화제도의 의의와 유형

1. 근로시간 유연화의 의의

근로시간유연화제도(이하 유연근로시간제라 한다)란 근로시간의 결정 및 배치 등을 탄력적으로 운영할 수 있도록 하는 제도를 말한다. 이 제도는 업무량의 많고 적음에 따라 근로시간을 적절하게 배분하거나 근로자의 선택에 맡김으로써 근로시간을 유연하고 효율적으로 운영할 수 있으며, 근로시간의 산정이 어려운 경우에 있어서도 별도로 정한 근로시간을 근로시간으로 간주할 수 있다.

2. 유연근로시간제의 내용

근기법상 유연근로시간제는 다음과 같다.

① 탄력적 근로시간제(제51조)

② 선택적 근로시간제(제52조)

③ 사업장 밖 간주근로시간제(제58조제1·2항)

④ 재량근로시간제(제58조제3항)

⑤ 보상휴가제(제57조)

고용노동부의 「유연근로시간제가이드」에는 보상휴가제를 유연근로시간제로 보고 있으나 보상휴가제는 근로시간에 관한 제도가 아니고 사용자와 근로자 간의 서면합의를 통하여 연장·휴일·야간근로수당 등의 임금과 휴가를 선택할 수 있는 제도이므로 보상휴가제를 유연근로시간제에 포함시키는 것은 무리가 따른다.

3. 유연근로시간제와 맞춤형 근로시간 도입 필요성

52시간 근무시간 도입 등 근로시간 단축을 계기로 유연근로시간제도의 운용과 관련하여 '스마트워크'에 대한 관심이 높아지고 그 중에서도 '맞춤형 근무(Adaptive Working)'의 중요성이 커졌다. 맞춤형 근무의 핵심은 일하는 시간, 장소, 방법, 나아가 누구와 함께 일할 것인지 등을 모두 융통성 있게 조율한다는 개념이다. 맞춤형 근무는 근로자 요청이 있어야만 제공되는 일회성 배려가 아니라 상시적으로 운영되는 제도가 정착되어야 한다는 점이다. 이를 위해서는 꼼꼼한 제도 디자인은 물론 대대적인 기업문화 혁신, 높은 상호 신뢰, 그리고 이를 가능하게 만드는 시스템이 필수다. 다양한 형태의 맞춤형 근무는 생산성 향상뿐 아니라 근로자들 시간 관리와 스트레스 경감에도 매우 효과적이라고 한다.

4. 유연근로시간제도 활용의 기대 효과

① 근로시간의 효율적 배분을 통해 일·생활 균형이 가능한 근로환경을 조성할 수 있으며 이에 따라 출산·육아 등으로 인한 경력단절 및 숙련인력의 이직을 방지하고 젊은 인재들에게는 동기부여 요소로 작용할 수 있다.

② 사업 및 직무의 특성 등에 따라 일하는 시간에 구속받지 않고 근로시간의 효율적 배분·활용이 가능하여 업무생산성 향상 및 기업 경쟁력을 제고할 수 있다.

5. 유연근로시간제도 유형

유 형	내 용	적합 직무
탄력적 근로시간제 (근기법 제51조)	일이 많은 주(일)의 근로시간을 늘리는 대신 다른 주(일)의 근로시간을 줄여 평균적으로 법정근로시간(주40시간)내로 근로시간을 맞추는 근무제도	계절적 영향을 받거나 시기별(성수기·비수기) 업무량 편차가 많은 업종 등
선택적 근로시간제 (근기법 제52조)	일정기간(1월 이내)의 단위로 정해진 총 근로시간 범위 내에서 업무의 시작 및 종료시각, 1일의 근로시간을 근로자가 자율적으로 결정할 수 있는 제도	근로시간(근로일)에 따라 업무량의 편차가 발생하여 업무조율이 가능한 소프트웨어 개발, 사무관리(금융거래·행정처리 등), 연구, 디자인, 설계 등
사업장 밖 간주 근로시간제 (근기법 제58조 제1·2항	출장 등 사유로 근로시간의 전부 또는 일부를 사업장 밖에서 근로하여 근로시간을 산정하기 어려운 경우에 소정근로시간 또는 업무수행에 통상 필요한 시간을 근로한 것으로 인정하는 근무제도	근로시간 대부분을 사업장 밖에서 근로하는 영업직, A/S 업무, 출장업무 등

유 형	내 용	적합 직무
재량근로 시간제 (근기법 제58조제3항)	업무의 성질에 비추어 업무수행 방법을 근로자의 재량에 위임할 필요가 있는 업무로서 사용자가 근로자대표와 서면합의로 정한 근로시간을 근로한 것으로 인정하는 제도	근기법 시행령 제31조 및 관련 고시에서 정하는 업무에 한함 1. 신상품 또는 신기술의 연구개발이나 인문사회과학 또는 자연과학분야의 연구 업무 2. 정보처리시스템의 설계 또는 분석 업무 3. 신문, 방송 또는 출판 사업에서의 기사의 취재, 편성 또는 편집 업무 4. 의복·실내장식·공업제품·광고 등의 디자인 또는 고안 업무 5. 방송 프로그램·영화 등의 제작 사업에서의 프로듀서나 감독 업무 6. 그 밖에 고용노동부장관이 정하는 업무
보상휴가제 (근기법 제57조)	근로자대표와 서면합의를 통해 연장·야간·휴일근로에 대하여 임금을 지급하는 대신 유급휴가로 부여하는 제도	업무를 완료한 이후에는 일정기간 휴식기간을 가지는 직무, 다른 인력으로 하여금 대체업무 수행이 가능한 연구·교육 등의 직무

3 유연근로시간제도 도입 시 유의사항

1. 유연근로시간제도 도입 기본 방향

유연근로시간제의 성공적인 도입 및 운영을 위해서는 근로자와의 공감대 형성(제도에 따라 근로자대표와의 서면합의 필요)이 필수적인 요소인 만큼 회사의 일방적인 운영보다는 직원들의 다양한 의견을 수렴하고, 기업 내부적으로 보완해야 할 제도(단체협약·취업규칙·근로계약서)에 대한 사전 검토가 필요하다.

2. 유연근로시간제도 도입 요건

유연근로시간제 도입 시 각 제도별로 취업규칙 변경 또는 근로자대표와의 서면합의 등 요건을 확인하여 적법한 절차에 따른 제도 도입이 필요하다. 또한, 제도의 원활한 운영을 위해 취업규칙 등에 세부 운영규정을 마련하여 노·사간 다툼의 여지를 최소화하는 것이 바람직하다.

3. 취업규칙 변경 시 유의사항

(1) 취업규칙 작성·변경시

취업규칙 작성·변경이 필요한 유연근로시간제도에는 ① 2주 단위 탄력적 근로시간제 ② 선택적 근로시간제(근로자대표와 서면합의도 필요)가 있다.

취업규칙 작성·신고의무가 있는 상시 근로자 10인 이상 사업장은 취업규칙 작성 및 변경을 통하여 도입할 수 있다. 취업규칙의 변경 방법은 근로자의 과반수를 대표하는 노동조합 또는 근로자의 과반수의 의견을 들어야 하며 제도 도입으로 근로자에게 불이익이 발생하는 경우에는 그 동의를 받아야 한다.

사용자는 취업규칙을 근로자가 자유롭게 열람할 수 있는 장소에 항상 게시하거나 갖추어 두어 근로자에게 널리 알려야 한다(근기법 제14조). 또한 취업규칙으로 정하여 제도를 도입하는 경우 변경된 취업규칙을 고용노동부장관에게 신고하여야 한다(근기법 제93조).

(2) 9인 이하 사업장의 취업규칙 작성·변경시

취업규칙 작성·신고 의무가 없는 상시 근로자 9인 이하 사업장에서 유연근로시간제를 도입하기 위해서는 취업규칙이 있는 경우에는 그 '취업규칙', 취업규칙이 없는 경우에는 '취업규칙에 준하는 것' 으로 규정하여야 한다.

'취업규칙에 준하는 것' 은 특별한 형식을 요하지는 않으나, 최소한 서면으로 작성하여 제도 도입을 해당 근로자에게 주지시켜야 한다.

4. 근로자대표와의 서면합의 시 유의사항

(1) 근로자대표와의 서면합의가 필요한 유연근로시간제도

① 3개월 단위 탄력적 근로시간제

② 선택적 근로시간제

③ 재량근로시간제
④ 사업장 밖 간주근로시간제(서면합의로 업무수행시간을 정할 경우)
⑤ 보상휴가제

(2) 서면합의 당사자

① **사용자**: 서면합의의 당사자가 되는 사용자는 원칙적으로 사업주이나, 법인인 경우에는 사업경영담당자가 실질적인 합의 주체이다.

② **근로자대표**: 근로자 과반수로 조직된 노동조합이 있는 경우에는 그 노동조합, 근로자 과반수로 조직된 노동조합이 없는 경우에는 근로자 과반수를 대표하는 자이다. '근로자 과반수로 조직된 노동조합 여부' 또는 '근로자 과반수를 대표하는 자의 여부'는 유연근로시간제도 도입 당시 근로자 수를 기준으로 한다. 단, 근기법상 '사용자'의 범위에 포함되는 자는 근로자대표가 되거나 선출할 수 있는 근로자의 범위에서 제외하여야 한다.

③ **합의 방법**: 합의는 반드시 서면으로 작성하여 권한 있는 노·사 당사자가 서명 또는 날인하여야 한다. 기재사항, 합의내용 등은 각 제도에 따라 다르다.

④ **서면합의 효력**: 사용자와 근로자대표 사이에 서면합의가 유효하게 성립되면 유연근로시간제도 시행 과정에서 개별근로자의 동의는 필요하지 않다.

(3) 서면합의 신고 및 서류 보존

① **서면합의 신고**: 서면합의 내용 등을 지방고용노동관서 등 행정관청에 신고할 법적 의무는 없다.

② **서면합의 서류의 보존**: 근기법 제42조 및 시행령 제22조에 따라 근로자대표와의 서면합의 서류는 서면 합의한 날로부터 3년간 보존하여야 한다.

제3절 재택근무자의 근로시간 관리방법

1 재택근무자의 업무 시작·종료시각의 확인

1. 업무 시작·종료시각의 확인 방법

재택근무자의 업무 시작은 책상으로 출근하는 시각이다. 코로나19사태가 불러온 재택근무는 바이러스를 피해 책상으로 출근하고 침대로 퇴근한다는 말이 있다. 재택근무자의 업무 시작·종료시각을 확인하는 방법은 여러 가지가 있다. 일반적으로 관리자인 소속 부서장에게 메시지를 보내 「지금부터 업무를 시작하겠습니다」 또는 「업무를 종료했습니다」 등 시작·종료시에 보고하도록 하는 방법이 있다. 이와 같은 방법은 시작·종료시각에 관한 기록이 남아있지 않더라도 업무를 시작할 때 해당 일자에 시행하는 업무내용이나 직무의 진행방법을 확인하고, 종료시에도 해당 일자에 시행한 업무내용이나 진척상황을 보고토록 하는 것이 된다.

또한 전자메일로 한꺼번에 보내 직무를 수행하는 근로자에게도 정보를 공유할 수도 있다. 재택근무자에게도 업무 시작·종료시에 보고하도록 하여 직무와 사생활을 격리시킬 수도 있고 장시간 근로를 방지하는 효과를 기대할 수 있다.

메시지에 의한 보고 외에도 전화나 근태관리 어플리케이션을 이용하거나, 근무시간 중에는 상시 통신가능한 상태를 유지시키는 방법이 있다.

전화 보고는 메일을 작성하는 시간에 직접 대화를 할 수 있기 때문에 커뮤니케이션 확보에 유용한 측면이 있다. 또는 근태관리 앱을 활용한 근로시간의 관리는 근로자의 인원수가 많은 경우에도 관리가 용이하며, 정보 공유가 간단하고도 확실하며, 근태 데이터의 집계 작업을 삭감하는 등의 장점이 있다. 상시 통신가능상태를 유지하는 방법은 보고시간을 생략할 수도 있다.

2. 근로시간의 확인 방법

재택근무자의 근로시간 확인 방법은 여러 가지가 있다. 어떤 방법을 선택함에 있어서는 재택근무의 도입 목적이나 재택근무자의 업무내용·직무방법 등에 따라 검토할 것이 요구된다. 다만 이러한 방법에 의할 경우에도 운용 룰을 정하여 이것을 철저히 준수하는 것이 중요하다.

2 업무 중단시간의 취급

재택근무는 생활공간이 있는 자택에서 업무를 수행하므로 택배로 주문한 물품을 받는다든지 갑자기 소나기가 쏟아져 세탁물을 걷는다든지 하여 하던 업무를 중단하는 것을 상정할 수 있다. 중단된 시간에 대해서는 중단이 발생한 때마다 즉시보고를 하도록 하는 등 엄격하게 관리할 필요가 있으나 재택근무라는 점에 비추어 어느 정도 유연성이 요구된다. 그러므로 직장의 사무실에서 근무하더라도 급탕실에서 커피를 끓인다든가 끽연실에서 담배를 피우는 경우, 사적인 용무로 면회를 오는 손님 등 근무시간 중에 업무를 중단하는 일이 일상적으로 발생하는 점에 비추어 재택근무에 있어서도 어느 정도 유연하게 운용하는 것이 좋을 것이다.

한편 육아나 가족돌봄을 이유로 하는 재택근무는 자녀를 유치원 또는 보육원까지 데려다준다든가 도움을 받는 가족과 대화를 하는 등 업무의 중단이 어느 정도 발생하는 것을 상정할 수 있다. 이러한 「업무중단 시간」 중에는 통상의 근로시간제를 적용하는 경우에도 소정근로시간을 유연하게 변경할 수 있게 하거나 직무와 육아·가족돌봄이 양립할 수 있도록 대응하는 것이 좋을 것이다. 예컨대 업무 시작·종료시각을 앞당기거나 늦추는 방식으로 하고 휴게시간을 통상의 경우보다 길게 설정하게 하여 휴게시간을 분할하여 취득할 수 있게 하는 방법에 의하여 육아·가족돌봄을 하는 근로자의 근로시간을 단축하여 근무하게 할 수 있다.

재택근무자의 「업무중단」에 있어서는 개시시간과 종료시간을 보고토록 하여 휴게시간으로 취급하는 방법이 있다. 나아가 재택근무제도 도입에 있어서는 근로자와 사용자 간 업무중단시간의 취급에 관하여 합의를 얻는 방법이 바람직하다. 이와 같은 업무중단시간의 취급에 관해서는 재택근무규정이나 재택근무 매뉴얼에 규정하여 재택근무에 관한 설명회, 노사협의회 회의시 논의를 하여 그 결과를 주지할 필요가 있다. 또한 시작·종료시각이나 휴게시간을 변경하는 경우에는 이와 같은 내용을 취업규칙에 규정할 필요가 있다.

3 이동시간의 취급

재택근무를 이미 도입한 기업도 상당수가 부분적 재택근무를 널리 실시하고 있다. 오전 중에는 재택근무를 하고 오후에는 회사에 출근하여 사무실에서 업무를 한다든지, 오후에는 일찍 퇴근하여 재택근무를 하면서 잔여 업무를 끝마치는 경우 취업장소 간의 이동시간의 취급에 관한 문제가 있다.

이동시간이 근로시간인지 여부는 개별적·구체적으로 판단해야 한다. 재택근무자가 자기 사정에 따라 회사와 자택을 이동하는 시간 중에도 업무를 수행하는 것이 의무로 되어있는 것이 아닌 한 회사와 자택 간에 이동 중에는 사용자의 지휘·명령 아래 있지 아니하므로 근로시간에 해당한다고 할 수 없다.

한편 재택근무 중에 회사로부터 출근하라는 명령을 받아 출근하는 경우라면 사용자가 근로자에게 업무에 종사시키기 위해 필요한 근무장소 이동을 명한다든지, 해당 이동시간에 자유 이용이 보장되지 아니한 경우의 이동시간은 근로시간에 해당한다. 예컨대 재택근무 중인 근로자에게 사용자가 구체적인 업무를 부여하기 위해 급하게 회사에 출근하라는 명령이 있는 경우에는 해당 이동시간은 근로시간에 해당한다. 자택에서 회사까지의 이동 중 사용자의 지휘·감독이나 노동의 강도가 통상 근로와 별로 차이가 없는 경우에는 이동시간을 근로시간으로 보아야 할 것이나, 사용자의 지휘·감독이 없고 어느 정도의 휴식이 보장되며 노동의 강도가 낮아서 취침이나 독서 등 자유로운 시간활용이 가능한 경우에는 통상의 근로시간으로 취급할 수 없다.

4 선택적근로시간제

1. 선택적근로시간제의 의의

선택적근로시간제란 1개월 이내의 소정의 정산기간에 총 근로시간을 노사간의 서면 합의로 정하고 정산 기간을 평균하여 1주당 근로시간이 법정근로시간을 초과하지 않는 범위에서 근로자가 시작 및 종료시각을 스스로 결정하여 근로할 수 있는 제도이다. 선택적 근로시간제가 적용되는 경우에는 근로시간을 근로자의 의사에 따라 결정하도록 하기 위해 업무의 개시시각이나 종료시각 또는 휴게시간을 본인의 사정에 맞도록 조정할 수 있으므로 유연한 근로가 가능하게 된다. 예컨대 통상근무일은 근로시간을 길게 하고 재택근무일은 근로시간을 짧게 하여 가정생활에 있는 시간을 길게 하여 근로할 수 있다.

2. 선택적근로시간제의 도입요건

선택적근로시간제를 도입하는 경우 시작 및 종료의 시각을 근로자의 결정에 맡긴다는 취지를 취업규칙에 규정하고 노사 간의 서면합의에 따라 다음 사항을 정할 필요가 있다.

① 대상 근로자의 범위

② 1개월 이내의 정산기간

③ 정산기간의 총근로시간

④ 반드시 근로하여야 할 시간대를 정하는 경우에는 그 시작 및 종료시각

⑤ 근로자가 그의 결정에 따라 근로할 수 있는 시간대를 정하는 경우에는 그 시작 및 종료시각

⑥ 그 밖에 대통령령으로 정하는 사항-표준이 되는 1일의 근로시간(표준근로시간)

또한 선택적근로시간제는 재택근무에 있어서도 활용가능할 것이므로 선택적근로시간제는 어디까지나 시작 및 종료시각을 근로자의 결정에 맡기는 것이므로 사용자는 각 근로자의 근로시간을 적절하게 파악할 필요가 있다.

5 사업장 밖 간주근로시간제

1. 사업장 밖 간주근로시간제의 의의

사업장 밖 간주근로시간제는 근로자가 근로시간의 전부 또는 일부를 사업장 밖에 근로하는 경우에 사용자의 구체적인 지휘·감독을 받지 아니하고, 근로시간을 산정하기 어려운 경우에 취업규칙 또는 노사간의 서면합의에서 정한 소정근로시간을 근로한 것으로 간주하는 제도이다. 다만, 그 업무를 수행하기 위하여 통상적으로 소정근로시간을 초과하여 근로할 필요가 있는 경우에는 그 업무의 수행에 통상 필요한 시간을 근로한 것으로 본다(근로기준법 제58조제1항). 근로기준법 제58조제1항에도 불구하고 그 업무에 관하여 근로자대표와의 서면합의를 한 경우에는 그 합의에서 정하는 시간을 그 업무의 수행에 통상 필요한 시간으로 본다(근로기준법 제58조제2항).

또한「업무의 수행에 통상 필요한 시간」근로한 것으로 간주하는 경우에 근로시간의 일부를 사업장 내에서 업무에 종사한 날은 사업장 내 업무에 종사하는 시간과「업무의 수행에 통상 필요한 시간」을 합산한 시간이 근로시간이 된다. 재택근무 도입이 끝난 기업은 완전재택근무를 하는 자나 수시재택근무자로서 종일 재택근무를 한 일자에 사업장 밖 간주근로시간제를 적용하게 된다.

2. 재택근무에 사업장 밖 간주근로시간제를 적용하는 경우의 근로시간 산정방법

(1) 종일 재택근무를 한 경우

소정근로시간≧통상필요시간

← 소정근로시간 8시간 →
재택근무
소정근로시간(8시간) 근로한 것으로 간주한다

소정근로시간〈통상필요시간

← 소정근로시간 8시간 →
재택근무
통상필요시간 근로한 것으로 간주한다

(2) 부분재택근무를 한 경우

소정근로시간≧사업장 내의 근로시간+통상필요시간

← 소정근로시간 8시간 →	
사무실 근무	재택근무
소정근로시간(8시간) 근로한 것으로 간주한다	

소정근로시간〈사업장 내의 근로시간+통상필요시간

← 소정근로시간 8시간 →	
사무실 근무	재택근무
사업장 내의 근로시간과 통상필요시간의 합계시간	

3. 재택근무자에게 사업장 밖 간주근로시간제를 적용하기 위한 요건

재택근무자에게 사업장 밖 간주근로시간제를 적용하기 위해서는 취업규칙에 사업장 밖 간주근로시간제에 관한 사항을 정하고 이에 덧붙여 다음 요건을 충족할 필요가 있다.

① 업무에 사용하는 정보통신기기가 사용자의 지시에 따라 상시 통신가능한 상태에 놓여 있지 않아야 할 것

② 수시 사용자의 구체적인 지시에 따라 업무를 행하는 것이 아닐 것

①의 「정보통신기기가 사용자의 지시에 따라 상시 통신 가능한 상태에 놓여 있지 아니할 것」에는 정보통신기기를 통해 사용자의 지시에 따라야 할 의무가 없는 상태에 있어야 한다.

사용자가 근로자에게 정보통신기기를 사용하는 전자메일, 전자게시판 등으로 수시 구체적인 지시를 행할 가능성이 있고 그 위에 근로자가 사용자로부터 구체적 지시에 대비하여 미리 대기상태에 있거나 또는 대기에 이어 실제 작업을 하는 상태에 있다면 「상시 통신 가능한 상태」에 있는 것이 된다. 이와 같은 상태가 아닌 예컨대 단순히 회선에 접속하고 있는 근로자가 정보통신기기로부터 떨어져 자유로운 상태에 있거나 수시 통신 가능한 상태를 절단하는 경우에는 「상시 통신가능한 상태」가

아니다.

또한 ②의「수시 사용자의 구체적인 지시에 따라 업무를 행하지 아니한 것」이란 업무의 목적, 목표, 기한 등의 기본적 사항을 지시한다든가 이와 같은 기본적 사항에 있어서 소요의 변경을 지시하는 것은 포함되지 아니한다.

재택근무자의 사업장 밖 간주근로시간제의 적용은 재택근무자가 1일 중 사무실에서 근무하는 날은 사업장 밖 간주근로시간제가 적용되지 아니한다. 사용자에 의한 지휘·감독 및 근로시간 산정이 어렵지 않은 경우에는 사업장 밖 간주근로시간제의 적용은 인정되지 않는다.

6 재량근로시간제

1. 재량근로시간제의 의의

재량근로시간제란 업무의 성질상 그 적절한 수행을 위해 수행방법을 대폭 근로자의 재량에 맡길 필요가 있으므로 업무의 수행수단 및 시간배분의 결정 등에 관하여 사용자의 구체적인 지시를 받지 않고 업무를 행하는 경우에 노사 간의 서면합의에서 정한 시간을 근로한 것으로 간주하는 제도이다.

2. 재량근로제의 대상업무

재량근로제의 대상업무는 근로기준법 시행령 제31조에 명시되어 있다.

업무의 성질에 비추어 업무수행방법을 근로자의 재량에 위임할 필요가 있는 업무로서 사용자가 업무의 수행수단 및 시간배분 등에 관하여 근로자에게 구체적인 지시를 하는 것이 어려운 업무로서 대통령령으로 정하는 업무이어야 한다.

근기법 제58조제3항에서 "대통령령으로 정하는 업무"란 다음에 해당하는 업무를 말한다(동법시행령 제31조제1항).

① 신상품 또는 신기술의 연구개발이나 인문사회과학 또는 자연과학분야의 연구

업무

② 정보처리시스템의 설계 또는 분석업무

③ 신문·방송 또는 출판사업에 있어서 기사의 취재·편성 또는 편집업무

④ 의복·실내장식·공업제품·광고 등의 디자인 또는 고안업무

⑤ 방송프로·영화 등의 제작사업에 있어서 프로듀서 또는 감독업무

⑥ 그 밖에 고용노동부장관이 정하는 업무

3. 고용노동부 「재량간주근로시간제 운영 가이드」(2019.7.31)

재량간주근로시간제 운영 가이드에 따라 근기법 시행령 제31조 및 고용노동부 고시에서 규정한 업무의 범위는 다음과 같다.

1. 신상품 또는 신기술의 연구개발이나 인문사회과학과 자연과학 분야의 연구업무

① '신상품 또는 신기술의 연구개발'은 재료, 제품, 생산·제조공정 등의 개발 또는 기술적 개선 등을 말하며, 제조업에서의 실물제품 뿐만 아니라 소프트웨어, 게임, 금융상품 등 무형의 제품의 연구개발 등을 포함한다.

② '인문사회과학 또는 자연과학 분야의 연구'는 대학 또는 공공·민간연구소 등에서 연구를 주된 업무로서 수행하는 것을 말한다.

대학의 (조)교수·강사, 연구원 등이 연구 업무와 함께 강의, 입시 사무 등을 함께 수행할 경우 업무의 절반 이상을 연구업무에 종사하여야 한다(주된 업무가 연구업무일 것).

2. 정보처리시스템의 설계 또는 분석업무

(1) "정보처리시스템*의 분석 또는 설계 업무"는 아래의 업무를 말한다.

정보의 정리, 가공, 축적, 검색 등의 처리를 목적으로 컴퓨터 하드웨어, 소프트웨어, 통신 네트워크, 데이터를 처리하는 프로그램 등이 구성 요소로 조합된 체계를 말한다.

① 수요(needs)의 파악, 유저(user)의 업무 분석 등에 기반한 최적의 업무 처리 방법의 결정 및 그 방법에 적합한 기종 선정(예: 시스템 설계 및 분석, 시스템·응용소프트웨어 분석, 콘텐츠 분석 등)

② 입출력 설계, 처리 순서의 설계 등 애플리케이션·시스템의 설계, 기계 구성의 세부적인 결정, 소프트웨어의 결정 등(예: UI/UX 개발, 응용 소프트웨어 개발, 시스템 소프트웨어 개발, 임베디드 소프트웨어 개발 등)

③ 시스템 가동 후 시스템 평가, 문제점 발견, 그 해결을 위한 개선 등의 업무

(2) 정보처리시스템의 분석, 설계, 구현, 시험 및 기능개선 등 일련의 업무를 스스로의 재량으로 수행하는 프로그래머는 대상 업무에 해당하나, 타인의 구체적인 지시·설계에 따라 재량권이 없는 상태에서 단순히 프로그램의 작성만을 수행하는 프로그래머는 포함되지 않는다.

3. 신문·방송 또는 출판사업에 있어서의 기사의 취재·편성 또는 편집업무

(1) 신문 또는 출판 사업의 기사의 취재, 편성 또는 편집의 업무

① '취재, 편성 또는 편집의 업무'는 기사 내용에 관한 기획 및 입안, 기사의 취재, 원고 작성, 기사의 할당·레이아웃·내용 체크 등의 업무를 말한다. 신문 또는 출판 사업에서의 단순한 교정 업무는 포함되지 않는다.

② '신문·출판 사업'에는 신문, 정기간행물에 뉴스를 제공하는 뉴스 공급업도 포함되나, 신문·출판 사업이 아닌 사업에서 기사 취재·편집의 업무에 종사하는 자(예: 사보(私報) 편집자) 등은 포함되지 않는다.

(2) 방송 사업에서의 기사의 취재, 편성 또는 편집 업무

① '방송 사업에서의 취재의 업무'는 보도 프로그램, 다큐멘터리 등 방송 프로그램의 제작을 위해 행해지는 취재, 인터뷰 등의 업무를 말한다. 기술 인력(스태프)은 포함되지 않는다.

② '편성·편집 업무'는 위의 취재 대상 선정 등의 기획 및 취재로 얻은 것을 프로그램으로 구성하기 위한 편성 또는 편집을 말한다.

4. 의복·실내장식·공업제품·광고 등의 디자인 또는 고안업무

'디자인 또는 고안 업무'는 전문성·창의성이 필요한 업무를 말하는 것으로서, 고안된 디자인을 토대로 단순히 도면의 작성, 제품의 제작 등의 업무를 수행하는 자는 포함되지 않는다. 이 경우, '실내장식'에는 무대·세트 및 디스플레이 디자이너 등도 포함되며, '광고'에는 상품의 디스플레이 등 널리 선전을 목적으로 한 것도 포함한다.

5. 방송프로·영화 등의 제작사업에 있어서의 프로듀서 또는 감독업무

'프로듀서의 업무'는 제작 전반에 대해 책임을 지고 기획의 결정, 스태프의 선정, 예산 관리 등을 총괄하는 것을 말하며, '감독 업무'는 스태프를 통솔·지휘하여 현장에서 제작 작업을 총괄하는 것을 말한다. '방송 프로그램, 영화 등의 제작'에는, 비디오, 음반, 음악 테이프 등의 제작 및 연극, 콘서트, 쇼 등의 흥행 등이 포함된다.

6. 그 밖에 고용노동부장관이 정하는 업무

근기법시행령 제31조제6호에서 '그 밖에 고용노동부장관이 정하는 업무'란 회계·법률사건·납세·법무·노무관리·특허·감정평가·금융투자분석·투자자산운용 등의 사무에 있어 타인의 위임·위촉을 받아 상담·조언·감정 또는 대행을 하는 업무를 말한다(2019.7.31, 고용노동부고시 제2019-36호).

이와 같은 업무를 하는 재택근무자에도 적용된다.

4. 재량근로시간제 도입과 노사 간의 서면합의

재량근로시간제를 새롭게 도입하는 경우에는 다음 사항을 노사 간의 서면합의로 규정하여야 한다.

① 대상업무(근로기준법 시행령 제31조에 의한 업무에 국한된다)
② 사용자가 업무의 수행수단 및 시간배분 등을 근로자의 재량에 맡기고 근로자에게 구체적인 지시를 하지 아니한다는 내용
③ 근로시간의 산정은 당해 서면합의로 정하는 바에 따른다는 내용

7 휴게시간의 취급

1. 일반원칙

근로기준법상 사용자는 근로시간이 4시간인 경우에는 30분 이상, 8시간인 경우에는 1시간 이상의 휴게시간을 근로시간 도중에 주어야 한다. 휴게시간은 근로자가 자유롭게 이용할 수 있다(근로기준법 제54조). 재택근무자에게 근로기준법에 따른 휴게시간 및 휴일을 보장해야 하므로(근로기준법 제54조제1항), 별도로 정한 바가 없으면 출근 근로자의 휴게·휴일제도가 재택근무자에게도 그대로 적용된다. 휴게시간이란 근로시간 도중에 근로자가 사용자의 지휘·감독으로부터 해방되어 근로자가 자유롭게 이용할 수 있는 시간을 말한다(대법 2019.7.25, 2018도16228). 근로기준법 제50조제3항은 대기시간의 근로시간 해당 여부에 관하여 「제1항 및 제2항에 따른 근로시간을 산정함에 있어 작업을 위하여 근로자가 사용자의 지휘·감독 아래에 있는 대기시간 등은 근로시간으로 본다」고 규정하고 있다. 대기시간과 휴게시간의 공통점은 모두 출근한 상태에서 근로시간에 직접 연결되어 있다는 점이고, 그 차이점은 대기시간은 사용자의 지시가 있으면 바로 작업에 종사해야 하는 시간으로서 그 작업상의 지휘·감독 아래 놓여 있다. 반면에 휴게시간은 사용자의 작업상의 지휘·감독에서 이탈하여 근로자가 자유롭게 이용할 수 있는 시간이다. 따라서 양자의 구별은 그 시간을 근로자가 자유롭게 이용할 수 있는지 여부에 있다.

재택근무자가 근무시간 중에 회사와 자택을 이동한 경우의 이동시간이나 육아·가족돌봄 등의 사적활동에 소요되는 시간은 휴게시간으로 취급할 수 있으므로 재택근무제를 도입할 때에는 휴게시간의 취급에 관하여 취업규칙 등에 명확하게 규

정하는 것이 바람직하다.

재택근무를 수행하는 근로자는 본래 휴게시간에 해당되는 시간에 사용자가 회사로 출근하라고 요구하는 등 구체적인 업무를 위해 근무장소 간의 이동을 명한 경우 해당 이동시간이 근로시간이라고 판단할 때는 별도 휴게시간을 확보할 필요가 있다는 점을 유의하여야 한다.

2. 휴게시간 변경지시와 근로자의 지시 거부 시 임금 지급 여부

근로기준법에 따른 휴게시간을 보장하면서 사용자가 직무의 특수성이나 민원업무처리 등을 위하여 필요하다고 인정될 때는 휴게시간을 조정할 수 있도록 규정한 취업규칙에 의거 각 사업장별로 필요한 인원에 대하여 교대로 당초의 휴게시간을 변경하여 근무토록 하더라도 이를 위법이라 보기는 어렵다.

한편, 근로자가 휴게시간을 변경하여 근무토록 한 사용자의 지시에 위반하여 당초의 휴게시간에 휴게하고 근로시간에 근무한 경우, 사용자가 그와 같은 근로제공을 거부하지 아니하고 수령하였다면 사용자의 정당한 업무지시를 이행하지 아니한 데 대한 징계 여부는 별론으로 하더라도 그 시간에 대한 임금을 지급하지 아니할 수는 없다(2004.5.12, 근로기준과-2328).

3. 재택근무 시 근로시간 사적 사용이 필요한 경우

재택근무 중 법정 휴게시간과는 별개로 육아, 가사 등을 위해 근로의무가 중단되고 사적 이용이 가능한 시간이 필요하여 근로자가 신청한 경우 사용자는 해당 시간에 대해 연차휴가를 부여하거나, 휴게시간을 추가로 부여*하는 방식으로 처리할 수 있다.

* 휴게시간을 추가로 부여하는 경우 무급으로 할 수 있으며, 근로자의 동의 하에 추가로 부여한 휴게시간만큼 종업시각 이후에 근무토록 할 수도 있다(이와 같은 처리방식을 사전에 명확히 근로자에게 알리는 것이 바람직).

그러나, 생후 1년 미만의 유아를 가진 여성 근로자에 대해서는 해당 근로자가 신청하면 1일 2회 각각 30분 이상의 수유시간을 유급으로 주어야 한다(근로기준법 제75조).

4. 재택근무자의 휴게시간 분할 사용

한편, 재택근무자의 휴게시간 분할 필요성이 있는 경우 휴게제도의 취지에 어긋나지 않는 선에서 휴게시간의 분할 사용에 관하여 당사자 간 합의하는 것이 바람직하고, 이 경우에도 휴게는 근로시간 도중에 부여해야 한다.

행정해석 (2002.12.2, 근기 68207-3307)
근무시간과 명백히 구분하여 휴게시간을 분할하여 부여하더라도 작업의 성질, 근로 여건 등에 비추어 사회통념상 합리성이 있고 휴게제도의 취지를 벗어나지 않는 한 이를 법 위반으로 보기 어렵다.

8 연장근로 · 휴일근로의 관리

1. 재택근무자의 연장근로 허용 여부

재택근무자도 시간외근로나 휴일근로를 할 수 있다. 이러한 경우에는 시간외·휴일근로에 대한 가산임금과 야간근로를 하는 경우에 가산임금을 지급하여야 한다. 다만 재택근무의 경우 소정근로시간을 초과하여 근무하는 것이 쉽게 인정되지 아니하나 초과근로를 하는 것이 일반화하여 과중노동을 발생시키는 위험이 높을 수 있다. 재택근무 도입을 마친 기업은 재택근무시에 재택근무자가 임의로 연장근로, 휴일근로, 야간근로를 하는 경우에는 사용자가 관여하지 않는 근로이므로 근로기준법상의 근로시간으로 취급되지 아니하므로 원칙적으로 회사는 가산임금을 지급할 필요가 없다.

재택근무자의 연장근로는 원칙적으로 주당 12시간을 초과할 수 없고(근로기준법 제53조 제1항), 재택근무자의 연장·야간·휴일근로에 대하여 가산임금을 지급해야 한다(근로기준법 제56조).

업무종료 이후에 업무를 지시하여 연장근로가 불가피하거나, 주어진 업무량이 업무의 성질과 내용, 업무 완료 시한이나 시급성 등에 비추어 연장근로가 불가피하다고 인정되는 경우 사용자의 연장근로에 따른 임금 지급책임이 발생한다.

한편 연장근로 등이 불가피한 경우에는 근로자의 과로방지를 위해 사용자의 사전 허가 또는 사후 승인을 받도록 하는 것이 바람직하다.

사용자의 사전 허가 또는 사후 승인을 받지 않았다는 사정만으로 연장근로에 대해 연장근로 가산수당 지급책임이 면제된다고 볼 수는 없으나, 아래 세 가지 기준을 모두 충족하는 경우에는 연장근로를 하더라도 그 시간을 근로시간에 해당한다고 보기 어려우므로 사용자의 임금지급 의무가 발생한다고 볼 수는 없다.

① 사용자가 연장근로 등을 지시하거나 묵인한 사정이 없을 것

② 근로자가 연장근로 등을 행하지 않으면 안 될 정도로 사용자가 업무량을 과다하게 부여하거나 마감 기한을 부적절하게 정한 것으로 볼만한 사정이 없을 것

③ 그 밖에 사용자가 근로자의 자발적 연장근로 등을 사전에 인지한 것으로 볼 수 있는 사정이 없을 것

연장·야간 및 휴일근로수당의 산정에 관하여 근로기준법 제56조는 다음과 같이 규정하고 있다.

① 사용자는 연장근로(제53조·제59조 및 제69조 단서에 따라 연장된 시간의 근로를 말한다)에 대하여는 통상임금의 100분의 50 이상을 가산하여 근로자에게 지급하여야 한다. ② 제1항에도 불구하고 사용자는 휴일근로에 대하여는 다음 각 호의 기준에 따른 금액 이상을 가산하여 근로자에게 지급하여야 한다. 1. 8시간 이내의 휴일근로: 통상임금의 100분의 50 2. 8시간을 초과한 휴일근로: 통상임금의 100분의 100 ③ 사용자는 야간근로(오후 10시부터 다음 날 오전 6시 사이의 근로를 말한다)에 대하여는 통상임금의 100분의 50 이상을 가산하여 근로자에게 지급하여야 한다.

2. 재택근무자의 법정휴일의 보장

1주에 평균 1회 이상의 유급휴일(주휴일)과 근로자의 날(5월 1일)을 유급휴일로 보장하여야 하고, 공휴일(일요일 제외)과 대체공휴일을 유급으로 보장하되, 근로자대표와 서면으로 합의한 경우 해당 공휴일 대신에 다른 근무일을 휴일로 대체할 수 있다(근로기준법 제55조).

공휴일의 유급휴일 적용은 사업장 규모에 따라 단계적으로 시행(상시 300명 이상

2020.1.1 / 30~299명 2021.1.1 / 5~29명 2022.1.1)

3. 재택근무자의 연장근로 등의 관리(고용노동부 2020.9.16. 재택근무 종합매뉴얼)

재택근무자의 복무에 대해서는 근로계약, 취업규칙 등에서 별도로 정한 바가 없다면 출근 시 적용되는 규정이 그대로 적용된다. 이에는 근무와 직접적인 관련이 있는 근로시간 및 휴게 외에도 출장, 휴가, 징계 등과 관련된 사항이 포함된다.

재택근무자는 근무시간 중 사용자의 승인이 없거나 휴가를 사용하지 않고 근무장소인 자택을 임의로 벗어나거나, 자택 등 근무장소에서 사적 용무(개인업무, 취미활동, 타 영리활동 등)를 하지 않도록 하여야 한다.

다만, 재택근무 시에는 사업장에 출근하는 경우와 다르게 복무에 관한 사항을 규정(예시출퇴근 확인 방법, 근무 시 복장에 관한 사항, 재택근무 중 사업장에 출근해야 될 경우 등)할 필요가 있을 수 있으므로 이에 대해서는 취업규칙 등에 명확히 규정하는 것이 바람직하다.

한편, 재택근무의 특성상 근로시간과 사생활을 엄격하게 구분하여 근태를 관리하는 것이 어려우므로 업무수행에 지장을 초래하지 않거나 사회통념상 허용될 수 있는 최소한의 일상 활동에 대해서는 양해할 필요가 있으며, 이를 이유로 징계 또는 기타 불이익을 주는 것은 정당하다고 보기 어렵다.

* 자택 방문자의 확인, 우는 아이 달래기, 집 전화 받기, 혹서기 샤워 등

아울러, 재택근무 중 사고 등 긴급한 경우가 발생할 수 있으므로 평상시 또는 긴급시의 연락방법에 대해서도 사전에 정해두는 것이 바람직하다.

4. 재택근무 운영시 연장·야간근로수당 지급 판단기준

고용노동부 「재택근무 가이드라인」(2020.4.2)에 따르면 「재택근무 운영시, 연장·야간근로수당을 지급해야 하나요」에서 다음과 같이 그 판단기준을 제시하고 있다.

〈통상적인 근로시간제를 적용하는 경우〉

□ 통상적인 근로시간제 적용 시, 사용자 지시에 따라 업무를 수행하기 위해 연장·야간근로가 이루어지는 경우 연장·야간근로수당을 추가로 지급해야 함

○ 다만, 향후 분쟁 소지를 줄이기 위해서는 연장·야간근로에 대한 확인 방식이나 절차 등을 노사 간에 정하여 운영하는 것이 바람직함

 * 예) 근로자가 연장근로를 사전 신청하고 사용자의 허가를 받도록 하는 방식, 근로자가 연장근로시 업무종료시간 및 내용을 입력하는 방식 등

〈다른 근로시간제를 적용하는 경우〉

□ 근로시간을 산정하기 어려워 근로기준법 제58조에 따라 소정근로시간 등을 근로한 것으로 보는 경우,

 ① 해당 업무수행에 통상 필요한 시간(근로기준법 제58조제1항)

 ② 근로자대표와 서면합의로 정한 통상 필요한 시간(근로기준법 제58조제2항)

 ③ 근로자 재량에 위임할 필요가 있는 업무에 대해 근로자대표와 서면 합의로 정한 시간(근로기준법 제58조제3항) 포함

○ 간주한 근로시간에 연장·야간근로가 포함되어 있다면 해당 시간에 대해서 각각 연장·야간근로 가산수당을 지급하여야 함

5. 일본 후생성의「원격근무 가이드라인」에 의한 연장근로 등의 취급

일본 후생노동성의「원격근무 가이드라인」에 의하면「근로자가 연장, 야간 또는 휴일(이하「연장근로 등」이라 한다)에 업무를 행하는 경우에도 적어도 취업규칙 등에 따라 연장근로 등에 업무를 행하는 경우에는 사전에 신고하여 사용자의 허가를 받아야 한다. 연장근로 등 업무를 행한 실적을 사후에 보고해야 하는 사업장은 연장근로 등의 근로를 근로자로부터 사전신고가 있었던 경우 또는 사전에 신고하여 허가를 받은 경우에 그 위에 근로자로부터 사후 보고를 받은 경우에도 다음에 해당하는 경우에는 당해 근로자의 연장근로 등의 근로는 사용자의 관여에 의하여 행한 것으로 평가되므로 근로기준법상의 근로시간에 해당한 것이 된다」고 하고 있다.

다만, 회사의 사전허가제·사후보고제에 있어서 신고시간에 상한시간을 설정하거나 실적에 따라 신고하지 아니한 때에는 사용자로부터 근로하거나 압력이 있는 등 실태를 반영하여 판단한 사정이 없어야 하는 것을 전제하고 있다.

① 연장근로 등을 근로하는 경우에 사용자로부터 강제를 받는다든지 의무가 부과되는 사실이 없을 것

② 당해 근로자의 근무 당일의 업무량이 과다한 경우나 기한의 설정이 부적절한 경우 등 연장근로 등을 시켜야 할 부득이한 사정이 있어서 사용자의 묵시적인 지휘·명령이 있다고 해석되는 사정이 없을 것

③ 연장근로 등을 하는 근로자로부터 메일이나 송신을 받는다든지 시간외 등에 의한 근로를 하지 않는다면 성과물을 제출하는 등 연장근로 등을 한다는 것이 객관적으로 추측되는 사실에 따라 사용자가 연장근로 등의 근로를 알고 있을 것

제4절 재택근무와 복무관리 등

1 복무관리 대책

1. 다양한 복무관리 방식

재택근무는 자택이 근무장소이기 때문에 관리자가 직접적인 대면접촉을 할 수 없다. 직장에서처럼 적절한 복무·근태관리방법이 없다. 재택근무라 하더라도 복무·근태관리를 재택근무자 본인에게만 맡겨둘 수는 없고 어느 정도 회사가 관리·관여해야 한다. 재택근무자가 업무를 수행 중 적절한 긴장감을 유지하고 업무 분위기를 조성할 필요가 있기 때문이다. 다음과 같은 복무관리방식을 채택할 수 있다.

① 정보통신기기를 통해 온라인 출퇴근 시각을 기록하게 한다.

② 하루 1회 부서별 화상회의를 실시한다.

③ 일일 근무일지를 작성하게 한다.

④ 재택근무자의 착석상태를 확인하여야 한다.

⑤ 재택근무자의 착석 여부와 자리 이동시 경고 메시지를 발송하는 프로그램 서비스를 실시할 수 있다. 다만 이러한 방법은 사생활 영역과 충돌한다고 볼 수 있는 형태이고 근태관리를 하는 것은 개인정보보호에 관한 법적 이슈가 발생할 수 있다는 점에서 신중히 할 필요가 있다.

2. 복무규율 위반의 유형과 조치기준

(1) 이탈행위

재택근무시의 복무규율 위반행위는 통상 사무실 근무시의 위반행위와 크게 다르지 않다. 일반적인 위반행위로 별도의 승인 없이 장시간 자리를 비우는 이탈행위나 관리자가 근로자의 이탈을 인지하지 못하도록 매크로 프로그램 등을 사용하고 이탈하는 행위에는 분명한 제재가 필요하다. 이러한 이탈행위를 방지하기 위해서는 재택근무시 지속적으로 커뮤니케이션을 시도하고 업무 진척상황에 대한 추가적인 보고와 협업을 통한 업무진행방식이 사전에 규정되어야 한다.

(2) 응답 거부 행위

재택근무 시에는 업무를 위해 연결이 필수적인 바 다양한 커뮤니케이션 방식을 모두 거부하고 응답을 진행하지 않는 행위는 재택근무를 불가능하게 하는 중요한 복무규율 위반이다. 이 경우에는 커뮤니케이션을 시도한 근거가 명확해야 하며 미리 정해둔 연결의 규정에 따라 회신 시간을 기다렸다가 재택근무자의 응답 거부를 확인하는 것이 위반행위로 볼 수 있는 판단기준이 된다.

(3) 업무태만행위

재택근무도 엄연한 근무다. '느슨한 근무'는 물론이고, 휴가는 더더욱 아니다. 근로자는 근무시간 중 성실하게 일할 의무가 있다. 근무시간 중 정위치(定位置), 언제든지 통화할 수 있도록 유선 대기하는 등 회사의 재택근무지침에 따라야 한다. 근로자가 재택근무지침에도 불구하고 전화를 제대로 받지 않거나 업무와 관련 없는 인터넷 검색, 취미·영리활동을 하는 등 업무에 태만할 경우 복무규율 위반에 따른 징계 대상이다. 다만 회사가 실제 근무에 태만한 근로자를 징계하려면 구체적인 태만행위·상황을 특정해 자료를 확보해야 한다. 근로자가 어떤 상황에서, 어떤 방식으로 일하는지 확인하기 어려운 만큼 처벌은 쉽지 않다.

재택근무 시에는 업무태만행위에 대한 확인이 늦고 발견된 이후에도 수습이 매우 어려울 수 있다. 재택근무자의 업무 성과에 대해 평가하는 방법을 사전에 명확하게 공유할 필요가 있다.

(4) 보안 지침 위반 행위

재택근무는 인트라넷을 벗어난 범위에서 근무하기 때문에 외부 침입에 상당히 취약할 수 있다. VPN, 클라우드 서비스의 활용 등으로 외부 침입을 일부 방지할 수 있다. 그러나 보다 중요한 것은 재택근무자에 대한 보안 교육을 통한 보안의식의 함양, 지속적인 보안 업데이트 시행 등을 하는 것이 재택근무 보안을 위한 필수적인 사항이다.

2 재택근무자의 식비, 교통비·유류지원비 등의 지급

단체협약이나 취업규칙에 출근시에 적용되던 통상 근로자에게 식비, 교통비·유류지원비 등을 지급하도록 되어 있는 경우, 재택근무자에게도 동일하게 지급해야 하는지 여부이다.

회사가 근로자에게 실비 변상 차원에서 실제 지출이 있는 근로자에게만 지급하고 있는 경우에는 재택근무자가 별도로 식비나 교통비, 유류지원비를 지출하지 아니한 경우에도 지급 의무가 있다고 보기는 어려울 것이다. 다만, 단체협약이나 취업규칙에 식비, 교통비·유류지원비 등에 대해 실제 지출 여부와 관계없이 일률적, 고정적으로 지급하도록 하는 경우에는 재택근무 여부와 상관없이 동일하게 지급하여야 할 것이다.

따라서, 식비, 교통비·유류지원비 지급 등과 관련하여 사후에 분쟁이 발생할 수 있으므로 사전에 이를 명확하게 규정해 두는 것이 바람직하다.

출근자와 재택근무자가 혼재된 기업의 경우 재택근무자의 적용기준을 명확히 규정하지 않으면 재택근무자가 피해를 보고 있다는 오해를 할 수 있기 때문에 이를 사전에 회피할 수 있는 규정이 필요하다.

3 재택근무자에 대한 GPS 등을 통한 위치 추적 가능 여부

재택근무자 근태관리 목적으로 GPS 등을 통해 위치추적을 해도 되는가의 문제이다.

「위치정보의보호및이용등에관한법률」 제15조는 정보주체의 동의를 얻지 않은 위치정보 수집을 금지하고 있다. 「위치정보의보호및이용등에관한법률」 제15조에 따르면 개인 동의를 받지 않고 위치 정보를 수집·이용하거나 제공할 경우 3년 이하 징역 또는 3000만 원 이하 벌금형을 부과할 수 있다.

재택근로자로부터 위치정보 등(GPS 등)를 수집하기 위해서는, 사전에 △수집·이용 목적, △ 수집항목, △ 정보 보유·이용기간, △동의 거부 가능 사실 등을 고지한 후 근로자의 동의를 받아야 할 것이다(개인정보보호법 제15조제2항).

사용자는 위치추적을 위해서 사전에 근로자에게 동의를 얻기 위해서 어떠한 형태로든 강요해서는 안 된다.

개인정보보호법 제16조는 '개인정보를 수집할 경우에는 목적에 필요한 최소한의 정보를 수집해야 한다' 고 규정한다. 그러나 일부 회사에서는 근로자에게 업무용 PC·스마트폰을 주거나 업무용 애플리케이션을 내려받게 하면서 위치정보 수집에 동의하도록 하고 있다. 동의를 근거로 위치를 추적할 길을 열어놓은 셈이다.

원칙적으로 회사가 근로자의 동의를 받았다면 재택근무에 따른 위치 추적도 할 수 있다. 다만 근로자의 동의를 받을 때 재택근무자의 위치 파악 등을 정보처리 목적으로 사전에 고지한 경우에만 가능하다. 특히 개인정보보호법을 위반해 수집한 위치정보를 징계의 근거로 쓸 경우 절차 위반 문제가 제기될 수 있다. 참고로 재택근무와 별개로 감염병예방법 제76조는 코로나19 같은 감염병의 예방·차단을 위해 필요한 경우 동의를 받지 않더라도 개인정보를 이용할 수 있도록 하고 있다.

4 장시간 근로의 방지대책

1. 재택근무 실시시의 장시간 노동대책

재택근무의 도입에 있어서 업무의 효율화에 따른 근로시간의 절감이 기대되는 한편 근로자가 자택을 근무장소로 하여 근무하기 때문에 근로시간의 관리가 특별히 중요한 것이다. 사용자는 재택근무자가 과도한 작업량이나 장시간 근로로 인해 건강을 해치지 않도록 업무량 및 업무부담의 적정성 여부를 정기적으로 확인하는 등 적극적인 조치를 할 필요가 있다.

재택근무 실시 시의 장시간 노동 등을 방지하는 방법은 다음과 같다.

① 임직원 등으로부터의 시간외, 휴일 또는 야간 메일 송·수신 금지

② 시스템에 의한 접근 제한

③ 시간외·휴일·야간근로의 원칙적 금지

④ 장시간 근로 등을 하는 자에 대한 경고 등 주의 환기를 둘 수 있다.

최근 수년간 스마트폰이나 SNS의 이용이 급속히 확대되고 시간이나 장소에 구애받지 아니하고 메일이나 메시지 등으로 연락을 취할 가능성이 있다. 취업시간 후의 전화 연락은 다소 줄어든 대신 메일이나 메시지로 근무시간 후에 연락을 하는 일도 있다. 시간외·야간, 휴일에도 메일이나 메시지를 송신하는 상사는 적지 않다. 그러나 연락을 받은 근로자로서 이것이 장시간 노동의 원인이라고 할 수는 없지만 정신적 긴장이 될 수 있다고 생각된다. 이를 위해서 긴급대응을 필요로 하는 경우를 제외하고 시간외, 야간, 휴일에는 업무메일 등의 송신을 원칙적으로 금지한다면 재택근무자의 장시간 노동을 방지하는데 유효한 수단이 될 수 있다.

2. 재택근무시의 장시간 노동 방지를 위한 기술적 수단 및 대책

재택근무시의 시간외, 야간, 휴일근로를 원칙적으로 금지하고 근무시간 외에 외부로부터 사내 시스템에 접근하지 못하도록 시스템을 설정하거나 노무관리시스템을 이용하여 장시간 노동이 발생하는 근로자에 대하여는 자동적으로 경고를 표시하도록 하는 등 기술적 수단을 사용하더라도 장시간근로 방지 대책으로서 유효하다.

재택근무자의 장시간 노동 방지 대책에는 취업규칙 등에 재택근무자의 시간외, 야간, 휴일근로 금지나 사전허가를 정하고 재택근무자 및 관리직에 대하여 주지를 철저히 하고 기술적 대책도 함께 활용하여 회사로부터 멀리 떨어진 노동을 방지하는 체제를 정비하는 것이 효과적이다.

제5절 재택근무자 건강관리·작업환경

1 재택근무자의 건강관리

산업안전보건법은 산업안전 및 보건에 관한 기준을 확립하고 그 책임의 소재를 명확하게 하여 산업재해를 예방하고 쾌적한 작업환경을 조성함으로써 노무를 제공하는 자의 안전 및 보건을 유지·증진함을 목적으로 하는 법이다. 재택근무시에 자택은 업무공간인 동시에 생활공간이므로 재택근무자의 건강관리가 매우 중요하다. 자택의 안전점검이 가능한가에 관해 두 가지 견해가 있다. 첫째 견해는 자택의 안전점검 등에 대해서는 사용자의 자택출입에 관해 제한적이라도 이를 허용하는 개별약정을 해두는 것이 필요하다는 견해와 둘째 견해는 근로자에게 정기적인 안전보건교육을 실시하거나 근로자가 직접 근무환경을 점검해 보고하도록 하는 것이 보다 적절하다는 견해도 있다. 생각컨대 사용자로서는 재택근무 승인 과정에서 재택근무지가 근무에 적합한 환경과 안전성을 갖췄는지 체크하는 등 최소한의 통제 절차를 갖추는 것이 바람직할 것이다.

고용노동부의 「스마트워크 확산을 위한 노동관계법령 가이드라인」(2011.4)에 따르면 재택근무의 경우 프라이버시 침해 등의 문제가 발생할 수 있고 근무와 일상생활이 동시에 이뤄지는 점을 감안해 원칙적으로 산업안전보건법령에서 정하는 안전보건기준을 이행할 필요가 없다고 했지만 전혀 배제된다는 취지는 아니라고 이해된다. 고용노동부의 「유연근로시간제 가이드」(2019.8)에서도 재택근무와 관련하여 "업무에 특성에 따라 산업안전보건법상 안전보건기준에 해당하는 경우에는 이를 준수해야 합니다"라고 기재돼 있다.

산업안전보건법은 상시 고용하는 근로자에 대하여 정기 또는 임시로 건강진단,

고용시 또는 작업내용 변경시에 안전보건교육의 실시, 장시간 근로자에 대하여 하는 면접지도, 스트레스 체크 등은 사용자에게 의무지워져 있으므로 이것은 당연하게 재택근무자에게도 적용된다.

재택근무를 하는 근로자의 장시간 근로나 야간·휴일에 걸친 노동에 따른 과중노동 외에 자택에서 혼자 업무를 하는 데 따른 고독감부터 정신건강의 부조화에 따른 사항까지 회사는 재택근무자의 건강관리에 충분히 유의할 필요가 있다.

2 재택근무자 작업환경의 정비

재택근무자가 자택에서 업무를 수행할 때의 작업환경에 관하여 「산업안전보건법 및 산업안전보건규칙의 보건기준과 동등한 작업환경이 되도록 정비하는 것이 바람직하다.

VDT(Visual Display Terminal)란 기기를 이용하여 데이터의 입력, 검색, 조합, 문장, 화상 등의 작성·수정 감시 등을 행하는 작업을 말한다. 그러므로 재택근무자도 자택에서 VDT 작업을 하는 경우에는 반드시 법령상 기준을 준수하여야 한다.

그러므로 자택에서 VDT 작업을 하는 완전형재택근무자에 있어서는 건강확보의 관점에서 사업주가 산업안전보건규칙에서 정한 기준을 주지하되 적절한 환경 하에서 작업을 하도록 지도하여야 할 것이다.

회사는 근로자의 안전보건관리 책임이 있으므로 재택근무시의 작업환경이나 작업방법을 파악하여 필요한 조치를 강구해야 할 것이다. 재택근무 도입이 끝난 기업은 재택근무자에게 자택 내의 작업공간의 사진이나 가옥의 약도를 제출하도록 대응해야 할 것이다. 그러나 한편 회사가 과도하게 자택의 작업환경에 간섭한다거나 경직적인 관리를 행한다면 재택근무를 이용하는데 주저할 가능성도 있다. 그러므로 회사는 재택근무시의 작업환경에 관한 기준을 주지시키되, 구체적인 운용에 있어서는 재택근무자의 자기관리나 자율성에 맡기는 등 유연한 대응을 하는 것이 현실적이라고 생각된다.

또한 재택근무시의 화상회의나 WEB 회의를 행한 목적에서 재택근무자의 동의를 얻어 작업장소나 기기의 주변에 카메라를 설치하는 경우도 있지만 이러한 경우에는 재택근무자나 그 가족의 프라이버시를 침해하지 않도록 유의할 필요가 있다.

구체적으로는 카메라의 설치장소나 촬영범위 등에 대해서 재택근무자와 충분한 대화로서 결정한다든지 필요에 따라 카메라 기능의 온·오프를 적절히 배분하는 등 대응이 필요하다. 최근에는 배경교환기능이 있는 WEB 회의용 카메라 등도 판매하고 있으므로 이러한 시설을 이용할 수 있을 것이다.

제6절 재택근무와 사회보험

1 사회보험의 적용

재택근무자도 사회보험법상의 적용요건을 충족시키면 산업재해보상보험·고용보험·국민연금보험·건강보험이 적용된다. 상시 자택에서 업무를 수행하여 회사에 출근한 일이 없는 완전형 재택근무자도 사회보험이 적용된다는 점은 변함이 없다. 자영업자나 가내노동자와의 구별이 반드시 명확하지 않는 경우도 있지만 재택근무자가 근로기준법상의 「근로자」에 해당된다는 것은 고용노동부의 행정해석이나 대법원 판례에 의해서도 명확한 것이다.

2 산재보상(고용노동부 2020.9.16. 재택근무 종합매뉴얼)

1. 업무상 재해 및 입증책임

업무와 재해 사이에 상당인과관계가 인정되어야 업무상 재해가 성립될 수 있다.

업무상 재해란 근로자가 사업주와의 근로계약에 기하여 사업주의 지배관리 하에서 당해 근로 업무의 수행 또는 그에 수반되는 통상적인 활동을 하는 과정에서 이러한 업무에 기인하여 발생한 재해를 말한다(대법원 2005.9.29, 2005두4458).

재택근무의 경우 사업장 근무와 달리 업무수행과 사생활이 혼재할 가능성이 크다는 점을 고려할 때, 사적 행위 중에 일어났다는 점만을 이유로 업무상 재해에 해당하지 않는다고 판단해서는 안되고, 재택근무의 특성을 반영하여 업무상 재해 여부를 살펴야 한다.

재택근무의 경우에도 업무상 재해의 입증은 재택근무자 본인이 입증하여야 한다. 재택근무의 경우 근로자가 자택에서 혼자 일하는 형태가 일반적이므로 사고 발생 시 업무와의 인과관계 증명이 사업장에서 근무하는 경우보다 어려울 수 있다.

한편, 재택근무 중 발생한 재해의 목격자가 없더라도 근로자는 재택근무시간 중 실제 업무수행 과정에서 발생한 사고임을 입증할 수 있는 객관적 정황 자료(예: 근무시간 기록, 사고 발생 시간과 장소 및 경위의 실시간 보고 내용 등)를 통해 업무상 재해를 인정받을 수 있다.

[참고] 재택근무에 대한 산재 판정 사례

〈1〉 우리나라

- (인정) 집에서 재택 근무중 의자에서 일어나 한 발작 걷다 다리가 풀려 주저 앉음. 통증이 심해 병원에서 진찰 결과 골절로 판명(상병명: 좌측 제5족지 골절)
- (불인정) 자택에서 컴퓨터를 이용하여 상품설명서 제작업무를 수행하는 근로자로 새해 봄 상품 디자인 구상 등으로 스트레스를 받아오던 중 새벽에 갑자기 구토와 설사 증상 발생(상병명: 크론병〈입에서 항문까지 소화관 전체에 걸쳐 어느 부위에서든 발생할 수 있는 만성 염증성 질환〉)
- 업무상질병판정위원회 심의 결과 발병원인이 과로나 스트레스와 직접 연관이 없는 것으로 판단하여 업무상 재해로 불인정

〈2〉 독일(재택근무 중 발생한 재해 판정 사례)

- 근로 중 재해에 대한 법정재해보험의 보장 여부는 원칙적으로 근로의 장소와 무관하며, 사고가 업무 내용과 밀접한 관련이 있는가에 따라 결정
- 독일연방사회법원의 판례는 법정재해보험에 의하여 보호되는 재해는 해당 업무의 인과관계로 인하여 발생한 경우에 제한된다고 봄
  - (인정) 재택근무 중 업무상 소통을 위하여 필요한 인터넷 연결을 확인하기 위해 1층에 내려가던 중 계단에서 넘어져 부상당한 경우
  - (불인정) 재택근무 중 개인적인 우편물을 받기 위해 1층에 내려가던 중 계단에서 넘어진 경우

2. 시설물 결함으로 인한 재해

산재보험법은 '사업주가 제공한 시설물 등을 이용하던 중 그 시설물 등의 결함이나 관리소홀로 발생한 사고'를 업무상 재해로 인정하고 있다(제37조 제1항 제1호 나목).

한편, 재택근무지는 사업주의 직접적인 지배관리 아래 있지 않고, 재택업무와 무관한 자택 시설물의 관리책임은 재택근무자에게 있으므로 자택 시설물의 결함이나 하자로 인해 발생한 사고는 업무상 재해에 해당한다고 보기 어렵다.

산재보험법 시행령은 '업무수행 과정에서 하는 용변 등 생리적 필요 행위'를 하던 중에 발생한 사고는 업무상 사고로 본다고 규정하고 있으며(제27조 제1항 제2호), 이 규정은 재택근무의 경우에도 마찬가지로 적용될 여지가 있다.

그러나, 그 사고가 업무와 무관한 사적 행위 과정에서 발생하였고 사고의 원인이 해당 시설물의 결함이나 하자에 있다면 업무상 재해로 인정되기 어렵다.

3. 휴게시간 중 발생한 재해

산재보험법은 '휴게시간 중 사업주의 지배관리하에 있다고 볼 수 있는 행위로 발생한 사고'를 업무상 재해로 인정하고 있다(제37조 제1항 제1호 마목).

판례에 따르면 휴게시간 중 근로자에게 자유행동이 허용되고 있으므로 통상 근로자는 사업주의 지배관리하에 있다고 할 수 없으나, 휴게시간 중의 근로자의 행위는 휴게시간 종료 후의 노무제공과 관련되어 있으므로, 그 행위가 당해 근로자의 본래의 업무행위 또는 그 업무의 준비행위 내지는 정리행위, 사회통념상 그에 수반되는 것으로 인정되는 생리적 행위 또는 합리적·필요적 행위라는 등 그 행위 과정이 사업주의 지배·관리하에 있다고 볼 수 있는 경우에는 업무상 재해로 인정할 수 있다.

판례(대법 2004.12.24, 2004두6549)
이 사건 휴게시간 중의 재해가 업무상 재해에 해당하는가에 대하여 보건대, 휴게시간 중에는 근로자에게 자유행동이 허용되고 있으므로 통상 근로자는 사업주의 지배·관리하에 있다고 할 수 없으나, 휴게시간 중의 근로자의 행위는 휴게시간 종료 후의 노무제공과 관련되어 있으므로, 그 행위가 당해 근로자의 본래의 업무행위 또는 그 업무의 준비행위 내지는 정리행위, 사회통념상 그에 수반되는 것으로 인정되는 생리적 행위 또는 합리적·필요적 행위라는 등 그 행위 과정이 사업주의 지배·관리하에 있다고 볼 수 있는 경우에는 업무상 재해로 인정할 수 있다고 할 것이다(대법 1999.4.9, 99두189 참조).

따라서, 휴게시간 중에 발생한 재해라도 업무의 준비행위 내지 정리행위, 사회통념상 그에 수반되는 것으로 인정되는 생리적 행위 또는 합리적·필요적 행위는 업무상 재해로 인정될 수 있으나 업무상 재해에 해당하는지는 산재요양 신청 시 근로복지공단에서 개별·구체적으로 판단한다.

한편 자택에서 근무하는 재택근무의 성질상 근로시간과 일상생활이 혼재하는 경우가 많으나, 업무상 재해로 인정되는 재택근무 장소는 업무를 수행하는 공간으로 제한하고 그 외의 장소에서 발생한 사고는 원칙적으로 업무상 재해로 인정되기 어렵다.

예를 들어 자녀를 데리러 학교에 가는 행위나 저녁거리를 사기 위해 마트에 가는 행위가 원인이 되어 일어난 재해는 업무상 재해로 인정받기 어렵다.

제7절 재택근무와 평가·교육·연수

1 재택근무자의 평가

1. 재택근무자의 평가방법

재택근무자도 통상근무자와 마찬가지로 공정한 평가를 실시해야 할 필요가 있다.

재택근무가 보편화되면서 인사제도와 기업문화 전반에 큰 변화가 생기고 있다. 우선 성과평가시스템이 더 객관적이고 세밀하게 바뀌어야 한다. 떨어져 근무해야 하는 재택근무의 특성 때문이다. 개별 근로자에 대한 직무할당이 명확해야 하고, 근로자도 자신의 성과를 명확하고 세세하게 상사에게 알릴 필요가 있다. 상사는 근로자에게 개인의 목표를 정확히 정해줘야 하고 근로자 역시 어느 정도 달성했는지 설명할 수 있어야 한다. 재택근무는 꼼꼼한 평가 시스템이 필수 요소가 된다.

재택근무를 선택함에 있어서 통상근무자에 비해 불리한 평가를 하게 되면 재택근무제도를 누가 적극적으로 이용할 것인가라는 문제가 있다. 근로자가 사무실에 출근하지 않는 것을 이유로 성과평가 등을 걱정하는 일이 없도록 성과평가 및 인사관리제도를 구축하는 것이 선결과제가 되고 있다. 그러므로 실제 재택근무를 도입 시에는 관리직이 재택근무자를 적정하게 평가할 수 있는지가 과제가 되며, 재택근무의 도입을 주저하는 기업에 있어서도 이점에서 도입하지 않는 이유가 될 것이라고 생각된다. 재택근무를 도입한 기업에 있어서도 재택근무의 실시빈도를 주 1~2회, 어떤 때는 월 수회 정도 실시하여 재택근무자도 통상근로자와 마찬가지로 평가기준을 적용하는 사례가 많다. 재택근무자의 업무성과, 진척상황을 전화, 전자메일, 노무관리 앱 등을 사용하여 파악하는 데 기존의 평가제도를 이에 맞게 적용하는 것은 가능하다고 생각된다.

일본 노무행정연구소가 2017년 6월에 실시한 「재택근무/IT 도구 등의 업무상 사용에 관한 실태조사」에는 재택근무자의 인사평가에 있어서 재택근무분과 출근근무분을 똑같은 비중으로 인사평가의 대상으로 한 기업이 95.2%로서 대다수를 차지하고 있고, 재택근무에 있어서의 성과를 출근근무분과 나누어 평가하는 기업은 전체의 1.9%를 차지하고 있었으며 그 밖에 2.9%를 차지하고 있다.

한편 재택근무제도의 도입과 변행하여 새로운 평가제도를 도입하는 기업도 있다.

전적으로 원격근무를 행하는 근로자 등 직장에 출근하는 빈도가 적은 근로자에 있어서는 업적평가 등에 있어서 평가자나 근로자가 의문을 품지 않도록 평가제도 및 임금제도를 명확히 하는 것이 바람직한 것이다.

인사평가는 개개 근로자의 능력, 업적, 공헌도 등을 평가하여 임금이나 승진 등의 처우에 반영시키는 것이다. 이것은 「인재 육성」이다. 기업이념이나 행동규범, 경영목표를 의식한 인사평가제도를 정비하여 여기에 바탕을 두고 평가를 실시한다. 개개의 근로자가 회사의 이념이나 목표, 근로자에게 요구되는 행동을 올바르게 이해하여 보다 좋은 평가를 받을 수 있도록 스스로 노력하는 결과로서 기업이 기대하는 인재를 육성시킬 수 있는 것이다. 「인재 격차」가 「기업 격차」된다는 말이 있는 시대에서 인사평가의 의의는 「근로자의 처우 결정」에서 「기대되는 인재의 육성」으로의 시프트가 변한다.

인사평가에 「목표관리」를 도입하려는 기업은 부하가 상사에게 상담을 요청하여 스스로 목표를 설정하고(목표설정), 진척상황을 적의 보고하고 상사의 조언·서포트를 받아 업무를 수행하고(실행·중간 면담), 성과의 평가를 받아(평가), 상사와의 대화를 통한 문제점·개선점을 명확히 하여(개선), 다음의 목표 설정을 하게 된다. 이러한 4개의 스텝, 목표설정→실행·중간면담→평가→개선의 PDCA 사이클로 평가결과를 볼 수 있게 되어 처우에 반영한다. 그러므로 그 과정에 있어서 한 사람 한 사람의 근로자의 능력개발이 꾀해지고 행동개선이 업무개선으로 나아가게 된다.

목표관리는 근로자가 자율적으로 근로하는 것을 전제로 재택근무가 친화성이 높은 평가방법이다. 목표관리를 도입하는 기업의 비율은 대기업은 거의 80%, 중소기업은 50% 이상이라고 한다. 목표관리가 적절히 운용된다면 부하가 근무하는 장소가 직장 사무실부터 자택에 이르기까지 인사평가가 가능하다.

부하가 평가자의 눈앞에 있지 않더라도 평가하기 어려운 감이 있는 상사는 부하가 직장에 있더라도 부하의 직무의 진척상항이나 직무의 성과를 파악하여 적절한 평가를 행할 수 없을 가능성이 있다. 목표관리는 면담을 통하여 부하를 인도하고 과제를 명확히 함으로써 해결책을 검토하여 부하를 육성시키는 기법을 상사가 스스로 보여줌으로써 목표관리를 적절히 운영하는 과제를 안고 있다. 일하는 방식의 개혁을 추진하는 과정에서 기업은 근로자로 하여금 일하는 방식을 적절히 평가할 수 있는 인사평가시스템의 정비를 개선할 수 있도록 요구되고 있다.

〈납득성 있는 인사평가 포인트〉

① 평가제도는 능력개별 촉진 및 성장지향형이 되어야 한다.

② 평가대상, 평가항목, 평가기준을 공개한다.

③ 평가자에게 평가제도를 충분히 이해하도록 한다.

④ 평가자의 평가기법을 향상시키기 위해 평가자 연수를 실시한다.

⑤ 평가 결과를 피평가자에게 피드백한다.

⑥ 납득성을 높이기 위해 피평가자의 자기평가와 평가자의 평가를 비교 조율한다.

⑦ 평가 결과에 대하여 이의신청이 있는 경우에 대비하여 평가 재검토위원회 등을 설립한다.

2. 성과평가 내용(고용노동부 2020.9.16. 재택근무 종합매뉴얼)

재택근무자의 경우 원칙적으로 사업장에 출근하는 경우와 동일한 기준으로 성과평가를 하여야 한다.

그러나, 재택근무자는 흔히 사무실에 출근하지 않기 때문에 성과평가에 있어서 불이익을 받을 것을 우려하는 경우가 많다. 특히, 재택근무를 하면 동료 등과의 협업이 쉽지 않기 때문에 성과를 달성하기 어려운 경우에 그 우려는 커질 수 있다.

따라서, 재택근무를 하더라도 성과평가에 있어서 근로자가 차별 등을 걱정하는 일이 없도록 공정하고 합리적인 성과평가 및 인사관리 제도를 구축하여야 할 것이다.

재택근무에 따른 성과관리 또는 생산성 저하를 방지하기 위하여 ① 측정 가능한 지표로 재택근무자의 결과물을 측정, ② 재택근무 중 수행한 업무에 대한 결과나 진행과정 보고 등을 고려할 수 있을 것이다.

재택근무 중 해야 할 업무 내용, 업무수행 방법 등을 문서화하는 방법으로 업무의 효율성을 높일 수도 있을 것이다.

재택근무자의 업무성적이 저조한 경우 이를 이유로 곧바로 불이익을 주거나 재택근무 승인을 취소하기 보다는 문제의 원인을 파악하여 해결할 수 있도록 개선의 기회를 우선 제공하는 것이 바람직하다.

3. 재택근무자에 대한 최근 성과평가

코로나19 이후 새로운 성과측정방식으로 목표·핵심결과 지표인 OKR(Objective and Key Results)을 사용하는 기업이 급증하는 추세이다. OKR이란 '어떤 방향으로 갈 것인가(Objective)' 와 '그곳에 가고 있다는 것을 어떻게 알 수 있는지(Key Results)' 의 합성어이다. 회사가 먼저 목표를 정하면 부서와 직원들이 자발적으로 자신의 목표를 설정하는 쌍방향 방식으로 회사와 팀, 각 구성원이 제대로 된 목표 달성을 위해 서로 돕는 시스템으로서 직원 참여도를 높이는 것이 장점이다. OKR은 인텔에서 시작돼 구글을 거쳐 실리콘밸리 전체로 확대된 성과관리기법이다. 일반적으로 상사가 관찰자로 직접 평가해야 했지만 비대면시대는 비정형데이터를 머신러닝으로 분석해 업무수행능력이 드러나게 되므로 상사가 주관적으로 평가하지 않더라도 데이터에 기반을 둔 자연스러운 평가와 피드백이 가능해지기 때문이다.

사례 연구 **한화 그룹의 금융계열사 OKR 도입 사례**

한화생명, 한화손해보험, 한화투자증권, 한화자산운용 등 한화그룹 금융 계열사는 2020년 새로운 성과관리체계 'OKR(Objective and Key Results)'를 도입했다. OKR은 인텔과 구글, 페이스북 등 글로벌 시장에서 두각을 나타내는 주요 기업 대다수가 이용하는 방식이다. 국내 기업이 많이 쓰는 성과관리지표KPI(핵심성과지표)는 연 단위로 평가하는 반면 OKR은 짧게는 몇 주, 길게는 분기 단위로 업무를 평가한다. 주기가 짧다 보니 빠르게 변하는 대내외 환경에 적시에 대응할 수 있다는 장점을 갖췄다. '지난해 같은 기간 대비 영업이익 20% 증가'처럼 크고 추상적인 목표보다 'A프로젝트 진행 위한 투자 유치'처럼 구체적인 목표를 정하고 여기에만 집중할 수 있는 환경을 만든다는 것도 특징이다. 한화그룹 금융계열사 외에 NH투자증권이 최근 WM(자산관리)사업부 성과관리체계를 OKR로 바꿨다.

2 사내교육 · 연수 등의 취급

재택근무자에게 사내교육·연수의 참가·수강 등의 의무를 지울 경우에는 취업규칙에 참가·수강의무와 위반시의 제재에 관한 취급을 규정할 필요가 있다.

재택근무를 시행하는 근로자에게는 OJT(On the Job Training)에 의한 교육기회를 얻을 수 없는 측면도 있으므로 근로자가 능력개발 등에 있어서 불안감을 가질 수 있어 사내교육·연수 등의 충실을 꾀하는 것이 바람직하다.

특히 완전형 재택근무자는 회사에 출근할 기회가 적으므로 정기적으로 교육·연수참가의 기회를 설계해서 기능향상을 꾀함과 함께 커뮤니케이션 기회로도 활용하는 것이 바람직하다.

제8절 재택근무와 임금, 재택근무비용 및 장비

1 임 금

재택근무로 인해 근로의 질이나 양이 달라지지 않는다면 출근한 경우와 동일한 임금을 지급하는 것이 원칙이다.

다만, 출근한 경우에 대해서만 지급되는 금품에 대해서는 지급하지 않을 수 있으나, 이에 대해 다툼이 발생할 가능성이 높으므로 사전에 근로계약이나 취업규칙 등에 이를 명확히 규정하는 것이 바람직하다.

2 재택근무와 관련하여 발생한 비용 부담

재택근무시에 발생하는 통신비나 정보통신기기 등에서 발생하는 비용을 회사와 재택근무자 중 누가 부담할 것인지에 대해서 법적으로 정해진 것은 없다. 통상근무자와의 공평의 관점에서 기본적으로는 회사가 전액 또는 일부를 부담하는 것이 적절하다고 생각된다. 재택근무자에게 작업용품 그 밖에 부담시키는 경우에는 취업규칙에 규정할 필요가 있다. 일본 후생노동성의 「정보통신기술을 이용한 사업장 밖 근무의 적절한 도입 및 실시를 위한 가이드라인」에서는 「원격근무를 시행할 때 발생하는 비용은 통상의 근무와는 달리 원격근무를 하는 근로자가 그 비용을 부담하는 것이 원칙이지만 노사가 각자의 비용을 부담할 수 있다. 다만 사용자가 비용을 부담하는 경우에는 한도액, 근로자가 청구하는 경우의 청구방법 등에 있어서는 어디까지나 노사가 충분히 대화하여 이것을 취업규칙 등에 정하는 것이 바람직하다」고 한다. 재택근무에 수반되어 발생하는 여러 가지 비용은 세부내용별로 살펴본다.

1. 정보통신기기 등의 비용

재택근무에서 사용하는 컴퓨터나 휴대전화 등의 정보통신기기 등에 있어서는 정보보안대책의 관점에서 회사가 대여하는 기구를 사용하는 것이 바람직하다. 이러한 경우 정보통신기기 등에 따른 비용은 회사가 부담해야 할 것이다.

2. 통신회선비용

통신회선에 있어서는 최근 정액제에 따른 상시접속환경이 정비되고 있고 자택에서도 비교적 가격이 싼 비용으로서 고속 인터넷의 접속이 가능하다. 근로자의 자택에 있는 인터넷 접속비용은 당연한 일이지만 본인 외 가족도 이용이 가능하므로 개인사용분과 업무이용분을 완전히 구별하는 것은 곤란하다. 그러므로 통신회선의 사용에 따른 비용은 회사가 일정 금액을 지불하거나 그 비용 일부를 부담하는 것으로 처리할 수 있다. 또한 재택근무자의 자택에 통신회선을 설치할 수 없는 경우에는 새로운 광케이블 등의 회선을 설치할 필요가 있으므로 설치에 따른 공사비용이나 기본 요금, 통신회선 사용료 등의 비용 부담에 있어서도 회사와 근로자 각자가 부담할 것인가 그 비율을 어떻게 할 것인가를 미리 결정할 수 있다.

통신료는 회사가 업무용의 휴대전화나 스마트폰을 재택근무자에게 대여하는 경우에는 문제가 없다. 개인의 휴대전화나 스마트폰을 업무에도 사용하는 경우나 자택의 유선전화를 업무에 사용하는 경우에는 청구명세 등에 따라 업무통화분이라고 인정되는 분을 회사가 부담하는 방법을 검토할 필요가 있다. 최근에는 통화료의 부담없는 IP전화를 도입하는 기업이 늘어나고 있다.

3. 문구, 비품, 우송 등에 따른 비용

복사지나 인쇄용 잉크 등의 문구, 비품 등에 따른 비용은 사후에 실비정산하는 것이 일반적이다. 우송에 드는 비용은 택배, 메일 사용품 등 배포 등에 있어서는 사전에 재택근무자에게 미리 인도하거나 자택에서 회사에 우송하는 경우에는 착불 취급 원칙으로 하는 등의 대응방법이 있다.

4. 수도·광열비

전기·가스·수도 등의 수도·광열비는 사생활 상의 사용을 구별하기 어려우므로 개인부담으로 하거나 또는 회사에서 재택근무수당으로 일정 금액을 지불하는 것으로 하여 일부를 부담할 수 있는 방법이 있다.

5. 교통비·식비(고용노동부 2020.9.16. 재택근무 종합매뉴얼 발췌)

재택근무와 관련하여 특별히 근로조건을 변경하지 않았다면 가장 쟁점이 될 수 있는 금품은 교통비와 식비이다. 교통비 또는 식비 지급을 둘러싼 해석은 취업규칙 등에서 어떻게 규정되었는지에 따라 달라질 것이다.

교통비의 경우 실제로 사업장에 출근하는 경우에만 실비 변상 차원에서 지급하고 있다면 재택근무자에게 이를 지급할 의무는 없다.

식비의 경우 출근한 근로자에 한하여 구내식당에서 현물로 식사를 제공하고, 그 밖의 경우에는 현물 제공이나 식비 지급을 하지 않는 경우라면 재택근무자에게 이를 지급할 의무는 없다.

그러나, 근로계약이나 취업규칙 등에서 교통비, 식비 등에 대해 실제 지출 여부와 관계없이 일률적으로 지급하도록 규정되어 있는 경우에는 교통비, 식비 등이 그 명칭에도 불구하고 소정근로의 대가로 근로자에게 지급되는 금품으로서 임금에 해당하므로 재택근무 여부와 관계없이 지급되어야 한다.

* (예시) 회사는 근로자에 대해 매월 20만원의 교통비와 10만원의 식비를 지급한다.
  - 여기에는 근로자의 후생복지를 위해 현물로 제공하는 중식의 경우 식사를 하지 않는 근로자에게도 그에 상응하는 현금을 지급하도록 규정되어 있는 경우도 포함된다.

따라서, 재택근무 시 교통비 또는 식비 등의 지급과 관련하여 분쟁이 발생할 수 있으므로 사전에 이를 취업규칙 등에 명확히 규정하는 것이 바람직하다.

3 재택근무 비용

재택근무로 인해 추가적으로 발생할 수 있는 통신비, 소모성 비품 등의 비용은 사용자가 부담하는 것이 원칙이나, 비용부담과 관련한 향후 분쟁을 예방할 수 있도록 그 부담의 한도, 비용 청구의 방법과 절차 등에 관한 기준을 마련하는 것이 바람직하다.

재택근무 시 전기·통신비 등의 부담 기준에 대해서도 정할 필요가 있으나, 업무사용분과 사적 사용분을 현실적으로 구분하기 어려우므로 실비 변상 목적으로 일정액(예: 재택근무수당)을 지급하는 방법을 고려할 필요가 있다. 이 경우 해당 금품은 실비 변상 목적으로 지급되는 것이므로 근로기준법상 임금에 해당한다고 보기는 어렵다.

4 재택근무 실시와 정부지원

1. 재택근무를 실시하는데 소요되는 비용을 정부에서 지원받을 수 있는가

정부에서는 재택(유연)근무 활성화를 위하여 아래와 같이 간접노무비, 인프라 구축비 및 종합 컨설팅을 지원하고 있는바, 고용보험 홈페이지 또는 고용센터에서 신청할 수 있다(구체적인 지원 내용은 참고1, 2 참조).

2. 유연근무제 간접노무비 지원 제도

(1) 유연근무제(재택근무 등)를 활용하는 사업주에 대해 간접노무비 지원

1) 지원대상

소속 근로자의 필요에 따라 유연근무제 사용을 허용한 우선지원 대상기업 및 중견기업의 사업주

2) 지원요건

① 사업계획서 제출 및 고용센터의 심사·승인, ② 근로계약서 작성 및 취업규칙 등에 제도 마련(시차, 선택 해당) ③ 전자·기계적 방식으로 출퇴근 관리

3) 지원내용

근로자의 주당 유연근무제 활용횟수에 따라 최대 1년간 520만원 지원

(2) 지원절차 간소화(2.25~코로나19 상황 안정 시까지 한시운영)

사업신청서 심사 횟수 확대(월 1회→수시), 재택근무제 증빙 완화(전자식 근태관리 시스템→이메일·카톡 등도 허용), 지원대상 근로자 확대(입사 1개월 내 근로자 등도 지원 가능)

3. 재택근무 인프라(설비) 구축비 지원 제도

재택근무에 필요한 인프라(설비) 구축비용 직접 지원

(1) 지원대상

우선지원 대상기업 및 중견기업의 사업주

(2) 지원요건

① 고용센터에 사업신청 및 계획서 제출 및 고용센터의 심사·승인, ② 계획 인원의 50% 이상이 재택근무를 활용할 것, ③ 사용의무기간(3년) 준수 또는 약정기간(최대 3년) 준수

(3) 지원내용

사업주가 투자한 시스템 구축비의 1/2 범위 내에서 최대 2천만원 지원(사업참여신청서 제출일 이전, 설치가 완료되었거나 설치 중인 설비 등은 지원에서 제외)

〈지원대상 시설〉

종 류	지원금 용도	지원방식
시스템 구축비	▪ 정보시스템 – 그룹웨어, ERP, 기업 전용 이메일·메신저, 서버, 스토리지, 업무용 소프트웨어 등 ▪ 보안시스템 – VPN 등 원격접속, 정보 유출 방지, 자료 백업 및 복구, 사용자인증 시스템 등 ▪ 서비스 사용료(최대 3년 사용약정분) – 웹 기반의 ERP, 클라우드 사용료, 재택근무자의 인터넷 사용료 등 ▪ 취업규칙 변경, 제도 도입 컨설팅 비용 ▪ 인사담당자 교육·훈련 비용	직접지원

※ PC·노트북 등 통신장비, 건물·토지의 구입 및 임차 비용은 지원 제외

4. 재택근무 종합 컨설팅 제도

(1) 개 요

재택근무가 일상적인 근로형태로 정착될 수 있도록 체계적인 컨설팅을 통한 기업 내 제도화 지원

(2) 신청대상

아래의 참여제외 대상에 해당하지 않는 사업장

① 고용보험 미가입 또는 고용보험료 체납 사업장
② 고일 기준 최근 3년간 근로기준법 제42조의2에 따라 체불사업주로 명단이 공개되거나 같은법 제43조의3에 따라 체불 사업주로 종합신용정보집중기관에 자료가 제공된 사업장
③ 최근 3년간 「산업안전보건법」제9조의2, 동법시행령 제8조의4에 따라 산업재해 등과 관련하여 명단이 공표된 사업장
④ 2020년 일터혁신 컨설팅 지원기업으로 선정된 사업장
⑤ 상호출자제한기업 집단

(3) 비 용

전액 정부지원(무료)

(4) 컨설팅 지원기간

약 9주(총 방문 횟수: 4회 이상)

(5) 모집기간

2020.7.29(수) ~ 9.29(화) (선착순 200개소)

(6) 신청방법

우편(30117, 세종시 한누리대로 422, 고용노동부 고용문화개선정책과) 또는 이메일(goodyang11@korea.kr) 접수

(7) 신청서류

일·생활 균형 홈페이지(www.worklife.kr) 공지사항 내 '2020년도 재택근무 종합 컨설팅 참여기업 모집 공고' 게시물에서 내려받아 작성

(8) 컨설팅 내용

- 기업 맞춤형 재택근무 인사노무관리 및 IT인프라 구축 컨설팅
- 재택근무 관련 노동법적 쟁점사항 및 조직문화 개선 교육
- 유연근무제 지원(고용노동부), 비대면 서비스 바우처 지원(중소기업벤처기업부) 등 정부지원사업 참여 지원
- 재택근무 온라인 상담소를 통한 수시 상담 서비스 지원

※ 자세한 내용은 일·생활균형 홈페이지(www.worklife.kr)의 공지사항 확인

제4장

재택근무 활용 기업 사례

(고용노동부 2020.9.16.
재택근무 종합매뉴얼)

1. (주)인프라웨어

업 종	소프트웨어자문, 개발 및 공급무역(오피스 소프트웨어)
근로자 수	196명(남 153명, 여 43명)
소 재 지	서울시 금천구 가산디지털1로19, 19층
경영성과	2009년~2014년 Mobile Office 9억대 Preload 2014년 폴라리스오피스 글로벌 런칭 2020년 5월 1억 누적 가입자 돌파
도입현황	
도입목적	시간중심 관리에서 '성과중심의 관리체제 전환', 시공간의 제약을 벗어난 '다양한 인재 확보'
도입경과	2020년 2월 유연근무제 도입을 위한 노사합의, 취업규칙 개정, 코로나19 대응을 위한 재택근무 및 시차출퇴근제 실시 2020년 3월 코로나19 확산 방지를 위한 순환재택근무(50% 이상) 및 시차출퇴근제 강화 2020년 5월 생활방역체제 전환 이후, 유연근무 정착을 위한 주 1회 이상 재택근무 권장
정착노력	• 유연근무제 시행 이후 2회 설문조사를 거쳐 의견청취 및 개선 • 원격근무 보안강화를 위한 보안토큰 라이선스 구입(4/1) • 원격근무 협업도구 Teams 구입(4/1) • 화상회의 장비 등 인프라 구축 도입준비 중
시사점	
주요성과	• 일·생활 균형이 가능한 근로환경 조성에 따른 직원 만족도 제고 • 집중력이 필요한 업무에 대한 몰입도 상승 • 근로시간의 유연화로 효율성 증대 • 업무생산성 향상 및 기업 경쟁력 제고 등
성공요인	• 노사합의를 통한 제도 도입 • 근로자 설문조사를 통한 의견 청취 및 개선 • 각종 협업도구 등 IT 인프라 구축

2. (주)대학내일

업 종	광고업(광고 대행 등)
근로자 수	254명(남 84명, 여 170명)
소 재 지	서울시 마포구 독막로 331 마스터즈타워빌딩
경영성과	1999년 매거진 창간 20대 전문 미디어, 리서치, 콘텐츠, 프로모션 추진 마케팅 전 영역에 젊은 서비스를 제공하는 종합 마케팅 에이전시
도입현황	
도입목적	주 52시간 근무제 시행에 맞춰 광고마케팅 업무특성에 맞춘 일·생활 균형 문화 조성
도입경과	2019년 下유연근무제 도입을 위한 노사합의 2020년 1월 선택근무제, 근로시간 관리시스템 신규 도입 및 관련 교육 실시 2020.2.25~ 코로나19 대응을 위한 재택근무 실시
정착노력	• 취업규칙 및 코로나19 재택근무 내부 기준 수립 • 의무근로시간대(10시~15시) 지정 • 주말 출근 시 평일근무를 휴일로 대체 • 연장·야간·휴일 근로 시 관리자 사전 승인 必 • 30분 단위 휴가사용 허용 • 주 52시간 관련 Q&A 수시 운영 등
시사점	
주요성과	• 인건비 부담 경감 • 업무 자율성 부여를 통한 효율성 및 창의력 제고 • 인재 이탈 방지 및 기업 이미지 상승 • 정부 정책방향에 부응하는 지속가능 경영시스템 구축 등
성공요인	• 제도 도입 전 시스템 구축 및 교육 실시 • 전 직원을 대상으로 한 자율 재택근무 시행

3. 스마트스터디(주)

업 종	소프트웨어 개발업(유아용 교육 콘텐츠)
근로자 수	267명(남 61명, 여 206명)
소 재 지	서울시 서초구 명달로 94, 5층
경영성과	'핑크퐁', '아기상어' 등 콘텐츠를 제작하여 모바일 앱, 유튜브, IPTV 등 다양한 플랫폼에 서비스 제공 * 총 20개 언어, 17개 유튜브 채널 운영, 누적 조회 수 300억 회 이상, 총 구독자 수 6,000만 명 이상
도입현황	
도입목적	창립 초기부터 구성원 각자의 업무효율을 높이기 위해 최대한 '자율'을 부여하자는 취지에서 상시 재택·원격근무 실시
도입경과	창립 초기부터 자율적으로 개인별 원격근무 실시 2015년 6월 메르스 사태 초기 전사 재택근무 실시 전사 재택근무 경험을 바탕으로 원격근무 가이드 마련 및 지속적인 원격근무 환경 조성 2020년 2월 코로나 사태 초기 대응을 위해 재택근무 가이드라인 마련 및 배포, 전사 재택근무 실시
정착노력	• 재택근무 관리 프로세스 도입(대시보드, 재택근무일지) • 업무 자산에 대해 반출 지원 • VPN(Virtual Private Network) 개선을 위한 UTM(Unified Threat Management) 도입
시사점	
주요성과	• 업무효율성 향상 및 구성원 간 신뢰 및 책임 강화 • 자율적·수평적 조직문화 구축 및 유지 • 전염성 질병으로부터 내부 구성원 보호
성공요인	메르스 사태 당시 재택근무 경험을 토대로 재택근무 가이드라인 마련 및 전사적 재택근무 실시

4. (주)레이니스트

업 종	데이터베이스 및 온라인 정보 제공업(자산관리 서비스)
근로자 수	189명(남 112명, 여 77명)
소 재 지	서울시 영등포구 국제금융로8길 16, 9층
경영성과	누적 639억 투자 유치(2019년 8월 450억 투자유치) 연평균 매출 322%성장(2017년~2019년 매출 기준) 연평균 182% 인력증가(매년 말 4대보험 가입자 기준)
도입현황	
도입목적	시간중심 관리에서 '성과중심의 관리체제 전환', 물리적 공간의 제약을 벗어난 '다양한 인재 확보'
도입경과	2020년 2월 코로나19 대응을 위한 재택근무 실시 2020년 3월 코로나19 확산 방지 위한 재택근무 실시, 재택근무 정착 위해 재택근무 체크리스트와 조직 Ground Rule 도입 2020년 5월 재택근무 정착 위해 일부 팀원 주 1회 정기 재택근무 테스트 진행 및 코로나19 대응 위해 일시적 전사 재택근무 실시 2020년 7월 일·생활 균형을 위한 유연근무제 도입
정착노력	• 유연근무제 시행 이후 근태관리에 대한 의견 청취 및 개선 • 원격근무 보안강화를 위한 VPN 서비스 도입 • 화상회의 장비 등 인프라 구축 도입 준비 중
시사점	
주요성과	• IT 협업 툴을 통한 업무생산성 향상 • 일·생활 균형 분위기 조성으로 장기근속 유도
성공요인	• 빠른 결단을 통한 선제적인 재택근무 도입 • 근로자 설문조사를 통한 의견청취 및 개선 • 각종 협업툴 등 IT 인프라 구축

5. (주)지비스타일

업 종	유아동내의 제조, 도소매(브랜드: 무냐무냐, 첨이첨이)
근로자 수	97명(남 36명, 여 61명)
소 재 지	서울시 송파구 문정동 현대지식산업센터 A동 9층
경영성과	자사몰 리뉴얼 및 온라인 영업 확대 R&D 및 프로세스 개선을 통한 품질향상 및 원가 절감 20년 영업이익 대폭 개선
도입현황	
도입목적	효율적이고 스마트한 근무로 업무생산성 향상 및 직원 행복과 기업경쟁력 강화 도모
도입경과	2018년 7월 유연근무제 도입을 위한 노사합의, 취업규칙 개정, 탄력근무제 실시 2020년 1월 유연근무의 효율성 확인되어 자율출퇴근제 확대 2020년 2월 코로나19 확산으로 전사 재택근무제 시행 2020년 4월 코로나19 안정세로 자율출퇴근제만 시행 2020년 6월 코로나19와 관계 없이 팀장관리 하에 자율 재택근무 시행
정착노력	• 유연근무제 시행 이후 3차례 설문조사 및 인터뷰 • 익명게시판 등을 통해 의견청취 및 근태 규정·지침 개정 • 네트워크 보안 강화 및 화상회의 인프라 구축
시사점	
주요성과	• 기업 브랜드 이미지 향상으로 우수인재 확보 • 직원만족도 및 업무몰입도 제고 • 경력단절 및 숙련인력 이직 방지로 기업경쟁력 향상
성공요인	• 직원들과 적극적·지속적 소통으로 제도 개선·보완 • 화상회의 프로그램, 재택근무직원 6대 수칙 신설 등 IT 인프라 및 합리적인 제도 구축

6. 알서포트(주)

업 종	소프트웨어 개발·자문·공급(화상회의, 원격지원, 원격제어SW)
근로자 수	242명(남 172명, 여 70명)
소 재 지	서울시 송파구 위례성대로 10
경영성과	코로나 기간 동안 재택근무로 전환, 영업 비즈니스 지속 경영 재택근무 실시로 직원의 건강염려, 불안 등 해소 재택 선호 등 유연한 근무방식 도입으로 다양한 인재 확보
도입현황	
도입목적	'성과중심의 관리체제로 전환', 시공간 제약을 벗어난 '다양한 인재 확보'
도입경과	2020년 2월 노사합의, 취업규칙 개정을 통한 유연근무제 도입 2020년 5월 생활방역체제 전환 이후, 유연근무 정착 위해 주 1회 이상 재택근무 2020년 6월 과제중심 집중근무와 재택근무를 혼합한 방식 추진
정착노력	• 재택근무가 실제 업무 성과로 이어지는 사례 발굴 • 업무의 과제화 등으로 더 많은 직원의 재택 ·원격근무 유도
시사점	
주요성과	• 업무집중도 및 만족도 향상 • 업무효율 증대에 따른 업무생산성 제고 • 일·생활 균형 도모로 이직 방지
성공요인	• 경영진의 의지와 직원 참여 권장으로 제도 안착 유도 • 원격근무에 대한 중간 관리자급의 협업방안 마련 • 전 임직원이 성과와 결과를 함께 만들고 공유한다는 합의를 바탕으로 재택근무 정착

7. 엔에이치엔(주)

업 종	서비스, 도소매, 전자금융업, 전자상거래업, 인터넷서비스
근로자 수	1,029명(남 680명, 여 349명)
소 재 지	경기도 성남시 분당구 대왕판교로 645번길 16
경영성과	2020년 2분기 매출 전년도 대비 10.6% 증가
도입현황	
도입목적	‘다양한 인재 확보’, ‘일·생활 균형을 바탕으로 한 근무문화’, ‘불필요한 야근 없애기 문화’ 정착
도입경과	2017년 7월 시차출퇴근제 도입 2018년 8월 선택적 근로시간제 확대 2020년 2월 코로나19 대응 위해 재택근무 실시 2020년 3월 코로나19 확산 방지 위해 재택근무 실시(주 2회 협업데이로 유연 출근) 2020년 5월 생활방역체제 전환 이후, 유연근무 정착을 위한 주 1회 리모트워크 실시
정착노력	• 설문조사를 통한 의견 청취 및 개선 • 원격근무 협업 툴 Dooray 활용 • 임산부 및 초등학생 이하 자녀 임직원 대상 ‘올데이 재택근무’ 지원 • 유튜브 라이브 스트리밍을 통한 교육 진행 • 랜선 회식을 위한 PAYCO 기프티콘 증정
시사점	
주요성과	• 직원만족도 및 조직몰입 제고 • 경력단절 방지 • 업무생산성 향상 및 기업경쟁력 제고
성공요인	• 경영진의 의지 • 협업툴 활용 및 보안시스템 구축 • 설문조사에서 나온 직원 의견을 제도 개선에 반영

8. SK이노베이션(주)

업 종	석유 정제품 제조업, 리튬전지 제조 및 판매 등 투자회사
근로자 수	2,390명
소 재 지	서울시 종로구 종로 26 SK빌딩
경영성과	2020년 상반기 전세계 전기차 배터리 시장점유율 3.9% 차지
도입현황	
도입목적	근무공간의 자율성 확대를 통한 자율과 책임, '결과' 중심의 '일하는 방식 혁신' 추진
도입경과	2020년 2월 코로나 위기단계 '심각' 발표에 따라, 구성원 안전을 위해 필수근무자 외 전 구성원 재택근무 추진(평균 재택근무율 65%) 2020년 5월 재택근무제 도입하고 조직별 재택근무 운영가이드라인 마련 * 직무범위 사업장의 설비·장비를 직접 운영·관리하거나 상시 활용하는 업무, 안전점검·사고처리 등 즉각 대응이 필요한 업무를 제외한 전 직무
정착노력	• 재택근무 시 협업을 위한 협업 툴(WebEX) 도입 • 보안정책 개선 및 외부망 Device 접속 보안 강화, 자료유출 모니터링 체계 구축 • 실시간으로 업무 및 성과관리가 가능한 모바일기반 시스템(O! Works) 도입 • 재택근무 효과성 검토 및 지원 필요사항 확인을 위해 구성원 대상 의견조사 • 재택근무의 생산성 향상·촉진을 위한 환경조성을 위해 1+3 실험* 실시 * 1주 사무실 근무 + 3주 Office Free 자율근무로 구성원의 일하는 방식, 리더의 일관리 방식 변화 및 직무만족도, 구성원의 정서적 변화 등 측정
시사점	
주요성과	• 시공간의 자율성 확대로 자발적·자기주도적 일하는 방식 혁신 • 구성원 개개인에게 최적화된 근무공간의 선택과 활용 • 불필요한 회의 ·보고 축소 등으로 업무집중도 및 생산성 향상 • 이동시간 단축, 업무비효율 제거로 직원의 일·생활 균형 향상 및 자기계발 시간 확보
성공요인	• 다양한 의견청취와 참여·실험 등을 통해 재택근무에 대한 공감대 형성 및 전파 • 필요 인프라 및 환경 조성을 위한 사전준비와 적극적 지원

9. 램리서치매뉴팩춰링코리아(유)

업 종	반도체장비 제조업
근로자 수	272명(남 240명, 여 32명)
소 재 지	경기도 오산시 가장산업동로 14-9(가장동)
경영성과	2019년 국내 생산 모듈 5000호기 출하 달성 2016년 업계 최초 ALD 공정으로 차세대 메모리 실현
도입현황	
도입목적	코로나19로 인한 사업운영의 영향을 최소화하고 제조업이 '현장중심 업무'라는 통념에서 벗어나, 근무 위치보다는 업무성과 중심의 관리 체제 강화
도입경과	2020년 3월 생산 직접 인력을 제외한 지원 부서, 직원을 중심으로 Group A, B로 나눠 격주 재택근무 2020년 4월 직원들의 건강한 휴식을 위한 연휴 등에 연차휴가연계 사용 권장 (불필요한 여행 및 외부활동은 자제 권장) 2020년 5월 생활방역체제전환 이후에도 재택근무기간 연장하여 현재까지 유지 중 * 생산 밀접부서 제외한 전 부서 재택근무 활용률 70% 이상 달성(2020년 6월 기준)
정착노력	• 재택근무자의 불필요한 출근 방지 • 재택근무 이용률 제고 위해 출근이 필요한 경우 최소 1일 전에 부서장 승인 후 안전보건관리담당자(EHS)에게 사전 인품하여 회사 방문기록 철저히 관리 • 대면근무 최소화를 통한 비대면 근무(Untact Business) 활성화 장려 • 커뮤니케이션은 이메일, 사내 메신저, Skype 등 화상회의 프로그램을 활용하여 업무차질 최소화
시사점	
주요성과	• 코로나19 유행에 따른 방역지침준수 및 확진자 발생 시의 대규모 업무 차질 방지 • 근로자들의 출퇴근시간 부담 해소 및 일·생활 균형 실현 • 디지털 시대에 걸맞은 업무방식 확산으로 제조업계의 4차 산업혁명대비 선도
성공요인	• 재택근무가 가능한 직군을 중심으로 높은 비율(70~100%)로 재택근무 실시 • 담당 부서장 및 안전보건관리담당자(EHS)의 확인절차를 통한 불필요한 출근 차단 • 코로나 사태로 인한 비대면 커뮤니케이션 등 난제 해소방안 마련

제5장 재택근무를 위한 규정 정비

- 제1절 재택근무를 위한 규정 작성
- 제2절 재택근무제 관련 규정 모델 및 서식

제1절 재택근무를 위한 규정 작성

1 취업규칙 정립의 필요성

1. 취업규칙의 작성

재택근무자는 통상근무자와 마찬가지로 근로자이므로 모두 근로기준관계법령이 적용된다. 재택근무자에게도 취업규칙이 적용된다. 취업규칙이란 당해 사업의 근로자 전체에 걸쳐 적용될 복무규율과 임금 등 근로조건에 관한 준칙의 내용을 담고 있으면 그 명칭을 불문한다(대법 2004.2.12, 2001다63599). 인사규정, 복무규정, 재택근무관리규정 등은 취업규칙에 해당한다.

취업규칙의 작성·신고의무가 있는 상시 10인 이상의 근로자를 고용하고 있는 사업장은 재택근무제도의 도입시 취업규칙의 작성·신고의무가 있다. 사업주는 취업규칙에 규정된 사항에 변경이 발생하는 경우에는 취업규칙을 개정하여 지방고용노동청 또는 지방고용노동지청에 신고하여야 한다.

재택근무 도입에 따라 변경이 생긴 사항은 근로자의 자택을 근무장소로 하는 경우 외에 재택근무시에 적용하는 근로시간제나 휴게시간, 재택근무시에 발생하는 통신요금 등을 부담시키는 비용부담에 관한 사항, 재택근무자에 대한 교육·연수 등을 실시하는 경우에는 이러한 사항 등도 마찬가지이다.

또한 개정 후의 취업규칙을 근로자에게 유효하게 적용하기 위해 변경된 취업규칙의 내용을 근로자에게 주지시킬 필요가 있다. 최근 시행한 재택근무는 사전에 노사가 근로조건에 합의하거나 취업규칙, 단체협약 등에 근거를 마련하지 않은 채 급히 임시·잠정적으로 추진한 경우가 많다. 재택근무가 장기화할 경우 전체 근로시간을 정하거나 업무수행범위를 정할 때 다툼이 발생할 가능성이 있다. 사용자는 근로계약, 취업규칙을 통해 명확한 재택근무 기준과 관리 체계를 마련해야 한다. 근로자도 분쟁 소지를 막기 위해 명확한 근무 결과를 남겨두면 좋다.

〈근로기준법상 취업규칙 작성·신고의무가 있는 사항〉(근로기준법 제93조)

제93조【취업규칙의 작성·신고】 상시 10명 이상의 근로자를 사용하는 사용자는 다음 각 호의 사항에 관한 취업규칙을 작성하여 고용노동부장관에게 신고하여야 한다. 이를 변경하는 경우에도 또한 같다.

1. 업무의 시작과 종료 시각, 휴게시간, 휴일, 휴가 및 교대 근로에 관한 사항
2. 임금의 결정·계산·지급 방법, 임금의 산정기간·지급시기 및 승급(昇給)에 관한 사항
3. 가족수당의 계산·지급 방법에 관한 사항
4. 퇴직에 관한 사항
5. 「근로자퇴직급여 보장법」 제4조에 따라 설정된 퇴직급여, 상여 및 최저임금에 관한 사항
6. 근로자의 식비, 작업 용품 등의 부담에 관한 사항
7. 근로자를 위한 교육시설에 관한 사항
8. 출산전후휴가·육아휴직 등 근로자의 모성 보호 및 일·가정 양립 지원에 관한 사항
9. 안전과 보건에 관한 사항

9의2. 근로자의 성별·연령 또는 신체적 조건 등의 특성에 따른 사업장 환경의 개선에 관한 사항

10. 업무상과 업무 외의 재해부조 (災害扶助)에 관한 사항
11. 직장 내 괴롭힘의 예방 및 발생 시 조치 등에 관한 사항
12. 표창과 제재에 관한 사항
13. 그 밖에 해당 사업 또는 사업장의 근로자 전체에 적용될 사항

2. 취업규칙의 작성, 변경의 절차

취업규칙에 재택근무에 관한 규정이 없고 근로자와 개별적인 합의도 없다면 회사는 근로자에게 재택근무를 시킬 수 없다. 취업규칙을 변경하여 근로조건을 변경하는 것은 가능하다. 근로자에게 불리한 변경은 원칙적으로 금지되어 있다. 재택근무의 도입에 따라 취업규칙을 변경하기 위해서는 근로조건 변경의 필요성, 근로자가 받게 되는 불이익의 정도, 변경 후의 취업규칙 내용의 상당성 등에 유의해야 한다. 또한 근로자와의 개별적인 합의에 따라 취업규칙에서 정한 근로조건 기준을 하회하는 내용으로 변경해서도 안된다.

제94조【규칙의 작성, 변경 절차】 ① 사용자는 취업규칙의 작성 또는 변경에 관하여 해당 사업 또는 사업장에 근로자의 과반수로 조직된 노동조합이 있는 경우에는 그 노동조합, 근로자의 과반수로 조직된 노동조합이 없는 경우에는 근로자의 과반수의 의견을 들어야 한다. 다만, 취업규칙을 근로자에게 불리하게 변경하는 경우에는 그 동의를 받아야 한다.
② 사용자는 제93조에 따라 취업규칙을 신고할 때에는 제1항의 의견을 적은 서면을 첨부하여야 한다.

사용자는 근로계약을 체결할 때 근로자에게 근로시간이나 취업장소를 명시해야 하고 근로시간(소정근로시간) 등 서면으로 명시하여 근로자에게 교부하여야 한다(근로기준법 제17조).

사용자는 근로계약을 체결할 때 재택근무를 전제로 근로자를 고용하는 경우에는 근로자의 자택을 취업장소로 명시해야 할 필요가 있다. 또한 통상근무와 재택근무를 병용한 적용이 예정된 경우에는 통상 근무장소와 자택 쌍방을 취업장소로 명시해야 할 것이다.

근로계약서에 명시해야 할 사항(근로기준법 제17조·동법시행령 제8조)

① 임금: 임금의 구성항목·계산방법 및 지급방법
② 소정근로시간: 근로기준법 제2조제1항제7호에 규정된 일반근로자, 연소자, 유해위험작업 근로자의 소정근로시간
③ 휴일: 근로기준법 제55조의 유급주휴일
④ 휴가: 근로기준법 제60조의 연차유급휴가
⑤ 취업의 장소와 종사하여야 할 업무에 관한 사항(시행령 제8조제1호)
⑥ 근로기준법 제93조제1호부터 13호까지의 규정에서 정한 사항(시행령 제8조제2호)
⑦ 사업장의 부속기숙사에 근로자를 기숙하게 하는 경우에는 기숙사규칙에서 정한 사항(시행령 제8조제3호)

2 재택근무 도입시 근로자의 동의

재택근무의 도입에 따라 취업규칙을 변경하기 위해서는 재택근무에 관한 사항을 취업규칙에 규정하는 외에 새로운 「재택근무규정」을 작성할 필요가 있다. 어떠한 방법을 선택하는가는 각 기업의 판단에 따른다. 재택근무에 관한 사항에 있어서는 재택관리규정에 미리 규정되어 있다면 추가로 규정하면 쉬울 것이다. 재택근무를 이미 도입한 기업은 취업규칙 본칙에는 근무장소의 변경에 관한 사항 등, 필요최소한의 사항만을, 그 밖의 사항에 있어서는 재택근무관리규정에 정하는 것이 실제 운용상 보다 효율적이고 간편할 것이다.

재택근무 관리규정을 작성할 경우에는 통상근무자와 재택근무자에 공통으로 적용되어야 할 사항을 취업규칙 본칙에 규정하고 재택근무를 한 근로자에게만 적용될 사항을 재택근무규정에 규정하여야 할 것이다. 예컨대 재택근무 도입에 따라 선택적근로시간제를 도입할 경우 선택적근로시간제에 관한 사항은 취업규칙 본칙에 규정한다. 재택근무규정에 규정해야 할 사항은 통상근무자에게 적용되지 아니한 사항이 있으면 이러한 사항을 규정해야 한다.

근로시간제 등 근로조건의 기본에 관한 사항은 취업규칙 본칙에 규정해야 하므로 통상근무자와 재택근무자 쌍방에 적용할 사항은 가능하다. 다만 근무형태에 있어서 동일한 근로시간제를 적용해야 할 필요가 있는 것은 재택근무와 통상근무에 병용하여 행하는 것이 간편하다. 임금규정이나 정보관리규정 등 기존의 부속규정이 있는 경우에는 재택근무의 도입에 따라 부속규정의 변경이 필요한 경우가 있다. 부속규정도 취업규칙의 일부이므로 작성·변경시에는 근로자 과반수의 의견 또는 동의를 받아 지방고용노동관서에 신고할 필요가 있다.

〈사례 1〉 재택근무제 도입시 근로자의 동의가 필요한지?

단체협약, 취업규칙, 근로계약서에 재택근무 실시에 관한 규정이 있는 경우에는 해당 규정에 따라 재택근무를 실시하면 될 것이므로 별도로 근로자의 동의가 필요하지 않다.

* (예) 취업규칙 제00조(재택근무) 회사는 근로자대표와 협의하여 희망하는 근로자에 대해 재택근무를 실시할 수 있다

→ 근로자대표와 협의 한 후, 개별근로자의 신청을 받아 재택근무 실시 가능

반면, 단체협약, 취업규칙, 근로계약서에 재택근무 실시에 관한 규정이 없는 경우에는, 근로계약상 근무장소에 대한 변경을 수반하게 되어, 원칙적으로 개별 근로자의 동의를 받아 실시해야 한다. 다만, 코로나19 발생 등으로 감염병 확산 방지를 위해 불가피하게 근로자의 근무장소를 자택 등으로 변경할 필요가 있는 경우에는 근로자와 협의를 거쳐 시행하는 것도 가능하다.

〈사례 2〉 근로계약서상 근무장소에 '사용자가 지정하는 장소'로 기재되어 있는 경우, 사용자의 지시로 재택근무 실시가 가능한지?

담당업무, 사업장 특성 등을 고려하여 개별 근로계약서에 근무장소를 사용자가 지정할 수 있도록 규정되어 있는 경우, 사용자가 자택을 근무장소로 지정한다면, 근로자의 별도 동의 없이도 재택근무 실시가 가능하다(예: 근로계약서 제00조(근무장소) 재택근무자는 회사 내 지정된 장소, 사용자가 지정한 장소 또는 자택에서 근무하여야 한다)

〈사례 3〉 취업규칙 변경을 통해 공식적인 업무방식으로 재택근무제를 도입할 경우 기재해야 될 사항과 절차는?

재택근무를 실시하려고 할 때 반드시 취업규칙에 명시해야 하는 것은 아니며, 근로계약서에 규정하거나 근로자가 동의하는 방법으로 가능하다. 취업규칙에 재택근무에 관한 규정을 두고자 하는 경우, 의무적으로 취업규칙에 명시해야 할 사항에 관한 법령상 규정은 없으나, 재택근무와 관련된 근로조건을 명확히 하여 향후 분쟁을 예방하기 위해서는, 근로시간 및 휴게시간, 연장 · 야간 · 휴일근로, 복무관리 등 재택근무에 따른 제반 근로조건에 대해 명확히 규정하는 것이 바람직하다.

근무장소 변경 외에 임금, 근로시간 등 다른 근로조건의 변동이 없는 경우에는 취업규칙 불이익 변경에 해당하지 않으므로 과반수 노동조합(없는 경우 근로자 과반수)의 의견청취를 거쳐 개정할 수 있다.

〈사례 4〉 특정 직종에 대해서만 재택근무를 도입하는 경우, 취업규칙 변경 절차는?

취업규칙을 개정하여 특정 직종에만 재택근무를 도입할 때, 직종별로 별도의 취업규칙을 적용받는 등 근로조건이 이원화되어 있는 경우라면, 전체 근로자가 아닌 '취업규칙 변경 대상이 되는 직종'만을 대상으로 과반수 노동조합(없는 경우 근로자 과반수)의 의견청취(불이익 변경시 동의)를 거쳐 개정이 가능하다.

다만, 제도 도입 당시에는 일부 근로자 집단만이 개정 취업규칙을 적용받더라도 향후 인사이동, 승급 등으로 다른 근로자 집단도 개정 취업규칙의 적용이 예상되는 경우에는, 적용이 예상되는 근로자 집단을 포함하여 의견청취(불이익 변경시 동의)를 거쳐야 한다.

재택근무제 취업규칙(예시)

제0조 【재택근무】

① 회사는 근로시간의 전부 또는 일부를 자택 등에서 근로를 희망하는 근로자에 대하여 재택근무를 실시할 수 있다.

② 재택근무자의 근로시간은 1일 8시간을 근로한 것으로 본다. 다만 수행업무에 따라 근로시간을 별도로 정할 수 있으며, 근로자대표와 서면 합의로 근로시간을 정한 경우에는 이에 따른다.

③ 재택근무자가 연장, 야간, 휴일근로를 하고자 하는 경우에는 사전에 부서장의 승인을 받아야 하며, 이때에는 통상임금의 50%를 가산하여 지급한다.

④ 회사는 업무회의, 업무지시, 업무수행평가, 교육, 행사 등의 사유로 인하여 회사 출근이 필요한 경우에는 사전에 재택근무자에게 이를 알려야 하며, 재택근무자는 월 정기 출근일이 정해져 있는 경우 이를 준수하여야 한다.

3 「재택근무관리규정」 작성의 포인트

1. 재택근무 도입 목적

(1) 규정 작성의 포인트

재택근무 도입의 목적은 기업에 따라 다르다. 재택근무 도입의 목적을 명확히 하기 위해서는 회사는 어떤 목적으로 재택근무를 도입하는가를 근로자에게 이해시키는 것이 중요하다.

도입을 마친 기업은 일과 생활의 균형의 확립이나 육아·가족돌봄을 하는 근로자의 지원을 목적으로 하는 경우도 적지 않다. 최근 경향은 업무효율화에 의한 생산성 향상, 기업가치의 향상 등 재택근무의 도입을 경영전략의 하나로서 생각하는 기업이 증가하고 있다. 코로나19와 같이 감염병 확산시기에 맞추어 한시적으로 시행하는 경우도 있다. 조직 내에서 재택근무의 목적과 방향성에 대한 충분한 논의와 합의를 바탕으로 근무 규정을 작성하는 것이 바람직하며, 재택근무 관련 규정의 세부내용이 일관성을 유지해야 한다.

(2) 주요 작성 내용

세부내용: 재택근무 시행의 실질적 목적, 재택근무 기회의 형평성, 재택근무자와 비재택근무자 간의 차별 금지 등

(3) 규정례

〈규정례 1〉 고용노동부 2020.4.2. 재택근무 가이드라인

제0조【목적】 이 지침(규정)은 …직원의 재택근무 운영에 관한 사항을 규정함으로써 자율적이고 창의적인 업무수행 및 일과 가정의 양립을 실현하는 것을 목적으로 한다.

〈규정례 2〉

제0조【목적】 이 규정은 워크스타일의 다양화에 대응하여 지적생산성 향상과 근로자의 일과 생활의 균형(Work life balance워라밸)의 실현을 목적으로 하여 자택에서 업무를 수행하는 근로자의 근로조건 그 밖에 취업에 관한 사항을 정함을 목적으로 한다.

〈규정례 3〉

제0조【목적】 이 규정은 육아·가족돌봄 등의 사유로 인한 이직을 방지(회피)하고, 근로자 각자가 스스로 성장하여 경력 향상을 이룰 수 있도록 하며, 자택에서 업무를 수행하는 근로자의 근로조건 그 밖에 취업에 관한 사항을 정함을 목적으로 한다.

〈규정례 4〉

제0조【목적】 이 규정은 유연하고 효율적인 근무환경의 실현을 위하여 업무효율의 향상, 통근시간의 효율화 및 부담의 감소, 나아가 육아·가족돌봄의 양립 지원을 목적으로 자택에서 업무를 수행하는 근로자의 근로조건 그 밖에 취업에 관한 사항을 정함을 목적으로 한다.

2. 용어의 정의 및 운영기준

(1) 규정 작성의 포인트

회사 특성에 맞는 제도의 형태와 운영기준을 정하고 이를 바탕으로 작성한다. 특히, 근무장소의 범위와 유연성의 정도 등에 대해서는 노사 간 이해의 차이가 있을 수 있으므로 최대한 명확하게 표현하도록 한다.

직원들이 재택근무를 할 수 없는 조직의 특정 조건(예: 고객사와 정기 미팅 등)이 있는 경우, 근무규정에 제한 가능성을 명시하고, 정기적으로 구체적인 해당 조건을 변경하여 공지할 수 있다.

다시 한 번, 운영기준이 근로기준법을 위반하는 내용이거나 구성원 간 형평성을 해치지는 않는지 검토한다.

재택근무관리규정에서 사용하는 용어의 정의를 명확히 하여야 한다. 재택근무는 대부분의 근무를 일상적으로 자택에서 수행하는 상시형 재택근무와 필요에 따라 간헐적 또는 수시로 실시하는 수시형 재택근무로 구분할 수 있다.

(2) 주요 작성 내용

다음 관련 용어에 대한 명확한 정의 포함

- 재택근무
- 공식 근무처
- 대안적 근무 장소와 위치

직원들이 선택할 수 있는 재택근무형태의 제시

인사규정의 적용과 변용

(3) 규정례

〈규정례 1〉 2020.4.2. 재택근무 가이드라인

제0조 【정의】 이 지침에서 사용하는 용어의 정의는 다음 각 호와 같다.
1. 전일제 근무는 1일 09시부터 18시까지 8시간 근무하는 것을 말한다.
2. 재택근무란 부여받은 업무를 자택 등 지정된 장소에서 수행하는 근무유형을 말한다.

〈규정례 2〉 고용노동부 2020.9.16. 재택근무 종합매뉴얼

제0조 【운영기준】
① 재택근무의 기간은 1주일 이상을 원칙으로 하되, 1일 단위로도 할 수 있다.
② 재택근무의 근무시간과 휴게시간은 전일제 근무자와 동일하게 적용한다. 다만 수행업무에 따라 근로시간을 별도로 정할 수 있으며, 근로자대표와의 서면 합의로 근로시간을 따로 정한 경우에는 이에 따른다.

③ 재택근무자가 연장, 야간, 휴일근로를 하고자 하는 경우에는 사전에 부서장의 승인을 받아야 하며, 이때에는 통상임금의 50%를 가산하여 지급한다.
④ 회사는 업무회의, 업무지시, 업무수행평가, 교육, 행사 등의 사유로 인하여 회사 출근이 필요한 경우에는 사전에 재택근무자에게 이에 대해 알려야 하며, 재택근무자는 월 정기 출근일이 정해져 있는 경우에는 이를 준수해야 한다.
⑤ 원활한 업무협조 및 근무자의 고립감 해소 등을 위하여 주 1일 이상은 사무실에서 근무하게 할 수 있다. 다만, 이는 업무 특성 및 근무지와의 거리 등 여러 사항을 고려하여 결정한다.

3. 재택근무의 적용범위

(1) 규정 작성의 포인트

재택근무와 관련하여 적용되는 법령, 단체협약 또는 다른 규정에 특별한 것이 있는 것을 제외하고는 재택근무관리규정이 적용된다는 것을 명확히 할 필요가 있다.

(2) 규정례

〈규정례〉 고용노동부 2020.4.2. 재택근무 가이드라인

제0조【적용범위】 재택근무와 관련하여 법령, 단체협약 또는 다른 규정에 특별히 정한 것을 제외하고는 이 지침(규정)에 따른다.

4. 재택근무의 기본원칙

(1) 규정 작성의 포인트

① 회사는 재택근무 실시와 관련하여 소속 부서의 업무에 차질이 없는 범위 내에서 실시하여야 한다. 회사는 재택근무자에게 통상근무자에 비하여 임금 등 근로조건이나 복리후생, 그 밖에 근무성적평정 등 여러 분야에서 차별을 받지 않도록 하여야 한다. 또한 재택근무는 업무성격 및 부서 특성에 맞는 범위 내에서 자율적으로 실시하고 회사는 재택근무가 활성화될 수 있도록 노력하여야 한다. 또한 소속 부서장, 승인권자 및 신청직원은 재택근무로 인해 복무기강이 해이해지지 않도록

복무관리에 철저를 기해야 한다.

② 재택근무는 직원의 권리인지 기업의 재량인지 여부

코로나19로 인한 팬데믹 상황에서 독일이나 칠레 정부 등은 근로자에게 재택근무를 청구할 권리가 있고, 고용주는 원격근무 혹은 재택근무를 실행할 의무가 있다는 법안을 논의하고 있다. 반면, 2010년 「Telework Enhancement Act」를 통과시킨 미국은 주정부 텔레워크 지침에서 이 법률의 의도가 직원의 성과를 저하시키지 않으면서 원격근무 프로그램에 직원들이 최대한 참여할 수 있도록 장려하는 것이며, 원격근무는 직원의 권리가 아니고 자발적인 참여에 의한 것임을 명시하고 있다(United States Office of Personnel Management, 2011.4).

(2) 주요 작성 내용

① 재택근무 도입의 의도와 목적 서술
- 비상 상황 대비, 인력 활용의 효율성 증대, 일·생활균형의 향상, 비용 절감, 직원의 만족 등 목적하는 재택근무의 효과를 명시

② 재택근무 근무규정의 의도는 업무성과를 저하시키지 않으면서 직원들이 재택근무에 최대한 많이 참여할 수 있도록 장려하는 것임을 명시

③ 근로자는 근무 공간의 차이로 인사상의 불이익을 받지 않는다는 점을 명시

(3) 규정례(고용노동부 2020.4.2. 재택근무 가이드라인)

제0조【기본원칙】 ①-1 회사는 재택근무를 적극 실시하되, 소속부서에 차질이 없는 범위 내에서 시행하여야 한다.

①-2 재택근무는 직원의 권리나 회사의 강제사항이 아니다. 다만 상호 간의 이익과 사정에 따라 합의하여 실시한다.

② 회사는 재택근무자가 재택근무로 인해 보수·복리후생·승진·전보·교육훈련·근무성적평정 등에서 차별을 받지 않도록 하여야 한다.

③ 업무성격 및 부서 특성에 맞는 범위 내에 자율적으로 실시하고 회사는 재택근무가 활성화될 수 있도록 노력하여야 한다.

④ 소속 부서장, 승인권자 및 신청직원은 재택근무로 인해 복무기강이 해이해지지 않도록 복무관리를 철저히 하여야 한다.

5. 재택근무적용대상자(자격)의 범위

(1) 규정 작성의 포인트

재택근무를 희망하는 근로자 전원에 대하여 재택근무를 실시하는 것을 원칙으로 한다. 그러나 도입 초기단계부터 적용대상자의 범위를 지나치게 넓게 설정하면 사내에 혼란이 생겨 사업 운영에 지장을 줄 수도 있다.

적용 대상을 제한하는 것은 형평성의 문제로 이어질 수 있으므로, 기준을 정하고 서술하는데 충분히 유의해야 한다. 또한, 판단의 모호함이 없도록 구체적인 요건(근속기간 6개월 이상 등)을 설정하여야 한다.

기존의 직무 기술서나 유연근무제 근무규정과 상충하지 않도록 작성한다.

아울러, 충분히 합리적이지만 규정에 명시되지 않았다는 이유로 재택근무를 신청하지 못하는 경우 등을 방지하기 위해 정기적으로 자격 규정을 개선하는 노력이 필요하다.

그러므로 재택근무 도입 초기에는 적용 대상자의 범위에 일정한 기준을 설정해 적용범위를 한정하고 실시상황을 보아 가면서 적용대상자의 범위를 점차 넓혀가는 것이 바람직하다. 또한 재택근무를 허가받은 근로자도 재택근무자로서의 기준을 충족시키지 않거나 재택근무를 계속하는 것이 적절하지 않다고 판단한 경우에는 통상근무로의 복귀를 명할 수 있도록 정하는 것이 중요하다.

(2) 주요 작성 내용

① 재택근무 대상자의 직원 적합성 요건
- 재택근무를 신청할 수 있는 근속기간의 하한
- 업무성과에 대한 근거

② 직무 특성 및 책임
- 수행 직무의 특성 및 역할 고려
- 업무수행에 필요한 장비 및 작업 공간의 조건
- 직무 수행 일정의 고려
- 해당 직원의 재택근무 시 직원 개인과 조직의 성과에 미칠 영향 고려

(3) 규정례

〈규정례 1〉 (고용노동부 2020.4.2. 재택근무 가이드라인)

제0조【실시분야】 ① 근무 가능 업무는 다음 각 호와 같다.
1. 고객(국민)과의 대면접촉이 거의 없는 업무
2. 결재·보고가 적은 독립성이 강한 업무, 부서 또는 기관 간 업무협조가 적어 조직운영의 독립성이 높은 업무
3. 업무실적 평가의 계량화가 쉬운 업무
4. 승인권자가 업무특성 및 부서 근무여건을 고려하여 정한 경우

② 근무 허가가 불가능한 경우는 다음 각 호와 같다.
1. 해당 업무의 보안대책이 미흡하여 재택근무를 수행하는 경우 심각한 보안위험이 예상되는 경우
2. 고객상담 및 서류접수, 안전점검, 장비점검, 사고처리 등 해당 업무의 수행을 위하여 반드시 특정의 장소에 항상 위치하여야 하는 경우(해당 업무를 재택근무로 수행할 때 현저히 그 위험성이 증가하는 경우를 포함)
3. 그 밖에 사업 목적을 달성하는 것에 심각한 지장이 발생할 수 있는 경우

〈규정례 2〉

제0조【적용대상자】 ① 이 규정은 재택근무를 희망하는 근로자 중 다음 각 호의 요건을 갖춘 자에게 적용한다.
1. 육아, 가족돌봄, 건강상의 이유 그 밖에 부득이한 사정이 있어 통근이 곤란하다고 인정되는 자일 것
2. 재택근무의 신청이 있어야 하고 근속 2년 이상인 자일 것
3. 직무내용이 자택에서 수행하는 것이 적합한 자일 것
4. 소속 부서장의 승인을 받은 자일 것

② 회사는 제1항제1호의 사실을 확인하기 위하여 필요최소한의 서류의 제출을 요구할 수 있다.

③ 회사는 천재지변, 교통재해, 감염증의 유행 그 밖의 사유로 재택근무를 실시하는 것이 적절하다고 판단할 때에는 전 직원에게 재택근무를 명할 수 있다.

〈규정례 3〉

제0조【적용대상자】 ① 재택근무 대상자는 다음 각 호의 요건을 모두 갖춘 자이어야 한다.
1. 재택근무를 희망하는 자일 것
2. 근속 1년 이상인 자일 것
3. 자택에서 자율적이고 원활하게 업무를 수행할 수 있다고 인정된 자일 것
4. 자택의 근무환경 및 보안환경이 적절하다고 인정된 자일 것
5. 소속 부서장의 허가를 받은 자일 것

(이하 생략)

6. 재택근무를 행할 업무의 범위

(1) 규정 작성의 포인트

재택근무를 행할 업무는 정형적인 업무로부터 임시 또는 일시적인 업무 등의 업무로서 광범위한 업무를 대상으로 할 수 있다. 구체적으로는 정보의 수집, 자료·보고서 작성, 기획서·견적서 등의 작성, 경리·회계사무, 데이터의 입력·처리·가공, 설계·디자인, 소프트설계, 프로그램, 원고·논문의 집필·편집·교정, 번역 업무 등을 열거할 수 있다.

도입 초기에는 자사의 ICT환경이나 보안환경에 따라 현재 상황까지의 재택근무에서 행하는 업무를 대상으로 환경정비의 상황을 종합하여 점차 대상업무를 확대하여 갈 수 있을 것이다. 재택근무와 같은 원격 업무 시스템으로 의사소통하면서 자료를 공유할 때 이메일, 채팅 등 어떤 방식을 활용할지 등 각종 규범을 기업실정에 맞게 규정해야 할 것이다.

업종별 재택근무가 가능한 비율(단위:%)

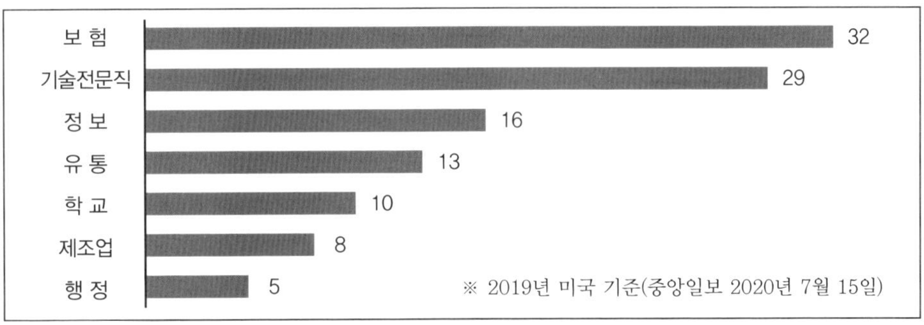

(2) 규정례

제0조【적용대상업무】 재택근무에서 행할 수 있는 업무의 범위는 다음 각 호와 같다.
1. 정보의 수집 및 자료·보고서의 작성
2. 기획서 및 견적서 등의 작성
3. 원고·논문의 집필·편집 및 교정
4. 번역
5. 전 각 호 외에 회사가 인정한 업무

7. 재택근무의 신청 및 해지절차

(1) 규정 작성의 포인트

신청 및 해지 절차는 제도의 접근성과 활성화에 큰 영향을 미치는 요소이므로 기존의 복무관리 정책이나 결재시스템을 재검토하여 합리적인 절차로 개선시키려는 노력이 필요하다.

재택근무 신청시스템이 공평하게 구현될 수 있도록 설계한다.

- 부서 내에서 교대로 재택근무를 활용하는 경우, 같은 패턴이 반복되며 특정인에게 재택근무나 사무실근무가 집중되고 있지는 않은지 확인해야 한다.
- 공식적인 근무규정에서 정하지 않은 이유로 재택근무에서 배제되지 않도록 유의해야 한다.
- 부서 내 특정인에게 재택근무 선택권이 집중되지 않도록 고려할 필요가 있다.

조직 특성에 따라 재택근무 승인 절차의 복잡성 정도를 결정한다.

▲ 여러 명의 상사의 결재와 인사부서의 결재를 거쳐 승인

▲ 부서장과 당사자 간의 협의로 시행

▲ 승인 절차 없이 당사자의 사전 통보로 시행

필요시 재택근무 시범 기간을 설정할 수 있다.

- 구성원들에게 미리 시범 기간을 통지하여 예측가능성을 높이되, 시범 기간에는 언제든 근로자 혹은 조직의 요청으로 중단할 수 있도록 하는 것도 가능하다.
- 시범 기간이 끝나면 직원과 관리자는 업무 용이성과 성과 등을 평가하여, 재택근무 지속 혹은 수정 조건 등을 마련한다.

재택근무적용대상자에게 재택근무의 실시를 승인할 때의 절차로서는 재택근무희망자에게 「재택근무희망신청서」를 제출하도록 하고 소속 부서장의 허가를 받도록 할 수 있다. 또한 재택근무자의 근무환경에 있어서는 소정의 기준을 충족시켰는가를 확인하기 위해 자택의 작업실 규모를 자기신고하도록 의무를 부여할 필요가 있다.

(2) 주요 작성 내용

재택근무허가신청서에 기재하는 사항은 주로 다음과 같다.

1. 신청자의 성명, 소속부서 2. 재택근무를 희망하는 이유 3. 재택근무 실시 희망기간 및 실시 빈도 4. 취업장소 및 취업환경에 관한 사항 5. 재택근무시의 업무의 내용

재택근무를 허가받은 자가 실제로 재택근무를 이용시의 절차는 소속 부서장에게 구두 또는 전자메일로 사전에 제출하도록 하는 등 간소하게 하여 보다 재택근무 이용을 쉽게 하여야 한다.

(3) 규정례

〈규정례 1〉 고용노동부 2020.4.2. 재택근무 가이드라인

제0장 재택근무의 신청 및 해지 등

제0조【재택근무의 시작·종료일】 재택근무의 시작일은 특별한 사유가 없는 한 신청 승인일로 하고, 해지 승인일을 종료일로 한다.

제0조【출·퇴근 등록】 재택근무 대상자는 전자적인 방법으로 매일 출·퇴근 등록을 하여야 한다. 다만, 전자시스템 오류 등 출·퇴근 등록이 안 될 경우 서식에 의거 수기 등록을 할 수 있다.

제0조【재택근무의 신청】 재택근무를 신청 및 변경하려는 직원은 별지 제0호 서식에 따라 재택근무 시작 ( )일 전까지 승인권자에게 승인을 요청하여야 한다.

제0조【재택근무의 승인】 ① 승인권자는 업무상황을 종합적으로 고려하여 업무 수행에 지장이 없는 범위 내에서 재택근무를 승인하여야 한다.

② 다수의 직원이 재택근무를 신청하여 업무 수행에 지장이 있을 때에는 육아 및 질병 치료를 목적으로 하는 직원을 우선하여 승인할 수 있다.

③ 재택근무의 승인을 위하여 필요한 경우 신청자의 분장 업무를 조정하거나 변경할 수 있으며, 신청자가 분장 업무의 변경을 거부한 경우 신청을 철회한 것으로 본다.

④ 부서 서무담당자는 재택근무의 신청이 승인된 경우 다음 각 호에 따라 처리하여야 한다.(예: 전사적자원관리시스템("ERP/계획근무시간/근무유형 입력")에 승인사항 입력)

⑤ 전보 등 인사발령으로 인해 승인권자의 변동이 있는 경우 기존 재택근무의 승인은 별도의 신청절차 없이 유효한 것으로 본다.

제0조【재택근무의 해지】 ① 재택근무는 소속직원의 해지 신청에 대해 승인권자의 승인으로 해지된다. 다만, 직원 복무관리에 문제가 있다고 판단되는 다음 각 호의 어느 하나에 해당하는 경우에는 소속직원의 해지신청 없이 소속부서장이나 승인권자가 직권으로 해지할 수 있다.
1. 신청자의 업무성과가 저해되는 경우
2. 근무를 태만하거나 조직화합을 저해하는 행위를 하는 경우
3. 영리행위 등 재택근무 신청 목적에 맞지 않게 활용하는 경우
② 재택근무의 해지 신청은 별지 제0호 서식에 따른다.

〈규정례 2〉

제0조【신청절차】 ① 재택근무를 희망하는 자는 소정의 재택근무허가신청서를 소속 부서장에게 제출하여 승인을 받아야 한다.
② 재택근무의 허가를 받아 재택근무를 하는 경우에는 시행 전일까지 소속 부서장에게 제출하여야 한다. 다만 부득이한 사정이 있는 경우에는 시행 당일에 재택근무허가신청서의 제출을 인정할 수 있다.
③ 회사는 업무상 그 밖의 이유로 재택근무의 허가를 취소할 수 있다.

재택근무허가신청서

주식회사○○○○
소속 부서장　　　　　　　　　　　　소속 부서　　　　성명　　　　(인)

본인은 재택근무를 희망하므로 재택근무규정 제0조의 규정에 따라 다음과 같이 신청합니다.

1. 재택근무를 희망하는 이유
2. 재택근무 실시 희망기간 및 빈도
   (1) 재택근무 실시기간 2020년 월 일~2020년 월 일
   (2) 재택근무 빈도　　□ 매일
   □ 주일 (희망하는 요일: 월·화·수·목·금)
   □ 특정 일 (희망하는 날:)
3. 근무장소　　자택 (주소:)
4. 재택근무를 하는 주된 업무내용
5. 기타

2021년 월 일

근무환경 등 신고서

주식회사○○○○
소속 부서장　　　　　　　　　　　소속 부서　　　　　성명　　　　　(인)

본인은 재택근무규정 제0조의 규정에 따라 재택근무를 희망함으로 자택에서 업무를 수행하는 경우의 근무환경에 대하여 다음과 같이 신고합니다.

1. 정보통신 설비의 상황

항 목	신고사항
① 전화 회선	
② 전화·팩스 기기	
③ 컴퓨터(기종, os, 사용 소프트 등)	
④ 인터넷의 접속사항	

2. 작업환경

(1) 구체적인 작업장소

약도 또는 작업장소의 사진 첨부

(2) 재택근무시의 근무환경

항 목	신고사항
① 책상·의자에 조정기능이 있는가	
② 작업자세를 적절하게 보전하는가	
③ 조명 및 채광에 명암의 대조가 뚜렷하지 않은가	
④ 소음으로 근무환경에 영향이 있는가	
⑤ 온도·습도를 적절하게 조정할 수 있는가	

3. 기 타

(1) 재택근무규정의 내용을 이해하고 있는가　　예·아니오
(2) 재택근무 개시 전 연수를 수강하였는가　　예·아니오
(3) 정보보안 규정의 내용을 이해하고 있는가　　예·아니오
(4) 건강상태가 양호한가　　예·아니오
(5) 자택에서 업무를 수행하는데 동거인의 이해를 얻었는가　　예·아니오
(6) 특별한 사정의 유무　　예·아니오
(구체적 내용:　　　　　　　　　　　　　　　　　)

2021년　월　일

재택근무 허가서

소속 부서　　　　　성명
주식회사○○○○　○○부 부장　(인)
2021년　월　일 재택근무허가신청서에 따라 신청한 사항에 대해 다음과 같이 재택근무를 허가한다.

1. 재택근무의 실시기간
   2021년　월　일부터 2021년　월　일까지로 한다.
2. 근무장소
   근무장소는 신청인의 자택으로 한다.
3. 종사해야 할 업무의 내용
4. 재택근무 기간 중의 수당·비용부담
   (1) 수당으로서 월액 300,000원을 지급한다.
   (2) 통근수당은 지급하지 아니하되 실비 정산한다.
   (3) 재택근무에 따라 발생하는 수도·광열비, 통신비 등의 비용은 신청인이 부담한다.
5. 정보의 취급
   업무에 필요한 기재, 자료, 기타 정보를 회사에서 반출할 때는 소속 부서장의 허가를 받아야 하며, 정보기기관리규정을 준수하여 엄중히 관리하여야 한다.
6. 기타
   본 신청서에 기재되지 아니한 사항에 대하여 취업규칙 및 재택근무규정에 따른다.

본인은 상기 사항을 준수하여 업무를 수행하겠습니다.
2021년　월　일
주소:
성명:　　　　　(인)

8. 재택근무 실시기간

(1) 규정 작성의 포인트

재택근무 실시기간의 설정은 재택근무의 목적에 따라 기업실정의 필요에 맞추어 기간을 다르게 정할 수 있다. 다만 회사의 의향에 반하여 장기화하는 것을 적절히 통제할 수 있도록 적정한 기간을 정하되 이 기간을 초과하는 경우에는 갱신절차를 밟도록 하고, 회사가 재택근무의 실시기간을 컨트롤하는 것이 필요하다.

또한 재택근무 도중 업무수행에 문제가 발생하는 등 실시기간의 도중에 재택근무를 중지시킬 필요가 발생할 가능성이 있으므로 회사가 판단하여 허가를 취소하고 통상근무로의 복귀를 명할 수 있는 취지를 규정하여야 한다.

(2) 규정례

제0조【기간】 ① 재택근무기간은 원칙적으로 재택근무개시일부터 1개월 이내로 한다.
② 제1항의 기간을 초과하여 재택근무를 희망하는 자는 재택근무기간 만료 예정일의 1주일 전까지 소속 부서장에게 재택근무기간의 연장을 신청하여 승인을 받아야 한다.
③ 재택근무자가 다음 각 호의 하나에 해당한 때는 통상근무로 복귀하여야 한다.
1. 재택근무기간이 만료된 때
2. 재택근무기간 만료 전에 본인이 통상 근무에의 복귀신청이 있고 회사가 인정한 때
3. 회사로부터 통상근무로의 복귀를 명령받은 때

9. 재택근무시의 근무장소

(1) 규정 작성의 포인트

재택근무시의 근무장소를 재택근무자의 자택으로 한정하는지 여부는 기업 실정에 따라 판단하여야 한다. 재택근무는 통상 소정근로시간을 근로자의 '자택'에서 근무하는 제도이지만, 업무의 특징을 고려하여 '자택' 외의 장소를 근무장소로 특정 또는 추가하는 것도 가능하다(일종의 원격근무에 해당). 다만, 지정된 장소를 근로자가 임의로 변경하거나 벗어나는 경우 복무위반의 문제가 발생할 수 있으므로, 근무장소 변경이 필요한 경우에는 사전에 정해놓은 절차에 따라 관리자의 승인 등을 받는 것이 바람직하다.

재택근무 관리규정 등을 통해 근무장소 변경 등의 절차를 사전에 명확히 정할 필요가 있다.

최근 카페나 도서관 등에 컴퓨터나 자료를 반입하여 업무를 하는 사람도 많이 볼 수 있다. 외출처에서의 업무는 근무시간의 효율적 이용이라는 장점도 있고, 집중력을 높이는 효과도 있다고 말한다. 재택근무를 이미 끝낸 기업 중에서도 재택근로자를 자택이외의 장소에서 근무하는 것을 인정하는 예도 있다.

그러나 공공장소에서 컴퓨터 등을 사용하여 업무를 행하는 것은 정보누설의 위험을 수반한다. 또한 자택 이외의 장소에서 직무를 수행하는 것을 인정하는 경우 예컨

대 자택에서 도서관으로 근무장소를 이동하는 것이므로 이동의 도중 절도를 당하거나 업무상의 재해에 해당하는 문제도 생길 수 있다. 재택근무는 어디까지나 자택을 근무장소로 하여 업무를 수행하는 것을 인정하는 것이다. 재택근무와 병행하여 모바일워크나 오피스근무의 적용을 인정하는 것은 제외하고 재택근무자의 근무장소는 자택으로 한정하는 것이 바람직하다. 다만, 가족돌봄을 목적으로 하는 재택근무의 경우에는 돌봄을 받는 가족이 거주하는 장소에서 돌봄을 하면서 직무를 수행하는 것이 필요하므로 이러한 경우에는 개별적인 허가에 따라 가족돌봄을 받는 가족이 실제 거주하는 장소(자택이나 아파트)를 근무장소로 인정하는 대응을 하여야 한다.

또한 재택근무자가 자택 이외의 장소에서 업무를 수행하는 것을 인정하는 경우에는 정보누설로 인한 리스크를 감소시키기 위하여 자택 이외의 장소에서 할 수 있는 업무내용이나 업무수행방법을 사전에 규정하는 것이 바람직하다.

(2) 규정례

〈규정례 1〉

제0조 【근무장소】 재택근무자의 근무장소는 재택근무자의 자택이며, 자택 이외의 장소에서 근무하지 못한다.

〈규정례 2〉

제0조 【근무장소】 재택근무자의 근무장소는 원칙적으로 재택근무자의 자택으로 한다. 재택근무의 사유에 따라 자택 이외의 장소를 근무장소로 할 필요성이 있는 경우에는 재택근무허가신청서에 그 취지를 기재하여 회사의 승인을 받아야 한다.

10. 재택근무시의 근로시간

(1) 규정 작성의 포인트

재택근무의 경우에도 통상적으로 사업장에 출근하는 경우와 마찬가지로 근로시간과 휴게, 휴일 등에 관한 근로기준법 규정이 적용되므로, 사용자는 법정근로시간(제50조), 연장근로의 제한(제53조), 휴게(제54조), 휴일(제55조), 연차유급휴가(제60조) 등 근로조건에 관한 사항을 준수하여야 한다.

다만, 재택근무를 할 경우 사업장에 출근하는 경우와 달리 근로시간을 둘러싸고 다툼이 있을 수 있다. 이에 대해서는 일반 근무와 동일하게 적용할 수도 있고, 근로시간 관리가 힘들어 다른 근로시간제를 적용할 수도 있다.

원칙적으로는 재택근무를 하더라도 출근하는 경우와 마찬가지로 통상적인 근로시간제가 적용된다. 특히, 재택근무 시 디지털기기, 정보통신기술 기반으로 상시 통신 가능하며 사용자가 정한 업무의 시작·종료시간, 휴게시간 등의 상시적인 근로시간 관리가 가능한 경우에는 통상적인 근로시간제를 적용할 수 있다.

'상시 통신 가능한 상태'란 사용자가 정보통신기기를 이용하여 전자메일, 전자게시판 등의 방법으로 근로자에게 수시로 구체적인 업무 지시를 하는 것이 가능하며, 사용자로부터 업무지시가 있으면 근로자가 이에 즉시 반응해야 하는 상태에 있음을 의미한다. 이 경우 근무일 중 일부만 재택근무하는 경우 재택근무일과 재택근무일별 근로시간을 별도로 정할 수 있다.

다만, 재택근무를 하면서 상시적인 근로시간 관리가 곤란하거나 적절하지 않은 경우도 있을 수 있다.

재택근무시에 적용할 근로시간제는 통상의 근로시간제 외에 선택적근로시간제, 간주근로시간제 등이 있다. 어떠한 근로시간제를 적용할 것인가를 미리 규정할 필요가 있다.

재택근무의 도입에 따라 새로운 선택적근로시간제나 간주근로시간제를 도입할 경우 새로운 선택적근로시간제에 관한 사항이나 간주근로시간제에 관한 사항은 취업규칙 본칙에 규정하여 당해 규정을 재택근무규정에 의한 재택근무자에게도 적용할 수 있다. 이 경우 근로기준법 제58조제1항 및 제2항에 근로시간 계산의 특례로 규정된 '사업장 밖 간주시간제'를 활용하여 ① 소정근로시간을 근로한 것으로 할 수 있다. 다만, ② 업무 수행을 위해 소정근로시간을 초과하여 근로할 필요가 있는 경우에는 그 업무수행에 통상 필요한 시간을 근로한 것으로 보며, ③ 근로자대표와의 서면합의를 한 경우에는 그 합의에서 정하는 시간을 그 업무수행에 통상 필요한 시간으로 간주하여 임금을 산정할 수 있다.

업무의 성질상 근로자의 재량이 필요한 업무(근로기준법 시행령 제31조)의 경우에는 근로기준법 제58조제3항에 규정된 '재량근로시간제'를 활용하여 근로자대표와의 서면합의로 정한 시간을 근로한 것으로 간주하여 임금을 산정할 수 있다.

또한 재택근무자가 연장근로나 야간근로·휴일근로를 할 수 있는지 여부에 있어서도 미리 규정을 설정하여야 한다. 재택근무자의 근로시간의 취급을 명확히 한다면 장시간 노동이나 야간근로·휴일근로의 일상적인 시행에 따라 건강피해의 발생 방지뿐만 아니라 연장근로 가산임금이나 야간근로수당·휴일근로수당의 지급을 둘러싼 분쟁을 방지하는 데 큰 역할을 할 것이다.

(2) 규정례

〈규정례 1〉 고용노동부 2020.4.2. 재택근무 가이드라인

제0조【운영기준】 ① 재택근무의 기간은 1주일 이상을 원칙으로 하되, 1일 단위로도 할 수 있다.
② 재택근무의 근무시간과 휴게시간은 전일제 근무자와 동일하게 적용한다. 다만 수행업무에 따라 근로시간을 별도로 정할 수 있으며, 근로자대표와의 서면 합의로 근로시간을 따로 정한 경우에는 이에 따른다.
③ 재택근무자가 연장, 야간, 휴일근로를 하고자 하는 경우에는 사전에 부서장의 승인을 받아야 하며, 이때에는 통상임금의 50%를 가산하여 지급한다.
④ 회사는 업무회의, 업무지시, 업무수행평가, 교육, 행사 등의 사유로 인하여 회사 출근이 필요한 경우에는 사전에 재택근무자에게 이에 알려야 하며, 재택근무자는 월 정기 출근일이 정해져 있는 경우에는 이를 준수하여야 한다.
⑤ 원활한 업무협조 및 근무자의 고립감 해소 등을 위하여 주 1일 이상은 사무실에서 근무하게 할 수 있다. 다만, 이는 업무 특성 및 근무지와의 거리 등 여러 사항을 고려하여 결정한다.

〈규정례 2〉 통상의 근로시간제를 적용하는 경우

제0조【재택근로자의 근로시간】 ① 1일의 근로시간 및 휴게시간은 취업규칙 제0조【근로시간】의 정하는 바에 따른다.
② 재택근무자의 근로시간은 제1항의 규정에 따르되 재택근무자는 회사의 승인을 받아 업무 시작·종료시각 및 휴게시간을 변경할 수 있다.
③ 재택근무자에게는 원칙적으로 연장근로, 야간근로 및 휴일근로를 하게하지 아니한다.
④ 재택근무자는 제3항의 규정에 따르되 업무상 필요성에 따라 연장근로, 야간근로 또는 휴일근로가 필요하다고 인정되는 때에는 소속 부서장에게 신청하여 승인을 받을 수 있다. 이 경우 연장근로, 야간근로 또는 휴일근로를 행하는 시간 및 실시하는 업무내용 등은 소정의 방법에 따라 소속 부서장에게 보고하여야 한다.
⑤ 재택근무자의 연장근로, 야간근로 및 휴일근로는 임금규정 제0조에 따라 가산임금을 지급한다.

취업규칙 제0조【근로시간】 ① 소정근로시간은 1주간은 40시간, 1일은 8시간으로 한다.
② 시업시각, 종업시각 및 휴게시간은 다음 각 호와 같다.
1. 시업시각 오전 9시 30분
2. 종업시각 오후 6시 00분
3. 휴게시간 오후 00시 00분부터 오후 00시까지
③ 시업시각·종업시각 및 휴게시간은 업무상 사정에 따라 사전에 예고된 당해 근무일의 소정근로시간 범위 내에서 직장의 전부, 일부 또는 각 근무자별로 변경할 수 있다.

〈규정례 3〉 사업장 밖 간주근로시간제를 적용하는 경우

제0조【재택근무시의 근로시간】 ① 1일 근로시간 및 휴게시간은 취업규칙 제0조【근로시간】의 정하는 바에 따른다.
② 재택근무자의 근로시간은 제1항의 규정에 따르되, 재택근무자가 다음 각 호에 해당하는 경우는 이에 따른다. 회사가 필요하다고 인정한 경우에는 취업규칙 제0조【사업장 밖 간주근로시간제】를 적용하여 취업규칙 제0조【근로시간】 제1항에 규정하는 소정근로시간에 근로한 것으로 본다.
1. 업무에 사용되는 정보통신기기의 접속 유무가 재택근무자에게 맡겨지고, 소속 부서장의 지시에 따라 상시 통신가능한 상태에 있을 것
2. 재택근무자가 수시 소속 부서장의 지시에 따라 업무를 행하고 있을 것
③ 제2항의 규정에 따르되 취업규칙 제0조【사업장 밖 간주근로시간제】 제2항까지는 제3항의 규정에 해당하는 자는 각 항에 규정하는 시간을 근무한 것으로 본다.
(이하 생략)

제0조【사업장 밖 간주근로시간제】 ① 근로시간의 전부 또는 일부를 사업장 밖에서 근로하여 근로시간을 산정하기 어려운 경우에는 제0조【근로시간】에서 정한 소정근로시간을 근로한 것으로 본다.
② 제1항의 업무를 수행하기 위하여 필요한 시간이 제0조【근로시간】에서 정하는 통상적으로 소정근로시간을 초과하여 근로할 필요가 있는 경우에는 그 업무의 수행에 통상 필요한 시간을 근로한 것으로 본다.
③ 제2항에도 불구하고 그 업무에 관하여 근로자대표와의 서면합의를 한 경우에는 그 합의에서 정하는 시간을 그 업무에 수행에 통상 필요한 시간으로 본다.

〈규정례 4〉 선택적근로시간제를 적용하는 경우

제0조 【재택근무시의 근로시간】 ① 재택근무자의 근로시간은 취업규칙 제0조 【선택적근로시간제】를 적용한다.
② 재택근무자의 근로시간은 제1항의 규정에 따르되 취업규칙 제0조 【선택적근로시간제】 제3항에서 규정하는 플렉시블타임 및 코어타임은 재택근무자에게는 적용하지 아니한다. 또한 휴게시간의 변경은 업무수행상의 필요에 따라 탄력적으로 운용할 수 있다.
③ 다음 각 호에서 규정하는 시간 및 날은 선택적근로시간제를 적용하지 아니한다.
1. 오후 10시부터 오전 6시까지
2. 공휴일·하기 휴가
④ 업무상의 필요성에 따라 제3항에서 규정하는 시간 또는 날에 근무할 필요가 있는 경우에는 사전에 소속 부서장에게 신고하여 허가를 받아야 한다.

취업규칙 제0조 【선택적근로시간제】 ① 회사는 필요하다고 인정하는 경우에는 근로자대표와의 서면합의에 따라 매월 1일을 기산일로 하는 선택적근로시간제를 실시할 수 있다. 이 경우 시업시각 및 종업시각은 각 근로자의 결정에 맡기기로 한다.
② 선택적근로시간제 적용대상근로자의 범위, 정산기간, 정산기간의 총 근로시간, 반드시 근로하여야 할 시간대를 정하는 경우에는 그 시작 및 종료시각, 근로자가 그의 결정에 따라 근로할 수 있는 시간대를 정하는 경우에 그 시작 및 종료시각·표준근로시간(유급휴가 등의 계산기준으로 사용자와 근로자대표가 합의하여 정한 1일의 근로시간)은 노사 간의 서면합의로 정한다.
③ 시업 및 종업시각은 근로자가 그의 결정에 따라 근로할 수 있는 시간대 및 반드시 근무를 하여야 할 시간대(이하 코어타임이라 한다)는 다음 각 호와 같다.
1. 업무를 시작할 수 있는 시간대: 오전 8시부터 오전 10시까지
2. 업무를 종료할 수 있는 시간대: 오후 3시부터 오후 8시까지
3. 코어타임: 오전 10시부터 오후 3시까지(휴게시간은 제외한다)
④ 선택적근로시간제 실시기간 중 업무상 긴급성 또는 필요성이 높은 회의, 출장 타부서 또는 거래처 등과의 연락 업무가 있는 경우에는 회사에 출근하거나 출장 등의 명령에 따라야 한다.

〈규정례 5〉 재량근로시간제를 적용하는 경우

제0조 【재택근무시의 근로시간】 재택근무시의 근로시간은 다음 각 호에 따른다.
1. 1일의 근로시간 및 휴게시간은 취업규칙 제0조 【근로시간】의 규정에 따른다.
2. 재택근무자 중 근로기준법 시행령 제31조에 따른 재량근로 대상업무를 수행하는 자는 취업규칙 제0조 【재량근로시간제】를 적용한다.
3. 재택근무자가 재량근로대상업무에 종사하지 아니하는 날에는 제2호의 규정을 적용하지 아니한다.

4. 재택근무자는 원칙적으로 야간근로 또는 휴일근로를 하여서는 아니된다.
5. 제4호의 규정에 불구하고 업무상 필요성이 있어 야간 또는 휴일근로를 하여야 할 필요가 인정될 때에는 소속 부서장에게 신청하여 승인을 받을 수 있다. 이 경우 야간근로 또는휴일근로를 해야 할 시간 및 실시해야 하는 업무내용에 대해서는 소정의 방법에 따라 소속 부서장에게 보고하여야 한다.
6. 야간근로 또는 휴일근로를 시행할 경우에는 임금규정 제0조의 규정에 따라 가산임금을 지급하여야 한다.

11. 재택근무자의 처우

(1) 규정 작성의 포인트

재택근무자의 처우시 고려사항은 재택근무의 도입목적이나 기본방침에 따라 기업에 따라 다를 수 있다. 재택근무를 선택함에 따라 불이익 취급이 된다 하여도 실제로는 이용하기 편리한 점도 있으므로 이 점을 충분히 유의할 필요가 있다. 재택근무자를 통상근무자와 동등한 처우를 하는 기업이 있는가 하면 출근에 수반하여 교통비, 전화대응 등의 면제된 부분, 급여수준을 조금 하향하거나 도급제로 임금을 지급한 사례도 있다. 직무급제를 도입하는 기업의 경우 재택근무 중의 직무에 따라 임금을 인하할 여지도 있으므로 직무급제도나 역할급제도를 도입할 경우에는 재택근무에 수반되는 직무내용이 변경되면 일방적으로 임금인하가 되어 근로조건의 불이익 변경이 인정된다. 재택근무자의 처우를 통상근무자와 달리 취급할 경우에는 취업규칙을 개정하고 개별 근로자의 근로조건 변경에 있어서 합의나 동의가 필요하다. 또한 최저임금법에 따라 임금을 지급하는 것은 의무적인 사항이므로 재택근무자의 최저임금은 최저임금법상 고용노동부장관이 고시한 최저임금을 반드시 지급하여야 한다.

(2) 규정례

제0조【처우】 재택근무자의 처우는 다음 각 호와 같다.
1. 재택근무자의 처우는 급여규정의 정하는 바에 따른다.
2. 재택근무 기간 중의 통근수당은 출근일수에 따라 지급한다.

(3) 근로계약 형태의 변화와 성과 평가

근로계약형태에도 변화가 생기고 있다. 근로시간에 맞춰 임금을 지급하는 것이 지금까지 한국을 비롯한 대부분 국가의 상식이었지만 재택근로가 늘면서 근태관리가 어려워졌다. 또 업무와 일상생활 경계가 불분명하다 보니 근로시간 자체를 어떻게 규정할지도 불분명해졌다. 기업 입장에서는 자칫 노동법규 위반 위험성에도 노출되는 셈이다. 이에 대한 해결책으로 기업들이 주목하는 것이 '잡(job)형 사원제와 직무성과급제' 이다.

1) 잡형사원제

잡형사원제란 업무 내용을 명확히 규정한 업무정의서(job description)를 제공하고 근로시간이 아닌 성과로 평가받는 제도다. 잡형 사원제도는 전 근로자를 대상으로 하는 것이 아니라 근로기준법상 근로시간 휴게 및 휴일이 적용제외되는 관리직 근로자를 대상으로 한다는 점이다.

2) 직무성과급제

우리나라의 임금체계는 기본적으로 근로시간의 길이에 비례하여 산정되는 연공급 구조로 되어 있다. 이러한 임금체계는 엄격한 근로시간 관리가 어려운 재택근무에는 적합하지 않다. 재택근무의 경우 근로시간에 비례하여 임금을 산정할 것이 아니라 직무성과를 기초로 임금을 산정하는 것이 보다 합리적이다. 바로 여기에 해당되는 것이 직무성과급제이다. 직무성과급제는 직무를 명확하게 한 다음 그 성과에 기초하여 임금을 산정하는 방식으로 우리나라 일부 기업에서 도입하고 있으며 정부 방침도 공기업부터 직무급 도입을 강력히 권고하고 있다.

직무성과급은 직급이 아닌 직무 즉 일의 중요도 및 난이도, 업무의 성격과 책임의 정도 등에 기초하여 임금을 산정하기 때문에 첫째 재택근무와 같은 새로운 근무방식에 적합할 뿐만 아니라 고용형태나 연령·학력·성별 등에 따른 불리한 차별을 개선하는 긍정적 효과를 기대할 수 있다. 둘째 대중소 기업간 소득의 양극화 해소 및 생산성 향상에도 기여할 수 있다.

사례 연구 1 **일본 기업 시세이도 및 히타치의 사례**

2020년 초부터 관리직을 대상으로 잡형 근로계약을 도입한 일본 화장품 회사 시세이도는 2021년 1월부터는 사무직 일반직원 8000명도 대상에 포함키로 했다. 히타치 역시 2만 3000명 직원을 대상으로 잡형 근로계약 도입을 결정했다. NTT그룹도 성과연동형 평가제도 도입을 검토 중이다.

사례 연구 2 **재택근무 수당 지급 사례**

코로나19의 재확산으로 재택근무가 장기화하자 재택근무 수당을 도입하는 일본 기업이 늘고 있다. 남아도는 사무 공간을 줄여 절감한 돈으로 재택근무에 필요한 비용을 지원한다는 취지다. 아예 휴가지에 머물면서 일하는 '워케이션(workation)'을 제도적으로 지원하는 기업도 등장했다.
일본 2위 통신회사인 소프트뱅크는 2020년 9월부터 2만여 명에 달하는 전 직원에게 월 4000엔(약 4만4794원)의 재택근무 수당을 지급한다고 2020년 8월 19일 발표했다. 정규직뿐 아니라 계약직, 아르바이트 직원도 대상이다. 소프트뱅크는 "재택근무로 늘어나는 전기요금과 냉난방비, 인터넷 설비 구입비 부담을 덜어주기 위한 것"이라고 설명했다.
2020년 7월 말 일본 정부는 코로나19 환자가 다시 급증하자 기업들에 재택근무를 확대해 출근하는 직원 비율을 30% 이하로 낮춰 줄 것을 요청했다. 연일 1000명 안팎의 코로나19 확진자가 나오면서 이날 현재 일본의 누적 확진자 수는 5만8489명까지 늘었다. 이에 따라 대기업을 중심으로 재택근무를 확대하는 한편 재택근무 지원금을 속속 도입하고 있다.
일본 최대 통신회사인 NTT는 2020년 10월부터 18만 명에 달하는 전 직원에게 하루 200엔의 재택근무 지원금을 지급하기로 했다. 후지쓰와 히타치도 각각 월 5000엔과 3000엔의 재택근무 수당을 지급한다. 직원 7000명의 일본 최대 포털사이트 야후재팬은 2020년 10월부터 보안 등 일부 직종을 제외한 직원 95%에 대해 재택근무를 기본근무 형태로 정하고 월 7000엔의 지원금을 준다.
재택근무가 코로나19 확산 방지뿐 아니라 직원 업무 성과를 향상시킨다는 조사 결과도 일본 기업들이 지원에 적극적인 이유다. 야후가 2020년 6월 초 전 사원을 대상으로 한 설문조사에서 '성과가 향상됐다'는 응답이 38%로, 2020년 5월 초 조사보다 13%포인트 올랐다. '성과가 저하됐다'는 응답은 7%에 불과했다. 코니카미놀타재팬이 2020년 6월 재택근무 실시 4개월째를 맞아 전 직원(3500명)을 대상으로 한 조사에서도 '성과가 향상됐다'거나 '성과에 변함이 없다'는 응답이 79%였다. '성과가 저하됐다'는 응답은 10%였다. (한국경제신문 2020.8.20)

일본 기업들의 재택근무 지원금(한국경제신문 2020.8.20)

(단위: 명, 엔)

회사	직원 수	지원금액
소프트뱅크	2만	월 4000
NTT	18만	하루 200
후지쓰	8만	월 5000
히타치	2.3만	월 3000
야후재팬	7000	월 7000

12. 재택근무자의 휴가·출장

(1) 규정 작성의 포인트

재택근무자도 통상근무자와 마찬가지로 회사 취업규칙에서 규정하고 있는 법정 휴가와 약정휴가를 차별없이 청구할 수 있고 행사할 수 있다. 재택근무자가 업무상 출장을 가도록 명령을 받거나 출장사유가 있으면 소속 부서장의 승낙을 받아 회사 취업규칙에서 규정한 절차에 따라 갈 수 있다.

(2) 주요 작성 내용

1) 휴 가

통상적인 휴가사용 절차와 동일하게 가능하다. 다만, 휴가 기간에는 근로제공의 무가 없으므로 재택근무자에게 휴가기간 중 근로제공을 요구할 수 없다는 것에 유의할 필요가 있다.

2) 출 장

관리자의 지시 등에 따라 사업장을 벗어난 장소로 이동하여 업무를 처리하는 것으로 원칙적으로 재택근무시에도 통상의 출장처리(신청, 승인 등) 절차와 동일하게 할 수 있다.

(3) 규정례

〈규정례 1〉

제0조 【재택근무자의 휴가 및 출장】 ① 재택근무자의 휴가는 통상근로자의 휴가와 동일하게 취업규칙에 따라 행사할 수 있다.
② 재택근무자의 출장은 통상근로자의 출장과 동일하게 취업규칙에 정하는 바에 따라 행사할 수 있다.

〈규정례 2〉

제0조 【휴가 및 출장】 휴가 및 출장 중의 처우는 다음 각 호와 같다.
1. 재택근무자의 휴가는 취업규칙의 정하는 바에 따른다.
2. 재택근무기간 중의 출장은 취업규칙의 정하는 바에 따른다.

13. 재택근무시 사용하는 정보통신기기

(1) 규정 작성의 포인트

재택근무시 사용하는 정보통신기기는 정보 보안의 관점에서 회사에서 대여하는 정보통신기기를 사용하는 것이 일반적이다. 업무에서 사용하는 소프트웨어나 어플리케이션도 바이러스 감염 등에 따른 정보 누설을 방지하기 위해 회사의 승인에 따른다는 제한을 하는 것이 필요하다.

또한 BYOD(Bring Your Own Device, 개인 소유 정보통신기기를 직장에 가져와 업무에 활용하도록 허용하는 정책)를 인정하는 경우는 정보보안의 관점에서 이용하는 기기에 대하여 사전에 신청하도록 하고 회사는 사용의 가부를 판단하여 사용 시의 규칙을 「개인단말업무이용규정」등으로 정하여 그 내용을 준수하는 것이 긴요하다.

(2) 재택근무와 관련된 통신비, 소모성 비품 등 비용부담

재택근무와 관련하여 발생하는 통신비, 소모성 비품 등에 대한 비용은 사용자가 부담하는 것이 원칙이다. 다만, 그 비용이 기존의 통상적인 근무(사업장 내 근무) 하에서도 근로자가 부담했던 정도라면 이를 근로자에게 부담하도록 하는 것은 가능하나, 그 비용이 통상적인 근무 하에서 근로자가 부담하는 정도를 초과한다면 이는 사용자가 부담해야 하며, 이와 관련한 향후 분쟁을 예방할 수 있도록 노사가 사전에 협의하여 정하는 것이 바람직하다.

(3) 규정례

〈규정례 1〉

제0조【재택근무시의 사용기기】 ① 회사는 재택근무자에게 업무상 필요한 정보통신기기를 대여한다.
② 재택근무자는 회사가 대여한 정보통신기기에 회사가 승인하는 이외의 소프트웨어나 어플리케이션을 설치하지 못한다.
③ 재택근무자는 회사의 사전 허가 없이 자기가 소유하는 개인용 정보통신기기를 업무에 사용하지 못한다.

〈규정례 2〉

제0조【재택근무시의 사용기기】 ① 회사는 재택근무자에게 필요한 정보통신기기를 대여한다.
② 재택근무자는 자기가 소유하는 정보통신기기(이하 「개인정보통신기기」라고 한다)를 업무에 사용하기를 희망하는 경우에는 소정의 신청서에 필요한 사항을 기재하여 회사에 신청하여야 한다.
③ 회사는 제2항의 신청이 있는 경우 개인정보통신기기의 사용 가부를 심사하여 그 결과를 지체없이 신청자에게 통지하여야 한다.
④ 재택근무자는 회사의 허가를 받은 개인정보통신기기를 업무에 사용하기 위해서는 개인 단말기이용규정을 준수하여야 한다.
⑤ 재택근무자는 재택근무시에 이용하는 정보통신기기에 회사가 승인하는 것 이외의 소프트웨어나 어플리케이션을 설치해서는 아니된다.

14. 재택근무시의 보안 관리

(1) 규정 작성의 포인트

정보보안에 관한 사항은 보안규칙 등에 규정하는 것도 가능하다. 재택근무규정에서 재택근무자가 준수하여야 할 보안에 관한 사내규정 등을 명확히 하여 교육·연수 등을 통하여 재택근무자에게 그 내용을 이해시켜 정보보안을 확보하는 것이 중요하다. 사무실에 비해 보안이 취약한 재택 근무환경에서는 보안관리에 필요한 대책을 마련해야 한다.

보안 대책에는 보안서약서 작성, 보안 교육에 관한 사항, 보안 지침 위반에 대한 제재 등이 포함된다.

재택근무 환경이 기업 보안 위험도를 높일 수 있으므로 기술적 대비와 근로자 행동지침 등을 정해야 한다.

(2) 주요 작성 내용

① 재택근무 시 서버 접속 지침

- 주거 공간의 공유기 사용에 대한 것
- 도서관 등 공공장소의 Wifi 사용에 대한 것
- 휴대전화 핫스팟 연결에 대한 것

② 재택근무 시 보안등급별 정보 처리 지침

- 예: 고객 개인정보를 다루는 업무의 주의사항

③ 재택근무 시 장소 보안 지침

- 화상회의나 전화 통화 장소의 개방성 정도에 대한 지침

④ 보안 지침 위반에 대한 모니터링과 처분

⑤ IT보안에서 가장 중요한 것은 '신원인증'이다. 아이디와 비밀번호만으로 회사 네트워크에 접속하는 현행 시스템은 보안에 취약할 수 있다. 그간 기업에서는 보안 토큰(휴대용 저장장치), OTP(일회용 비밀번호) 생성기 등을 지속 도입, 강화해왔는데 갑자기 일반 직원들의 원격근무가 크게 늘면서 공백이 생겨버렸다. 보안을 위해서는 다소 불편하더라도 신원 확인 과정이 더 까다로워져야 한다. 스마트폰의 모바일 지문인식기와 연계된 원격인증 장치를 활용하는 등 인증 절차를 이중, 삼중으로 강화하는 것이 바람직하다. 회사 내부에 비해 보안체계가 허술한 재택근무환경을 틈타 이용자 계정을 탈취, 주요 시스템에 침투하는 해킹 사고도 있다.

(3) 규정례

〈규정례 1〉

제0조【보안 및 교육】 ① 재택근무자는 업무 정보가 외부로 유출되지 않도록 주의하여야 하며, 별지 제0호의 보안서약서를 작성하여 신청서와 함께 승인권자에게 제출하여야 한다.
② 승인권자는 보안 등 재택근무자가 지켜야 할 사항에 대해 사전교육을 실시하여야 한다

〈규정례 2〉

제0조【정보관리】 ① 재택근무자는 업무상 필요한 기재, 자료 그 밖의 정보를 회사에서 반출하는 경우에는 소속 부서장의 허가를 받아야 하고, 반출된 기재, 자료 그 밖의 정보를 엄중하게 관리하여야 한다.
② 재택근무자는 정보보안규정을 준수하여 정보가 누설되지 않도록 상시 주의하여야 한다.
③ 재택근무자는 업무 수행을 위하여 인터넷이용규정, 전자메일이용규정, 정보통신기기이용규정, 정보관리규정 등을 포함한 회사의 취업규칙을 준수하여야 한다.

15. 재택근무시의 비용부담

(1) 규정 작성의 포인트

재택근무시에 발생하는 비용은 정보통신기기에 따른 비용, 통신회선의 설치 등에 따른 비용, 문구, 비품, 우송 등에 따른 비용, 수도·광열비, 교통비 등이 있다. 업무상 필요한 비용은 본래 회사의 부담으로 한다. 그러나 재택근무에 수반하여 발생하는 수도·광열비나 통신비 등에 있어서는 회사에서 부담하는 부분과 근로자 개인이 부담하는 부분을 구분하기 어려우므로 이와 같은 비용은 재택근무자의 부담으로 하고 일정액을 재택근무수당으로 하여 지급하는 경우도 있다.

또한 통근수당은 재택근무의 실시빈도에 따라 정기대(정액제)로 지불하는 것이 적당한 경우와 회사에 출근한 날의 교통비를 실비정산하는 것이 적당한 경우도 있으므로 회사에 출근한 일수에 따라 결정하는 것을 생각할 수 있다.

재택근무에 따라 발생하는 비용을 재택근무자에게 부담시키는 경우에는 미리 노사가 충분히 대화하고 취업규칙에 그 취지를 규정하는 것이 바람직하다. 재택 근무지에서 근무하는 사람은 상사의 '눈'에서 벗어나 있기 때문에 근태가 불량해질 수

있다는 우려는 재택근무를 반대하는 대표적인 목소리이다.

재택근무 환경에서 '눈으로 하는 통제'는 어렵지만, 오히려 디지털 수단을 통해 더 강화된 통제도 가능하다. 그러나 엄격한 통제가 꼭 업무성과에 긍정적인 영향을 주는지, 사생활 침해의 우려는 없는지와 같은 고민을 통해 우리 회사에 적절 한 복무관리 방식을 도입해야 한다.

(2) 규정례

제0조【비용부담】 재택근무 시의 비용부담은 다음과 같다.

1. 재택근무자는 재택근무의 실시에 따른 자택에서의 통신회선 등의 초기공사 및 회선의 설치 등을 하는 경우에는 그 비용을 회사에 청구한다. 또한 청구 가능한 비용 내역을 별도로 정한다.
2. 재택근무 실시 시에 발생하는 통신비, 우송비, 사무용품에 드는 비용 그 밖에 회사가 인정하는 비용은 회사가 부담한다.
3. 수도·광열비 그 밖의 비용은 재택근무자가 부담한다.

16. 재택근무자의 복무 관리

(1) 규정 작성의 포인트

재택근무 근로자에 대해서도 근로기준법을 비롯하여, 단체협약이나 취업규칙 등에 따른 근로시간 및 휴게는 그대로 적용된다. 다만, 취업규칙 등에 재택근무 시 복무에 관한 사항을 명확히 하는 것이 바람직하다.

원칙적으로 근로자는 재택근무를 이유로 근로조건과 처우에 차별받지 않아야 하므로, 이에 유의하여 복무관리 규정을 작성해야 하며 근로자 보호를 위한 조항으로 지나친 초과근무를 방지하는 조항을 마련하여야 한다. 초과근무 사전승인 절차를 추가하는 등의 조치가 가능하다.

복무관리 지침을 과도하게 구체적이고 엄격하게 작성하면 현장의 소극적 태도로 인해 재택근무 도입 목적이 달성되지 못할 가능성이 높아진다.

사소한 사항은 근로자들이 자율 관리할 수 있도록 하거나 부서별 규칙에 따르게 할 수 있다.

재택근무와 더불어 근무시간까지 적극 고려하여 복무관리 지침을 수립할 수 있다.

▲ 회사가 지정한 시간 동안에만 근무하는 경우 ▲ 재택근무 신청 시 신청자와 해당 부서장이 협의하여 근무시간을 확정하는 경우 ▲ 재택근무 동안 주당 총 근로시간만 준수하도록 하는 경우에도 의사소통이 가능한 시간대는 협의하는 경우 ▲ 근무시간을 자율로 하더라도 근로자의 건강을 위해 야간근로는 금지하는 경우

따라서, 근무시간 중 사용자의 승인이 없거나 휴가를 사용하지 않고 근무장소를 임의로 벗어나거나 사적 용무(개인 업무, 취미, 기타 영리활동 등)를 하는 것은 취업규칙이나 복무규정 등에 위반될 수 있다.

한편, 재택근무는 '자택'에서 근무하는 성질상 근로시간과 일상생활이 혼재되는 경우가 많으므로 사용자도 재택근무의 특성에서 기인하는 사회통념상 허용될 수 있는 근로자의 최소한 활동에 대해서는 양해할 필요성도 존재한다.

업무에 지장이 없는 선에서 간헐적으로 아픈 가족이나 유아를 돌보는 행위 등은 허용될 수 있다.

(2) 주요 작성 내용

① 재택근무 근무시간에 대한 명시
- 재택근로자는 회사에서 제공하는 근무시간 관리 시스템을 사용하여 근무시간을 정확하게 기록하거나, 자동으로 근무시간이 정확하게 기록될 수 있도록 조치해야 한다.

② 재택근무자의 근무 현황을 모니터링 하는 시스템의 작동에 대한 지침
- 근무시간 기록 모니터링 시스템의 도입
- 모니터링 시스템의 목적과 운영 방식의 명시
- 신중하고 일관된 기록 지침 수립

③ 의사소통에 관한 지침
- 관계자 간 의사소통 채널의 지정: 동료 간, 직원과 고객 간, 타 협력 조직과의 소통 등

– 필수적인 의사소통 시기와 빈도

④ 일·생활 간 경계 관리에 관한 지침

– 재택근무시간이 육아나 학업을 위해 사용될 수 없음을 명시

– 개별 직원의 개인적인 책임을 잘 수행하기 위해 근무시간과 장소가 조정될 수는 있으나, 근무시간 동안 업무성과와 조직의 요구를 충족시키는 것에 예외가 있을 수 없음

⑤ 재택근무 시행 전, 재택근무 시행자와 담당 관리자의 필수 교육 이수에 대한 지침

(3) 규정례

〈규정례〉 고용노동부 2020.4.2. 재택근무 가이드라인

제0조【복무관리】 ① 재택근무자는 출·퇴근시간 등 복무 사항을 준수하여야 하며, 승인권자는 필요한 경우 유선 등을 통해 근무상황을 확인할 수 있다.
② 재택근무자는 업무수행 중 개인적인 사정을 이유로 임의로 근무장소를 이탈할 수 없으며, 자택 또는 신청한 근무지 이외의 장소에서 근무가 필요한 경우에는 사전에 승인권자의 승인을 받아야 한다. 다만, 관리자의 사전승인을 얻는 것이 곤란한 경우에는 근무지 변경 후 즉시 관리자에게 보고하여야 한다.
③ 재택근무자는 재택근무 수행 중 긴급상황 발생 시 승인권자에게 이를 즉시 보고하고 적절한 지시를 받아 대처하여야 한다.
④ 재택근무자는 업무 계획 및 실적을 전자적인 방법으로 주 1회 이상 승인권자에게 보고하여야 한다.
제0조【장비 및 비용의 지원】 ① 회사는 재택근무가 가능하도록 업무수행에 필요한 사항들에 대해 지원한다. 다만, 주택관리비, 전기·전화요금, 난방비용, 수도요금 등은 지원하지 아니할 수 있다.
② 제1항에 따른 장비 및 비용의 지원에 관한 세부사항은 회사가 별도로 정한다.

17. 재택근무시의 연락체제·비상상황에 대한 대응지침

(1) 규정 작성의 포인트

재택근무자가 사업장 밖에서 근무하기 때문에 평상시 또는 비상상황시의 재택근

무 시행기준·승인기준 등에 대해서도 사전에 재택근무관리규정을 정해두는 것이 바람직하다.

재택근무시의 연락체제로는 사고발생시의 연락방법, 재해를 포함한 긴급사태 발생시의 연락방법, 정보통신기기의 고장 등 발생시의 연락방법, 일상적 사무연락 등의 방법 등 긴급성이나 중요성 등을 종합하여 정하는 것이 좋을 것이다. 연락체제를 제대로 정비하면 재택근무도 안심하고 근무할 수 있을 것이다.

(2) 규정 작성 내용

전염병이나 자연재해로 공식 근무지가 폐쇄되는 경우에 대한 재택근무 시행 기준을 설정한다.

특수한 상황에서의 재택근무 승인은 연속성 없이 필요시에만 승인하도록 한다.

비상 시 임산부, 돌봄 수요 근로자 등 재택근무 우선 배려 근로자에 대한 기준을 설정한다.

(3) 규정례

〈규정례 1〉 고용노동부 2020.9.16. 재택근무 종합매뉴얼

제0조【비상시 재택근무】
회사는 전염병이나 자연재해 등 비상시의 경우 출근근무 필수인력 및 재택근무 대상자를 미리 사전에 지정하여 재택근무를 실시할 수 있다. 이 경우 임산부, 가족돌봄 등 특별한 사정이 있는 사원이 우선적으로 재택근무를 이용하게 하여야 한다.

〈규정례 2〉

제0조【재택근무시의 연락방법】 ① 재택근무 시 사고 등이 발생한 경우 재택근무자는 소속 부서장에게 연락한다. 또한 소속 부서장의 부재 시에는 소속 부서장이 지명한 자에게 연락한다.
② 사내에 있어서는 긴급연락사항이 발생한 경우 재택근무자에 대한 연락은 소속 부서장이 한다. 또한 재택근무자는 예측하지 못한 사태가 발생한 경우 확실히 연락을 취할 수 있는 방법을 미리 소속 부서장에게 신청하여야 한다.
③ 재택근무시 정보통신기기에 이상이 발생한 겨우 재택근무자는 정보관리부에 연락하고 소속 부서장에게 사후 신속히 보고한다.
④ 사내보·부서 내 회람물은 미리 부서 내에 결정된 담당자가 재택근무자에게 연락한다.

18. 재택근무자의 교육·연수

(1) 규정 작성의 포인트

재택근무 중 준수하여야 할 사항이나 재택근무시에 사용할 정보통신기기나 시설 등의 이용방법을 확인하기 위해 재택근무자에게 연수·교육 수강을 의무적으로 이행하기 위하여 그 취지를 재택근무규정 또는 취업규칙에 규정하여야 한다. 재택근무 근거규정을 비롯하여 재택근무 환경에서 임직원의 자발적인 긍정적 행동을 유도할 조직문화, 또는 업무역량 향상 관련 교육 과정을 개설해야 한다.

또한 안전보건교육, 성희롱예방교육, 개인정보 보호교육 등 법적 필수교육의 내용도 포함하여야 한다.

(2) 주요 작성 내용

① 재택근무 활성화를 위한 인식 개선 교육의 정기적 시행
- 재택근무의 목적과 효과성
- 재택근무의 단점과 방지책

② 재택근무 근무규정에 대한 필수 교육
- 신청 및 해지 절차
- 재택근무 시 근무현황 모니터링과 업무 기록에 관한 의무와 절차
- 근무시간과 휴가, 보상
- 보안관리 지침

③ 재택 업무 역량 향상을 위한 교육의 필수 이수에 대한 조항
- 성과관리
- 일·생활 경계 관리에 대한 문제

④ 관리자의 원격 리더십 향상을 위한 정기 교육시행에 대한 조항

⑤ 온라인상의 성희롱 및 괴롭힘 방지 교육

⑥ 법정 교육의 이수에 관한 지침

(3) 규정례

〈규정례 1〉 고용노동부 2020.9.16. 재택근무 종합매뉴얼

제0조 【재택근무 교육】
회사는 재택근무 활성화를 위한 인식개선, 근무규정, 업무역량 향상, IT기술 활용 등이 필요한 경우 교육을 실시할 수 있으며 사원은 성실히 교육에 임하여야 한다.

〈규정례 2〉 고용노동부 2020.4.2. 재택근무 가이드라인

제0조 【보안 및 교육】 ① 재택근무자는 업무 정보가 외부로 유출되지 않도록 주의하여야 하며, 별지 제0호의 보안서약서를 작성하여 신청서와 함께 승인권자에게 제출하여야 한다.
② 승인권자는 보안 등 재택근무자가 지켜야 할 사항에 대해 사전교육을 실시하여야 한다.

〈규정례 3〉

제0조 【교육·연수】 ① 회사는 재택근무자에게 업무상 필요한 지식·기능을 높이고 자질 향상을 꾀하기 위하여 필요한 교육·연수를 시행한다.
② 재택근무자는 제1항의 교육·연수를 수강하라는 지시를 받은 경우 특별한 사정이 없는 한 수강을 하여야 한다.

19. 재택근무자의 성과관리

(1) 규정 작성의 포인트

기존의 성과관리정책의 어떤 부분을 개선해야하는지 확인해야 한다.

재택근무자에게 적용이 불가능하거나 불리하게 작용할 성과 측정 요소 등을 검토한다.

사무실근무자와 재택근무자의 성과관리 방식과 기준은 원칙적으로는 동일하여, 어느 한 쪽에 불이익한 기준을 적용할 수 없다.

재택근무의 효과는 엄격한 근태관리보다는 근로자의 자율적인 업무수행을 중요시할 때 극대화되므로, 시간보다는 성과와 목표 달성에 중점을 둔 성과관리체계를 수립할 수 있도록 한다.

직무에 따라 업무의 진행과 수준을 기록할 수 있도록 적절한 양식을 준비해야 한다.

업무 기록 및 협업 성과를 축적하는 IT 솔루션을 적극 도입할 수 있다.

(2) 주요 작성 내용

① 업무 기록 및 보고에 관한 책임 명시
- 업무수행에 대한 자동 모니터링 시스템의 운영 방식
- 업무수행에 대한 자가 보고의 책임과 지침

② 재택근무자에 대한 성과평가는 비 재택근무자와 동일하게 이루어짐을 명시

③ 재택근무자는 비 재택근무자와 같은 대우와 기회를 받음을 강조
- (예시) 업무 할당, 자기 계발 기회, 포상 등

(3) 규정례

제0조【성과관리】 ① 회사는 재택근무자에게 적정 업무량을 부여하고, 업무진행 상황 및 결과에 대해 적절한 방식으로 성과를 관리하여야 한다.
② 회사는 재택근무 직원 간 협업도구를 활용하는 이외에 정기적 또는 부정기적 대면회의를 통해 업무진행 상황을 공유하고 업무협업 및 의사소통을 활성화하기 위하여 노력하여야 한다.
③ 회사는 재택근무자와 출근근무자 간 업무성과 평가기준을 달리하여 차별적 처우를 하여서는 아니된다.

20. 재택근무 지원사항

(1) 규정 작성의 포인트

재택근무 공간을 구축하고 업무를 수행하기 위해 필요한 장비요구 사항을 정하고 그 장비나 실비변상 비용을 지원하는 정책과 재원을 마련하도록 한다.

자택 내 공과금이나 사무기구·용품 구매비용, 자택근무가 어려울 경우 공공오피스 대여료 지원 등을 검토할 수 있다.

(2) 주요 작성 내용

① 재택근무자에게 제공할 수 있는 지원, 자료, 장비에 대한 설명
- 노트북, 프린터, 전화, 소모품, 소프트웨어 프로그램, 인터넷 서비스, 기타

사무 장비 등
- 제공된 장비의 유지 관리의 책임
- 회사는 언제든 적절한 장비의 변경에 대한 결정권이 있다.
- 제공된 장비는 업무용으로만 사용해야 한다.
- 재택근무자는 수령한 장비 목록에 서명하고, 물품의 손상이나 도난을 방지하기 위해 적절한 조치를 취할 책임이 있다.

② 고용이 종료된 경우, 일반적으로 지급된 모든 자산이 회사로 반환된다.

③ 제공하지 않는 것에 대한 명시
- 회사는 직원 소유 장비의 손상 및 수리에 대해 책임지지 않는다.
- 회사는 직원이 적합한 업무 환경을 조성하기 위해 공간 인테리어에 사용한 비용을 책임지지 않는다.

④ 직무 수행 중에 합리적으로 발생하는 업무 관련 비용에 대한 처리
- 전화 통신비, 배송비 등

⑤ 전문 임대업자에 의해 제공된 공동 업무 공간을 활용하는 원격근무의 경우 이용료 지원에 대한 규정

(3) 규정례(고용노동부 2020.9.16. 재택근무 종합매뉴얼)

제0조【장비 및 비용의 지원】 ① 회사는 재택근무가 가능하도록 업무수행에 필요한 사항들에 대해 지원한다. 다만, 주택관리비, 전기요금, 전화요금, 난방비, 수도광열비 등은 지원하지 아니할 수 있다.
② 제1항에 따른 장비 및 비용의 지원에 관한 세부사항은 회사가 별도로 정한다.

21. 재택근무자 보상

(1) 규정 작성의 포인트

원칙적으로 근로자는 재택근무를 이유로 합당한 근거 없이 보상에 차별을 받지 않아야 하므로, 관련 법령을 숙지한 후 작성하여야 한다.

실비변상적 금품, 후생복지 등 재택근무로 인하여 변경될 수 있는 사항은 규정에

명시하여야 한다. 다만, 통상임금에 해당하는 금품은 재택근무 여부와 관계없이 지급되어야 한다.

(2) 주요 작성 내용

재택근무 시 기존 근로 계약의 요건과 달라지는 부분의 명시

- 예: 재택근무 시 사무실근무 시보다 일찍 업무를 시작하고 종료하는 것에 대한 허용 등

(3) 규정례

제0조【보상】(고용노동부 2020.9.16. 재택근무 종합매뉴얼)
재택근무자에 대한 교통비·식비는 별도로 지급할 필요가 없으나, 재택근무 중이라도 출장 등의 실비변상적 비용은 지급하여야 한다. 다만, 회사가 근무자들에게 교통비·식비를 정기적·일률적·고정적으로 지급하는 경우에는 재택근무자에게도 지급하여야 한다.

22. 재택근무 안전 규정

(1) 규정 작성의 포인트

사용자의 관리책임이 전통적인 대면 근무에서는 특정 사업장에 한정되었으나, 재택근무 시행 시 대안적 업무공간까지 그 책임이 확장되므로, 안전관리 규정의 보강이 요구된다.

재택근무 시에도 산업재해의 예방을 위한 산업안전보건법 일부 규정을 준수하여야 한다.

(2) 주요 작성 내용

① 재택근로자의 안전 책임에 대한 조항
- 안전 위험이 없는 대안적 근무 공간의 상태를 유지할 책임
- 재택근무지에서 부상을 입은 경우 가능한 빨리 고용주에게 통지할 책임

② 회사의 안전 책임에 대한 조항

- 재택근무자를 위한 안전점검 목록을 정기적으로 제공할 책임에 대한 항목
- 업무와 관련된 부상의 경우 일반적으로 회사의 보상 정책 적용

(3) 규정례

제0조 【안전】 (고용노동부 2020.9.16. 재택근무 종합매뉴얼)
① 재택근무자는 재택근무를 위한 업무공간을 위험요인이 발생하지 않도록 적절히 관리하는 노력을 기울여야 한다.
② 회사는 재택근무자가 건강을 유지할 수 있는 환경에서 일할 수 있도록 재택근무지 작업환경에 관한 기준을 정하여 준수토록 할 수 있다.
③ 회사는 재택근무자가 과도한 작업량이나 장시간 근로로 인해 건강을 해치지 않도록 업무량 및 업무부담의 적정성 여부를 정기적으로 확인하고 장시간 노동에 대한 주의환기 등의 조치를 취할 수 있다.

23. 재택근무자의 근무상황 확인 방법

재택근무시의 근무상황을 확인하기 위해 사용하는 정보통신기기나 재택근무자의 자택 내에 있는 WEB카메라를 설치하거나 정보통신기기에 설치된 소프트웨어나 어플리케이션 또는 웨어러블 센서 등을 통해 취득하는 재택근무자의 실시시간대, 정보의 내용 등에 대해서 사전에 재택근무자에게 설명하는 것이 필요하다. 다만 실제 WEB카메라 등을 설치할 때는 설치장소 등에 대하여 충분히 설명하고 동의를 받아 실시해야 할 것이다.

24. 화상회의 규범(Zorms)

(1) 규정 작성의 포인트

재택근무나 원격근무시 화상회의가 정기 또는 수시로 개최되고 있다. 언택트 시대가 도래하면서 기업 곳곳에서 비대면커뮤니케이션이 활성화되고 있다. 최근 화상회의시대의 규범인 Zorms(Zoom meeting Norms의 합성어)라는 단어가 부상했다. 즉 줌 시대의 규범(Zorms)이 필요한 것이다. 줌 같은 원격 업무 시스템으로 의사소

통하면서 자료를 공유하거나 이메일, 채팅 등 어떤 방식을 활용할지 등 각종 규범이 필요하게 된다.

(2) 규정례

제0조【화상회의의 의사소통 기준】
① 재택근무자는 화상회의시 사용된 각종 자료는 외부로 반출, 누설되지 않도록 한다.
② 화상회의 후 사용된 자료는 회의가 끝난 후 모두 수거하여 함께 보관하여야 하며 소속 부서장의 승낙 없이 지참하거나 개별적으로 사용하지 못한다.
③ 화상회의 의사소통기준은 회사 소관 부서장이 작성하여 회의 시 필요한 때 이를 배포하여야 한다.

제2절 재택근무제 관련 규정 모델 및 서식

1 재택근무제 관련 규정(고용노동부 2020.4.2. 재택근무 가이드라인)

제1장 총칙

제1조【목적】 이 지침은 000 직원의 재택근무 운영에 관한 사항을 규정함으로써 자율적, 창의적인 업무수행 및 일과 가정의 양립을 실현하는 것을 목적으로 한다.

제2조【정의】 이 지침에서 사용하는 용어의 정의는 다음과 같다.

1. "전일제근무"는 1일 09시부터 18시까지 8시간 근무하는 것을 의미한다.
2. "재택근무"란 부여받은 업무를 자택 등 지정된 장소에서 수행하는 근무유형을 말한다.

제3조【적용범위】 재택근무와 관련하여 법령, 단체협약 또는 다른 규정에 특별히 정한 것을 제외하고는 이 지침에 의한다.

제4조【기본원칙】 ① 회사는 재택근무에 대한 직원의 권리로 인정하여 적극 실시하되, 소속부서에 차질이 없는 범위 내에서 시행하여야 한다.

② 회사는 재택근무자가 재택근무로 인해 보수·복리후생·승진·전보·교육훈련·근무성적평정 등에서 차별을 받지 않도록 하여야 한다.

③ 업무성격 및 부서 특성에 맞는 범위 내에 자율적으로 실시하고 회사는 재택근무가 활성화될 수 있도록 노력하여야 한다.

④ 소속부서장, 승인권자 및 신청직원은 재택근무로 인해 복무기강이 해이해지지 않도록 복무관리에 철저를 기해야 한다.

제2장 재택근무의 신청 및 해지 등

제5조【재택근무의 시작·종료일】 재택근무의 시작일은 특별한 사유가 없는 한 신청 승인일로 하고, 해지 승인일을 종료일로 한다.

제6조【출·퇴근 등록】 재택근무 대상자는 전자적인 방법으로 매일 출·퇴근 등록을 하여야 한다. 다만, 전자시스템 오류 등 출·퇴근 등록이 안 될 경우 서식에 의거 수기 등록을 할 수 있다.

제7조【재택근무의 신청】 재택근무를 신청 및 변경하려는 직원은 별지 제0호 서식에 따라 재택근무 시작 전일까지 승인권자에게 승인을 요청하여야 한다.

제8조【재택근무의 승인】 ① 승인권자는 업무상황을 종합적으로 고려하여 업무 수행에 지장이 없는 범위 내에서 재택근무를 승인하여야 한다. 다만, 해당 직원이 상급자의 정당한 직무명령에 따르지 않을 목적 등의 사유로 신청하는 때에는 승인하지 아니할 수 있다.
② 다수의 직원이 재택근무를 신청하여 업무 수행에 지장이 있을 때에는 육아 및 질병 치료를 목적으로 하는 직원을 우선하여 승인할 수 있다.
③ 재택근무의 승인을 위하여 필요한 경우 신청자의 분장 업무를 조정하거나 변경할 수 있으며, 신청자가 분장 업무의 변경을 거부한 경우 신청을 철회한 것으로 본다.
④ 부서 서무담당자는 재택근무의 신청이 승인된 경우 다음 각 호에 따라 처리하여야 한다.(예: 전사적자원관리시스템("ERP/계획근무시간/근무유형 입력")에 승인사항 입력)
⑤ 전보 등 인사발령으로 인해 승인권자의 변동이 있는 경우 기존 재택근무의 승인은 별도의 신청절차 없이 유효한 것으로 본다.
제9조【재택근무의 해지】 ① 재택근무는 소속직원의 해지 신청에 대해 승인권자의 승인으로 해지된다. 다만, 직원 복무관리에 문제가 있다고 판단되는 다음 각 호의 어느 하나에 해당하는 경우에는 소속직원의 해지신청 없이 소속부서장이나 승인권자가 직권으로 해지할 수 있다.
1. 신청자의 업무성과가 저해되는 경우
2. 근무를 태만하거나 조직화합을 저해하는 행위를 하는 경우
3. 영리행위 등 재택근무 신청 목적에 맞지 않게 활용하는 경우
② 재택근무의 해지 신청은 별지 제0호 서식에 따른다.

제3장 재택근무 세부기준

제10조【운영기준】 ① 재택근무의 기간은 1주일 이상을 원칙으로 하되, 1일 단위로도 할 수 있다.
② 재택근무의 근무시간과 휴게시간은 전일제 근무자와 동일하게 적용한다. 다만 수행업무에 따라 근로시간을 별도로 정할 수 있으며, 근로자대표와의 서면 합의로 근로시간을 따로 정한 경우에는 이에 따른다.
③ 재택근무자가 연장, 야간, 휴일근로를 하고자 하는 경우에는 사전에 부서장의 승인을 받아야 하며, 이때에는 통상임금의 50%를 가산하여 지급한다.
④ 회사는 업무회의, 업무지시, 업무수행평가, 교육, 행사 등의 사유로 인하여 회사 출근이 필요한 경우에는 사전에 재택근무자에게 이에 알려야 하며, 재택근무자는 월 정기 출근일이 정해져 있는 경우에는 이를 준수하여야 한다.
⑤ 원활한 업무협조 및 근무자의 고립감 해소 등을 위하여 주 1일 이상은 사무실에서 근무하게 할 수 있다. 다만, 이는 업무 특성 및 근무지와의 거리 등 여러 사항을 고려하여 결정한다.
제11조【실시분야】 ① 근무 가능 업무는 다음 각 호와 같다.
1. 고객(국민)과의 대면접촉이 거의 없는 업무
2. 결재·보고가 적은 독립성이 강한 업무, 부서 또는 기관 간 업무협조가 적어 조직운영의 독립성이 높은 업무

3. 업무실적 평가의 계량화가 쉬운 업무
4. 승인권자가 업무특성 및 부서 근무여건을 고려하여 정한 경우

② 근무 허가가 불가능한 경우는 다음 각 호와 같다.

1. 해당 업무의 보안대책이 미흡하여 재택근무를 수행하는 경우 심각한 보안위험이 예상되는 경우
2. 고객상담 및 서류접수, 안전점검, 장비점검, 사고처리 등 해당 업무의 수행을 위하여 반드시 특정의 장소에 항상 위치하여야 하는 경우(해당 업무를 재택근무로 수행할 때 현저히 그 위험성이 증가하는 경우를 포함)
3. 그 밖에 사업 목적을 달성하는 것에 심각한 지장이 발생할 수 있는 경우

제12조【보안 및 교육】 ① 재택근무자는 업무 정보가 외부로 유출되지 않도록 주의하여야 하며, 별지 제0호의 보안서약서를 작성하여 신청서와 함께 승인권자에게 제출하여야 한다.

② 승인권자는 보안 등 재택근무자가 지켜야 할 사항에 대해 사전교육을 실시하여야 한다.

제13조【복무관리】 ① 재택근무자는 출·퇴근시간 등 복무 사항을 준수하여야 하며, 승인권자는 필요한 경우 유선 등을 통해 근무상황을 확인할 수 있다.

② 재택근무자는 업무수행 중 개인적인 사정을 이유로 임의로 근무장소를 이탈할 수 없으며, 자택 또는 신청한 근무지 이외의 장소에서 근무가 필요한 경우에는 사전에 승인권자의 승인을 받아야 한다. 다만, 관리자의 사전승인을 얻는 것이 곤란한 경우에는 근무지 변경 후 즉시 관리자에게 보고하여야 한다.

③ 재택근무자는 재택근무 수행 중 긴급상황 발생 시 승인권자에게 이를 즉시 보고하고 적절한 지시를 받아 대처하여야 한다.

④ 재택근무자는 업무 계획 및 실적을 전자적인 방법으로 주 1회 이상 승인권자에게 보고하여야 한다.

제14조【장비 및 비용의 지원】 ① 회사는 재택근무가 가능하도록 업무수행에 필요한 사항들에 대해 지원한다. 다만, 주택관리비, 전기·전화요금, 난방비용, 수도요금 등은 지원하지 아니할 수 있다.

② 제1항에 따른 장비 및 비용의 지원에 관한 세부사항은 회사가 별도로 정한다.

제15조【보상】 재택근무자에 대한 교통비 · 식비는 별도로 지급할 필요가 없으나, 재택근무 중이라도 출장 등의 실비변상적 비용은 지급하여야 한다. 다만, 회사가 근무자들에게 교통비·식비를 정기적·일률적·고정적으로 지급하는 경우에는 재택근무자에게도 지급하여야 한다.

제16조【안전에 관한 사항】 ① 재택근무자는 재택근무를 위한 업무공간을 위험요인이 발생하지 않도록 적절히 관리하는 노력을 기울여야 한다.

② 제1항에 따른 장비 및 비용의 지원에 관한 세부사항은 회사가 별도로 정한다.

③ 회사는 재택근무자가 과도한 작업량이나 장시간 근로로 인해 건강을 해치지 않도록 업무량 및 업무부담의 적정성 여부를 정기적으로 확인하고 장시간 노동에 대한 주의환기 등의 조치를 취할 수 있다.

제17조【비상시 재택근무】 회사는 전염병이나 자연재해 등 비상시의 경우 출근근무 필수인력 및 재택근무 대상자를 미리 사전에 지정하여 재택근무를 실시할 수 있다. 이 경우 임산부, 가족돌봄 등 특별한 사정이 있는 사원이 우선적으로 재택근무를 이용하게 하여야 한다.

2 재택근무규칙(취업규칙)

제1조 【목적】 ① 이 규칙은 재택근무자의 취업에 관한 사항을 규정하는 데 있다.
② 이 규칙에서 정하지 아니한 사항은 「회사 취업규칙」에 정한 바에 따른다.
제2조 【근무장소】 재택근무자는 자택에서 근무하되 매주 1회 또는 2회 지정된 일자에 회사에 출근하여야 한다.
제3조 【근무시간 등】 ① 재택근로자는 근로기준법 제58조제1항에서 규정하는 사업장 밖의 근로에 관한 간주근로시간제를 적용하여 소정근로시간을 근로한 것으로 본다.
② 재택근무자가 연장근로, 휴일근로 또는 야간근로를 할 때에는 미리 전자메일이나 전자단말기 등에 따라 소속 과장에게 신청하여야 한다.
③ 재택근무자가 연차유급휴가 또는 경조휴가를 취득할 때에는 그 취지를 전일까지 전자메일이나 전자단말기 등에 따라 소속 부서장에게 신청하여야 한다.
제4조 【근무실적보고】 ① 재택근무자는 근무일의 시업, 종업시각, 실근로시간 및 휴게시간을 소정의 일보(日報)에 기재하여야 한다.
② 재택근무자는 1주일분의 일보를 다음 주 회사 출근시에 소속 과에 제출하여야 한다.
제5조 【급여】 재택근무자의 급여는 정규직원급여규정에서 정한 바에 따른다. 다만 통근수당은 회사 지시에 따라 출근한 날의 금액을 지급한다.
제6조 【기기의 대여, 비용부담 등】 ① 회사는 재택근무자가 자택에서 근무하기 위해 필요하다고 인정하는 기기를 구입하거나 무상으로 대여하거나 설치, 정비, 수리하여야 한다.
② 회사는 재택근무자가 자택에서 근무하기 위해 소요되는 전기사용료, 전화사용료, 전자단말기 이용대금, 용지사용료 등의 비용을 부담한다.
③ 재택근무자는 각 월분의 제2항의 지출액을 매월 15일까지 소정용지에 적어 소속과에 청구하여야 한다.
④ 회사는 제3항의 청구액을 청구한 달의 다음달 급여지급일에 지급한다.
제7조 【연수, 교육】 회사는 재택근무자에게 필요에 따라 직무연수 및 안전보건교육을 실시한다.
제8조 【겸업금지】 재택근무자는 다른 회사의 업무를 수행하거나 업무처리도급 등을 하지 못한다.
제9조 【비밀의 엄수】 재택근무자는 업무상 지득한 기업 비밀, 개인정보 등을 가족 그 밖의 다른 사람에게 누설하지 못한다.

부 칙

이 규칙은 2021년 7월 1일부터 시행한다.

3 개인단말업무이용규정

제1조【목적】 이 규정은 업무효율의 향상 및 정보보안의 유지·향상을 꾀하고 개인이 소유하는 정보통신기기의 업무 이용에 있어서 사내 기준을 확립하는 것을 목적으로 한다.

제2조【대상】 ① 이 규정은 사원 및 임원(이하 사원 등이라 한다)에게 적용한다.

② 위탁사업자 및 파견근로자 등이 개인 명의로 소유하는 정보통신기기를 사용하여 회사의 정보시스템에 접속하는 것은 금지된다.

제3조【정의】 이 규정의 개인단말은 사원 등이 개인 명의로 소유하는 스마트폰, 태블릿, 노트북 등의 휴대 가능한 정보통신기기 및 회사가 인정하는 기기를 말한다.

제4조【이용허가】 ① 사원 등은 개인단말을 회사의 업무에 이용하기를 희망하는 경우 소정의 이용허가신청서를 제출하여 회사의 허가를 받아야 한다.

② 사원 등은 이용허가를 받은 경우 등에 한하여 허가조건에 따라 회사가 인정하는 범위 내에서 개인단말을 업무에 이용할 수 있다.

③ 회사는 사원 등이 업무에 이용하는 개인단말에 업무상 필요하다고 판단되는 범위 내에서 기능의 제한·설정의 변경, 개인단말 내의 정보 삭제 등을 지시하는 경우 사원 등은 회사의 지시에 따라야 한다.

④ 회사는 사원 등의 개인단말 이용상황에 비추어 이용허가를 해제할 수 있다.

⑤ 이용허가를 받지 아니한 사원 등은 개인단말에 의한 업무상의 전자메일, 업무상 사용하는 정보, 고객정보, 업무용 어플리케이션의 이용, 나아가 회사의 정보시스템 접속을 금지한다.

제5조【준수사항 등】 ① 사원 등은 개인단말의 업무이용시에 이 규정 외에 이용허가신청서에 기재하는 사항 및 정보보안규정을 포함한 회사의 제규정을 준수하여야 한다.

② 사원 등은 회사가 실시하는 개인단말의 업무이용에 따른 교육·연수를 수강하여야 한다.

③ 사원 등은 이용허가를 받은 개인단말에 회사가 이용을 금지하는 기본 소프트웨어·어플리케이션을 설치할 수 없다. 다만 개인단말 내의 기본 소프트웨어·어플리케이션을 업데이트할 때에는 그러하지 아니하다.

④ 사원 등은 회사로부터 이용허가를 받은 개인단말 이외의 개인단말을 업무에 이용하는 경우에는 회사에 이용허가신청서를 제출하여 회사의 허가를 받아야 한다.

⑤ 사원 등은 이용허가를 받은 개인단말을 제3자에게 대여하거나 사용하도록 하여서는 아니된다.

⑥ 이용허가를 받은 개인단말에 고장, 이상이 발생한 경우 또는 기종 변경의 필요성 등이 발생한 경우에는 미리 그 취지를 회사에 보고하여 회사의 지시에 따라야 한다.

⑦ 사원 등은 전적·퇴직 등에 따라, 또는 고장·기종변경 등의 사유에 따라 이용허가를 받은 개인단말을 업무에 이용하지 아니하는 경우에는 소정의 이용허가해제신청서를 제출하여 회사의 승인을 받아야 한다. 또한 사원 등은 이용허가 해제에 따라 당해 개인단말에 보존되었던 회사의 업무에 관련된 정보를 삭제하여야 한다.

제6조【선관주의의무】 ① 사원 등은 선량한 관리자의 주의의무로서 개인단말을 관리·이용하여야 한다.
② 사원 등은 개인단말의 관리·이용에 있어 업무상 이용하는 정보와 사적으로 이용하는 정보를 명확히 구분하여 취급하여야 한다.
③ 사원 등은 개인단말의 분실·도난, 고장, 이상이 발생한 경우 또는 바이러스에 감염되어 특히 그 작동에 이상이 있다고 판단되는 경우에는 바로 회사에 보고하여 회사의 지시에 따라야 한다.
④ 사원 등은 이 규정 및 정보보안규정의 개정, 변경에 주의하여 항상 최신 규정내용을 이해하도록 노력하여야 한다.
⑤ 개인단말의 관리·이용에 관한 사항은 소정의 상담창구에 상담하여야 한다.
제7조【감사】 ① 개인단말의 업무이용상황에 대하여 회사의 요구에 따라 감사를 받아야 한다.
② 회사는 개인단말의 이용상황을 확인하기 위하여 사원 등에게 개인단말의 제출을 요구하였을 때 또는 개인단말 내의 기록 등의 정보(삭제된 정보를 포함한다)를 열람, 복사하는 등 정보수집을 할 수 있다.
③ 사원 등은 감사를 받거나 개인단말의 설정상태, 안전성, 업무관련정보의 보존상태 등을 확인하기 위한 조작 등에 협력하여야 한다.
제8조【긴급조치】 ① 회사는 사원 등이 이 규정에 위반하거나 그러한 우려가 있다고 판단하는 경우 또는 보안상의 필요성이 있다고 판단하는 경우에는 즉시 개인단말의 이용허가를 정지 또는 해제하여야 한다.
② 제1항의 경우 사원 등은 회사의 지시에 따라 개인단말 내의 정보(사원 등의 개인정보를 포함할 수 있다)의 삭제를 포함하여 보안상 필요성이 있다고 회사가 판단하는 조치(이하 긴급조치라고 한다)를 즉시 강구하여야 한다.
③ 사원 등이 긴급조치를 강구하지 아니한 경우 또는 긴급조치를 강구하기 어렵다고 인정되는 경우 회사는 당해 사원 등에게 발생한 손해를 책임지지 아니한다.
제9조【징계 등】 ① 이 규정에 위반한 경우 취업규칙에 의한 징계처분을 받을 수 있다.
② 사원 등은 이 규정에 위반하여 회사에 손해를 입힌 경우 손해배상청구를 받을 수 있다.
제10조【개정 및 폐지】 이 규정의 개정 및 폐지는 정보보안위원회의 심의를 거쳐 임원회의의 결의에 따른다.

부 칙

이 규정은 2021년 1월 1일부터 시행한다.

4 보안서약서 예시

1. 본인은 지정한 근무장소에서 재택근무를 수행한다.
2. 본인은 재택근무 수행 중 근무장소에 카메라, 캠코더 등 촬영장치를 반입하지 아니한다.
3. 본인은 재택근무 수행 중 열람 · 작성 · 저장 · 출력한 문서는 철저히 관리하고, 이를 외부로 유출하지 아니한다.
4. 본인은 재택근무 수행과 관련된 문서 또는 정보를 수록한 USB메모리, 광디스크 등 전자적 기록매체를 철저히 관리하고, 이를 외부로 유출하지 아니한다.
5. 본인은 바이러스 감염이나 유포를 방지하기 위해서, 재택근무 수행용 컴퓨터에 백신프로그램을 설치 · 운영하며, 백신 엔진을 최신 상태로 유지한다.
6. 본인은 재택근무 수행을 위하여 본인에게 부여된 ID, 비밀번호, 인증서가 외부로 유출되지 않도록 철저히 관리한다.
7. 본인에게 부여된 ID, 비밀번호, 인증서가 외부로 유출되었음을 인지한 경우 즉시 사용정지 신청을 하고, 이를 재발급 받도록 한다.

※ 본인은 「재택근무제 운영절차」에 의거 상기와 같은 사항을 준수할 것을 서약합니다.

년 월 일

서약자 소속/직급:

성명: (서명 또는 인)

5 재택근무제 신청(변경)서 예시

근 무 기 간	년 월 일 ~ 년 월 일
근 무 시 간	시 분 ~ 시 분
근 무 장 소	
신청(변경) 사 유	
기 타 사 항	기존 근무내역 등

년 월 일

소 속:

성 명: (서명 또는 인)

6 재택근무제 승인 통보서 예시

<table>
<tr><td>성 명</td><td></td><td>부 서</td><td></td></tr>
<tr><td>직 급</td><td></td><td>신 청 일</td><td></td></tr>
<tr><td rowspan="3">신청내용</td><td>근무기간</td><td colspan="2">년 월 일 ~ 년 월 일</td></tr>
<tr><td>근무시간</td><td colspan="2">시 분 ~ 시 분</td></tr>
<tr><td>근무장소</td><td colspan="2"></td></tr>
<tr><td colspan="2">승인내용
승인결과</td><td colspan="2">□ 승인 □ 불승인</td></tr>
<tr><td></td><td>승인기간</td><td colspan="2">년 월 일 ~ 년 월 일</td></tr>
<tr><td>불 승 인
사 유</td><td colspan="3"></td></tr>
<tr><td colspan="4">귀하의 재택근무제 신청은 위와 같이 결정되었음을 통보합니다.

년 월 일

(주) ○○○○ 대표이사 ○○○ (인)</td></tr>
</table>

7 재택근무 업무일지 예시

재택근무일자	20 년 월 일		
근 무 자	소 속:	성 명:	직 급:
	사 번:	연락처:	이메일:
1. 업무실적			
□ 업무실적 - -			
□ 출장 복명(출장 시만 기입)			
□ 기타 - -			
2. 업무계획			
□ 업무계획			
□ 출장계획(출장 시만 기입			
□ 기타 - -			

8 재택근무 해제 신청서 예시

<table>
<tr><td>부 서 명</td><td></td><td>직급</td><td></td></tr>
<tr><td>성 명</td><td colspan="3"></td></tr>
<tr><td>주 요 업 무
(사무분장업무)</td><td colspan="3"></td></tr>
<tr><td>재택근무유형</td><td colspan="3"></td></tr>
<tr><td>해 제 사 유</td><td colspan="3"></td></tr>
<tr><td>해 제 일</td><td colspan="3">년 월 일</td></tr>
<tr><td colspan="4">위와 같이 재택근무제 해제를 신청합니다.

년 월 일
신청인 성명 (인) 또는 서명</td></tr>
</table>

9 개인단말업무이용규정의 작성

1. BYOD 묵인의 위험

BYOD(Bring Your Own Device)란 회사에서 제공한 PC에서만 업무를 수행하는 것이 아니라 개인용 디바이스에서도 처리할 수 있도록 하는 개념이다. 업무에 개인 소유 정보통신기기를 이용하는 것을 인정하는 BYOD에는 정보 누설의 위험이나 노무관리상의 문제가 있으므로 위험회피의 관점에서 BYOD를 금지하는 기업도 적지 않게 있다. 그러나 기업 중에는 BYOD를 공식적으로 인정하지 않더라도 실태상으로는 근로자가 BYOD를 행하는 것을 묵인하는 사례도 있다. 회사의 허가를 받지 아니하고 개인 소유 정보통신기기를 업무에 이용하는 것은 「섀도우 IT」라고 한다. 근로자가 은밀히 행하는 BYOD를 묵인하는 것은 기업 스스로 섀도우 IT를 조장하는 것이기도 하며 심각한 위험상태에 빠질 수 있다. 기업이 BYOD를 인정할지 여부는 어떠한 경우에 있어서도 규정을 명확하고 철저히 하는 것이 중요하다.

2. BYOD 규정 작성의 포인트

BYOD를 인정하는 경우에는 보안의 관점에서 「개인단말업무이용규정」(이하 「BYOD규정」이라 한다)를 작성하는 것이 필요하다. BYOD규정은 어디까지나 샘플이므로 이해하기 쉬울 것이 요구된다. 지켜지지 아니하는 규정은 위험만 증대시키는 원인이 될 수 있다. 규정의 작성시에는 회사에 있어서의 개인 소유 정보통신기기의 이용상황이나 이용자의 필요를 확인·파악하는 데 있어서 현실적으로 운용되는 내용을 정확히 이해하는 것이 필요하다.

BYOD규정에는 주로 다음과 같은 사항을 정할 수 있다.

(1) 목 적

BYOD규정의 실시 목적을 명확히 하여야 한다.

(2) 대상 근로자

BYOD의 실시목적에 맞도록 대상인 근로자의 범위를 정한다.

(3) 대상기기

BYOD를 행하는 단말기기는 기업이 허가한 정보통신기기만이어야 한다.

(4) 허가 조건

이용허가신청을 승인받은 경우에는 허가조건의 범위 내에서 실시하여야 한다.

(5) 준수사항

BYOD 실시 시에 준수하여야 할 사항을 명확히 하여야 한다.

(6) 정보통신기기의 관리 · 운용에 관한 사항

업무상 이용하는 정보통신기기의 관리는 근로자가 부담하는 선관주의의무를 명확히 하여 운용시에 규정 및 운용매뉴얼 등을 준수하는 것을 의무로 하여야 한다.

(7) 감사에 관한 사항

규정 등의 준수상황을 확인하기 위해 회사의 감사권 행사에 관한 사항을 규정한다.

(8) 긴급조치에 관한 사항

규정 위반 등이 인정되는 경우에는 이용허가의 정지 · 해제, 분실 · 도난 등의 발생 시의 신고의무, 긴급조치로서의 정보통신기기 내의 데이터 삭제 등의 조치를 실시할 때의 회사의 권리 등을 정하여야 한다.

(9) 징계 · 손해배상에 관한 사항

준수사항을 위반한 경우에는 징계처분 및 손해배상청구의 대상이 된 취지를 명확히 기재하여야 한다.

3. 서약서의 취득

BYOD규정을 작성하고 그 내용을 근로자에게 주지시킨다. BYOD규정의 설명시에는 BYOD규정을 정하는 취지도 설명한다. 근로자가 개인 소유의 정보통신기기를 업무상으로 이용할 때 받게 되는 제약이나 위험 요소, BYOD규정에 위반한 경우에 받게 되는 불이익 등을 이해시키는 것이 중요하다.

또한 BYOD에는 근로자가 소유하는 정보통신기기의 이용을 제한할 수도 있다. 그리고 보안대책이나 감사 등을 할 때 근로자의 재산이나 사생활 침해의 문제가 생길 수 있으므로 BYOD를 희망하는 근로자에게 개별적으로 서약서를 제출하도록 하여 문제가 일어날 수 있는 사항을 해결하기 위해 미리 본인의 동의를 받아두는 것이 바람직하다.

서약서에 기재해야 하는 사항은 주로 다음과 같다.

① 업무상 이용하는 개인정보통신기기 중에 전 직장 등에서 취득한 다른 기업의 영업비밀 등이 포함되지 않도록 할 것
② 사용하는 기본 소프트웨어·어플리케이션은 회사가 인정한 것만을 사용하여야 하며 개조 등을 하지 않을 것
③ 제3자가 사용하지 않도록 할 것
④ 회사에 의한 이용제한이나 정보수집, 강제적인 데이터의 삭제 등에 동의할 것
⑤ 분실, 도난 등이 발생한 경우에는 바로 회사에 보고할 것
⑥ BYOD종료시 업무에 관련된 데이터는 반드시 삭제할 것
⑦ BYOD규정을 준수할 것

10 개인단말의 업무상 이용에 관한 서약서

본인은 본인의 개인 명의로 소유하는 정보통신기기(이하 「개인단말」이라 한다)를 업무상 이용함에 있어서 다음과 같이 서약한다.

1. 본인은 업무상 이용하는 개인단말을 본인의 명의로 계약한 대로 소유하고 이용허가서에 기재된 기기만을 사용한다.
2. 이용허가서에 기재된 개인단말에는 다른 기업의 기밀정보 및 반출·복제, 제3자에 공개가 금지된 정보 등을 일체 보존하지 아니한다.
3. 개인단말의 업무이용은 이용허가서에 명기된 이용목적 및 이용범위 사항에 한정하여 회사가 정한 제규정을 준수한다.
4. 기본 소프트웨어 및 어플리케이션은 회사가 인정한 것만을 이용하며 개조 등을 하지 아니한다.
5. 회사가 개인단말에 업무상 필요한 기능제한, 설정 변경, 데이터 삭제 또는 개인단말의 이용상황을 확인하기 위해 정보수집을 행하는 데 동의한다.
6. 회사가 필요하다고 판단하는 경우 개인단말을 회사에 제출하여 개인단말 내에 기록된 일체의 데이터(삭제된 데이터를 포함)를 회사가 열람·복사하는 데 동의한다.
7. 개인단말을 제3자에게 대여하거나 사용하게 하지 못한다.
8. 개인단말의 분실·도난, 고장·이상, 바이러스의 감염 또는 발생하는 경우 즉시 그 취지를 회사에 신고하여 회사의 지시에 따라야 한다. 또한 회사가 긴급조치가 필요하다고 판단하는 경우 개인단말에 포함되어 있는 정보(개인정보를 포함)의 삭제에 동의한다.
9. 개인단말의 업무이용 종료시에는 개인단말 내에 기록되어 있는 데이터 또는 업무용 어플리케이션 그 밖의 일체의 정보를 삭제하여야 한다.
10. 본 서약서 및 개인단말의 업무이용에 관한 제규정에 위반하는 경우 개인단말의 이용허가를 취소하더라도 일체 이의를 제기하지 아니한다.

2021년 1월 1일

주식회사○○ 귀중　　　　사원번호

소속

성명　　　　(인)

위의 모든 서식을 전자적 방식으로 구현하여 활용하는 것이 효율적일 수 있다.

11 재택근무에 관한 고용노동부 업무지침

1. 재택근무 가이드라인

재택근무 가이드라인 (고용노동부 2020.4.2)

□ 재택근무란?

ㅇ 근로자가 부여받은 업무를 자택 등 지정된 장소에서 수행하는 근무유형

□ 재택근무의 도입

ㅇ 취업규칙, 근로계약서 등에 재택근무 실시에 관한 규정이 있으면 해당 규정에 따라 실시가 가능하므로 별도의 근로자 동의가 필요하지는 않음

ㅇ 별도의 규정이 없는 경우에는 원칙적으로 개별 근로자의 동의 필요

* 다만, 코로나19 발생 등 감염병 확산방지를 위해 불가피하게 근무장소를 자택 등으로 변경할 필요가 있는 경우에는 근로자와 협의를 거쳐 시행 가능

ㅇ 정부는 재택근무 활성화를 위해서 간접노무비 및 재택근무 인프라 구축비 지원

□ 근로시간, 연장근로 등

ㅇ 통상적인 근로시간제를 적용하는 경우, 노사가 정한 업무의 시작 및 종료시간, 휴게시간 등 일반적인 근로시간제의 적용을 받음

ㅇ 사업장 밖 근무로 근로시간을 산정하기 어려운 때에는 소정근로시간을 근무한 것으로 간주하거나 근로자대표와 서면합의로 정한 시간을 업무수행에 통상 필요한 시간으로 간주할 수 있음

ㅇ 근로자의 재량에 맡길 필요가 있는 업무로서 근로기준법 시행령 제31조로 정한 업무라면, 근로자대표와 서면 합의한 시간을 근로한 것으로 간주 가능

ㅇ 재택근무시 실제 연장·야간근로를 수행한 경우, 가산수당을 추가로 지급

* 분쟁 예방을 위해 연장·야간근로에 대한 승인, 확인 등 절차를 사전에 정하는 것이 바람직

□ 복무관리, 재택근무 비용 등

ㅇ 재택근무 근로자에 대해서도 복무규정 등은 그대로 적용, 근무지 이탈 및 사적용무 등으로 복무규정에 위반되지 않도록 주의할 필요

ㅇ 재택근무자의 위치정보를 수집하기 위해서는 근로자의 동의 필요

ㅇ 재택근무로 발생하는 소모성 비품 등에 대한 비용은 사용자 부담이 원칙

* 다만, 통상근무(사업장내 근무) 하에서도 근로자가 부담했던 정도라면 근로자 부담 가능

□ 산업재해 발생

ㅇ 재택근무에 따른 업무와 관련하여 발생한 부상 또는 질병은 업무상 재해에 해당

* 업무상 재해에 해당하는지는 산재요양 신청 시 근로복지공단에서 개별·구체적으로 판단

1 재택근무 개요

(1-1) 재택근무란?

□ 재택근무란 근로자가 부여받은 업무를 자택 등 지정된 장소에서 수행하는 근무유형을 말함

* 재택근무는 대부분의 근무를 일상적으로 재택에서 하는 상시형 재택근무와 필요에 따라 간헐적 또는 수시로 실시하는 수시형 재택근무로 구분할 수 있음

(1-2) 재택근무에 적합한 직무는?

□ 재택근무는 독립적이면서도 개별적인 업무수행이 가능한 직무, 고객과의 대면접촉이 거의 없는 직무, 특정한 장소에서 이루어지지 않아도 되는 직무 등에 활용하기 용이

* 프로그램 및 게임개발, 웹 디자인, 도서출판, 원격교육, 금융 및 보험마케팅 등의 업종이나, 유선 상담, 전산 업무 등의 분야에 도입이 상대적으로 용이

○ 최근 정보통신 기술의 발달로 일반 사무직 등 재택근무가 가능한 직무는 더욱 많아지는 추세

* 법령상 재택근무 가능 업무가 규정되어 있는 것은 아니므로 사용자는 회사 상황 등을 고려, 자율적으로 재택근무 가능 업무 선정 가능

재택근무제 취업규칙(예시)

제00조【실시분야】 ① 재택 근무가 가능한 경우는 다음 각 호와 같다.

1. 고객(국민)과의 대면접촉이 거의 없는 업무
2. 결재·보고가 적은 독립성이 강한 업무, 부서 또는 기관 간 업무협조가 적어 조직운영의 독립성이 높은 업무
3. 업무실적 평가의 계량화가 쉬운 업무
4. 승인권자가 업무특성 및 부서 근무여건을 고려하여 정한 경우

② 재택 근무가 불가능한 경우는 다음 각 호와 같다.

1. 해당 업무의 보안대책이 미흡하여 재택근무를 수행하는 경우 심각한 보안위험이 예상되는 경우
2. 고객상담 및 서류접수, 안전점검, 장비점검, 사고처리 등 해당 업무의 수행을 위하여 반드시 특정의 장소에 항상 위치하여야 하는 경우(해당 업무를 재택근무로 수행할 때 현저히 그 위험성이 증가하는 경우를 포함)
3. 그 밖에 사업 목적을 달성하는 것에 심각한 지장이 발생할 수 있는 경우

② 재택근무 도입

(1-1) 재택근무제 도입시 근로자의 동의가 필요한지?

□ 단체협약, 취업규칙, 근로계약서에 재택근무 실시에 관한 규정이 있는 경우에는 해당 규정에 따라 재택근무를 실시하면 될 것이므로 별도로 근로자의 동의가 필요하지 않음

* (예) 취업규칙 제00조(재택근무) 회사는 근로자대표와 협의하여 희망하는 근로자에 대해 재택근무를 실시할 수 있다

→ 근로자대표와 협의 한 후, 개별근로자의 신청을 받아 재택근무 실시 가능

□ 반면, 단체협약, 취업규칙, 근로계약서에 재택근무 실시에 관한 규정이 없는 경우에는 근로계약상 근무장소에 대한 변경을 수반하게 되어, 원칙적으로 개별 근로자의 동의를 받아 실시

○ 다만, 코로나19 발생 등으로 감염병 확산 방지를 위해 불가피하게 근로자의 근무장소를 자택 등으로 변경할 필요가 있는 경우에는 근로자와 협의를 거쳐 시행하는 것도 가능

(1-2) 근로계약서상 근무장소에 '사용자가 지정하는 장소'로 기재되어 있는 경우, 사용자의 지시로 재택근무 실시가 가능한지?

□ 담당업무, 사업장 특성 등을 고려하여 개별 근로계약서에 근무장소를 사용자가 지정할 수 있도록 규정되어 있는 경우,

* (예) 근로계약서 제00조(근무장소) 회사 내 지정된 장소 또는 사용자가 지정한 장소

○ 사용자가 자택을 근무장소로 지정한다면, 근로자의 별도 동의 없이도 재택근무 실시가 가능

(2-1) 취업규칙 변경을 통해 공식적인 업무방식으로 재택근무제를 도입할 경우 기재해야 될 사항과 절차는?

□ 재택근무를 실시하려고 할 때 반드시 취업규칙에 명시해야 하는 것은 아니며, 근로계약서에 규정하거나 근로자가 동의하는 방법으로 가능함

□ 취업규칙에 재택근무에 관한 규정을 두고자 하는 경우, 의무적으로 취업규칙

에 명시해야 할 사항에 관한 법령상 규정은 없으나,

○ 재택근무와 관련된 근로조건을 명확히 하여 향후 분쟁을 예방하기 위해서는, 근로시간 및 휴게시간, 연장·야간·휴일근로, 복무관리 등 재택근무에 따른 제반 근로조건에 대해 명확히 규정하는 것이 바람직

○ 근무장소 변경 외에 임금, 근로시간 등 다른 근로조건의 변동이 없는 경우에는 취업규칙 불이익 변경에 해당하지 않으므로 과반수 노동조합(없는 경우 근로자 과반수)의 의견청취를 거쳐 개정이 가능

재택근무제 취업규칙(예시)

제00조 재택근무 ① 회사는 근로시간의 전부 또는 일부를 자택 등에서 근로를 희망하는 근로자에 대하여 재택근무를 실시할 수 있다.
② 재택근무자의 근로시간은 1일 8시간을 근로한 것으로 본다. 다만 수행업무에 따라 근로시간을 별도로 정할 수 있으며, 근로자대표와 서면 합의로 근로시간을 정한 경우에는 이에 따른다.
③ 재택근무자가 연장, 야간, 휴일근로를 하고자 하는 경우에는 사전에 부서장의 승인을 받아야 하며, 이때에는 통상임금의 50%를 가산하여 지급한다.
④ 회사는 업무회의, 업무지시, 업무수행평가, 교육, 행사 등의 사유로 인하여 회사 출근이 필요한 경우에는 사전에 재택근무자에게 이를 알려야 하며, 재택근무자는 월 정기 출근일이 정해져 있는 경우 이를 준수하여야 한다.

(2-2) 특정 직종에 대해서만 재택근무를 도입하는 경우, 취업규칙 변경 절차는?

□ 취업규칙을 개정하여 특정 직종에만 재택근무를 도입할 때, 직종별로 별도의 취업규칙을 적용받는 등 근로조건이 이원화되어 있는 경우라면, 전체 근로자가 아닌 '취업규칙 변경 대상이 되는 직종' 만을 대상으로 과반수 노동조합(없는 경우 근로자 과반수)의 의견청취(불이익 변경시 동의)를 거쳐 개정이 가능

* 다만, 제도 도입 당시에는 일부 근로자 집단만이 개정 취업규칙을 적용받더라도 향후 인사이동, 승급 등으로 다른 근로자 집단도 개정 취업규칙의 적용이 예상되는 경우에는, 적용이 예상되는 근로자 집단을 포함하여 의견청취(불이익 변경시 동의)를 거쳐야 함

(3) 재택근무를 실시하는데 소요되는 비용을 정부에서 지원받을 수 있나요?

□ 정부에서는 재택(유연)근무 활성화를 위하여 아래와 같이 간접노무비 및 인프라 구축비를 지원하고 있는바, 고용보험 홈페이지 또는 고용센터에서 신청할 수 있음

* 구체적인 지원 내용은 참고1, 2 참조

□ 유연근무제 간접노무비 지원 제도

○ 유연근무제(재택근무 등)를 활용하는 사업주에 대해 간접노무비 지원

- (지원대상) 소속 근로자의 필요에 따라 유연근무제 사용을 허용한 우선지원 대상기업 및 중견기업의 사업주
- (지원요건) ① 사업계획서 제출 및 고용센터의 심사·승인, ② 근로계약서 작성 및 취업규칙 등에 제도 마련(시차, 선택 해당) ③ 전자·기계적 방식으로 출퇴근 관리
- (지원내용) 근로자의 주당 유연근무제 활용횟수에 따라 최대 1년간 520만원 지원

○ 지원절차 간소화(2.25.~코로나19 상황 안정 시까지 한시운영)

- 사업신청서 심사 횟수 확대(월 1회 → 수시), 재택근무제 증빙 완화(전자식 근태관리 시스템 → 이메일·카톡 등도 허용), 지원대상 근로자 확대(입사 1개월 내 근로자 등도 지원 가능)

□ 재택근무 인프라(설비) 구축비 지원 제도

○ 재택근무에 필요한 인프라(설비) 구축비용 직접 지원

- (지원대상) 우선지원 대상기업 및 중견기업의 사업주
- (지원요건) ① 고용센터에 사업신청 및 계획서 제출 및 고용센터의 심사·승인, ② 계획 인원의 50% 이상이 재택근무를 활용할 것, ③ 사용의무기간(3년) 준수
- (지원내용) 사업주가 투자한 시스템 구축비의 1/2 범위 내에서 최대 2천만원 지원

* 사업참여신청서 제출일 이전, 설치가 완료되었거나 설치 중인 설비 등은 지원에서 제외

〈지원대상 시설〉

종 류	지원금 용도	지원방식
시스템 구축비	▪ 정보시스템 – 그룹웨어, ERP, 기업 전용 이메일·메신저, 서버, 스토리지, 업무용 소프트웨어 등 ▪ 보안시스템 – VPN 등 원격접속, 정보 유출 방지, 자료 백업 및 복구, 사용자인증 시스템 등 ▪ 서비스 사용료(최대 3년 사용약정분) – 웹 기반의 ERP, 클라우드 사용료, 재택근무자의 인터넷 사용료 등 ▪ 취업규칙 변경, 제도 도입 컨설팅 비용 ▪ 인사담당자 교육·훈련 비용	직접지원

※ PC·노트북 등 통신장비, 건물·토지의 구입 및 임차 비용은 지원 제외

2. 재택근무 종합 컨설팅 제도

(1) 개 요

재택근무가 일상적인 근로형태로 정착될 수 있도록 체계적인 컨설팅을 통한 기업 내 제도화 지원

(2) 신청대상

아래의 참여제외 대상에 해당하지 않는 사업장

① 고용보험 미가입 또는 고용보험료 체납 사업장

② 공고일 기준 최근 3년간 근로기준법 제42조의2에 따라 체불사업주로 명단이 공개되거나 같은법 제43조의3에 따라 체불 사업주로 종합신용정보집중기관에 자료가 제공된 사업장

③ 최근 3년간 「산업안전보건법」제9조의2, 동법시행령 제8조의4에 따라 산업재해 등과 관련하여 명단이 공표된 사업장

④ 2020년 일터혁신 컨설팅 지원기업으로 선정된 사업장

⑤ 상호출자제한기업 집단

(3) 비 용

전액 정부지원(무료)

(4) 컨설팅 지원기간

약 9주(총 방문 횟수: 4회 이상)

(5) 모집기간

2020.7.29(수) ~ 9.29(화) (선착순 200개소)

(6) 신청방법

우편(30117, 세종시 한누리대로 422, 고용노동부 고용문화개선정책과) 또는 이메일(goodyang11@korea.kr) 접수

(7) 신청서류

일·생활 균형 홈페이지(www.worklife.kr) 공지사항 내 '2020년도 재택근무 종합 컨설팅 참여기업 모집 공고' 게시물에서 내려받아 작성

(8) 컨설팅 내용

- 기업 맞춤형 재택근무 인사노무관리 및 IT인프라 구축 컨설팅
- 재택근무 관련 노동법적 쟁점사항 및 조직문화 개선 교육
- 유연근무제 지원(고용노동부), 비대면 서비스 바우처 지원(중소기업벤처기업부) 등 정부지원사업 참여 지원
- 재택근무 온라인 상담소를 통한 수시 상담 서비스 지원

※ 자세한 내용은 일·생활균형 홈페이지(www.worklife.kr)의 공지사항 확인

3 근로시간, 연장근로 등

(1) 재택근무자에 대한 근로시간 · 휴게시간 산정은 어떻게 하나요?

〈통상적인 근로시간제를 적용하는 경우〉

□ 원격·재택근무 시 흔히 활용되는 정보통신기기를 통해 상시 통신 가능하여 사용자가 정한 업무의 시작 및 종료 시간, 휴게시간 등의 관리가 가능한 경우에는 통상적인 근로시간제의 적용을 받음

* '상시 통신 가능한 상태'란 사용자가 근로자에 대하여 정보통신기기를 이용하여 전자메일, 전자게시판 등의 방법으로 수시로 구체적인 업무 지시를 하는 것이 가능하며, 사용자로부터 업무지시가 있으면 근로자가 이에 즉시 반응해야 하는 상태에 있음을 의미

〈다른 근로시간제를 적용하는 경우〉

□ 재택근무와 같이 사업장 밖에서 근무할 때에는 현실적으로 근로시간과 휴게시간의 구분이 어려우므로,

① 이와 같이 근로시간을 산정하기 어려운 경우에는 취업규칙이나 근로계약 등에서 정한 소정근로시간을 근무한 것으로 간주할 수 있음(근기법 제58조제1항 본문)

② 다만, 업무수행을 위하여 통상적으로 소정근로시간을 초과하여 근로할 필요가 있는 경우에는 그 업무 수행에 통상적으로 필요한 시간을 근무한 것으로 볼 수 있음(근기법 제58조제1항 후단).

* 재택근무와 사무실근무의 업무가 동일한 경우에는 사무실에서 하는 업무량 및 근무시간을 기준으로 판단

③ 이 경우 근로자대표*와 서면합의**를 통해, 업무 수행에 통상 필요한 시간을 정하는 것도 가능(근기법 제58조제2항)

* 근로자 과반수로 조직된 노동조합이 있는 경우에는 그 노동조합, 없는 경우에는 근로자 과반수를 대표하는 자

** 법령에서는 서면합의에 포함해야 할 내용을 달리 규정하고 있지 않으나, 통상 필요한 근로시간 이외 근무장소, 적용 대상자 등을 포함할 수 있음

□ 만약, 재택근무를 하는 근로자의 업무가 근로자의 재량에 맡길 필요가 있는 업무(근기법 시행령 제31조에서 정한 업무*)라면 근로자대표와의 서면 합의를 통해 실제 근로한 시간과 상관없이 서면 합의한 시간을 근로한 것으로 볼 수 있

음**(근기법 제58조제3항)

* 신기술·신상품 연구개발, 정보처리시스템의 설계·분석 업무 등

** 업무수행 방법 및 근로시간의 배분을 근로자의 재량에 맡기고 근로자대표와 서면합의로 정한 시간을 근로한 것으로 간주

(2) 재택근무제 운영시, 연장·야간 근로수당을 지급해야 하나요?

〈통상적인 근로시간제를 적용하는 경우〉

□ 통상적인 근로시간제 적용 시, 사용자 지시에 따라 업무를 수행하기 위해 연장·야간근로가 이루어지는 경우 연장·야간근로수당을 추가로 지급해야 함

○ 다만, 향후 분쟁 소지를 줄이기 위해서는 연장·야간근로에 대한 확인 방식이나 절차 등을 노사간에 정하여 운영하는 것이 바람직함

* 예) 근로자가 연장근로를 사전 신청하고 사용자의 허가를 받도록 하는 방식, 근로자가 연장근로시 업무종료시간 및 내용을 입력하는 방식 등

〈다른 근로시간제를 적용하는 경우〉

□ 근로시간을 산정하기 어려워 근로기준법 제58조에 따라 소정근로시간 등을 근로한 것으로 보는 경우*

* ① 해당 업무수행에 통상 필요한 시간(근기법 제58조제1항), ② 근로자 대표와 서면 합의로 정한 통상 필요한 시간(근기법 제58조제2항), ③ 근로자 재량에 위임할 필요가 있는 업무에 대해 근로자대표와 서면 합의로 정한 시간(근기법 제58조제3항) 포함

○ 간주한 근로시간에 연장·야간근로가 포함되어 있다면 해당 시간에 대해서 각각 연장·야간근로 가산수당을 지급하여야 함

* 예) 사업장 밖에서 주로 업무를 수행하는 영업직(소정근로시간: 8시간)에 대하여 업무수행에 통상 필요한 시간을 10시간으로 근로자대표와 서면합의하였다면, 소정근로시간을 초과하는 2시간에 대하여 연장근로 가산수당을 지급해야 함

□ 또한 소정근로시간 등을 근로한 것으로 간주한 경우라도, 사용자의 특별한 지시나 승인으로 소정근로시간을 초과하여 연장·야간근로를 한 경우에는 이에 대해 가산수당을 추가로 지급하여야 함

* 예) 업무수행에 통상 필요한 시간을 8시간으로 근로자대표와 서면합의하였으나, 회사 비상상황으로 인해 사용자의 별도 지시로 새벽까지 근무하였다면 간주근로시간(8시간) 이외의 근무에 대하여는 연장·야간근로 가산수당을 지급해야 함

4 복무 관리

(1) 재택근무자에 대한 근태관리는 어떻게 하는지?

□ 재택근무 근로자에 대해서도 근로기준법을 비롯하여, 단체협약이나 취업규칙 등에 따른 근로시간 및 휴게는 그대로 적용

* 다만, 취업규칙 등에 재택근무 시 복무에 관한 사항을 명확히 하는 것이 바람직

○ 따라서, 근무시간 중 사용자의 승인이 없거나 휴가를 사용하지 않고 근무장소를 임의로 벗어나거나 사적 용무(개인 업무, 취미, 他 영리활동 등)를 하는 것은 취업규칙이나 복무규정 등에 위반될 수 있음

○ 한편, 재택근무는 '자택'에서 근무하는 성질상 근로시간과 일상생활이 혼재되는 경우가 많으므로

– 사용자도 재택근무의 특성에서 기인하는 사회통념상 허용될 수 있는 근로자의 최소한 활동*에 대해서는 양해할 필요성도 존재

* 업무에 지장이 없는 선에서 간헐적으로 아픈 가족이나 유아를 돌보는 행위 등

재택근무자 복무규정(예시)

제00조 재택근무 ① 재택근무자는 출·퇴근시간 등 복무 사항을 준수하여야 하며, 승인권자는 필요한 경우 유선 등을 통해 근무상황을 확인할 수 있다.
② 재택근무자는 업무수행 중 개인적인 사정을 이유로 임의로 근무장소를 이탈할 수 없으며, 자택 또는 신청한 근무지 이외의 장소에서 근무가 필요한 경우에는 사전에 승인권자의 승인을 받아야 한다. 다만, 관리자의 사전승인을 얻는 것이 곤란한 경우에는 근무지 변경 후 즉시 관리자에게 보고하여야 한다.
③ 재택근무자는 재택근무 수행 중 긴급상황 발생 시 승인권자에게 이를 즉시 보고하고 적절한 지시를 받아 대처하여야 한다.
④ 재택근무자는 업무 계획 및 실적을 전자적인 방법으로 주 ○회 이상 승인권자에게 보고하여야 한다.

(2) 재택근무자 근태관리 목적으로 GPS 등을 통해 위치추적을 해도 되나요?

□ 「위치정보의 보호 및 이용 등에 관한 법률」 제15조는 정보주체의 동의를 얻지 않은 위치정보 수집을 금지하고 있으므로, 재택근로자로부터 위치정보

(GPS 등)를 수집하기 위해서는, 사전에 △수집·이용 목적, △수집항목, △정보 보유·이용 기간, △동의 거부 가능 사실 등을 고지한 후 근로자의 동의를 받아야 할 것임(개인정보보호법 제15조제2항)

○ 사용자는 근로자에게 동의를 강요해서는 안됨

(3) 근무 장소를 자택 외에 사업장 밖 다른 장소로 정할 수 있는지?

□ 재택근무는 통상 소정근로시간을 근로자의 '자택'에서 근무하는 제도이지만, 업무의 특징을 고려하여 '자택' 외의 장소를 근무장소로 특정 또는 추가하는 것도 가능(일종의 원격근무에 해당)

○ 다만, 지정된 장소를 근로자가 임의로 변경하거나 벗어나는 경우 복무위반의 문제가 발생할 수 있으므로,

- 근무장소 변경이 필요한 경우에는 사전에 정해놓은 절차*에 따라 관리자의 승인 등을 받는 것이 바람직함

* 재택근무 관리규정 등을 통해 근무장소 변경 등의 절차를 사전에 명확히 정할 필요

(4) 재택근무 기간 중 휴가나 출장은?

□ **(휴가)** 통상적인 휴가 사용 절차와 동일하게 가능

○ 다만, 휴가 기간에는 근로제공 의무가 없으므로 재택근무자에게 휴가 기간 중 근로제공을 요구할 수 없음에 유의할 필요

□ **(출장)** 관리자의 지시 등에 따라 사업장을 벗어난 장소로 이동하여 업무를 처리하는 것으로 원칙적으로 재택근무 시에도 통상의 출장처리(신청, 승인 등) 절차와 동일

(5) 재택근무 시 업무관리나 성과평가는 어떻게 운영하나요?

□ 재택근무(상시형)의 경우 근로자가 사무실에 출근하지 않기 때문에 성과평가에 있어서 차별 등을 걱정하는 일이 없도록 성과평가 및 인사관리 제도를 구축하는 것이 바람직

* 재택관리에 대한 생산성 저하방지 또는 성과관리를 위해서는 아래 방법을 고려 가능
- 측정가능한 결과에 의해 재택근무자의 결과물을 측정
- 수행한 업무에 대한 결과나 진행과정 등을 보고

□ 재택근무의 업무수행 효율성을 도모하기 위해서는 업무 내용, 업무수행 방법 등을 문서화하여 교부하는 방법도 가능

○ 또한, 근로자가 사업장 밖에서 근무하기 때문에 평상시 또는 긴급시의 연락방법에 대해서도 사전에 정해두는 것이 바람직함

5 재택근무 비용

(1) 재택근무와 관련된 통신비, 소모성 비품 등 비용부담은 어떻게 하나?

□ 재택근무와 관련하여 발생하는 통신비, 소모성 비품 등에 대한 비용은 사용자가 부담하는 것이 원칙임

○ 다만, 그 비용이 기존의 통상적인 근무(사업장 내 근무) 하에서도 근로자가 부담했던 정도라면 이를 근로자에게 부담하도록 하는 것은 가능하나,

- 그 비용이 통상적인 근무 하에서 근로자가 부담하는 정도를 초과한다면 이는 사용자가 부담해야 하며,
- 이와 관련한 향후 분쟁을 예방할 수 있도록 노사가 사전에 협의하여 정하는 것이 바람직

(2) 단체협약이나 취업규칙에 통상 근로자에게 식비, 교통비 등을 지급하도록 되어 있는 경우, 재택근무자에게도 동일하게 지급해야 하는지?

○ 실비 변상 차원에서 실제 지출이 있는 근로자에게만 지급하고 있는 경우에는 재택근무자가 별도로 식비나 교통비를 지출하지 않았다면 지급 의무가 있다고 보기는 어려움

○ 다만, 단체협약이나 취업규칙에 식비, 교통비 등에 대해 실제 지출 여부와 관계없이 일률적, 고정적으로 지급하도록 하는 경우에는 재택근무 여부와 상관없이 동일하게 지급하여야 할 것임

○ 따라서, 식비, 교통비 지급 등과 관련하여 사후에 분쟁이 발생할 수 있으므로 사전에 이를 명확히 규정해 두는 것이 바람직

6 산업재해 발생

(1) 재택근무 중 부상 또는 질병에 걸린 경우 업무상 재해에 해당하나요?

○ 재택근무는 업무장소를 자택으로 하는 것 외에는 원칙적으로 근로기준법, 산업재해보상법 등이 적용되므로

– 재택근무에 따른 업무와 관련하여 발생한 부상 또는 질병은 업무상 재해에 해당됨

* (예시) 업무수행 중 의자에서 일어나다 골절상을 입은 경우, 자택에서 병원세탁물 세탁업무를 하던 중 넘어져 골절상을 입은 경우, 재택근무제에서 출장 중 업무를 수행하다 넘어져 골절된 경우 등

– 그러나, 업무와 무관한 근로자의 사적 행위를 원인으로 하여 발생한 부상 또는 질병은 업무상 재해로 인정되지 않음

* (예시) 샤워 중에 미끄러져 부상당한 경우, 육아를 하다가 부상당한 경우, 재택근로 이후 새벽에 갑자기 설사 및 구역질이나 의료기관으로 후송된 경우 등

○ 재택근무 중 발생한 재해가 업무상 재해에 해당하는지는 산재요양 신청 시 근로복지공단에서 개별·구체적으로 판단함

<참고 1> 유연근무제 간접노무비 지원제도 개요 및 간소화 내용

1 유연근무제 간접노무비 지원제도

□ (개요) 유연근무제를 활용하는 사업주에 대해 간접노무비 지원

〈지원 유형〉

시차 출퇴근제	기존의 소정근로시간을 준수하면서 출퇴근시간을 조정하는 제도
선택 근무제	1개월 이내의 정산기간을 평균하여 1주 소정근로시간이 40시간을 초과하지 않는 범위에서 1주 또는 1일 근무시간을 조정하는 제도
재택 근무제	근로자가 정보통신기기 등을 활용하여 주거지에 업무공간을 마련하여 근무하는 제도
원격 근무제	주거지, 출장지 등과 인접한 원격근무용 사무실에서 근무하거나 사무실이 아닌 장소에서 모바일 기기를 이용하여 근무하는 제도

□ (지원대상) 소속 근로자의 필요에 따라 유연근무제 사용을 허용한 우선지원 대상기업 및 중견기업의 사업주

□ (지원요건) ① 사업계획서 제출 및 고용센터의 심사·승인, ② 근로계약서 작성(모든 유형) 및 취업규칙 등에 제도 마련(시차, 선택 해당) ③ 전자·기계적 방식으로 출퇴근 관리

□ (지원내용) 근로자*의 주당 유연근무제 활용횟수에 따라 최대 1년간 520만원 지원

* 직전년도 말일 기준 피보험자 수의 30% 한도 내에서 최대 70명 지원(시차출퇴근제는 최대 50명)

〈지원 기준〉

기 준	연간 총액		1주당 지급액	
	주 3회 이상	주 1~2회	주 3회 이상	주 1~2회
지원금액	520만원	260만원	10만원	5만원

② 지원절차 간소화 내용(2.25~코로나19 상황 안정 시까지 한시운영)

□ (신속한 사업신청서 심사) 월 1회 심사위원회 개최 → 지방고용노동관서장이 수시 심사

□ (재택근무제 증빙 완화) 카드·지문인식기, 그룹웨어 등 전자·기계적 근태관리 시스템 내역만 허용 → 이메일 또는 카카오톡 등 모바일 메신저를 활용한 근무 시작 및 종료시간 보고자료(캡처 등) 허용

□ (지원근로자 확대) 신규채용 후 1개월이 경과 하지 않은 근로자, 신청 직전 최근 3개월 간 유연근무제를 사용 중인 근로자도 지원

<참고 2> 재택근무 인프라 구축비 지원제도 개요

□ (개요) 재택근무*에 필요한 인프라 구축비용 직접 지원

* 근로자가 정보통신기기 등을 활용하여 주거지에 업무공간을 마련하여 근무하는 방식

□ (지원대상) 우선지원 대상기업 및 중견기업의 사업주

□ (지원요건) ① 고용센터에 사업신청 및 계획서 제출 및 고용센터의 심사·승인, ② 계획 인원의 50% 이상 재택근무 활용, ③ 사용의무기간(3년) 준수

□ (지원내용) 사업주가 투자한 시스템 구축비의 1/2 범위 내에서 최대 2천만원 지원

* 사업참여신청서 제출일 이전에 설치가 완료되었거나 설치 중인 프로그램, 시설 등은 지원시설에서 제외

〈지원대상 시설〉

종 류	지원금 용도	지원방식
시스템 구축비	▪ 정보시스템 – 그룹웨어, ERP, 기업 전용 이메일·메신저, 서버, 스토리지, 업무용 소프트웨어 등 ▪ 보안시스템 – VPN 등 원격접속, 정보 유출 방지, 자료 백업 및 복구, 사용자인증 시스템 등 ▪ 서비스 사용료(최대 3년 사용약정분) – 웹 기반의 ERP, 클라우드 사용료, 재택근무자의 인터넷 사용료 등 ▪ 취업규칙 변경, 제도 도입 컨설팅 비용 ▪ 인사담당자 교육·훈련 비용	직접지원

※ PC·노트북 등 통신장비, 건물·토지의 구입 및 임차 비용은 지원 제외

3. 재택근로자에 대한 근로기준법 적용기준(2000.12.29, 근기 68201-4085)

1. 재택근로자의 의의와 유형

(1) 재택근로자의 개념

재택근로자(teleworker)란 근로기준법상의 근로자로 ① 장소적으로 해당 사업장 밖의 거주지에서 컴퓨터를 비롯한 정보통신기기를 활용해 업무를 행하거나 ② PC방 등에서 업무를 행하는 근로자를 말한다.

(2) 재택근로자의 유형

① on-line(컴퓨터 통신망으로 연결;온라인 사이버 학원 등) 방식의 재택근로자와 off-line(전화를 통한 헬스클럽 회원권 판매 등) 방식의 재택근로자로 구분한다.

② 전통적 가내수공업(인형 눈달기, 구슬 꿰매기, 밤까기 등)에 종사하는 자는 동 지침의 적용대상에서 제외한다.

2. 근로계약 체결

① 임금, 근로시간, 취업의 장소와 종사해야 할 업무, 기타의 근로조건을 명시한 근로계약서를 작성·교부한다.

※ 정보통신기기의 구입 및 설치(비용부담 주체), 업무진행에 관한 보고체계, 의사소통방법, 소요비용의 부담(전기료, 인터넷 이용료 등), 지원체제(정보통신기기 장애 등 문제 발생시 회사의 지원방법) 등에 관한 사항을 명시해야 한다.

※ 특히, 전기료와 같이 업무수행에 따른 소요비용을 실비변상하기로 한 경우에는 사전에 그 성격(통상임금 또는 평균임금)을 명확히 규정해야 한다.

② 근로자명부, 임금대장 등 근로계약에 관한 중요한 서류를 작성하여 3년간 보존하여야 한다.

3. 근로시간

① 1주간 소정근로시간은 주당 40시간 이내에서 정한다.

② 사용자가 업무수행에 대한 지휘감독을 하거나 근로시간을 정확히 산정하기 어려운 재택근로의 특수성을 감안, 노사간에 미리 근로시간을 산정하는 방법을 정해 놓는 것이 다툼을 최소화 할 수 있다.

※ on-line 방식의 경우에는 노사간 서면합의로 정한 시간을 일한 것으로 간주하되, 서면합의가 없는 경우에는 해당 사업장의 통상근로시간을 일한 것으로 해석한다.

※ off-line 방식의 경우에는 사업장 밖 근로자와 같이 근로계약서 등에 명시된 소정근로시간을 일한 것으로 간주한다.

③ 사용자가 추가로 일을 부여하고, 재택근로자도 실제로 추가적인 근로를 제공한 때에는 해당 근로시간은 당사자 합의에 의한 연장·야간 또는 휴일근로에 해당하는 할증임금이 지급되어야 한다.

4. 휴게·휴일·휴가

① 휴게시간은 근로자가 업무수행 중 자율적으로 갖는 것으로 본다.

② 휴일, 휴가는 근로기준법의 규정대로 적용한다.

4. 스마트워크 확산을 위한 노동관계법령 가이드라인(고용노동부 2011.4.15)

Ⅰ. 목 적

최근 인터넷을 중심으로 하는 기술혁신으로 정보통신기기를 활용하여 시간과 장소를 자유롭게 선택하여 업무를 수행할 수 있는 스마트워크가 새로운 업무방식으로 부각되고 있다.

스마트워크를 실시하게 되면 기업 입장에서는 업무 효율 향상, 유능한 인재 확보, 고객 만족도 향상, 비용 절감 등의 효과를 기대할 수 있으며, 근로자 입장에서는 일과 삶, 일과 가정의 조화를 꾀할 수 있다.

이러한 장점에도 불구하고 스마트워크는 근무와 일상생활이 혼재할 수 밖에 없는 근무방식으로 노무관리에 어려운 측면이 있어 상당수 기업과 근로자가 도입을 주저하고 있는 것이 현실이다.

이에 따라, 고용노동부는 「스마트워크 확산을 위한 노동관계법령 가이드라인」을 제정하여 근로와 일상생활이 혼재하는 스마트워크에 관한 노동관계법령의 적용 관계를 명확히 하고, 스마트워크 도입·시행에 필요한 노무관리상의 유의 사항을 제시함으로써 기업과 근로자들이 스마트워크에 대하여 정확히 이해할 수 있도록 하고자 한다.

Ⅱ. 스마트워크의 정의 및 형태

1. 스마트워크의 정의

스마트워크란 근로자가 근로시간의 전부 또는 일부를 자택, 사용자가 제공하는 별도의 사무실 또는 특정되지 않은 장소에서 정보통신기기를 이용하는 등의 방법으로 근무하는 것을 말한다.

스마트워크는 고정된 근무장소에서 미리 정해진 근무시간에 따라 근무하는 방식과 달리 정보통신기기를 이용하는 등의 방식으로 장소나 시간에 구애받지 않고 일하는 유연한 근무방식이다.

2. 스마트워크의 형태

스마트워크는 일하는 장소에 따라 재택형, 위성사무실형(스마트워크센터형), 이동형(모바일워크형)으로 나눌 수 있고, 실시 빈도에 따라 상시형, 수시형으로 나눌 수 있다.

〈스마트워크의 형태〉

형 태		개 념
일하는 장소	재택형	근로자가 정보통신망을 활용하여 가정에서 일하는 형태
	위성사무실형	개인 좌석이 정해져 있지 않은 공동의 장소 또는 집에서 가까운 거리에 있는 공공근무 장소에서 일하는 형태
	이동형	장소나 시설에 구애받지 않고 원격접속이 가능한 기기를 활용하여 일하는 형태
실시 빈도	상시형	사무실에는 거의 출근하지 않고 대부분의 업무를 자택, 위성사무실 또는 모바일로 일하는 형태
	수시형	스마트워크를 하는 빈도·시간이 주 1~2회, 오전 또는 오후에만 등 미리 정해진 사무실에서의 근무빈도·시간에 비하여 적은 형태

Ⅲ. 동 가이드라인의 적용 범위

동 가이드라인은 스마트워크를 도입한 기업과 그 기업에 속하여 스마트워크를 하는 근로자에 대하여 적용한다.

여기서 말하는 근로자란 근로기준법 제2조 제1항 제1호에 따른 근로자를 말하며, 상용·임시·일용 등 고용형태를 불문한다.

Ⅳ. 노동관계법령의 적용 및 유의 사항

1. 노동관계법령의 적용

근로자가 스마트워크를 하는 경우에도 근로기준법, 최저임금법, 근로자퇴직급여보장법, 산업안전보건법, 산업재해보상보험법 등 노동관계법령이 적용된다.

2. 근로기준법령의 적용상의 유의 사항

(1) 근로자 채용시 근무장소의 명시

사용자가 상시형으로 운영되는 재택형 또는 위성사무실형 스마트워크의 일자리에 근로자를 채용할 경우에는 근무장소가 근로자의 자택 또는 위성사무실이라는 것을 명시하여야 한다.

사업장을 주된 근무장소로 하면서 일정 빈도·시간을 스마트워크 방식으로 근무하는 수시형의 경우에는 주된 근무장소와 함께 일정 빈도·시간을 주된 근무장소 외의 장소에서 근무할 수 있다는 내용을 명시하여야 한다.

(2) 취업규칙의 변경

기존의 취업규칙에 스마트워크를 실시할 수 있다는 규정이 없는 상황에서 스마트워크를 도입하는 경우에 취업규칙을 변경해야 하는지는 다음과 같다.

가. 취업규칙의 변경 없이 개별 근로자의 동의만으로 가능한 경우

스마트워크를 하는 근로자와 통상 근로자를 비교하여 근무장소 외의 다른 근로조건에 변경이 없는 경우에는 스마트워크를 하고자 하는 근로자의 개별적 동의를 받아 실시하는 것만으로도 가능하며, 반드시 취업규칙을 변경할 필요는 없다.

나. 취업규칙을 변경해야 하는 경우

사용자가 해당 사업 또는 사업장의 근로자 전체를 대상으로 일괄적으로 스마트워크를 시행하는 경우에는 취업규칙을 변경하여야 한다.

스마트워크를 하는 근로자와 통상 근로자를 비교하여 근무장소 외에 근로시간·임금 등 다른 근로조건에 변경이 있는 경우에도 그러한 내용을 담아 취업규칙을 변경하여야 한다.

<u>다른 근로조건에 변경이 있는 경우의 예시</u>

① 스마트워크를 하는 근로자에 대한 근로시간 산정방법을 달리 하는 경우(예: 사업장밖근로시간제·재량근로시간제 채택 등)
② 스마트워크를 하는 근로자에 대한 임금의 결정·계산방법 등을 달리 하는 경우
③ 스마트워크를 하는 근로자에 대한 수당의 내용을 달리하는 경우
④ 스마트워크를 하는 근로자에 대하여 별도의 성과평가·인사관리, 사내교육·연수제도 등을 적용하는 경우

(3) 근로시간의 관리

가. 통상적인 근로시간제를 적용하여야 하는 경우

재택형·위성사무실형 스마트워크에서 활용하는 정보통신기기가 상시 통신 가능한 상태이어서 사용자가 정한 업무 시작·종료 시각, 휴식시간 등의 관리가 가능한 경우에는 통상적인 근로시간제의 적용을 받는다. 여기서 상시 통신 가능한 상태란 사용자가 근로자에 대하여 정보통신기기를 이용하여 전자메일, 전자게시판 등의 방법으로 수시로 구체적인 업무 지시를 하는 것이 가능하며, 사용자로부터 업무 지시가 있는 경우에 근로자가 이에 즉시 반응해야 하는 상태에 있음을 말한다.

나. 사업장밖 간주근로시간제를 적용할 수 있는 경우

스마트워크를 실시함에 있어 정보통신기기가 상시 통신 가능한 상태에 있지 않고 사용자가 수시로 구체적인 업무지시를 하지 않아 근로시간을 산정하기 어려운 경우에는 '사업장밖 간주근로시간제'를 적용할 수 있다.

<u>사업장밖 간주근로시간제(근로기준법 제58조 제1항 및 제2항)</u>

- 근로자가 출장이나 그 밖의 사유로 근로시간의 전부 또는 일부를 사업장 밖에서 근로하여 근로시간을 산정하기 어려운 경우 소정근로시간, 업무수행에 통상 필요한 시간 또는 노사 서면합의로 정한 시간을 근로한 것으로 간주하는 제도

① 근로시간의 산정

'사업장밖 간주근로시간제'를 적용하게 되면 스마트워크를 하는 근로자는 취업규칙·근로계약 등에서 정한 소정근로시간을 근무한 것으로 간주한다.

다만, 업무수행을 위하여 통상적으로 소정근로시간을 초과하여 근로할 필요가 있는 경우에는 그 업무수행에 통상 필요한 시간을 근무한 것으로 간주하며, 이 경우에 있어 노사가 서면합의로 근로시간을 정한 경우에는 그 시간을 통상 필요한 시간으로 본다.

<u>사업장밖 간주근로시간제 적용시 근로시간 산정 예시</u>

- 취업규칙에서 소정근로시간을 1일 8시간으로 정하였고, 사업장밖 근로(스마트워크)를 하는 근로자의 근무시간이 통상 근로자의 근무시간과 유사한 경우에는 1일 8시간 근무한 것으로 간주
- 사업장밖 근로(스마트워크)를 하는 근로자가 작업 준비·작업 마무리 등을 하기 위하여 통상 1일 9시간 근무가 필요할 경우에는 1일 9시간을 근무한 것으로 간주 (다만, 이 경우에 노사가 서면합의로 근무시간을 1일 8.5시간으로 정했다면 그 시간을 근무한 것으로 간주)

② 연장·야간·휴일근로

'사업장밖 간주근로시간제'에 따른 간주 근로시간이 법정근로시간을 초과하는 경우에는 그 초과 부분에 대하여 연장근로수당을 지급하여야 한다.

사용자의 지시에 따른 특정의 업무 수행에 통상 필요한 시간이 야간근로나 휴일근로를 발생시킬 경우에는 원칙적으로 그에 대한 야간·휴일근로수당을 지급하여야 한다.

이와 관련하여, 야간근로나 휴일근로에 대한 사용자의 지시가 구체적이거나 명확하지 아니한 경우에는 할증임금지급을 둘러싸고 분쟁이 발생할 수 있다.

따라서, 사용자는 스마트워크를 하는 근로자가 야간·휴일근로를 할 경우에는 사전에 신고하여 사용자의 허가를 얻도록 하고, 그 실적에 대해 사후보고를 하도록 하는 절차를 취업규칙·근로계약 등에 정할 필요가 있다.

다. 재량근로시간제를 적용할 수 있는 경우

스마트워크의 대상 업무가 ① 신상품·신기술의 연구개발 또는 인문사회·자연과학 분야의 연구업무 ② 정보처리시스템의 설계·분석업무 ③ 신문·방송·출판업에서의 기사의 취재·편성·편집업무 ④ 의복·실내장식·공업제품·광고 등의 디자인·고안업무 ⑤방송 프로그램·영화 등 제작업에서의 프로듀서·감독 업무 중 하나에 해당하는 경우에는 '재량근로시간제'를 적용할 수 있다.

재량근로시간제(근로기준법 제58조 제3항)
▪ 업무수행 방법 및 근로시간의 배분을 근로자의 재량에 맡기고 노사 서면합의로 정한 시간을 근로한 것으로 간주하는 제도 ▪ 업무의 재량성이 큰 업무라 해서 모두 재량근로시간제를 적용할 수 있는 것은 아니고, 상기한 ①~⑤의 업무에 한하여 적용할 수 있음

'재량근로시간제'를 도입하기 위해서는 사용자와 근로자대표가 서면합의를 하여야 하며, 서면합의에는 대상업무, 업무수행 수단 및 시간배분 등에 관하여 근로자에게 구체적인 지시를 하지 않는다는 내용, 근로시간의 산정은 서면합의에서 정하는 바에 따른 다는 내용을 명시하여야 한다.

① 근로시간의 산정

'재량근로시간제'를 적용하게 되면 스마트워크를 하는 근로자는 노사 서면합의로 정한 시간을 근로한 것으로 간주한다.

재량근로시간제 적용시 근로시간 산정 예시
▪ 디자이너 업무를 재택근무 방식으로 하면서 근무시간을 노사 서면합의로 1일 8시간으로 정하면 실제로는 10시간 또는 7시간을 근무하든 관계없이 8시간을 근무한 것으로 간주

② 연장·야간·휴일근로

'재량간주근로시간제'에서 노사 서면합의로 정한 시간이 법정근로시간을 초과하는 경우에는 그 초과 부분에 대하여 연장근로수당을 지급하여야 한다.

노사 서면합의로 정한 시간에 야간·휴일근로 시간이 포함되어 있는 경우에는 그 부분에 대하여 야간·휴일근로수당을 지급하여야 한다.

라. 근로시간 관리와 관련한 권장 사항

스마트워크를 시행하면서 사업장밖 근로시간제 또는 재량근로시간제를 채택하는 경우라도 사용자는 스마트워크를 하는 근로자의 실제 근로시간을 주기적으로 파악하고 실제 근로시간에 비추어 간주근로시간이 적정한 지를 확인하여 실제 근로시간에 맞도록 간주근로시간을 조정하는 조치를 취하는 것이 바람직하다.

(4) 임금 및 수당의 조정

스마트워크를 시행하면서 근무장소만 달리할 뿐 현재의 업무내용 및 소정근로시간에 변화가 없다면 급여(기본급)의 내용을 달리 정할 필요는 없을 것이다.

스마트워크로 인해 사업장에 통근하는 일이 없어지거나 적어짐으로 인해 통근수당(차량유지비)·급식비 등을 조정할 경우에는 그런 내용을 담아 취업규칙을 변경하여야 한다.

3. 산업안전보건법령 적용상의 유의 사항

(1) 스마트워크 장소에 대한 안전보건기준의 준수

사업주가 고정 장소를 제공하는 위성사무실형 스마트워크의 경우에는 산업안전보건법령에서 정하는 안전보건기준을 이행하여야 한다.

특히, 스마트워크의 경우 주로 정보통신기기를 활용하게 되므로 근골격계질환에 대한 예방조치를 취할 필요가 있다. 재택형 스마트워크의 경우에는 근로자의 사생활이 이루어지는 자택이 근무장소이어서 프라이버시 침해 등의 문제가 발생할 수 있고, 근무와 일상생활이 동시에 이루어지고 있는 점을 감안할 때 원칙적으로 산업안전보건법령에서 정하는 안전보건기준을 이행할 필요는 없다.

다만, 재택형 스마트워크라 하더라도 사업주가 컴퓨터·의자 등 사무기기를 제공하는 경우에는 근골격계질환 예방 등의 조치를 하는 것이 바람직하다.

(2) 스마트워크 근로자에 대한 사업주의 의무

사업주는 스마트워크를 하는 근로자에 대해서도 통상 근로자와 마찬가지로 건강진단을 실시하여야 하며, 정기적으로 안전·보건교육을 실시하여야 한다.

특히, 스마트워크를 하는 근로자를 새로 채용할 때에도 스마트워크를 하는 업무에 대한 안전·보건교육을 실시하여야 한다.

4. 산업재해보상보험법령 적용상의 유의 사항

스마트워크 중에 해당 업무가 원인이 되어 발생한 재해는 업무상 재해로서 근로기준법상 재해보상 및 산업재해보상보험법상의 보험급여의 대상이 된다.

다만, 재택형 스마트워크에서 근로자의 사적 행위를 원인으로 하여 발생한 재해는 업무상 재해로 인정되지 않는다. 스마트워크를 하는 근로자에게 발생한 재해가 업무를 원인으로 하는지 여부는 해당 근로자가 입증해야 한다.

Ⅴ. 그 밖에 스마트워크의 적절한 도입과 시행을 위한 유의 사항

1. 노사의 공감대 형성

스마트워크의 원활한 도입과 정착을 위해서는 근로자의 불필요한 오해를 방지하고 노사간에 공감대를 형성하는 것이 중요하다.

따라서, 스마트워크의 도입에 앞서 도입 목적, 대상 업무, 대상 근로자의 범위, 스마트워크의 방법 등에 대하여 사용자와 근로자대표가 충분히 협의하고 협의된 사항을 서면으로 작성해 두는 것이 바람직하다.

2. 업무의 원활한 수행

스마트워크를 하는 근로자가 해당 업무를 원활하고 효율적으로 수행하기 위해서는 업무 내용, 업무수행 방법 등을 문서화하여 교부하는 것이 바람직하다.

또한, 스마트워크는 근로자가 사업장 밖에서 근무하기 때문에 평상시 또는 긴급시의 연락방법에 대해서도 사전에 정해두는 것이 바람직하다.

3. 공정한 성과평가 및 인사관리

스마트워크는 근로자가 사무실에 출근하지 않는 것 때문에 성과평가 등을 걱정하는 일이 없도록 성과평가 및 인사관리 제도를 구축하는 것이 바람직하다. 특히, 스마트워크를 하는 근로자에 대하여 통상 근로자와는 다르게 성과평가 및 인사관리를 하는 경우에는 그러한 내용을 반영하여 취업규칙을 변경하여야 하며, 스마트워크를 하려는 근로자에게 미리 그 내용을 설명하는 것이 필요하다.

4. 비용 부담

스마트워크를 시행하는 경우에 업무수행에 소요되는 기자재 및 소모성 비품, 통신비 및 정보통신기기의 수리·관리 비용 등은 사용자가 부담하는 것이 원칙이다.

그러나, 근무장소가 사업장으로부터 떨어져 있는 스마트워크의 특성상 근로자가 지출한 비용에 대하여 사용자가 신속하고 체계적으로 대처하는 것이 곤란한 경우가 있다.

따라서, 사용자가 사전에 일괄부담할지, 스마트워크를 하는 근로자가 선부담하고 사용자가 후상환할지, 사용자가 부담해야 할 비용의 범위를 어디까지로 할지 등에 대하여 노사가 미리 충분히 협의하여 취업규칙 등에 정하는 것이 필요하다.

5. 사내교육 등

스마트워크를 하는 근로자는 OJT(On the Job Training)에 의한 교육기회를 얻기 어려운 측면이 있으므로 사내교육 기회 등에 불안을 갖지 않도록 필요한 조치를 취하는 것이 바람직하다.

특히, 스마트워크를 하는 근로자에 대하여 통상 근로자와는 별도의 사내교육이나 연수제도 등을 운영하는 경우에는 이를 취업규칙에 반영하여야 한다.

6. 사업장 근무로의 전환 가능성

스마트워크만을 하는 것으로 채용 또는 배치 전환된 경우가 아니라면 근로자가 원할 경우 다시 통상의 사업장 근무로 전환할 수 있다는 내용을 미리 당사자 사이에 정하거나, 취업규칙에 반영 하는 것이 바람직하다.

제6장

재택근무와 법적 쟁점 사례

(고용노동부 2020.9.16. 재택근무 종합매뉴얼)

1 재택근무 도입 실시

Q1. 근로자가 사용자에게 재택근무를 청구할 수 있는 법적 권리가 있나요?

현행법상 재택근무는 노사가 자율적으로 실시하는 것이 원칙이고, 근로자에게 법적으로 보장된 권리는 아니다.

다만, 단체협약·취업규칙, 근로계약 등에서 재택근무의 신청 자격, 대상 직무 등을 정하고 있는 경우, 소정 절차에 따라 재택근무를 할 수 있다.

근로자의 신청 후 사용자의 승인을 얻어 재택근무를 하도록 규정하고 있는 경우에는 사용자의 승인을 받아야 하며, 신청자격, 대상 직무 등 일정 요건을 충족하는 근로자가 신청하면 재택근무를 할 수 있다고 규정하고 있는 경우에는 동 규정에 따라 근로자가 신청하면 사용자는 원칙적으로 응해야 한다.

Q2. 코로나19 감염 확산에 따라 출퇴근 시 감염이 우려되어 재택근무를 하고 싶은데 어떻게 해야 하나요?

재택근무는 원칙적으로 노사 간 합의·협의에 기초하여 실시하는 것으로, 관련 근거(근로계약·별도합의, 단체협약·취업규칙 등)가 없는 경우에는 근로자가 신청하였다고 하여 사용자가 반드시 이에 응해야 하는 것은 아니다.

다만, 코로나19 감염 예방을 위해, 사용자는 담당 업무의 성격 등 제반 사정에 비추어 정상적인 업무 수행이 불가능한 경우가 아니라면 가급적 재택근무를 허용해 주는 것이 바람직할 것이며, 특히, 감염에 취약할 수 있는 임신 중인 근로자에 대해서는 산모와 태아의 건강권 보호를 위해 재택근무를 허용할 필요가 클 것이다.

「수도권 강화된 2단계 거리두기(2020.8.30. 중앙사고수습본부)」, 「사회적 거리두기 2단계 사업장용 지침(2020.9.7. 고용노동부)」에서도 민간기업에 대한 재택근무 활용을 적극 권고하고 있다.

Q3. 사용자가 재택근무를 도입하고자 할 경우, 근로자의 동의가 필요한가요?

단체협약, 취업규칙, 근로계약서에 재택근무 실시에 관한 규정이 있는 경우에는 해당 규정에 따라 재택근무를 실시하면 되므로 별도로 근로자의 동의가 필요하지 않다. 반면, 단체협약, 취업규칙, 근로계약서 등에 재택근무 실시에 관한 규정이 없는 경우에는 근로계약상 근무장소에 대한 변경을 수반하게 되어, 원칙적으로 개별 근로자의 동의를 받아야 한다.

근로자 개별 동의 외에도 취업규칙이나 단체협약 개정을 통해서도 가능하다. 다만, 코로나19 발생 등으로 감염병 확산 방지를 위해 불가피하게 근로자의 근무장소를 자택 등으로 변경할 필요가 있는 경우에는 근로자와 협의를 거쳐 시행하는 것도 가능하다.

Q4. 근로계약 또는 근로자 개별 동의를 통해 재택근무를 하고자 하는 경우, 근로계약서(별도 동의서 포함)에 명시할 내용은 무엇인가요?

근로계약서는 사용자와 근로자 사이의 개별적 근로조건에 관한 사항을 정하는 문서이다. 따라서 재택근무자의 개인적 상황에 따라 달라질 수 있는 재택근무 일수와 시간, 재택근무와 관련된 임금 지급과 비용 부담 등 구체적인 사항은 해당 근로자와 근로계약으로 정할 수 있다.

다만 근로계약으로 구체적인 사항을 규정할 경우 취업규칙·단체협약에서 정한 기준에 미달하는 근로조건을 정해서는 안된다(근로기준법 제97조, 노동조합 및 노동관계 조정법 제33조).

Q5. 근로계약서상 근무장소에 '사용자가 지정하는 장소' 등으로 기재되어 있는 경우, 사용자의 지시로 재택근무 실시가 가능한가요?

담당업무, 사업장 특성 등을 고려하여 개별 근로계약서에 근무장소를 사용자가 지정할 수 있도록 규정되어 있는 경우(예) 근로계약서 제00조(근무장소) 회사 내 지정된 장소 또는 사용자가 지정한 장소

자택이 사회통념상 정상적인 업무 수행이 곤란하다는 등의 특별한 사정이 없다면, 사용자가 자택을 근무장소로 지정하는 경우 근로자의 별도 동의 없이도 재택근무 실시가 가능하나, 이 경우에도 근로자와 협의를 거쳐 실시하는 것이 바람직하다.

Q6. 취업규칙 변경을 통해 재택근무제를 도입할 경우 기재해야 될 사항과 절차는 무엇인가요?

재택근무를 실시하려고 할 때 반드시 취업규칙에 명시해야 하는 것은 아니며, 근

로계약서에 규정하거나 근로자가 동의하는 방법으로도 가능하다.

취업규칙에 재택근무에 관한 규정을 두고자 하는 경우, 의무적으로 취업규칙에 명시해야 할 사항에 관한 법령상 규정은 없으나, 재택근무와 관련된 근로조건을 명확히 하여 향후 분쟁을 예방하기 위해서는, 근로시간 및 휴게시간, 연장·야간·휴일근로, 복무관리 등 재택근무에 따른 근로조건에 대해 명확히 규정하는 것이 바람직하다.

이 밖에 재택근무 대상 직무, 재택근무 기간, 신청자격과 요건, 신청 및 승인 절차, 취소 사유, 보안수칙, 장비 지원과 교육 등 재택근무에 관한 일반적 사항을 포함한다.

근무장소 변경 외에 임금, 근로시간 등 다른 근로조건의 변동이 없는 경우에는 취업규칙 불이익 변경에 해당하지 않으므로 과반수 노조(없는 경우 근로자 과반수)의 의견청취를 거쳐 개정이 가능하다.

Q7. 취업규칙에서 특정 직종 등 일부 근로자집단에 대해서만 재택근무를 규정하고자 하는 경우, 취업규칙 변경 절차는 무엇인가요?

특정 직종에만 재택근무를 도입할 경우에는 전체 근로자가 아닌 '취업규칙 변경 대상이 되는 직종' 만을 대상으로 과반수 노조(없는 경우 근로자 과반수)의 의견청취(불이익 변경 시 동의)를 거쳐 취업규칙 개정이 가능하다. 다만, 제도 도입 당시에는 일부 근로자 집단만이 개정 취업규칙을 적용받더라도 향후 인사이동, 승급 등으로 다른 근로자 집단도 개정 취업규칙의 적용이 예상되는 경우에는, 적용이 예상되는 근로자 집단을 포함하여 의견청취(불이익 변경 시 동의)를 거쳐야 한다.

Q8. 재택근무 관련 규정 중 취업규칙과 근로계약의 내용이 충돌하고 있다면 어떤 규정이 우선 적용되나요?

취업규칙에서 정한 재택근무 기준에 미달하는 근로조건을 정한 근로계약은 그 부분에 관하여는 무효로 하고, 이 경우 무효로 된 부분은 취업규칙에 정한 기준에 따라야 한다(근로기준법 제97조).

이와는 반대로 근로계약의 재택근무 기준이 취업규칙보다 유리한 경우, 유리한 내용을 정한 근로계약이 적용될 것이다.

Q9. 재택근무를 원치 않는 근로자에게 일방적인 인사명령으로 재택근무를 지시할 수 있나요?

취업규칙·단체협약, 근로계약서 등에 재택근무 실시에 관한 근거 규정이 없는 경우에는 원칙적으로 근로자의 신청이나 동의를 받아 재택근무를 실시하여야 할 것이다. 만약 사용자가 재택근무를 원치 않는 근로자에게 일방적으로 재택근무를 발령했으나, 근로자가 거부할 경우 달리 판단할 사정이 없다면 단지 이를 불이행했다는 이유로 징계를 할 수는 없을 것이다.

다만, 감염병 예방 등을 위해 긴급한 필요성이 인정되는 경우에는 근로자와 협의를 거쳐 실시할 수 있을 것이고, 이러한 목적의 재택근무는 그 장소를 자택 등 개인적 공간으로 한정함으로써 카페 등 다중 접촉장소를 제외할 필요가 있다.

재택근무의 기간은 취업규칙·단체협약 등 재택근무에 관한 사항을 정한 규정이 있으면 그 규정에 따르면 된다.

지나치게 장기간으로 기간을 설정하는 것은 바람직하지 않으며, 업무 필요성 등을 감안해서 적정한 기간을 노사가 협의하여 정할 필요가 있다.

Q10. 근로자가 재택근무 중 재택근무 스트레스를 이유로 재택근무를 거부하는 경우에는 어떻게 해야 하나요?

근로자가 재택근무 스트레스 등을 이유로 재택근무를 거부하거나 재택근무의 부적절성을 호소하는 경우에는 근로자와 협의하여 적절한 해결방안을 모색하는 것이 바람직하다. 이 경우 업무상 필요성과 개인적 불이익 등을 비교 교량하여 결정하는 것이 필요하고, 소정 절차에 따라 재택근무를 해지하는 것도 하나의 방법이 될 수 있을 것이다.

Q11. 재택근무자가 일방적으로 재택근무를 중단하고 사무실에 출근하는 경우 징계사유가 되나요?

재택근무자가 일방적으로 재택근무를 중단하고 사무실에 출근하는 경우 원칙적으로 근무지 이탈에 해당하여 징계사유에 해당할 수 있으나, 통상의 근무지 이탈과 달리 사무실에 출근한 것이므로 이러한 사정을 참작하여 징계를 하지 않는 것이 바람직하며, 특히, 사무실에 출근해야 할 특별한 사정(예시: 재택근무지에 해결할 수 없는 긴급한 사무처리를 위한 출근 등)이 있는 경우에는 징계사유로 보기 어렵다.

한편, 재택근무자가 사무실에 출근하고자 하는 경우에는 사전에 관리자의 승인을 받거나 이에 대해 취업규칙 등에 규정을 마련하는 것이 바람직하다.

2 근로시간, 연장근로 및 휴게시간

Q1. 재택근무자에 대한 근로시간·휴게시간 산정은 어떻게 하나요?

원칙적으로는 재택근무를 하더라도 출근하는 경우와 마찬가지로 통상적인 근로시간제가 적용된다. 특히, 재택근무 시 디지털기기, 정보통신기술 기반으로 상시통신이 가능하며 사용자가 정한 업무의 시작·종료시간, 휴게시간 등의 상시적인 근로시간 관리가 가능한 경우에는 통상적인 근로시간제를 적용할 수 있다.

'상시 통신 가능한 상태'란 사용자가 근로자에 대하여 정보통신기기를 이용하여 전자메일, 전자게시판 등의 방법으로 수시로 구체적인 업무 지시를 하는 것이 가능하며, 사용자로부터 업무지시가 있으면 근로자가 이에 즉시 반응해야 하는 상태에 있음을 의미한다.

근무일 중 일부만 재택근무하는 경우 재택근무일과 재택근무일별 근로시간을 별도로 정할 수 있다. 다만, 재택근무를 하면서 상시적인 근로시간 관리가 곤란하거나 적절하지 않은 경우도 있을 수 있다. 이 경우 근로기준법 제58조제1항 및 제2항에 근로시간 계산의 특례로 규정된 '사업장 밖 간주시간제'를 활용하여 ① 소정근로시간을 근로한 것으로 할 수 있다. 다만, ② 업무 수행을 위해 소정근로시간을 초과하여 근로할 필요가 있는 경우에는 그 업무수행에 통상 필요한 시간을 근로한 것으로 보며, ③ 근로자대표와의 서면합의를 한 경우에는 그 합의에서 정하는 시간을 그 업무수행에 통상 필요한 시간으로 간주하여 임금을 산정할 수 있다.

아울러, 업무의 성질상 근로자의 재량이 필요한 업무의 경우에는 근로기준법 제58조제3항에 규정된 '재량근로시간제'를 활용하여 근로자대표와의 서면합의로 정한 시간을 근로한 것으로 간주하여 임금을 산정할 수 있다.

재량근로 대상업무는 근로기준법 시행령 제31조에 규정되어 있다.

Q2. 재택근무제 운영 시 연장·야간 근로수당을 지급해야 하나요?

〈통상적인 근로시간제를 적용하는 경우〉

통상적인 근로시간제 적용 시, 사용자 지시에 따라 업무를 수행하기 위해 연장·야간근로가 이루어지는 경우 연장·야간근로수당을 추가로 지급해야 한다. 다만, 향후 분쟁 소지를 줄이기 위해서는 연장·야간근로에 대한 확인 방식이나 절차 등을 노사 간에 정하여 운영하는 것이 바람직하다.

예) 근로자가 연장근로를 사전 신청하고 사용자의 허가를 받도록 하는 방식, 근로자가 연장근로 시 업무종료시간 및 내용을 입력하는 방식 등

〈다른 근로시간제를 적용하는 경우〉

근로시간을 산정하기 어려워 근로기준법 제58조에 따라 소정근로시간 등을 근로한 것으로 보는 경우

① 해당 업무수행에 통상 필요한 시간(근기법 제58조제1항), ②근로자 대표와 서면 합의로 정한 통상 필요한 시간(근기법 제58조제2항), ③근로자 재량에 위임할 필요가 있는 업무에 대해 근로자대표와 서면 합의로 정한 시간(근기법 제58조제3항) 포함한다.

간주한 근로시간에 연장·야간근로가 포함되어 있다면 해당 시간에 대해서 각각 연장·야간근로 가산수당을 지급하여야 한다.

예) 사업장 밖에서 주로 업무를 수행하는 영업직(소정근로시간: 8시간)에 대하여 업무수행에 통상 필요한 시간을 10시간으로 근로자대표와 서면합의하였다면, 소정근로시간을 초과하는 2시간에 대하여 연장근로 가산수당을 지급해야 한다.

또한 소정근로시간 등을 근로한 것으로 간주한 경우라도, 사용자의 특별한 지시나 승인으로 소정근로시간을 초과하여 연장·야간근로를 한 경우에는 이에 대해 가산수당을 추가로 지급하여야 한다.

* 예) 업무수행에 통상 필요한 시간을 8시간으로 근로자대표와 서면합의하였으나, 회사 비상상황으로 인해 사용자의 별도 지시로 새벽까지 근무하였다면 간주근로시간(8시간) 이외의 근무에 대하여는 연장 · 야간근로 가산수당을 지급해야 한다.

Q3. 재택근무자가 사전 또는 사후 승인 없이 연장근로를 한 경우 연장근로수당을 지급해야 하나요?

사용자와 근로자의 합의 또는 요청에 의한 승낙 없이 근로자가 자발적으로 연장근로를 한 경우 원칙적으로 사용자의 연장근로수당 지급 의무가 있다고 보기 어렵다. 다만, ①사용자가 지시하거나 묵인한 사정이 있거나, ②연장근로 등을 행하지 않으면 안될 정도로 업무량을 과다하게 부과하거나, ③사용자가 근로자의 자발적 연장근로를 사전에 인지한 것으로 볼 수 있는 사정이 있는 경우에는 지급 의무가 발생할 수도 있다(2005.8.22, 근로기준과-4380).

이에 대한 분쟁 예방을 위해 재택근무 시 연장근로에 관한 사항을 명확히 규정하고, 실제 운영도 규정대로 하는 것이 바람직하다.

Q4. 업무개시 시각 30분 전에 상사가 전화나 카톡으로 업무지시를 했을 때 시업시각이 30분 당겨진 것으로 볼 수 있나요?

업무개시 전 상사가 전화나 모바일 메신저로 재택근무자에게 단순히 업무지시를 한 사정만으로 시업시각이 당겨진다고 보기는 어렵다. 다만, 업무개시 전 업무지시의 내용이 시업시간 전 업무 수행할 것을 지시한 경우라면 업무지시가 있었던 때에 업무가 시작되는 것으로 보아야 한다.

재택근무의 경우 업무와 사생활이 혼재되어 근로자의 휴식권이 침해될 가능성이 높기 때문에 사용자는 근로시간 이외의 시간에 전화나 모바일 메신저 연락은 자제해야 한다.

Q5. 정해진 업무종료 시각 이후에 상사가 전화나 카톡으로 계속 업무지시를 했을 때 연장근로수당을 지급해야 하나요?

업무종료 후 상사가 전화나 모바일 메신저로 재택근무자에게 단순히 업무지시를 한 사정만으로 연장근로로 보기는 어렵다. 업무지시에 의해 근로자가 실제로 업무를 수행해야 연장근로로 볼 수 있기 때문이다. 다만, 업무종료 후 업무지시가 업무의 성질과 내용, 업무량, 업무 완료 시한이나 시급성 등을 고려할 때 연장근로의 업무지시로 볼 수 있고 실제로 재택근무자가 연장근로를 했다면 사용자가 연장근로수당을 지급하여야 할 것이다.

Q6. 상사가 1일 업무량을 과도하게 부여한 결과 불가피하게 연장근로를 할 수 밖에 없을 때 연장근로수당을 지급해야 하나요?

사용자가 1일 업무량을 과도하게 부여하여 재택근무자의 연장근로가 불가피한 경우라면 연장근로수당을 지급하여야 한다.

1일 업무량이 과도한지 여부는 일차적으로 재택근무자의 재택근무 이전의 소정 근로시간에 수행하던 평균적 업무량을 기준으로 해야 하고, 부차적으로 같은 직무를 수행하는 통상 근로자의 평균적 업무량 등을 기준으로 삼아 객관적으로 판단하여야 할 것이다.

실제로 재택근무자에게 부여된 업무량이 과도한 지에 대해 다툼이 있을 수 있으므로 업무량 부여 기준 등에 대해서는 사전에 정하는 것이 바람직하다.

Q7. 재택근무자에게 휴게시간을 어떻게 부여하나요?

재택근무자에게도 근로기준법에 따른 휴게시간을 보장하여야 하고, 별도로 정한 바가 없으면 통상 근로자의 휴게시간 규정이 그대로 적용된다. 다만, 재택근무자에게 법정 휴게시간과는 별개로 육아, 가사 등을 위해 근로의무가 중단되고 사적 이용이 가능한 시간이 필요하여 근로자가 신청한 경우 사용자는 해당 시간에 대해 연차휴가를 부여하거나, 휴게시간을 추가로 부여하는 방식으로 처리할 수 있다.

그러나, 1년 미만의 유아가 있는 여성 근로자가 청구할 경우에는 1일 2회 각각 30분 이상의 유급 수유시간을 주어야 한다.

한편, 재택근무자가 휴게시간을 분할하여 사용할 필요가 있는 경우 사회통념상 합리성이 있고 휴게제도의 취지에 어긋나지 않는 범위 내에서 노사 당사자 간 합의를 하는 것이 바람직하다. 이 경우에도 휴게시간은 근로시간 도중에 부여하여야 한다.

Q8. 재택근무를 하는 중에 상사의 지시로 사무실로 출근하여 근무할 경우 사무실로 이동하는 시간은 근로시간에 해당하나요?

근무장소 간의 이동시간이 근로시간에 해당하는지 여부는 사용자의 지휘·명령을 받고 있는지, 자유로운 사용이 허용되는지에 따라 개별적·구체적으로 판단하여야 하나, 일반적으로 사용자가 근로자의 업무수행에 필요한 근무장소 간의 이동을 명령하였고, 그 사이에 근로자가 자유롭게 이용할 수 있는 시간이 보장되지 않는 이동시간이라면 이는 근로시간에 해당한다고 보아야 한다.

Q9. 선택적 근로시간제 적용 근로자도 재택근무를 할 수 있나요?

선택적 근로시간제는 일정기간(1월 이내)의 단위로 정해진 총 근로시간 범위 내에서 업무의 시작 및 종료시각, 1일의 근로시간을 근로자가 자율적으로 결정할 수 있는 제도이다.

선택적 근로시간제 적용 근로자도 사무실 근무일은 근로시간을 길게, 재택근무일은 근로시간을 단축하여 육아 또는 가사에 활용할 수 있는 시간을 확보하는 방식으로 재택근무를 실시할 수 있다. 이러한 경우 재택근무의 도입 범위에 선택적 근로시간제 적용 근로자를 포함하도록 규정하는 것이 바람직하다.

3 복무관리 및 성과평가

Q1. 재택근무자에 대한 근태관리는 어떻게 해야 하나요?

재택근무 근로자에 대해서도 근로기준법을 비롯하여, 단체협약이나 취업규칙 등에 따른 근로시간 및 휴게는 그대로 적용한다.

다만, 취업규칙 등에 재택근무 시 복무에 관한 사항을 명확히 하는 것이 바람직하다. 따라서, 근무시간 중 사용자의 승인을 받지 않거나 휴가를 사용하지 않고 근무장소를 임의로 벗어나거나 사적 용무(개인 업무, 취미, 他 영리활동 등)를 하는 것은 취업규칙이나 복무규정 등에 위반될 수 있다.

한편, 재택근무는 '자택'에서 근무하는 성질상 근로시간과 일상생활이 혼재되는 경우가 많으므로 사용자도 재택근무의 특성에서 기인하는 사회통념상 허용될 수 있는 근로자의 최소한 활동(업무에 지장이 없는 선에서 간헐적으로 아픈 가족이나 유아를 돌보는 행위, 자택방문자의 확인, 집 전화받기, 혹서기의 샤워 등)에 대해서는 양해할 필요가 있다.

Q2. 높은 생산성을 발휘하여 정해진 업무를 일찍 끝내는 경우 개인 용무를 보거나 외출할 수 있나요?

재택근무자의 경우 비록 해당 근로자의 업무 생산성이나 업무능력이 상대적으로 높아 다른 근로자보다 업무를 일찍 마칠 수 있는 경우라도 근로계약에 정해진 근로시간을 준수할 의무가 있다.

한편, 근로시간을 산정하기 어려운 재택근무자에게 사업장 밖 간주근로시간제나 재량근로시간제를 적용할 경우에는 실제 근로시간에 관계없이 노사가 합의한 간주근로시간을 근로한 것으로 볼 수 있을 것이다.

Q3. 근무지 이탈 등 사례가 있어 기업의 복무관리상 필요성에서 일정시간 단위로 컴퓨터 마우스를 흔들지 않으면 업무망 접속이 끊어지도록 하는 것이 정당한가요?

재택근무자의 근무지 이탈 우려가 크다거나 보안상 필요하다는 이유로 지나치게 짧은 시간 단위로 엄격하게 근태관리의 기준을 정하여 시행하게 되면, 재택근무자의 업무상 스트레스를 유발하여 건강에 해로운 근로환경이 조성되거나 재택근무의 효율성이 저하될 수 있다.

아울러, 컴퓨터를 사용하지 않는 업무가 있을 수 있으므로 이 경우 업무망 접속이 끊어진 것만을 이유로 징계해서는 안될 것이다.

따라서 사용자는 재택근무자의 근태관리 및 보안 유지의 목적에 비례하는 적정한 수단과 방법을 강구하고, 근로자와 충분한 협의를 거쳐 시행하는 것이 바람직하다.

Q4. 자택에서만 근무하는 것이 답답해서 효율이 오르지 않는데, 카페 등 자택 외의 장소에서 재택근무를 할 수 있나요?

재택근무는 통상적으로 근로자의 '자택'에서 근무하는 제도이지만 단체협약, 취업규칙에 근거가 있거나 사용자와 근로자 간 합의 또는 사용자가 승인하는 경우에는 근처 카페 등 '자택' 외의 장소를 재택근무 장소로 특정 또는 추가하는 것도 가능하다.

다만, 지정된 장소를 근로자가 임의로 변경하거나 벗어나는 경우 복무위반의 문제가 발생할 수 있으므로, 근무장소 변경이 필요한 경우에는 사전에 정해놓은 절차에 따라 관리자의 승인 등을 받는 것이 바람직하다. 다만, 코로나19와 같은 감염병 예방을 위해서 실시하는 경우라면 자택 등 사적 장소로 한정할 필요가 있다.

Q5. 재택근무 기간 중 휴가나 출장은 어떻게 운영하나요?

(휴가) 통상적인 휴가 사용 절차와 동일하다. 다만, 휴가 기간에는 근로제공 의무가 없으므로 재택근무자에게 휴가 기간 중 근로제공을 요구할 수 없음에 유의할 필요가 있다.

(출장) 관리자의 지시 등에 따라 사업장을 벗어난 장소로 이동하여 업무를 처리하는 것으로 원칙적으로 재택근무 시에도 통상의 출장처리(신청, 승인 등) 절차와 동일하다.

Q6. 재택근무 시 업무관리나 성과평가는 어떻게 운영하나요?

재택근무를 하는 경우에도 출근하는 경우와 동일하게 업무관리나 성과평가 제도를 운영해야 할 것이다.

재택근무(상시형)의 경우 근로자가 사무실에 출근하지 않기 때문에 성과평가에 있어서 차별 등을 걱정하는 일이 없도록 성과평가 및 인사관리 제도를 구축하는 것이 바람직하다.

* 재택근무에 따른 성과관리 또는 생산성 저하방지를 위해서는 아래 방법을 고려 가능하다.

▲ 측정가능한 결과에 의해 재택근무자의 결과물을 측정

▲ 수행한 업무에 대한 결과나 진행과정 등을 보고

재택근무의 업무수행 효율성을 도모하기 위해서는 업무내용, 업무수행 방법 등을 문서화하여 교부하는 방법도 가능하다.

또한, 근로자가 사업장 밖에서 근무하기 때문에 평상시 또는 긴급시의 연락방법에 대해서도 사전에 정해두는 것이 바람직하다.

4 임금 등, 재택근무 비용 및 장비

Q1. 단체협약이나 취업규칙에 통상 근로자에게 식비, 교통비 등을 지급하도록 되어 있는 경우, 재택근무자에게도 지급해야 하나요?

실비 변상 차원에서 실제 지출이 있는 근로자에게만 지급하고 있는 경우에는 재택근무자가 별도로 식비나 교통비를 지출하지 않았다면 지급 의무가 있다고 보기는 어렵다. 다만, 단체협약이나 취업규칙에 식비, 교통비 등에 대해 실제 지출 여부와 관계없이 일률적, 고정적으로 지급하도록 하는 경우에는 재택근무 여부와 상관없이 동일하게 지급하여야 할 것이다.

따라서, 식비, 교통비 지급 등과 관련하여 사후에 분쟁이 발생할 수 있으므로 사전에 이를 명확히 규정해 두는 것이 바람직하다.

Q2. 점심식사를 구내식당에서 현물로 제공받거나 구내식당을 이용하지 않은 경우 영수증을 첨부하면 일정 금액을 지급하는 경우 재택근무하는 경우에도 식비를 지원받을 수 있나요?

재택근무자도 근로를 제공하는 것이므로 사업장에 출근하는 경우와 동일하게 적용해야 할 것이다. 재택근무자는 구내식당을 이용할 수 없으므로 재택근무 중 자택이 아닌 일반 식당에서 식사를 할 경우 그 영수증을 첨부하여 청구하면 통상근로자와 동일하게 해당 금액을 지급하여야 한다.

다만, 구내식당에서 현물로만 제공할 경우에는 재택근무자에게 이에 해당하는 금품을 지급할 의무가 있다고 보기는 어렵다.

Q3. 재택근무 시 발생하는 비용부담은 어떻게 하나요?

재택근무로 인해 추가적으로 발생하는 통신비, 소모성 비품 등에 대한 비용은 사용자가 부담하는 것이 원칙이나, 비용부담과 관련하여 분쟁이 발생할 수 있으므로 그 부담의 항목 및 한도, 비용 청구의 방법과 절차 등에 관한 기준을 마련하는 것이 바람직하다.

한편, 재택근무의 빈도가 높은 경우에는 전기·통신비 등 사용료 지원 기준에 대해서도 정할 필요가 있고, 업무사용분과 사적 사용분을 현실적으로 구분하기 어려우므로 실비 변상 목적으로 일정액을 지급하는 방법도 고려할 수 있다.

비용부담과 관련한 향후 분쟁을 예방할 수 있도록 노사가 사전에 협의하여 정하는 것이 바람직하다.

Q4. 재택근무를 위해 필요한 PC, 노트북, 인터넷 망 등을 구비해 주도록 회사에 요구할 수 있나요?

사용자가 재택근무자와 동종 업무를 수행하는 통상 근로자에게 업무에 필수적인 PC, 노트북 등을 제공하고 있는 경우 재택근무자에게도 동등한 처우를 하는 것이 원칙이므로 관련 장비를 제공하여야 할 것이다.

다만, 재택근무가 일시적 또는 간헐적이어서 재택근무 장비를 상시 제공할 필요성이 인정되지 않거나 직무의 특성으로 인해 재택근무 장비가 필수적이라고 할 수 없는 경우에는 사용자가 PC, 노트북 제공 여부를 판단하여 결정할 수 있다.

Q5. 회사가 재택근무를 위해 근로자 소유의 PC나 노트북을 사용하도록 요구할 수 있나요?

재택근무에 필요한 장비는 원칙적으로 사용자가 지원해야 하고, 근로자 소유의 PC나 노트북은 사유재산이라는 점에서 근로자 의사에 반해서 사용할 것을 요구할 수는 없다. 다만, 재택근무가 일시적 또는 간헐적이어서 재택근무 장비를 상시 제공할 필요성이 인정되지 않거나 직무의 특성으로 인해 재택근무 장비가 필수적이라고 할 수 없는 경우에는 근로자의 동의 아래 개인 소유의 장비를 사용토록 할 수는 있을 것이다.

Q6. 사용자가 재택근무자에게 제공한 노트북 등 장비가 고장나거나 파손되면, 수리비용은 누가 부담해야 하나요?

재택근무 장비를 업무를 위하여 정상적으로 이용하는 과정에서 고장이나 파손이 발생한 경우 수리비용은 사용자가 부담하는 것이 원칙이나, 근로자가 사적인 용도로 사용하는 과정에서 고장이 발생하거나, 고의 또는 중대한 과실로 고장·파손시킨 경우에는 근로자에게 수리비용을 부담케 하는 것도 가능하다. 이에 관한 분쟁을 예방하기 위해서는 취업규칙 등에 명확히 규정하는 것이 바람직하다.

5 개인정보 보호 및 보안 대책

Q1. 재택근무자 근태관리 목적으로 GPS 등을 통해 위치추적을 해도 되나요?

「위치정보의 보호 및 이용 등에 관한 법률」 제15조는 정보주체의 동의를 얻지 않은 위치정보 수집을 금지하고 있으므로, 재택근무자로부터 위치정보(GPS 등)를 수집하기 위해서는, 사전에 △수집·이용 목적, △수집항목, △정보 보유·이용 기간, △동의 거부 가능 사실 등을 고지한 후 근로자의 동의를 받아야 할 것이다(개인정보보호법 제15조제2항).

한편, 사용자는 근로자에게 동의를 강요해서는 안 된다.

Q2. 근무지 이탈 등 사례가 있어 회사는 위치정보 수집 필요성이 있다고 주장하는데 근로자가 위치정보 수집에 동의하지 않는 경우 어떻게 해야 하나요?

재택근무자의 근태관리 필요성이 있더라도 사용자가 정보주체인 근로자의 사전 동의 없이 GPS 위치정보를 수집·이용할 수 없으므로 정보수집을 강제하거나 그 거부를 이유로 한 징계는 정당하다고 보기 어렵다.

근태관리의 목적상 위치정보 수집이 꼭 필요한 경우에는 그에 대한 동의를 재택근무의 승인 요건으로 취업규칙 등에 규정하는 것은 가능할 것이다.

Q3. 고객정보 등 사내 정보 유출 방지를 위해서 재택근무자가 준수토록 할 회사의 보안대책은 무엇인가요?

재택근무는 통상적인 근무형태에 비하여 보안에 취약할 우려가 크므로 사용자는 적절한 보안대책을 마련하여야 한다.

보안대책에는 보안서약서 작성·제출, 정기적인 보안점검과 교육, 보안 수칙 위반에 대한 불이익 조치 등이 포함될 수 있고, 보안위험이 큰 업무는 재택근무 대상에서 제외할 필요가 있다.

아울러, 사용자는 정보 보안 시스템 구축 및 강화, 업무 전용 노트북 지급, 해킹방지 프로그램 설치 등 재택근무 시 정보보안 인프라를 확충하여 위험에 대비하여야 할 것이다.

Q4. 재택근무 중 고객정보 등 사내 정보가 유출될 경우 재택근무자에게 책임을 물을 수 있나요?

재택근무자가 사내 보안규정을 준수하지 않는 등 고의나 과실로 보안사고가 발생할 경우에는 징계책임 등을 질 수 있다.

다만, 정상적으로 업무를 수행하는 과정에서 유출 사고가 발생하였고, 사내 보안규정 등을 준수하였다면 책임이 면제될 수 있다.

Q5. 회사에서 재택근무를 위해 지급한 노트북을 개인적 목적의 학원 수강, 인터넷 게임 등을 위해 사용하는 것이 가능한가요?

사용자가 재택근무자에게 업무용 노트북 등을 별도로 제공하거나 대여하면서 그 용도를 업무 목적으로 제한할 경우, 학원 수강·인터넷 게임 등 사적 용도로 사용할 수 없으며, 재택근무자는 이를 준수할 책임이 있다.

Q6. 회사에서 재택근무를 위해 지급한 노트북을 단순히 개인메일을 열어보거나, 자녀 숙제를 위한 문서편집에 사용하는 것은 가능한가요?

사용자가 보안상의 문제로 사용을 제한한 경우가 아니라면 메일 열람·문서 편집 등과 같이 사회통념상 용인되는 범위 내의 사적 사용은 가능할 것이다.

사회통념상 용인되는 범위 내의 사적 사용 해당 여부는 통상 근로자의 경우에 적용되는 기준을 준용하여 판단한다. 다만, 사용자는 사적 사용으로 인한 보안상의 문제가 발생하지 않도록 보안 대책을 마련하여야 하고, 재택근무자는 그 보안대책을 성실히 이행하여야 한다.

6 안전보건 및 산재보상

Q1. 재택근무자의 안전보건을 위해 사용자가 조치해야 할 사항은 무엇인가요?

재택근무의 경우에도 원칙적으로 산업안전보건법이 적용된다. 그러나, 재택근무의 경우 사업장이 아닌 사업주의 실질적인 지배·관리가 어려운 장소에서 근로가 이루어지므로 사실상 일부 규정만이 적용될 수 있을 것이다.

* 적용 규정(예): 정보통신망을 통해 고객을 상대하는 근로자를 고객의 폭언 등으로 인한 건강장해를 예방하기 위하여 필요한 조치(제41조), 건강진단(제129조 및 제130조) 등

사용자는 근로자의 안전보건에 대하여 보호하고 배려하여야 할 신의칙상의 의무를 부담하므로 사용자는 재택근무자가 건강을 유지할 수 있는 환경에서 일할 수 있도록 필요한 비용이나 물품을 지원할 필요가 있다.

Q2. 재택근무 중 부상 또는 질병에 걸린 경우 업무상 재해에 해당하나요?

재택근무는 업무장소를 자택으로 하는 것 외에는 원칙적으로 근로기준법, 산업재해보상보험법 등이 적용되므로 재택근무에 따른 업무와 관련하여 발생한 부상 또는 질병은 업무상 재해에 해당된다. 그러나, 업무와 무관한 근로자의 사적 행위를 원인으로 하여 발생한 부상 또는 질병은 업무상 재해로 인정되지 않는다.

예) 인근 편의점에 식료품을 사러 가다 넘어져 부상당한 경우, 육아를 하다가 부상당한 경우 등

재택근무 중 발생한 재해가 업무상 재해에 해당하는지는 산재요양 신청 시 근로복지공단에서 개별·구체적으로 판단한다.

Q3. 재택근무 중 사고가 발생해 재해를 당했으나 목격자가 아예 없거나 가족 외에는 없는 경우에도 업무상 재해로 인정될 수 있나요?

재택근무 중 발생한 재해의 목격자가 없더라도 근로자는 근로시간 중 실제 업무수행 과정에서 발생한 사고임을 밝힐 수 있는 객관적 정황 자료(예: 사고 발생 시간과 장소, 119 호송 및 병원진료 기록 등 사고와 관련된 객관적 사실, 사고경위에 대한 실시간 사업장 보고 내용 등)를 통해 업무상 재해를 인정받을 수 있다. 재택근무 중 발생한 재해가 업무상 재해에 해당하는지는 산재요양 신청 시 근로복지공단에서 개별·구체적으로 판단한다.

Q4. 재택근무자가 자택에서 용변 등 생리적 행위를 하던 중 발생한 사고는 업무상 재해인가요?

산업재해보상보험법 시행령 제27조 제1항 제2호는 '업무수행 과정에서 하는 용변 등 생리적 필요 행위'를 하던 중에 발생한 사고는 업무상 사고로 본다고 규정하

고 있다. 동 규정은 재택근무자가 자택에서 재택근무하는 경우에도 원칙적으로 적용된다고 보아야 한다.

재택근무 중 발생한 재해가 업무상 재해에 해당하는지는 산재요양 신청 시 근로복지공단에서 개별·구체적으로 판단한다.

7 기 타

Q1. 재택근무 중 발생하는 근무시간 외 업무지시, 가족·자택 관련 사생활 개입 등이 직장 내 괴롭힘에 해당할 수 있나요?

사용자 또는 근로자는 직장에서의 지위 또는 관계 등의 우위를 이용하여 업무상 적정범위를 넘어 다른 근로자에게 신체적·정신적 고통을 주거나 근무환경을 악화시키는 행위, 즉 직장내 괴롭힘을 하여서는 안된다(근로기준법 제76조의2). 이는 재택근무 중에도 동일하게 적용된다.

재택근무 중에도 업무상 필요한 범위에서 근무시간 외 업무지시 등을 할 수 있으나, 근무시간 외 업무지시나 사생활에 대한 언급(예: 집에 대한 평가) 등이 업무상 필요성 및 상당성의 측면에서 사회통념상 용인될 수 있는 범위를 넘어서서 근로자에게 정신적 고통이나 근무환경 저해를 유발하였다면 직장 내 괴롭힘에 해당할 수 있다.

사용자는 재택근무 중 사생활 침해 등을 비롯한 직장 내 괴롭힘이 발생하지 않도록 교육 등 적극적인 예방·조치를 하여야 할 것이다.

Q2. 화상회의 시 성적 불쾌감을 야기하는 외모·복장·태도 지적, 성적 비속어 사용 등이 남녀고용평등법상 성희롱 금지에 해당하나요?

'직장 내 성희롱'이란 사업주, 상급자 또는 근로자가 직장 내의 지위를 이용하거나 업무와 관련하여 다른 근로자에게 성적 언동 등으로 성적 굴욕감 또는 혐오감을 느끼게 하거나 성적 언동 또는 그 밖의 요구 등에 따르지 아니하였다는 이유로 근로조건 및 고용에서 불이익을 주는 것을 말한다(남녀고용평등법 제2조 제2호). 여기서 '성적인 언동 등' 이란 남녀 간의 육체적 관계나 남성 또는 여성의 신체적 특징과 관련된 육체적, 언어적, 시각적 행위로서 사회공동체의 건전한 상식과 관행에 비추어 볼 때 객관적으로 상대방과 같은 처지에 있는 일반적이고도 평균적인 사람으로 하여금 성적 굴욕감이나 혐오감을 느끼게 할 수 있는 행위를 뜻한다(대법원 2008.7.10, 2007두22498).

비록 행위자에게 성적 동기나 의도가 없었더라도, 화상회의 시 성적 불쾌감을 야기하는 외모·복장·태도 지적, 성적 비속어 사용 등이 객관적으로 상대방과 같은 처지에 있는 일반적이고 평균적인 사람으로 하여금 성적 굴욕감이나 혐오감을 느끼게 할 수 있는 언어적 행위에 해당하면 '직장 내 성희롱' 이 성립한다.

Q3. 재택근무자의 교육훈련은 어떻게 해야 하나요?

재택근무자도 통상의 근로자와 균등한 교육을 받아야 하므로 재택근무자를 위한 별도의 사내교육, 연수제도, 법정교육을 위한 프로그램 등을 운영할 필요가 있다. 재택근무자는 본인이 직장 내 능력개발기회에서 배제되거나 소홀히 다루어질 수 있다는 불안감을 가질 수 있기 때문이다.

특히, 법정교육인 성희롱예방교육, 개인정보 보호교육 등은 통상의 근로자와 동등하게 교육을 이수할 수 있도록 방안을 마련하여야 할 것이다.

Q4. 재택근무자의 성희롱 예방교육을 온라인 방식으로 해도 되나요?

사용자는 성희롱 예방교육을 사업의 규모나 특성을 고려하여 집체 방식이나 정보통신망을 이용한 온라인 방식으로 실시할 수 있다.

온라인 교육을 실시하는 경우 관련 법령에서 정하는 필수적인 내용이 포함되어야 하며, 구성 단위별 진도 체크, 교육내용에 대한 테스트(확인), 궁금증에 대한 질의응답 등 피교육자에게 교육내용이 제대로 전달되었는지 여부를 확인할 수 있는 기능이 구비되어야 한다(2017.6.28, 여성고용정책과-2704).

Q5. 노사협의회 근로자위원이 재택근무를 하면서 화상회의 등을 통해 노사협의회 활동을 하는 경우 근로시간에 해당하는지?

근로자 참여 및 협력증진에 관한 법률 제9조제3항에 따라 협의회 출석 시간과 이에 직접 관련된 시간으로서 협의회 규정으로 정한 시간에 해당한다면 재택근무로 인해 화상회의 등의 방식으로 활동을 하더라도 동 조항에 따라 근로한 시간으로 인정된다.

Q6. 정규직에 대해서만 재택근무를 허용하고 비정규직은 허용하지 않는 것이 적법한지?

업무의 내용, 작업 특성, 그밖에 합리적인 이유가 있는 경우가 아니라 단지 비정규직이라는 이유만으로 동종·유사 업무에 종사하는 정규직에게는 재택근무를 허용하고 비정규직에게는 허용하지 않는 것은 차별에 해당할 수 있다.

제7장
재택근무 도입 시 ICT환경의 정비와 보안대책

1 재택근무 시 현행 시스템 환경의 확인

재택근무 시의 ICT환경은 최적의 환경이라 할 수 없다. 기업규모나 재택근무에서 취급하는 업무내용, 실시목적 등을 종합하여 무엇을 검토할 것인지가 요구된다.

재택근무 도입을 위해서는 우선 회사의 근로자들이 현재 사용하고 있는 기기의 종류나 회선 등의 상태를 확인하고 현재의 시스템을 활성화시키고 비용이나 도입조건에 맞추어 도입이 손쉬운 시스템을 선택하는 것이 바람직하다.

1. 이용기기의 확인

업무에 이용하는 기기에는 컴퓨터나 태블릿PC 외에 휴대전화, 스마트폰 등이 있다. 이러한 기기에는 많은 경우 회사가 각 근로자에게 지급하지만 그 중에는 근로자 소유의 기기를 업무에도 이용하는 사례가 있다.

근로자 개인이 소유하는 기기를 업무에 이용하는 것을 BYOD(Bring Your Own Device)라고 한다. BYOD는 근로자가 개인적으로 자주 사용하는 기기를 업무에 이용할 수 있어 회사는 근로자마다 기기를 준비하는 번거로움과 비용을 절감하는 장점이 있는 한편 정보가 누설될 수 있는 위험성이 높으므로 확실한 대책을 세울 필요가 있다.

회사가 지급한 기기를 이용하는 경우에도 지급받은 기기의 종류에 따라 기능이나 보안의 내용이 다르다. 일반 근로자들이 이용하는 데스크탑 컴퓨터 대부분은 팻 클라이언트(Fat Client)형식으로 필요한 기능을 각각 내장하고 있다. 이에 반해 씬 클라이언트(Thin Client)형 컴퓨터에서는 대부분의 기능이 서버에서 처리되고 정보가 단말에 저장되지 않는다. 사용자에게 정보 접근과 사용은 허용하지만 저장은 허용하지 않아 도난이나 분실 등이 발생했을 경우 단말 내 정보가 존재하지 않으므로 정보 유출이 일어나기 어렵고 사용자의 기기로부터 유입되는 바이러스도 차단할 수 있으며 서버의 보안만 강화하면 되므로 보안담당자의 부담도 줄어들어 재택근무를 실시할 때의 기기로 적당하다고 할 수 있다. 팻 클라이언트를 씬 클라이언트로 전환할 수 있지만 이 경우 USB 등의 전용 인증키가 필요하다.

2. 네트워크 회선의 확인

재택근무 실시 시에는 외부에서 인터넷을 이용하여 사내 시스템에 접근하기때문에 재택근무에 대응할 수 있는 ICT환경을 정비할 때 현재 사용 중인 회선이나 서버의 상태 확인이 필요하다. 인터넷은 공중 회선(교환 회선)과 전용 회선(직통 회선)이 있다. 보안의 측면에서는 전용 회선이 뛰어나지만 설치 시에 비용이 많이 들기 때문에 최근에는 공중 회선에 가상의 전용 회선(VPN, Virtual Private Network)을 구축하는 방법이 보안을 확보하는 ICT환경의 주류가 되고 있다. 기존의 인터넷 회선에 대한 보안 확보에도 이용시의 통신량이나 속도 제한 여부, 재택근무에 맞게 시스템을 새로 도입하는 비용 등에 사전 확인이 필요하다.

2 재택근무 시 사내 시스템 접근방법의 선택

자택에서 업무를 수행할 때의 시스템 접근방법에는 가상 데스크탑 방식, 클라우드 어플리케이션 이용 방식, 원격 데스크탑 방식, 회사의 단말기 테이크 아웃 방식의 4가지가 있다.

1. 가상 데스크탑 방식

가상 데스크탑 방식은 개인 기기를 사용해 회사의 서버가 제공하는 가상 데스크탑에 원격으로 접속하여 사용하는 것이다. 작업한 데이터는 서버에 저장되어 가지고 있는 단말기에는 남지 않으며 가상 데스크탑 이용자가 마음대로 소프트웨어를 설치하는 것을 방지하고 OS(Operation System)의 업데이트는 관리자가 수행한다. 보안의 신뢰도는 높지만 도입시 전용 서버나 VPN 장치 등을 설치해야 하고 업무 중 서버가 다운되면 모든 업무가 중단되고 손실이 크기 때문에 신중한 대응이 필요하며 시스템 개발 업체에 구축을 의뢰하는 것이 일반적이다. 따라서 초기 비용이 많이 들고 주로 보안을 중시하는 대기업에서 도입되고 있다.

2. 클라우드 어플리케이션 이용 방식

클라우드 어플리케이션 이용 방식은 클라우드 서비스를 제공하는 업체의 서버를 통해 원격으로 업무를 수행한다. 어플리케이션에서 작업한 데이터는 클라우드에 저장되기 때문에 비상시에 회사의 컴퓨터를 사용할 수 없게 된 경우에도 다른 기기를 사용하여 접속할 수 있어 업무지속성계획(BCP, Business Continuity Planning)의 대책으로도 효과적이다.

이 방식을 사용할 경우 자체 서버를 준비할 필요가 없고 설치 비용이 거의 들지 않는다. 또한 응용프로그램은 월별 또는 종량제로 무료로 사용할 수 있는 것도 있어 비용 측면에서 부담이 덜하다.

그러나 외부 업체의 서버를 이용하기 때문에 가상 데스크탑 방식에 비해 보안에 취약할 수 있다. 또한 서비스 업체에서 제공하는 소프트웨어만을 사용할 수 있어 자체 개발한 연구용 및 업무용 소프트웨어의 경우 회사에서 실행되는 기존 소프트웨어에는 이 방식을 이용할 수 없다.

3. 원격 데스크탑 방식

원격 데스크탑 방식은 회사에 설치된 컴퓨터의 화면을 자택의 컴퓨터 화면에 전송하는 것이다. 새로운 시스템을 구축할 필요도 없고 회사에 설치된 컴퓨터가 인터넷에 연결되어 있으면 전용 프로그램과 인증 키로 접속할 수 있다. 이 방식은 도입까지의 장벽이 적고 기존 시스템을 그대로 이용할 수 있는 장점이 있다. 작업은 원격 조작으로 이루어지므로 개인 단말에 데이터가 남지 않고 작업한 데이터는 회사의 컴퓨터에 저장되므로 정보 유출이 일어나기 어렵다는 장점이 있다.

다만, 원격 데스크탑 방식을 이용하는 경우 회사의 컴퓨터를 항상 켜 둘 필요가 있기 때문에 사용 인원을 늘릴 때 비용이 증가할 수 있다.

4. 회사의 단말기 테이크 아웃 방식

회사에서 사용하는 컴퓨터나 태블릿 PC 등을 외부로 반출하여 VPN을 통해 사내 LAN에 연결하는 것이다. 이 방식은 평소 회사에서 익숙한 기기를 재택근무에도 이용할 수 있는 장점이 있고 내부와 외부에서 사용하는 기기가 하나이기 때문에 다른 방식보다 비용 부담이 적다. 그러나 외부에 반출된 기기가 바이러스에 감염될 경우 LAN에 연결된 모든 단말기가 감염될 위험이 있다. 또한 외부로 반출된 기기가 도난·분실될 경우 정보 유출의 위험이 있어 바이러스 감염 방지 대책이나 도난·분실 대책을 충분히 세울 필요가 있다.

3 재택근무 시 커뮤니케이션 수단의 검토

재택근무시의 커뮤니케이션 수단에는 특별한 ICT환경을 의도하지 않더라도 전화나 메시지로 대응할 수 있다. 실제 전화나 메시지, 혹은 SNS의 채팅 기능을 재택근무 시에 커뮤니케이션 수단으로 이용하는 사례도 적지 않다. 인터넷전화 서비스를 이용한다면 통화뿐만 아니라 채팅과 화상 회의도 가능하다.

팀에서 진행하는 업무 등 여러 직원이 함께 대화하여 협의할 필요가 있는 업무의 경우 회의 시스템을 도입하여 재택근무 시에도 거의 얼굴을 마주본 상태로 대화하는 것이 가능하기 때문에 긴급히 회의가 필요할 때에도 즉시 대응할 수 있어 회의에 참가해야 할 일이 많은 관리직도 쉽게 재택근무를 실시할 수 있게 된다.

현재 다양한 회의 시스템 서비스가 제공된다. 비교 대상 항목으로는 한 회의실당 최대 연결할 수 있는 참가자 수 외에도 자료 공유 여부, 화이트보드나 녹화 재생 기능 유무 등이 있다. 초기 비용과 매월 요금 등은 무료 서비스 기간을 사용하여 화질이나 음질, 이용 시 난이도 등을 비교하여 도입을 검토하는 것이 좋을 것이다.

일본 도쿄 원격근무 추진센터에서는 화상회의나 WEB회의 등 커뮤니케이션 도구 외에도 VR(가상현실) 또는 AR(증강현실)을 사용한 원격조정 시스템과 로봇을 이용한 재택근무 시스템의 전시를 하여 다양한 기기와 소프트웨어를 체험할 수 있다.

4 재택근무 시 업무관리 응용 프로그램 도입

최근에는 재택근무 시 근로자의 근태나 출결상황을 관리하는 프로그램이나 근로자 간 정보를 공유하는 프로그램이 늘고 있다. 이러한 프로그램은 재택근무를 실시하기 위해서 반드시 도입해야 한다.

1. 근태관리 프로그램

근태관리 프로그램은 출퇴근시각의 기록만이 아니라 급여계산 프로그램과 연계하거나 인사노무관리를 위해 필요한 정보를 취득하기 위한 것이다. 또한 근로자 컴퓨터의 화면을 때때로 찍어 관리자가 근로자의 업무 수행 상황을 확인할 수 있는 기능도 있다.

2. 출결 관리 프로그램

재택근무 시 출결 관리 프로그램은 가상 오피스를 설정하고 출결과 근무 상황을 확인하며 필요에 따라 음성 회의, WEB회의, 채팅, 전화 등을 선택할 수 있다. 그 외에 영상에 필터를 씌워 배경을 변경하거나 흐리게 하는 등 재택근무자의 사생활 보호 기능, 업무 시간 자동 기록, 작업 관리 기능 등을 갖추기도 한다.

3. 정보 공유 프로그램

정보 공유 프로그램은 근로자가 보유한 정보를 일하는 장소에 얽매이지 않고 근로자들 간에 공유할 수 있는 도구이다. 전자메일이나 전자게시판, 문서 공유, 스케줄 및 업무 흐름의 관리 등 조직의 정보 공유에 필요한 기능이 하나로 통합된 그룹웨어가 다수 있다. 최근에는 온라인에서 제공하는 그룹웨어도 늘고 있다. 온라인 그룹웨어를 이용하면 전용 소프트웨어가 필요하지 않기 때문에 도입 시 비용이 절감될 수 있다. 또한 일하는 장소에 얽매이지 않는 정보 공유의 일환으로 종이 문서를 전자 데이터화할 때 전자 문서화 프로그램을 사용할 수 있다.

5 재택근무 시 보안 대책의 중요성

1. 보안 대책의 중요성

기업 업무에 관련된 정보들은 모두 중요한 자산이다. “정보 보안”이란 정보 자산을 정당한 권한을 가진 사람만 사용할 수 있는 상태(기밀성)을 유지하고 정당한 권한이 없는 사람에 의해 변경되지 않았는지(무결성)를 보장하여 반드시 필요할 때 적절하게 사용할 수 있는 상태(가용성)를 확보하는 것이다.

한 설문조사에서는 재택근무가 도입된 기업과 도입되지 않은 기업의 차이에 있어 약 70%의 기업이 “정보 보안의 확보”를 주된 과제로 생각한다.

재택근무는 직원들이 회사의 정보자산을 자택에서 취급한다. 그러나 보안 대책이 있는 회사 사무실과 달리 자택에서는 정보 자산이 바이러스나 웜에 감염되거나 정보통신 기기 및 기록 매체 분실·도난, 통신 내용의 도청 또는 스크린 샷 등에 의한 정보 부정 취득, 부정 접속에 의한 정보 누설 위험이 높아진다. 재택근무 시에 해킹 등 사이버 공격이 늘어날 수 있다는 우려가 제기된다. 근로자들은 사무실에서 근무하면서 안전한 사내 전산망의 보호를 받다가 자택에서 재택근무하면서 PC 및 노트북으로 보안이 떨어진 인터넷 망을 사용하면서 대량의 기업 관련 데이터가 외부로 유출될 수 있다. 또한 인터넷 망의 안정성도 확보되어야 한다. 인터넷 망이 잠시만 끊겨도 업무 공백이 클 수밖에 없기 때문이다. 재택근무 시에 이러한 위험이 현실화되면 기업활동이 정지될 뿐만 아니라 사회적인 영향이 생기거나 기업 신용도 하락 등 큰 손실이 발생할 수 있다. 따라서 재택근무의 도입에서 적절한 보안 대책이 필요하다.

정보 보안 대책의 수립에는 먼저 보호할 모든 정보 자산이 유출되면 구체적으로 어떤 위험이 있는지를 파악하고 체계적으로 대책을 세우는 것이 중요하다.

2. 재택근무자의 복무규율 강화와 보안 서약

재택근무자의 보안에 관한 복무규율을 강화하고 보안서약을 받는 등의 방법을 강구할 필요가 있다. 보안서약에 포함되어야 할 사항은 다음과 같다.

① 보안유지를 위한 일반 원칙
② 회사의 영업비밀과 관련되는 문서 작업은 자택 내에서만 행할 것
③ 랜섬웨어, 스파이웨어 등의 악성코드에 감염되지 않도록 필요한 모든 조치를 다할 것
④ 업무와 관련된 자료는 작업 종료 즉시 회사의 클라우드 서버로 옮긴 후 근로자의 개인 스마트 기기에서 완전 삭제할 것
⑤ 공개장소에서 개방형 무선통신망에 접속하지 않을 것
⑥ 자택에서도 독립 작업공간을 확보하고 잠금장치를 갖출 것 등의 취지가 포함될 수 있을 것이다(노동법률, 2020년 4월호, 박재우, 「재택근무에 대해 유의할 노무관리사항」, p.57).

일본 총무성의 「원격근무 보안 지침」에서는 정보 자산을 보호하는 데는 "규칙", "사람", "기술"의 세 가지 균형이 잡힌 보안 대책을 실시하고 전체의 수준이 떨어지지 않도록 하는 것을 요점으로 꼽았다. 재택근무자가 업무를 하면서 매번 보안이 안전한지 스스로 판단하는 것은 어려울 수 있으므로 안전을 확보하는 방식을 회사가 미리 "규칙"으로 정하여 재택근무자는 그 규칙을 지킴으로써 안전하게 일할 수 있다. 그러나 규칙이 있어도 실제로 지켜지지 않으면 정보 보안을 보장할 수 없다. 따라서 교육·연수를 실시하여 규칙을 주지시키는 것이 필요하다. 이러한 인적 대책만으로는 대응할 수 없는 부분에 대해서는 기술적·물리적 대책을 세워야 한다.

3. 영업비밀의 보호 강화

2019년 1월 개정된 현행 「부정경쟁방지 및 영업비밀보호에 관한 법률」에 따라 종전 법에서 처벌하지 않던 행위, 즉 부정한 이익을 얻거나 영업비밀 보유자에게 손해를 입힐 목적으로 영업비밀을 지정된 장소 밖으로 무단유출하거나 영업비밀 보유자로부터 영업비밀의 삭제 또는 반환을 요구받고도 이를 계속 보유하는 행위 등도 영업비밀 침해행위로 형사처벌하도록 함으로써 영업비밀의 보호가 강화됐다.

사례 연구 **이스트 시큐리티의 원격근무 보안관리실태조사 결과**

이스트 시큐리티는 원격근무를 경험한 직장인 6105명을 대상으로 2020년 6월 25일부터 7월 2일까지 진행한 '원격근무 보안관리 실태조사' 결과를 2020년 7월 13일 발표했다. 설문조사에 따르면 원격근무를 위해 스마트폰, 태블릿 PC등 개인 소유의 기기를 업무에 사용하는 사람이 총 응답자의 83.4%로 나타났다. 보안 솔루션이 탑재된 업무용 PC에 비해 개인 소유의 기기에는 보안 조치가 제대로 이루어지지 않았을 가능성이 높다. 실제로 백신 프로그램 설치 여부와 기업의 보안 관리 지침을 묻는 문항에 응답자의 29.5%만이 회사가 제공한 백신을 설치했다고 답했다. 백신을 설치하지 않았거나 설치 여부를 모르겠다고 답한 응답자가 전체의 20.7%에 달했다. 코로나19 확산 이후 원격근무가 일상화됐지만 직장인들의 보안 의식은 미흡한 것으로 드러났다.

6 재택근무 규칙 제정

1. 정보 보안 정책

"정보 보안 정책"은 그 기업에서 실시해야 할 보안 정책과 행동 지침이다. 일반적으로 정보 보안 정책은 보안 전체의 근간이 되는 「기본 방침」, 기본 방침을 바탕으로 실시하거나 지켜야 할 것을 규정하는 「대책 기준」, 그리고 대책 기준을 구체적으로 실시하기 위한 절차인 「실시 순서」의 3단계로 구성된다. 보안 정책 설계에 있어서는 먼저 "왜 보안을 확보·유지해야 하는지"에 대해 명확하게 기본 방침을 정한다. 기본 방침은 기업 이념, 경영 전략, 기획사업 규모, 보유한 정보 자산, 업종·업태 등에 따라 각기 달리 자기 기업 활동에 부합하는 기본 방침을 정하는 것이 중요하다.

이미 정보 보안 정책이 있는 경우 현재 정보 보안 정책이 제대로 작동하고 있는지 확인하고 재택근무에도 적용할 수 있도록 재검토를 실시한다.

2. 재택근무시 보안 규칙

정보 보안 정책에 근거한 보안을 위해 재택근무자가 준수해야 할 행동규칙(보안지침)을 정해두어야 할 사항은 다음과 같다.

(1) 정보통신기기 · 기록매체에 관한 사항

① 재택근무에서 사용하는 정보통신기기에 관한 사항

회사가 지급하는 정보통신기기에 한정할 것인지, 개인 소유 기기의 사용(BYOD)을 인정할 것인지 여부

② 회사의 정보통신기기 · 기록매체의 반출에 관한 사항

회사에서 반출할 때의 절차, 이동 중에 준수할 사항, MDM(Mobile Device Management) 시설 이용, 암호화, 패스워드 설정 등

③ 정보통신 기기의 보관 장소 및 보관 방법에 관한 사항

저장 위치를 특정하거나 잠금 장치가 있는 보관함에 보관

④ 휴식시간 중 정보통신기기의 취급에 관한 사항

잠금하거나 보관 시 키 설정 등

⑤ 사용하는 소프트웨어 · 응용 프로그램에 관한 사항

설치할 때의 절차, 시스템 관리자의 사전 승인 등

⑥ 바이러스 대책

백신 소프트웨어의 설치, 정기적 업데이트 등

(2) 정보의 이용에 관한 사항

① 사내 시스템 접속에 관한 사항

접근 권한과 접속할 때의 통신 수단, 암호화 등

② 민감한 데이터 송수신에 관한 사항

송수신 방법, 암호화, 패스워드 설정 변경의 요구 등

③ 종이 매체의 취급

외부 반출 여부, 자료와 화면의 인쇄 · 복사 여부 등

④ 정보의 보존·폐기에 관한 사항
폐기 방법, 보고 및 기록 여부 등

(3) 작업 장소에 관한 사항

① 자택의 업무환경에 관한 사항
업무 위치를 확인하거나 칸막이 등의 설치가 필요한가?
② 카메라의 설치 의무화
③ 자택 이외의 장소에서의 근무 허용 여부

(4) 비상시 대응 등에 관한 사항

① 시스템 관리자에게 연락 방법
② 사고 발생 시 연락 체계 및 대응 방법
③ 정보 보안 정책 준수상황 감사에 관한 사항

또한, 정보 보안과 보안 규칙은 수립하면 끝나는 것이 아니다. 운영 상황을 확인하면서 PLAN(제정), DO(실시), CHECK(평가), ACTION(개선)의 PDCA 순환을 반복하고 정보 보안의 수준을 향상시키는 것이 중요하다.

7 개인정보 보호 및 보안대책(고용노동부 2020.9.16. 재택근무 종합매뉴얼)

1. 개인정보 보호

「개인정보 보호법」에 따르면, 개인정보처리자는 정보주체의 동의를 받아 목적에 필요한 최소한의 개인정보를 수집하여 그 수집 목적의 범위에서 이용할 수 있고(제15조 제1항 및 제16조 제1항), 정보주체의 동의를 받아 개인정보를 수집하는 경우 필요한 최소한의 정보 외의 개인정보 수집에는 동의하지 아니할 수 있다는 사실을 구체적으로 알리고 개인정보를 수집하여야 한다(제16조 제2항).

따라서 사용자가 재택근무자의 동의 없이 노트북, PC나 스마트기기에 장착된 카메라를 이용하여 재택근무자의 근태를 관리하는 것은 개인정보 보호법 위반에 해당한다.

한편, 「위치정보의 보호 및 이용 등에 관한 법률」은 정보주체의 동의를 얻지 않은 개인위치정보의 수집·이용 또는 제공을 금지하고 있고(제15조 제1항), 사용자가 재택근무자의 개인위치정보를 수집하기 위해서는 「개인정보 보호법」 제15조 제1항 및 제2항에 따라 사전에 해당 근로자의 동의를 받아야 한다.

개인정보 보호법	• 개인정보처리자는 정보주체의 동의를 받아 목적에 필요한 최소한의 개인정보를 수집하여 그 수집 목적의 범위에서 이용(제15조 제1항 및 제16조 제1항) • 정보주체의 동의를 받아 개인정보를 수집하는 경우 필요한 최소한의 정보 외의 개인정보 수집에는 동의하지 아니할 수 있다는 사실을 구체적으로 알리고 개인정보 수집(제16조 제2항)
위치정보의 보호 및 이용 등에 관한 법률	• 정보주체의 동의를 얻지 않은 개인위치정보의 수집 · 이용 또는 제공 금지(제15조 제1항)

2. 보안대책

재택근무는 사업장에 출근하는 경우에 비해 보안에 취약할 우려가 크므로 사용자는 적절한 보안대책을 마련하여 시행해야 한다.

심각한 보안위험이 있는 업무는 재택근무 대상에서 제외할 필요가 있고, 그렇지 않은 업무의 경우 그 성격과 내용 등을 고려하여 적절한 수준의 보안대책을 수립·운영하는 것이 바람직하다.

보안대책에는 보안서약서의 작성·제출, 정기적인 보안점검과 교육, 보안수칙 위반에 대한 제재 등이 포함될 수 있다.

사용자는 재택근무에 따른 보안 및 재해방지를 위해 일정 설비 기준을 갖춘 독립된 작업공간의 확보를 조건으로 재택근무를 승인하거나 노사 합의를 통해 자택 내 근무장소를 특정할 수 있다. 그러나, 근로자에게 이를 강제해서는 안될 것이다.

보안 위험이 높은 경우라면 카페 등 일반인이 자유롭게 드나들 수 있는 장소는 제외하여야 할 것이다.

보안사고가 발생한 경우 해당 재택근무자를 징계할 수 있다. 그러나, 보안규정을 성실히 준수하였음에도 보안사고가 발생한 경우 등 재택근무자의 귀책 사유로 보기 어려운 경우에는 보안사고를 이유로 징계하여서는 아니 되고, 귀책 사유가 인정되어 징계하는 때에도 징계양정이 과하지 않도록 하여야 한다.

재택근무 주요 보안대책 예시

- 가정에서 사무실 시스템 접속 시 발생할 수 있는 보안 위협에 대해 해결방안을 마련
- 단말기에 기록을 남기지 않는 클라우드 방식의 컴퓨터 도입
- 재택근무자의 다른 가족 구성원이 보안이 필요한 데이터 등에 접근하지 못하도록 할 것
- 문서 쓰레기의 안전한 처리
- 재택 사무공간 및 컴퓨터 잠그기

8 재택근무 시 교육·연수 실시

정보 보안 정책과 보안 규칙을 관계자에게 주입시키기 위해서는 교육 및 계발 활동을 적극적으로 실시하여 정보 보안 정책과 규칙의 취지를 이해시키는 것이 중요하다. 재택근무뿐 아니라 근로자가 업무를 수행하는 과정에서 정보를 유출하는 사건이 적지 않다. 이때 회사가 정한 보안 규칙을 준수하여 업무를 수행하였는지 여부에 따라 정보 유출 사고를 낸 근로자에게 책임을 물을 필요가 있다. 보안 규칙을 지키는 것이 자신을 보호하는 것이라는 점을 근로자가 이해하는 것이 보안을 확보하는 데 중요하다. 또한 재택근무자가 보안에 관한 지식이 있으면 보안상 문제가 있는 소프트웨어나 응용 프로그램 사용, 의심스러운 메일 읽기 등을 미연에 방지하여 표적 공격에 의한 피해를 최소화할 수 있을 것이다.

또한 원격근무 지침에서는 재택근무하는 근로자에게 "사내 교육을 실시할 때는 필요에 따라 원격근무 지침을 활용하는 등 재택근무 실시 시에 보안 대책에 대해서도 충분히 이해하는 것이 바람직하다"고 한다. 경영자, 시스템 담당자 및 재택근무자 각자의 입장에서 보안 대책의 개요, 악의적인 소프트웨어, 기기의 분실·도난, 중요 정보의 도청 및 무단 침입·경유에 대한 대책 요점이 설명되어 있다. 또한 일본의 「국민을 위한 정보 보안 사이트」에서는 기업이나 조직의 업무에서 컴퓨터나

인터넷을 사용할 때의 보안 대책에 있어 조직 간부, 직원 전반, 정보 관리 담당자 각 대상자별로 필요한 대책에 대하여 설명한다. 사고나 피해 사례도 소개하고 있어 회사의 정보 보안 대책을 검토하는 데 도움이 될 수 있다.

재택근무 보안대책의 포인트

	경영자가 실시해야 할 대책	시스템 관리자가 실시해야 할 대책	원격근무자가 실시해야 할 대책
정보 보안 보전 대책의 개요	① 재택근무 실시를 고려한 정보 보안 정책을 정하고 정기적으로 감사하고 그 내용에 따라 재검토한다. ② 원격근무자의 정보 보안에 관한 인식 개선을 위해 정기적 교육·계발 활동을 실시한다. ③ 보안 사고 발생에 대비하여 신속한 대응을 취할 수 있도록 연락 체제를 정비한다.	① 시스템 전체를 관리하는 중요한 입장임을 자각하고 보안 정책에 따라 원격근무의 보안 유지에 관한 기술적 대책을 강구하고 정기적으로 실시 상황을 감시한다. ② 원격근무자의 보안에 관한 인식 개선을 위해 정기적 교육·계발 활동을 실시한다. ③ 보안 사고 발생에 대비하여 신속한 대응을 취할 수 있도록 연락 체제를 확인한다.	① 재택근무 중 이용하는 정보 자산의 관리 책임이 자신에게 있다는 것을 자각하고 보안 정책이 정하는 기술적·물리적·인적 대책 기준에 따라 업무를 수행하고 정기적으로 실시 상황을 자가 점검한다. ② 정기적으로 실시되는 보안 교육·계발 활동에 적극적으로 참여하고 보안에 대한 인식을 높이기 위해 노력한다. ③ 보안 사고 발생에 대비해 즉시 담당자에게 문의할 수 있도록 연락 체제를 확인한다.
악의적인 소프트웨어에 대한 대책		① 필터링을 이용하여 원격근무자가 위험한 사이트에 접근하지 않도록 설정한다. ② 원격근무자가 단말기 에 어플리케이션 설치를 신청하면 보안 문제가 없는지 확인하고 허가한다. ③ 대여용 원격근무 기기에 바이러스 백신 소프트웨어를 설치하고 최신 상태를 유지한다. ④ 대여용 원격근무 기기의 OS 및 소프트웨어를 업데이트하고 최신 상태를 유지한다. ⑤ 개인 소유의 단말기를 원격근무에 사용할 때 필요한 보안 대책을 주지하고 있는지 확인한 후 허가한다.	① 악성코드 배포 등이 보고되는 위험 사이트에 접근하지 않는다. ② 응용 프로그램을 설치할 때에는 시스템 관리자에게 신청하여 허가받은 후 설치한다. ③ 업무 시작 전에 재택근무 단말기에 바이러스 백신 소프트웨어의 최신 파일이 설치되어 있는지 확인한다. ④ 업무 시작 전에 원격 근무 기기의 OS 및 소프트웨어가 최신 상태임을 확인한다. ⑤ 원격근무에 필요한 보안 설정이 된 기기를 사용하고 스마트폰, 태블릿PC등은 무단으로 개조하지 않는다.

	경영자가 실시해야 할 대책	시스템 관리자가 실시해야 할 대책	원격근무자가 실시해야 할 대책
기기의 도난·분실 대책		관리대장 등을 정비하고 대여하는 기기의 소재 및 이용자 등을 관리한다	① 회사 외부에 정보자산을 반출할 때에는 그 원본을 안전한 장소에 보관한다. ② 기밀이 요구되는 데이터를 저장할 때에는 반드시 암호화하고 단말기와 기록 매체(USB 메모리 등)의 도난에 유의한다.
중요한 정보의 도난 대책			① 기밀이 요구되는 데이터를 전송할 때에는 반드시 암호화한다. ② 타인과 공유하는 환경에서 근무할 경우 기기의 화면에 사생활 보호 필름 등을 장착하고 근무 장소의 선택 등을 통해 화면 훔쳐보기를 방지한다.
무단 침입·경유 대책		① 회사 외부에서 내부 시스템에 접근하기 위한 이용자 인증에 대해 기술적 기준을 명확하게 설정하고 적정하게 관리·운용한다. ② 원격근무자가 인터넷을 통해 회사 시스템에 접근하는 경우 통신수단을 지정한다. 또한 회사 시스템과 인터넷의 경계선에 방화벽 또는 라우터 등을 설치하고 접근 상황을 모니터링함과 동시에 불필요한 접근을 차단한다. ③ 회사 시스템 내부 안전한 영역에 데이터를 저장한다. ④ 의심스러운 메일을 정크메일로 분류하도록 설정한다.	① 외부에서 회사 시스템에 접근하는 사용자 인증정보(패스워드, IC카드 등)를 적정하게 관리한다. ② 인터넷을 통해 회사 시스템에 접근하는 경우 시스템 관리자가 지정한 통신수단만을 사용한다. ③ 원격근무에서 사용하는 패스워드는 다른 곳에서 사용하는 것과 다르게 하여 타인이 추측하기 어렵게 만든다. ④ 원격근무중 멀웨어에 의한 표적 공격 또는 피싱 등의 표적이 되기 쉽다는 것을 주지하고 전자메일이나 의심스러운 링크 연결에 주의한다.

9 재택근무시 정보통신의 관리(고용노동부 2020.9.16. 재택근무 종합매뉴얼)

비대면 재택근무가 효과적으로 수행되도록 하기 위해서는 조직 내부망과의 연결, 보안문제 등 기술적인 난제를 효과적으로 관리하고 해결책을 모색해야 한다. 특히, 기술적인 준비사항을 사전에 준비하고 제공하지 않으면 생산성도 떨어지고 혼돈을 겪게 될 수 있다.

재택근무 사무환경은 인프라, 보안, 접근성, 시스템 관리 등을 고려하여 구축해야 한다.

체크포인트

□ 조직의 디지털 업무 공간을 구축하고, 근로자의 홈오피스 마련을 지원한다.
□ 조직과 직무의 특성을 고려하여 적절한 협업 툴을 선정하고 활용한다.
□ 원격환경에서의 보안 위험성을 인지하고 대비책을 마련한다.

원격 소통도구 선별 기준

이용편의성 (Utility)	보안 (Security)
접근성 (Accessibility)	관리 용이성 (Management)

1. 디지털 홈오피스 구축

효과적인 재택근무는 빠르고 안정적이며 안전한 인터넷 연결과 인체 공학적 홈오피스 환경 설정이라는 디지털 업무 공간 구축에서 시작한다.

클라우드 컴퓨팅, 온라인 협업 도구와 같은 기술의 발전으로 효과적인 재택근무 기반을 구축하는 것이 과거보다 상대적으로 쉬워졌으나, 개별 근로자에게는 추가적인 비용이 소요되고 기술적으로 해결이 어려울 수 있으므로 회사는 재택근무자의 홈오피스 구축과 업무 수행 비용을 지원하기 위한 정책과 재원을 마련해야 한다.

클라우드 서비스에 대한 추가 수요 발생에 대비해 VPN 용량 등 클라우드 컴퓨팅

자원을 확충하여 클라우드 접속 수요를 예측, 모니터링, 분배, 관리해야 한다.

VPN, 암호화 솔루션, 방화벽 등 사이버 보안 시스템 구축할 필요가 있다.

재택근무 장소의 개별 네트워크 상태를 미리 점검하여 재택근무 장소에 네트워크 문제가 있으면 다른 접속수단 등 대안을 준비하여야 한다.

사용자는 노트북, 모니터, 프린터, 전화, NAS(네트워크 결합 스토리지) 등 홈오피스를 구성하는 하드웨어 장비를 구매해 제공해야 하고, 필요하다면 사무용품, 소프트웨어 프로그램, 기타 사무 장비 등도 지원할 필요가 있다.

재택근무 기기 사용에 익숙하지 않은 사용자를 도와줄 수 있는 헬프데스크를 운영하고, 직원들의 정보통신 기기 사용을 지원할 가이드라인이나 매뉴얼도 구비한다.

2. 협업 툴 – 온라인 협업을 위한 소프트웨어

협업 툴은 재택근무 시 온라인 협업을 원활하게 돕는 소프트웨어 프로그램들을 통칭한다. 채팅, 화상회의, 파일 공유, 공동 작업 등이 주요 기능이며, 내부소통, 외부소통, 협업 등을 위해 활용된다.

조직의 구성원들이 적합한 협업 툴을 사용하고, 생산적인 협업 툴 사용 규칙을 공유하며, 구성원 개개인이 협업 툴을 능숙하게 다루는 것은 재택근무의 업무 생산성에 절대적인 영향력을 미칠 수 있다.

협업 행동별 온라인 협업도구

항 목	세부 용도	협업툴 예시	
콘텐츠 작성	• 공동 서류 작성 • 동시 공동 편집 • 공동 화이트보드 작성 • 집중 지식 공간	• Office 365 • GooGle Docs (G Suite) • Confluence • Miro	• 넷피스24 • 폴라리스오피스 • OZ e-Form
영상회의	• 스크린과 화이트보드를 활용한 문제해결 및 공동 창작 • 주간 계획 및 검토 회의 • 의사결정 회의 • 워크샵 및 훈련	• Zoom • Tencent Conference • Ding Talk • Webex • Microsoft teams	• KT비즈메카 화상회의 • 리모트미팅 • 콜라보X • 말톡노트 비디오콜 • 홈피스

항 목	세부 용도	협업툴 예시	
문서공유	• 파일 및 서류 공유 • 구조화된 정보 저장 • 버전 통제 및 관리 • 조직 간 접근	• Box • Sharepoint • Dropbox Business • Baidu Cloud Disk	• 잔디 • EZ드라이브 • 더 존 Bizbox Alpha • 나무기술 • 사이버다임
채널 활용 커뮤니케이션	• 협업 채널 • 긴급 질문 및 가이드 탐색 • 실시간 현행화 • 사회적 팀 대화 • 지식 공유	• Ding Talk • WeChat Business • Slack • Microsoft Teams • Basecamp • Hipchat • Google Hangouts	• 토스트 워크플레이스 두레이 • 라인웍스 • UCWORKS • 티그리스 • 액티브포스트
과업관리	• 과업 추적 및 할당 • 밀린 업무 우선순위 • 성과관리 • 프로젝트 관리 • 체크리스트	• Trello • Jira • Asana • Smartsheet • Microsoft Planner • Basecamp	• 콜라비 • 플로우 • 워플 • 클로바인 • 티콜라
의견수렴	• 상호작용 프리젠테이션 • 반성 및 팀 러닝 • 상호작용 Q&A • 의견투표	• Kahoot • Ideaboardz • Slido • Poll everywhere	• Mentikmeter • 심플로우 • 클래스팅

(1) 적합한 협업 툴 선택을 위한 방법

기업별 업무 목적에 적합한 효율적인 업무 관리 및 소통이 가능한 협업 툴을 선택해야 한다.

프로젝트 진행 상황을 모니터링할 수 있고, 개별 확인 없이도 각자의 업무 진행 상세현황 공유가 가능하며, 진행 중인 업무를 조정하거나 밀린 업무를 관리할 수 있는 툴이 바람직하다.

한편으로 업무투명성과 책임소재를 명확히 파악할 수 있으며, 조직 간 협업 강화에 도움이 되고, 빠르게 반응할 수 있고, 조직문화 혁신에 기여할 수 있는 협업툴을 활용할 필요가 있다.

이 밖에, 협업툴의 선정은 일반적으로 단순성, 안정성, 접근성 등의 3가지 차원에서 검토하는 것이 필요하다.

• 단순성(simplicity): 복잡한 설정을 위한 시간이 필요하지 않고, 가파른 학습 곡선이 필요하지 않는 것
  * (예시) 전화를 걸거나 주소를 입력하자마자 연결되는 사용이 용이하고 단순한 매체가 메시지에 보다 집중하게 할 수 있음
• 안정성(Stability): 전달하고자 하는 메시지가 원하는 사람에게 정확하게 전달되었는지를 매번 걱정하지 않아도 되는 것
• 접근성(accessibility): 협업도구를 사용자가 원하는 곳에서 언제든지 사용할 수 있는 정도
  * (예시) 전화와 이메일은 회의실, 현장 사무실, 공항, 커피숍 등 우리가 사용하려는 거의 모든 곳에서 작동

한편으로 밀레니얼 세대와 Z세대에 의해 협업 툴 활용이 가속화될 것으로 전망되므로 협업 툴 사용역량도 고려할 필요가 있다.

협업 툴의 종류와 예시

• 협업 토탈 솔루션: 파일 공유 및 공동 작업을 통해, 일을 진행하는 솔루션
  – Microsoft teams (Office365): 문서작업 솔루션과 함께 판매되는 솔루션으로 현재 협업, 가상의 팀을 만들어 팀 또는 프로젝트별 및 원격 화상회의까지 지원하는 토탈 시스템
  – Slack: 팀별 화상회의, 팀별 채팅창, 파일공유 등의 기능을 제공하는 종합적인 솔루션
  – 잔디: 국내용 솔루션으로, 협업 및 메세징 서비스 및 파일 공유 솔루션으로 팀별, 주제별 대화방 개설이 가능
• 파일 공유 솔루션: 원격으로 작업 파일을 공유하거나, 완성한 파일을 같이 읽고, 보고 수정하는 솔루션
  – Drop Box: 파일공유 솔루션, 파일 공유 권한 제어, 파일 열람 히스토리 공유 등이 가능하고, 공동 작업 및 승인, 요청 등의 인스턴스 메시지 활용이 가능함
  – Evernote Business: 프로젝트 공동 진행이 가능하고, 기록과 메모, 모든 작업 파일을 공유하는 것이 가능함
  – Google G-suite: 문서공유, 문서작업, Email 등 office 문서 생성 및 파일공유 기능을 합한 솔루션으로, 비즈니스용 Gmail, 공유문서, Drive, Document Googledocs, Calender 공유, Meet, Hangout 화상공유 등의 기능을 갖추고 있음
• 원격 화상회의 솔루션: 재택근무지 등 여러 장소에서 서로 얼굴을 바라보면서 회의, 자료 공유 등을 지원하는 솔루션
  – Cisco WebEx: Web 화상회의 솔루션으로, 가장 오래 되었으나 화질 및 음질 등에 대한 반응이 가장 낮은 솔루션
  – Zoom: 무료 버전 40분을 제공하는 방법으로, Covid19 이후 교육시장에서 가장 빠르게 성공한 솔루션
  – Blue Jean: Slack, Skype 등과 연계가 가능하고, Enterprise 관련, 노이즈, 화질 등 가장 반응이 좋은 솔루션
  – Go to meeting: B2B Marketing automation 솔루션 (Marketo, Eloqua) 등과의 연동 효율성이 좋음

3. 재택근무 환경에서의 보안 문제

재택근무로 인해서 업무처리가 온라인으로 이동함에 따라 직원들은 더 많은 양의 디지털 상호작용에 노출되어 보안위험 수준이 높아지는 결과가 초래된다.

재택근무가 효과적으로 수행되도록 하기 위해서는 조직 내부망과의 연결, 보안 문제 등 기술적인 문제를 효과적으로 관리하고 해결책을 모색해야 한다.

보안관리가 기술적으로 복잡하다 보면, 데이터를 안전하게 처리하는 방법을 알지 못하거나 권한 없이 작업을 수행하게 되어 심각한 결과를 초래할 수 있다.

집에서 일하는 부모는 회사 장비를 아이들과 공유할 가능성이 높아서, 비교적 사용하기 쉬운 암호를 추가하거나 일반적으로 보안을 약화시키는 변경을 할 수 있다. 이에 따라 직원들이 기존 보안관리의 중요성을 이해하고 관련된 규정을 준수하는 것이 중요하다. 데이터 기밀성과 접근성을 유지하면서 생산성을 높이는 데 필요한 도구를 직원에게 제공하고, 강력하면서도 실용적인 접근 방식을 채택하여 관리하는 것이 필요하다.

보안 응급상황 발생 시 대처법

회의 중에 IT 및 Technology의 문제가 발생하는 경우, 이 기술위기 카드는 상황을 신속하게 분류하는 데 도움이 된다. 이 문서를 인쇄하고 컴퓨터나 태블릿 옆에 보관하여 즉시 접근할 수 있도록 한다.

작성자 이름	
지원자의 이름 및 전화 번호	
IT 회사의 개별 전문가 또는 프리랜서, 컨설턴트	
컴퓨터의 현재 운영 체제 이름 및 버전	
귀하의 인터넷 서비스 제공 업체	
계좌 소유자의 이름	
계좌 번호	
그들의 헬프 라인 번호	

출처: Harvard Business Publishing(2020), Virtual Manager Collection

10 재택근무 시 기술적 보안 대책

기술적 보안 대책에는 여러 가지가 있으나 그 중 사용자 인증, 접근 관리, 방화벽 설치, 암호화, 디지털 서명, 바이러스 스캔, 보안 구멍의 박멸, VPN을 활용한 씬 클라이언트 시스템의 도입, 침입 탐지 및 차단 서비스 도입 등을 들 수 있다. 일하는 방식의 개혁이 제기되는 가운데 재택근무 실시 시의 정보 보안 대책을 위한 다수의 제품과 서비스가 제공되고 있다.

하지만 정보 보안의 위협과 그 대책은 꼬리에 꼬리를 무는 관계에 있다. 정보보안을 위한 제품이나 서비스를 이용하고 있다 하여 항상 100% 안심할 수 있는 것이 아니라 항상 새로운 위협이 발생하는 것을 상정하지 않으면 안된다. 또한 기술적 보안 대책을 강화할수록 비용이 발생하고 근로자의 근무 시간이 늘어나거나 시스템의 처리 속도가 느려져 업무 효율에도 부정적인 영향이 있을 수 있다. 이 때문에 기술적인 대책은 비용과 간편함의 두 가지 측면을 검토하고 취급하는 업무의 내용이나 정보 보안정책에 기반하여 균형잡힌 대책을 세우는 것이 중요하다.

기술적인 정보보안 대책의 요점은 다음의 4가지가 있다.

1. 접근의 관리·제한

정보 자산을 외부 공격이나 무단 접근으로부터 보호하기 위해 직원의 시스템이나 응용프로그램 접근을 인증하고 본인인증이나 미리 등록된 기기의 접근만을 허용하는 대책 등의 사용이 바람직하다.

또한 재택근무시 사용하는 기기를 재택근로자 본인 외에는 로그인할 수 없게 하는 방법으로 지문이나 동맥 인증, 얼굴 인식 등 개인이 가진 생체 특징을 본인 인증에 사용하거나 개인 인증 키 또는 OTP(One time password) 사용 등의 방법이 있다.

2. 암호화를 이용한 관리

컴퓨터의 내장 하드디스크의 데이터를 암호화하면 만일 컴퓨터의 분실·도난 등의 사고가 발생했을 때에도 컴퓨터의 정보가 유출될 위험을 줄일 수 있다. 하드디스크의 데이터를 암호화하지 않는다면 비록 부팅 암호를 걸더라도 쉽게 데이터가 유출될 수 있다.

또한 휴대전화 등에 암호화된 업무 데이터 영역(보안 컨테이너)를 설정하는 소프트웨어나 서비스를 이용하여 기기 등의 분실·도난시 보안 컨테이너의 데이터를 원격으로 잠그거나 삭제할 수 있다.

회사와 원격근무지 사이에 USB 등으로 정보를 반출할 때도 암호화 기능과 패스워드 기능과 패스워드 기능이 있는 USB를 사용하는 것이 바람직하다.

3. 바이러스 백신

재택근무에서 사용하는 컴퓨터에 바이러스 백신을 설치하여 바이러스의 초기 감지와 제거를 할 수 있게 하여야 한다. 최근에는 비정상적인 접근을 감지하고 악성 프로그램을 탐지하는 다양한 소프트웨어가 다수 있으며 단말기 없이 서버에서 작동하는 바이러스 백신도 있다. 소프트웨어나 백신은 항상 최신 상태로 업데이트해야 하고 정기적으로 철저히 바이러스 검사를 실시하는 것이 중요하다.

4. 안전한 네트워크

재택근무에서는 외부 네트워크를 통해 회사 네트워크에 접근할 수밖에 없다. 네트워크를 통해서 전달되는 정보나 네트워크 기기·설비를 안전하게 계속 사용하기 위해서는 네트워크에 바이러스 감염이나 무단으로 접근하기 어렵도록 해야 한다. 보안 시스템 부서의 의견을 듣고 재택근무자들이 안전한 네트워크를 이용하여 접근할 수 있는 환경을 제공하고 침입 등에 대책을 세운 후 정기적으로 확인하는 체제를 갖추어야 한다.

11 재택근무 시 물리적 정보 보안 대책

재택근무는 근로자의 집이 근무 공간이기 때문에 재택근무 실시 시의 보안 상황을 하루 종일 사람이 있는지, 불특정 다수의 사람이 드나들 수 있는지를 포함하여 사전에 확인하는 것이 필요하다. 확인 방법은 재택근무 신청서에 근무 환경을 기재하는 란을 마련하거나 근무 공간의 사진을 찍어 제출시키거나 서약서를 제출하게 하는 등이 있다. 재택근무를 도입한 기업 중 다수는 근무 환경에 관한 검사목록을 작성하고 자진 신고하도록 하고 있다.

재택근무 시의 물리적 정보 보안 대책으로는 감시 카메라의 설치, 회사가 대여한 컴퓨터를 보안 와이어로 고정, 시정 가능한 반출 대장 등의 보관, 종이매체 자료 등을 폐기 시에 분쇄기 사용 등이 있다. 감시 카메라는 본인의 동의를 후 설치 위치 및 각도, 카메라의 작동 여부와 작동 시간 등에 대해 본인과 협의하여 본인 및 그 가족의 사생활을 침해하지 않도록 충분히 배려하여야 한다.

재택근무의 도입에 따라 정보 자산의 전자화를 추진하는 것도 정보 보안의 대책으로 이어진다. 정보 자산을 모두 전자화하여 종이매체의 도난·분실 위험이 없어질 뿐 아니라 종이 매체를 관리하는 업무 자체가 없어지므로 정보 관리의 실시가 수월해진다.

12 재택근무를 위한 도구로서 영상회의 성공조건과 향후 전망

1. 영상회의의 성공 조건

코로나 유행으로 언택트(untact) 업무환경이 확대되면서 영상회의가 오프라인 회의를 대체하고 있다. 영상회의 프로그램을 통한 소통이 일반화되면서 점차 이메일이나 전화로 하던 소통까지도 대체하고 있는 상황이다. 선진 기업에서는 영상회의를 위한 많은 프로그램을 보유하고 있다. 영상회의를 흔히 화상회의라고도 한다. 대기업의 자체 영상프로그램, 정부관계기관이라면 온-나라, 상용프로그램으로 Zoom, 구글 Meet, 마이크로소프트 Skype, 시스코 WebEx 등이 있다.

영상회의 때는 주도면밀하게 진행하는 호스트 역할과 책임을 지는 전담자를 임명하는 것이 효율적이다. 전담자는 해당 영상회의 시스템 조작에 정통하여 회의 참가자의 오류나 불편을 신속히 발견하고 해결하는 역할을 하며 효율적인 회의 진행을 할 수 있다. 또한 회의 진행에 필요한 장표나 동영상·인터넷 링크의 화면 공유를 책임지기도 한다. 일반 영상회의 참여자도 발언자의 음성을 정확하게 듣고 전달할 수 있는 헤드셋과 같은 도구를 준비할 필요가 있다.

또한 보안이 중요한 인트라넷 환경을 자택에서 가능하게 해 주는 VPN이 필요하다. 그리고 자택이라는 제한된 환경에서 공유 캘린더, 이메일, 메신저의 실시간 연결과 회사 전화를 재택근무시간 중 착신하는 등의 준비가 필요하다.

2. 영상회의의 향후 전망

비대면 시대의 필수품인 영상회의 솔루션이 진화하고 있다. 코로나19 확산 이후 사용량이 급증했지만 정형화된 네모칸 안에서 만나는 방식이 대면 접촉에 비해 집중도를 떨어뜨린다는 지적이 나오면서다. 글로벌 정보기술(IT) 기업들은 다른 사람에게 비치는 자신의 화면을 다채롭게 꾸미고, 다른 사람과 더 '인간적인' 방식으로 소통할 수 있게 하는 기능을 추가하고 있다. 증강현실(AR) 기술로 실제 회의실과 비슷한 환경을 구현하는 기술도 등장했다.

에버노트의 최고경영자(CEO)를 맡았던 필 리빈이 2017년 설립한 미국 스타트업 올터틀스는 가상 카메라 앱 '음흠(Mmhmm)'을 공개했다. 카메라에 비친 사용자의 공간을 일종의 가상 무대로 바꿔주는 앱이다. 음흠을 통해선 사용자가 화면을 자유자재로 꾸밀 수 있다. 화면에서의 슬라이드쇼 위치를 손쉽게 조정하고 넘길 수 있는가 하면 자신의 모습을 키우고 줄이거나 투명하게 바꿀 수도 있다.

미국 IT 전문매체 더버지는 이 앱을 소개하며 "미래의 영상회의 모습은 '줌'보다 '새터데이나이트라이브'(미국 NBC 코미디쇼)와 더 닮은 모습일 것"이라고 전망했다.

협업 솔루션인 '팀즈'로 글로벌 흥행에 성공한 마이크로소프트(MS)도 영상회의의 약점을 보완하고 있다. 2020년 7월 9일 신규 기능인 '팀즈 투게더 모드'를 공개했다. 참가자들을 화면에 바둑판처럼 나열하는 대신 강당의 객석에 앉아 있는 것처럼 배치하는 기능이다. 회사 측은 끄덕거림과 같은 비언어적 행동을 더 쉽게 알

아차릴 수 있도록 돕는다고 설명했다. 이 기능을 통해 사용자는 다른 사람을 가릴 정도로 손을 들 수도 있고, 가상으로 악수하는 것도 가능하다.

MS는 대면과 비대면 방식으로 업무를 한 사람들의 뇌파 변화를 비교하는 연구 결과도 공개했다. 그 결과 영상을 통해 업무를 한 사람들이 더 많은 피로를 느끼는 것으로 나타났다. MS는 "다른 사람들과 함께 있는 느낌을 주는 새로운 기능을 통해 뇌의 에너지 소모량을 줄여줄 수 있다"고 설명했다.

2차원(2D)의 벽을 넘어서기 위한 시도도 이어지고 있다. 스페이셜은 가상현실(VR)·AR을 이용해 가상 회의실에서 다른 참가자들과 만날 수 있게 하는 서비스로 주목받고 있다. 문서, 비디오 등 다양한 자료를 3차원(3D) 가상 공간에 띄우고 손짓으로 조작할 수도 있다.

사례 연구 1 **LG 디스플레이(주)의 영상회의 사례**

LG디스플레이는 글로벌 기업으로 본사를 한국에 두고 있을 뿐 많은 생산이 해외에서 이루어지고 있고 회사 매출의 대부분이 해외에서 발생하고 있다. 빈번한 국내외 출장을 통해 내외부 미팅을 진행하고 해외법인과의 업무를 함께 진행하는 것이 당연했던 시대에서, 이제는 대부분의 미팅을 화상시스템에 의존하면서 출장은 급격히 감소했다. 예전에는 얼굴을 보면서 미팅하지 않으면 업무진척이 안될 것만 같았는데, 막상 지역이동이 금지되고 항공운항이 중단되면서 화상회의는 필수가 되어버렸다. 화상시스템이 없었더라면 어쩔 뻔 했나 할 정도로 많은 회의들을 그리 진행하다 보니, 이제는 익숙해지고 보다 효율적으로 업무를 진행할 수 있다는 자신감이 생겼다.
고객 미팅도 마찬가지다. 중요한 협상이 진행되는 회의는 당연히 해외출장으로 그들이 오거나 우리가 가거나 하여 대면으로 진행되던 방식에서, 글로벌 이동이 제한되면서 고객사가 사용하는 화상시스템으로 접속하여 진행한다. 덕분에 방화벽을 뚫고 Zoom, Teams, Webex 같은 다양한 도구를 활용해본다. 초기엔 어색했던 화상시스템도 이제는 적응되어간다.
결국 언택트 시대가 되면서 기술을 활용한 비대면적 업무방식이나 교육방식이 과거에 약 30% 수준이었다면, 이제는 그 비중이 약 70~80%까지 높아질 것이라는 점은 분명하다(인사관리, 2020년 7월호, 김현주, 「업무는 클라우드, 회의는 화상 교육도 화상·온라인」, p.37).

사례 연구 2 SKT, 원격회의 위한 그룹 영상통화 서비스 사례

SK텔레콤은 비대면 교육과 원격회의를 위한 그룹 영상통화 서비스 '미더스(MeetUs)'를 2020년 8월 3일 출시했다. 미더스는 '미트(meet)'와 '어스(us)'의 합성어로 만나서 대화하는 듯한 통화경험을 제공한다는 뜻이다. 최대 100명까지 영상통화에 참여할 수 있고 모바일 화면에는 4명, PC와 태블릿 화면에는 8명까지 표시된다. 참여자가 화면 표시 숫자를 넘으면 사용자의 음성을 감지해 발언하는 사람을 자동으로 화면에 표시해준다.
그룹 영상회의와 비대면 교육을 위한 다양한 기능도 제공한다. 참가자 중 한 명의 화면을 띄울 수 있는 발표자 모드를 비롯해 텍스트 채팅, 화면 공유, 판서기능 등을 지원한다. 보안성 강화를 위해 그룹 통화가 동작되는 모든 구간에 암호화를 적용했다.

사례 연구 3 영상회의와 직장인들의 사회생활 매너 변화

재택근무와 줌(Zoom)으로 대표되는 영상회의가 일상화되면서 직장인들의 사회생활 매너에도 큰 변화가 생겼다. 핵심은 영상회의 화면에 비치는 상의, 그리고 배경이다. 하버드비즈니스리뷰(HBR)가 영상회의 참가자 465명을 대상으로 최근 설문조사를 했더니 60%는 상대방의 배경에, 47%는 패션스타일에 신경 쓴다고 답했다. 상대가 정장이나 비즈니스 캐주얼 복장을 갖춰 입었을 때 더 전문성이 높아 보인다고 답한 비율이 93%였다.
실제 많은 직장인은 화면에 비치는 상의는 갖춰 입고, 하의는 자유롭게 선택하는 것으로 나타났다. 재택근무가 본격화된 2020년 4월 미국의 긴 바지 매출액이 전달보다 13% 줄고, 입기 편한 반바지 매출액이 47% 늘었다(어도비 애널리틱스). 미국의 대형 의류 렌털 업체 '렌트더런웨이'는 '완벽한 영상회의용 상의(Perfect Zoom Tops)'라는 섹션을 따로 만들어 빌려주고 있다.
많은 이가 영상회의 때 상의만 챙기고 하의는 편하게 입는다. 패션지 보그 미국판 편집장을 20년째 하고 있는 애나 윈투어(71)조차 트레이닝복 바지 차림으로 줌 세미나에 참여했다. 덕분에 편안한 레깅스와 트레이닝복 바지가 코로나 시대의 대박 아이템이 됐다. '운동복계의 샤넬'로 불리던 미 브랜드 룰루레몬 주가는 오프라인 매장 폐쇄 속에서도 신고가를 계속 경신하고 있다.
HBR은 "배경도 신중하게 고민하라"고 조언한다. 최근 영상회의 프로그램은 가상 배경을 제공한다. 그러나 가짜 배경을 쓰면 허술해 보이고 신뢰감이 잘 들지 않는다는 지적이 많다.
믿음을 주기 위해 유명인들이 선택하는 단골 아이템은 아예 아무것도 없는 깨끗한 벽, 혹은 책이 가득 찬 책장이다. 2020년 7월 말 미 의회 청문회에 화상으로 불려 나와 독점 논란에 절절히 해명했던 IT 거물들의 배경을 참고할 만하다. 순다르 피차이 구글 CEO, 팀 쿡 애플 CEO, 마크 저커버그 페이스북 CEO가 흰 벽, 제프 베이조스 아마존 CEO가 책장 앞에 앉았다.
(조선일보 2020.8.17)

더 나은 화상회의를 위한 방법(고용노동부 2020.9.16. 재택근무 종합매뉴얼)

1. 서로의 얼굴을 꼭 보여주세요. (카메라 ON!)
조금 부끄러울 수 있지만, 대면 미팅을 대체하는 것이기 때문에 서로의 표정을 볼 수 있어야 말이 겹치는 일을 줄이고 말의 의도를 더 정확히 파악할 수 있다. 상대를 배려하는 마음으로 카메라를 꼭 켜주세요.

2. 이어폰을 활용하면 더 잘 들린다.
이어폰을 활용하면 외부 소음을 차단해 상대의 말이 더 잘 들리고, 나의 말도 더 잘 전달할 수 있다. 무선 이어폰보다는 유선 이어폰이 더 효과적이다.

3. 6인 이상의 회의도 화상으로 가능하다.
대부분의 도구들은 다수가 참여하는 화상회의를 지원한다. 다만 대화가 겹치는 일이 생길 수 있으니, 한 명의 호스트가 대화를 주도하고 팀원들이 돌아가면서 의견을 내는 방식으로 회의를 진행하면 좋다. 말하고 싶을 때 살짝 손을 들어 표시하는 것도 하나의 방법이다.

4. 캘린더 예약 시, 회의 안건을 텍스트로 간단히 공유해 보세요.
대면 소통의 한계를 보완하기 위한 가장 좋은 방법은 문서화이다. 회의록을 만드는 것은 번거로울 수 있으니, 회의 캘린더를 보낼 때 '설명추가' 항목을 활용하여 회의주제, 도출해야 할 결과에 대해 간단히 적어보세요. 회의 후에도 SNS나 협업도구, 이메일 등을 통해 회의 결과를 문서로 공유하면 협업자 간 더 명확한 의사소통이 가능하다.

5. 와이파이 환경을 갖춰주세요.
모바일 핫스팟 환경에서는 영상 회의가 끊기거나 품질이 저하되어 소통에 방해가 될 수 있다. 꼭 와이파이 환경에서 진행해 주세요. 또 같은 장소에서 2인 이상이 마이크와 스피커를 켜는 경우 하울링이 심할 수 있으므로 한 사람만 켜는 것이 좋다.

출처: https://news.joins.com/article/23734271

김 수 복

金 洙 福 (☎ 02-556-9912)

저자 약력	저서 및 논문
· 고려대학교 경제학과 졸업 · 동국대학교 대학원 졸업(경제학박사) · 행정고등고시합격(제3회) · 고용노동부 총무과장 · 재해보상과장 · 법무담당관 · 중앙노동위원회 사무국장 · ILO(국제노동기구) 노동정책과정 이수 · 중앙노동위원회 알선위원 · 동국대 법과대학 강사 · 서경대학교 대우교수 · 광주여자대학교 겸임교수 · 공인노무사시험위원 · 노사관계개혁위원회 자문위원 · 사단법인 한국노동연구소장 겸 이사장(현) · 국제인사노무법인대표 공인노무사(현) · 숭실대노사관계대학원겸임교수 · 서울지방노동위원원회 공익위원 · 고용노동부규제심사위원회공동위원장 · 서울중앙지방법원 민사조정위원 · 한국사회법학회 회장 · 단국대학교법무행정대학원강사	· 고용조정과 정리해고(중앙경제) · 근기법 – 인사 · 노무실무사례(중앙경제) · 근로시간 · 휴일 · 휴가의 법률실무(중앙경제) · 근로자참여및협력증진에관한법률(중앙경제) · 노동법(중앙경제) · 노동조합및노동관계조정법(중앙경제) · 단체협약의 체결과 운영(중앙경제) · 비정규직근로자의고용및노무관리(중앙경제) · 산업재해보상보험법(중앙경제) · 산재보험법개론(매일경제신문사) · 업무상 재해의 이론과 실제(중앙경제) · 인사이동의 법률문제(중앙경제) · 임금 · 퇴직금을 둘러싼 법률문제(중앙경제) · 취업규칙 · 근로계약의 작성과 운영(중앙경제) · 비정규직노동법(중앙경제) · 근로자파견 · 도급 · 업무위탁 · 전출실무 (중앙경제) · 징계 · 해고 · 퇴직의 법률실무(중앙경제) · 노사협의회의운용과 법률실무(중앙경제) · 채용에서 퇴직까지 법률문제(중앙경제) · 근로시간 관리실무(중앙경제)